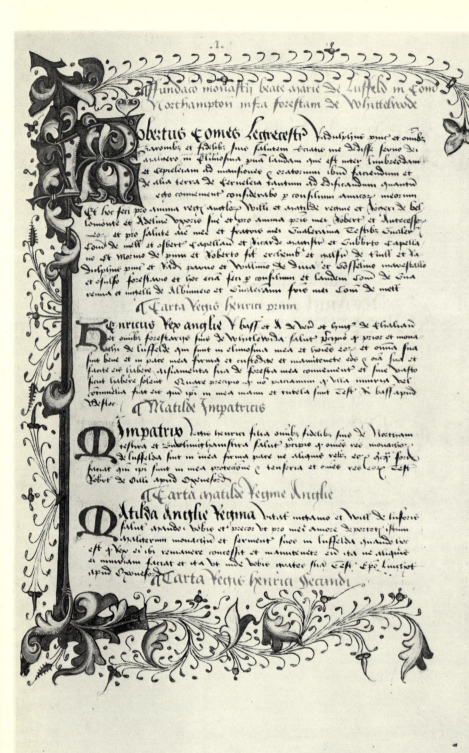

Nos. 1–4 (see pp. 15–17)

LUFFIELD PRIORY CHARTERS

PART I

Edited, with an Introduction, by
G. R. ELVEY

PUBLISHED JOINTLY BY THE
BUCKINGHAMSHIRE RECORD SOCIETY
AND THE
NORTHAMPTONSHIRE RECORD SOCIETY
MCMLXVIII

PRINTED BY
THE BROADWATER PRESS LTD
WELWYN GARDEN CITY, HERTFORDSHIRE
FOR THE BUCKINGHAMSHIRE AND
NORTHAMPTONSHIRE RECORD SOCIETIES

TABLE OF CONTENTS

LIST OF PLATES

ACKNOWLEDGEMENTS

This publication is a joint venture of the Buckinghamshire and North-amptonshire Record Societies, arising from the fact that the estates of the ancient priory of Luffield were in both these adjoining counties. The Priory buildings straddled the county boundary, with the church in Northamptonshire.

My thanks are due to Mr L. H. Tanner, then Keeper of the Muniments of Westminster Abbey, for allowing me to make free use of the seal catalogue in the Abbey Muniment Room; to Mr N. H. MacMichael for valuable help, and in particular with the dating of No. 120; to the University of London for the trouble and care given by its photographic department to the production of fine working copies of the charters.

Dr G. H. Martin, then general editor of the Northamptonshire Record Society, gave me welcome and constructive criticism when I was preparing the Introduction; Mr J. G. Jenkins, the general editor of the Buckinghamshire Record Society, has assisted me in every way; Professor V. H. Galbraith kindly helped me with the transcription of No. 14A; Mr P. I. King, Northamptonshire County Archivist, gave me advice over topographical matters; Miss E. A. McInnes transcribed many of the later charters; Miss Joan Gibbs helped me with the selection of photogenic charters, and my wife has aided the solution of many problems.

G.R.E.

Grateful acknowledgement is made to the British Academy for a grant in aid of certain additional expenses attendant upon the publication of this volume.

Both Societies are deeply indebted to the Dean and Chapter of Westminster for permission to publish these charters; also to the late Professor Sir Frank Stenton, to Lady Stenton, and to Professor V. H. Galbraith for their advice and encouragement at the start of this project. It was initiated by the Buckinghamshire Record Society, which has been responsible for preparing the edition for the printer and seeing it through the press.

INTRODUCTION

WHEN Robert le Bossu, the second earl of Leicester, gave some of his demesne land at Luffield to found there a priory of Benedictine monks, he may well have thought that the house would have before it an illustrious and prosperous future. It was most advantageously situated: it lay conveniently near to the crossing, at Towcester, of a number of very important roads—the Watling Street, running through England from the south-east to the north-west, the road coming from the south-west through Oxford and Brackley, and the road that crossed the Thames at Windsor and passed through Aylesbury and Buckingham. These traversed the Watling Street together to lead through Northampton to the north or the north-east. The earl could reckon that in the course of every year the king and all the greatest magnates in England with their retinues would pass close to Luffield, and that many of them would visit it or seek shelter there, and leave an offering behind. Between St Albans and Daventry, between Oxford and Northampton, there was no other monastery, nor would the traveller setting out north find one after he had crossed the Thames. Not only travellers, but also charitable knights and peasants over a wide neighbourhood, might be expected to help in endowing a house in which they could take a personal interest.

But it was not so ordained. There is indeed no record of the earl, during his long life, having shown any further interest in this house of his foundation, and it is observable that none of its knightly benefactors was of his honour. Fresh, competing, monastic foundations were made during the next half-century. Moreover, reform was coming in, and the fashion in charitable giving began to set firmly in favour of black canons and white monks. A sad day broke for Luffield when twenty-three years after its foundation, the Cistercians of Garendon set up a daughter house at Biddlesden, so close that each could hear the sound of the other's bells. Thenceforward the two were fierce competitors for the favour of possible benefactors in every neighbouring village.

None the less, Luffield survived, and its history continues for almost four centuries. The monks are often spoken of as poor. Within fifty years of their foundation, they were unable to do the king's service for their principal estate at Silverstone, and the family that had given it to them had to resume possession and do the service themselves. The monks, however, soon got together the money to redeem it. At the end of the twelfth century they possessed modest estates which clustered tightly round their house in barely a dozen villages. The greater part of their temporal revenues came from Silverstone and Whittlebury, and from their demesne farm at Luffield. About three-quarters of their income must have arisen in Northamptonshire.

Then the thirteenth century brought some exciting developments. From

vii

the 'thirties, and onwards through two or three decades, the Priory steadily acquired broad lands in the Buckinghamshire villages of Shalstone, Evershaw, and Thornborough, to the extent that these new estates provided, towards the end of that century, more than half the income the monks received from their tenants, besides containing considerable demesne farms. These lands came to them, not from a sudden upsurge of piety in the three villages, but by purchase. Their acquisitions were made in the teeth of strenuous competition—everywhere from Biddlesden, and in Thornborough also from the hospital of St John outside the East Gate at Oxford. When ready money had to be paid, it must often have had to be borrowed; we know that the hospital of St John was having recourse to the Jews to support its competitive purchases in Thornborough. Sometimes the reversion to valuable estates was obtained by the grant of a corrody.

So long as general prosperity and rising prices continued, these speculations, if they were circumspectly carried on, could be progressive and sound, but when the recession came, and falling markets, the monks were hard put to it, in common with other religious houses, to meet the obligations that these transactions had involved. In 1286, from a proximate cause at present unknown, their affairs were in such a grievous state that the king appointed a receiver to look after them. Here, as at Missenden—how much is cause and how much effect we cannot tell—regrettable internal scandals and contentions accompanied their other misfortunes, and prior replaced prior in rapid succession. But if their affairs were ever taken out of their own hands, they were soon again their own masters.

Hard times went on, and one of their creditors had a relentless grip upon their economy. In the deadly winter of 1304–5 they ran altogether short of victuals before February was out. They contrived to borrow a supply of corn, to be repaid in the following year at the price then ruling, but for this they were compelled to pledge their most valuable possession, the church of Dodford, with its tithes and endowments. In the succeeding year, they were unable to meet the undertaking they had given, and sadly they parted with their church of Dodford to Thomas Blaston, so that their debt could be amortised out of a part of its revenues.

The Black Death came that way in 1349, and the prior died of it. It has been alleged that all the monks died of it too, but as there does not appear to have been any interruption of ordinary business transactions, the allegation must be doubted.

In 1368 the monks were again in deep anxiety. Their buildings were in disrepair and in need of new roofing at a cost of a hundred marks—a sum utterly beyond them to provide or borrow. They turned in their distress to an old friend, their neighbour Sir Henry Grene, who had often been generous to them in times past, and with him the prior was able to strike a brilliant bargain. Sir Henry would meet the cost of the repairs and the Priory would set up a chantry there, where a monk to be nominated by Sir Henry and his heirs would sing masses for their souls. By means of this fortunate transaction they went forward into the difficult years that followed, impoverished still, but at least the conventual buildings were watertight.

Their revenues dwindled. Leases fell in and were renewed at lower rents. The farming of the demesne land was abandoned and outlying properties were disposed of. The number of monks had to be diminished, and during the course of the fifteenth century it became restricted, so it is said, to the prior and three monks.

They awaited, one must suppose, and probably they invited, the concluding act of their history. In 1456, it seems, terms for the take-over of the Priory were negotiated almost to conclusion. The President and Scholars of St Mary Magdalen College in Oxford had already taken over the hospital of St John the Baptist outside the East Gate, the competitor of Luffield in Thornborough two centuries before. The Luffield lands would have nicely rounded off the college properties there, and matters proceeded so far that John Pinchbeck, the prior, obtained the king's licence to convey all the lands of the Priory to the college. Why at this juncture the affair was stifled we cannot tell, but perhaps no acceptable provision was offered to the prior and monks.

More than thirty years went by before the final opportunity arrived. The king himself, with the assent of the Pope, took over the Priory in 1494 for the purpose of adding its lands to the endowments of his chapel of St George in the castle of Windsor. Shortly afterwards he changed his mind, and gave them instead to the Abbey of Westminster, where he constructed his magnificent mortuary chapel. The prior and monks were dispersed to other houses. Abingdon received Thomas Rowland, the prior, and he died there lord abbot twenty years later.

In June 1496 Richard Empson went down to Luffield to attend, on his master's behalf, to the transfer of its lands. He then caused an inventory to be made of all 'the stuff and goods within the house of Luffield'. There were relics, there were mass-books, there were copes and vestments, tunics and tunicles, there were crosses and candlesticks, bells in the steeple and a sacring bell in the church. And lastly, in 'Seynt Marie Chapell', there was a coffer containing 'the evidences concernyng the landes of the said house'. The bulkiest item in that coffer was a cartulary that had been compiled about five-and-twenty years before, and it is that cartulary which is now published here. But not only did the coffer contain a cartulary: in it were preserved a very large number of the documents from which it had been compiled. More than that, it contained over a hundred documents, some of considerable importance, that for one reason or other the scribe had passed by.

This was not the first cartulary that had been compiled at Luffield. Towards the close of the thirteenth century, a number of hands had been employed in copying charters on to narrow membranes, which were then sewn together to form rolls. Many fragments of these rolls survive, and no doubt many more were extant when the second cartulary was put in hand. The fifteenth-century compiler, however, worked not from the first cartulary, but from the documents themselves. The order in which he placed them was of his own choice. Often when a difficult word occurs in a charter, and the modern reader goes to him to see what he made of it, he is found reproducing the word pictorially, just as it occurs in the document.

As to his identity, we have not the slenderest clue. He was probably not a Buckinghamshire man, for Salden and Shalstone were to him one place. He seems, on the whole, a little more at home with the Northamptonshire material, but perhaps that is natural, seeing that most of those lands lay close to the house. He was a painstaking and conscientious scribe. There were days, of course, when he was unable to maintain his concentration of mind; there were moments in which a line was skipped or another repeated. Sometimes he was too lazy to mend his pen, or allowed his writing to become slovenly. But he was manifestly at pains to reproduce a document accurately, and to maintain the spelling of proper names and place-names substantially in accordance with the original, though the rules of transcription that he followed are less exacting than those that modern scholarly practice imposes. For the work of one man's hand this cartulary is no mean achievement.

The text of this present edition is that of a posthumous cartulary of the Priory. It differs from the first cartulary in that documents from another two centuries are available to it. It differs from the text of the cartulary now at Westminster in that it contains many documents which that scribe passed over, or which were not available to him. Like his text, this edition is compiled from the documents themselves when they have survived, preserving, however, his order and arrangement, and using his transcripts where the originals have perished. The rubrics, which he mostly adopted from the endorsements made by the compilers of the first cartulary, have been retained, but are supplemented by fuller ones in English.

This brief survey suggests more questions than it can begin to answer: how it came about that this house, apparently so poor at the end of the twelfth century, was able after another fifty years to double its rent roll; by whose agency and with whose capital it did so; why it was that the expansion took place in those three particular villages; why the Priory was overtaken, to all seeming in high prosperity, by a sudden catastrophe, and whether that catastrophe was the cause or the effect of the moral catastrophe that supervened at the same period—these are questions that must wait until the published text is complete, and the surviving muniments of the house have passed under review.

The following fragments of the first cartulary (c. 1290–1310) survive at Westminster: W. 2634 (11 charters), W. 2635 (6 charters), W. 3001 (5 charters), W. 3083 (1 charter), and W. 3086 (8 charters). Of these last, five charters do not appear in the fifteenth century cartulary, nor are their originals extant.

The fifteenth-century cartulary is a single large quarto volume. The binding was repaired at the Public Record Office in 1928. The sheepskin cover is new, but was placed on the old boards without disturbing the old thonged leather head-bands. The four lower bands on the back were strengthened with new leather without disturbing the old sewing. The leather thongs and clasps were replaced, the pattern on the leather being copied from a fragment of the old. Of the hasps, one was strengthened and one left in its original state. All the nails to the thongs and hasps are original.[1]

The volume contains 258 folios, $13\frac{1}{2}''$ in depth by $10''$ in width. The text is $8''$ in depth by $5\frac{3}{4}''$ in width. A full page of continuous script has 39, 40, or 41 lines. Blank leaves were left at the end of each section for the insertion

[1] From a note by Sir Hilary Jenkinson at Westminster.

of documents that might come to light during the progress of the work. Nine blank leaves remain after the Thornborough charters, and to judge by the miscellaneous character of the last few documents that are entered in that section, the original number must have been greater.

All the initial capitals are decorated. That of the first charter relating to each village has an elaborate and ornate initial, with decorations in gold and colour, extending along the top and left-hand side of the whole page.

The whole of the text appears to be the work of one hand. Many of the rubrics, however, are later insertions. A few charters were never rubricated.

There is no indication of the date at which the compilation of this cartulary was begun. The latest documents it contains are dated 5 May 1470;[2] a lease to the rector of Dodford of a cottage there, dated 29 September 1471,[1] does not appear, although there is a blank page at the end of the Dodford charters on which it could have been entered. Between those two dates the scribe had ceased to work.

The volume opens with a table of contents, which seems to have been composed before the transcription was entered upon. The order in which the documents are placed was varied during the course of the work, and more documents were transcribed than appear in it. A detailed analysis would serve no useful purpose.

The accompanying table shows how the work was in fact carried through but many documents strayed out of their proper places into other sections.

The original pagination is in arabic numerals, starting with the foundation charter. Between 45 and 46 is an unnumbered folio; between 79 and 81 there is no folio; at 112 this pagination ceases and is resumed in a later hand; after 159 there is no pagination. The folios were again numbered in the nineteenth century, beginning with the table of contents, and this numeration is here adopted.

CONTENTS OF THE CARTULARY

[1] Nos. 721–3 (in Part III). These documents relate to the church of Beachampton, but the blank leaves that the compiler had left at the end of that section would not have sufficed for their insertion; they were therefore entered in the Thornborough section, where ample provision had been made for further material.

[2] No. 321A (in Part II). This document appears to be in the hand of the scribe.

Of the 766 documents contained in the cartulary, 567, that is to say, nearly three-quarters, survive in the original at Westminster. None is extant elsewhere. 146 documents survive at Westminster which do not appear in the cartulary.

In preparing this edition, the cartulary has been used as a framework. The documents are presented in the same sequence as they occur in the cartulary, and with the same rubrics. Documents which do not appear in the cartulary have been inserted at places convenient to the modern reader, and distinguished by letters suffixed to the numbers. No. 66, for example, refers to the advowson of Water Stratford; other documents relevant to the same subject, but not transcribed into the cartulary, are numbered 66A, 66B, 66C, 66D.

No documents which appear in the cartulary are known to have survived elsewhere than at Westminster. There are, however, a few, which must at one time have been among the Priory muniments, existing today in copies or in the original, and these are dealt with in a similar manner.

The source of every document is shown at its foot, together with its reference in the cartulary. The reference L.C. is to the cartulary, and is followed by the modern foliation. W. refers to charters at Westminster, followed by its Westminster catalogue number. C. refers to documents copied on to blank leaves and spaces in a book of transcripts preserved in the Cambridge

University Library (MS. Ee. i. i. (D)). The provenance of documents other than these is given in detail.

Many of the documents at Westminster are not of the sort that would be expected to occur in a cartulary. Others, by reason of their being too fragmentary or insufficiently legible, are unsuitable for transcription here. All these will be listed or calendared during the course of this work; some will be transcribed in appendices.

ENDORSEMENTS

When the endorsement is of the end of the thirteenth or the early fourteenth century and in the same terms as the rubric, no reference is made to it. When there is no endorsement, the fact is noted. When the endorsement is in terms which do not agree with the rubric, when it is of a period not coincident with that above mentioned, or when a further endorsement has been made, a full transcript is given.

SEALS

The editor has been obliged to rely largely on the work of others, but he has done his best to examine all the seals and to check their descriptions.

In the texts of original documents the editor has attempted to retain the punctuation, but has abandoned the distinctions of the scribes between capital and small letters. Capitals have been used solely to facilitate the perusal of the document. Contractions have been extended when the extension is beyond doubt, but conjectural extensions are distinguished by italics.

In preparing the headnotes the editor has permitted himself a wide discretion. In general, no attempt has been made to offer calendars of the documents, and the amount of descriptive matter that is incorporated in them depends solely on the editor's assessment of their interest and importance.

THE PLACES

The demesnes of the Priory, and the lands of Silverstone and Whittlebury, lay on uplands which drained into the Ouse, directly, or through its tributary the Tove. It was a countryside of late settlement, of hamlets and small pairs of common fields, often shared by the men of two hamlets or two vills —a state of affairs explicable on the assumption that these were once wastes in which the men of many vills had common, but which later they combined to assart and settle, and to hold in severalty. Outlying members of Towcester and Green's Norton betray two of the parent vills; others can only be guessed at.

I. LUFFIELD

The nature of the site that the earl of Leicester provided for the Priory can only be inferred, and it is observable that the name of Luffield does not appear in his foundation charter.

The buildings of the Priory lay athwart the boundary between Buckinghamshire and Northamptonshire, which passed, so we learn from perambulations of the forest, through the refectory kitchen and the dormitory. It was perhaps considered important that they should lie on both of two distinct estates, one on one side of the shire boundary and one on the other. Cepie-leia, one of the three place-names mentioned in the charter, may be supposed to refer to the curtilage of the chapel that Malger had set up there at an earlier date—the St Mary chapel of later times. Limbroeda and Cerne-leia must therefore have been the names of the two estates which together formed Luffield.

The earl held nothing in Silverstone, and the Northamptonshire lands cannot have lain there, but he held a fee in Syresham, out of the demesne of which he probably took them. In Buckinghamshire, as elsewhere in this part of the country, it is reasonable to assume that he succeeded to the lands of earl Aubrey, and if so he held Biddlesden at this time.[1] Domesday Book mentions a demesne manor in Biddlesden, lying outside the common fields of the vill,[2] and it can be inferred that it was with this demesne manor, sharing its fields with the lord of Syresham, that he endowed the Priory. Luffield must therefore be reckoned as a very early deserted village.

Before the Priory acquired demesne farms in Monksbarn, Thornborough, and Shalstone, the demesne at Luffield must have been, as it was when they were given it, in the main arable land. But in the last decade of the thirteenth century, there is evidence, which will appear later, that they were farming in demesne in the fields of Thornborough and Shalstone. At Luffield, however, a cellarer's account taken on St Martin's day 1292[3] shows that the land was already down to grass. There were 14 cows there, and a bull; there were 125 ewes and 132 sheep; there were 47 pigs and 15 young pigs. 68 sheep had been butchered in the larder and the kitchen during the past year.

In June 1503, when prior Thomas Rowland had lately died, the demesne of Luffield was found to have consisted of 126 acres of pasture and $70\frac{1}{2}$ of wood in Buckinghamshire, and in Northamptonshire 88 acres of pasture, 10 acres of meadow, and 19 acres of wood.[4]

2. SILVERSTONE

In the eleventh year of king Edward I (1283), master Richard de Clifford, the escheator on this side of Trent, was making inquiries about the king's demesnes, and on the vigil of the Annunciation the men of Silverstone appeared before him in Northampton castle.[5] They were required to tell him, among other things, how many and which manors the king had in hand, and before framing their answer they had discussed the matter in the Priory, where transcripts of the relevant entries in Domesday Book had been read over.[6]

[1] V.C.H. Bucks., Vol. IV, p. 155, cites Harl. 85.G.48 as showing that Robert son of William de Meppershall held Biddlesden in chief. That charter, however, must be taken in conjunction with Harl. 84.H.18 and Harl. 84.H.45, and the three together suggest that the earl of Leicester held in chief, and that Arnold de Bosco held some land directly of the earl and some in which Robert was mesne between them. Marieland, which lay in Syresham, was not of earl Aubrey's fee, but of the fee of Mortain (Domesday Book, fo. 146b.). For the demesne manors in Bucks., see Records of Bucks., XVI, 347–50.

[2] fo. 143b., V.C.H. Bucks., Vol. I, 232b.   [3] W. 3088.

[4] W. 3055 is an inspeximus of the Inquisition Post Mortem after the death of Thomas Rowland.   [5] See Appendix 2.

[6] On the same folio as the answer of the men of Silverstone are transcripts of the Domesday entries relating to the Kaynes, Pinkeny, and Mandeville fees in Silverstone.

There had been a time, they told the escheator, when Silverstone was in the hands of four barons: Ralf de Kaynes, Hascuil of St Hilary, Giles de Pinkeny, and the earl of Mandeville. They also reported that after the accession of Henry II, Ralf de Kaynes incurred the wrath of that king by unhorsing and taking him prisoner at a tournament, for which transgression all his estates were forfeited, and, though his other lands were afterwards restored to him, the king retained his fee in Silverstone. He also took over the lands of Hascuil and of Giles, leaving only the fee of Mandeville undisturbed because it had been bestowed in alms upon the Priory.

This picturesque story, though it contains many elements of fact, is not quite in accordance with what the records reveal. Each of the manors must be considered in turn.

The king's manor

It is possible, but there is no evidence, that the king had a manor in Silverstone before he acquired the Kaynes manor. If so, it must have been an outlier of Towcester not mentioned by name in Domesday Book.

The Kaynes manor

In a document prepared in the Priory in the middle of the thirteenth century, the prior instructed his attorney that Hugh de Kaynes had once been lord of Silverstone and had built its castle.[1] The Pipe Roll of 31 Henry I (1130) shows him accounting for £6 for the farm of Silverstone,[2] at which sum it continued until the reign of Henry III.[3] The acquisition of the manor must therefore have taken place before Michaelmas 1129, and as Hugh continued in the king's service, it is unlikely that he lost it by forfeiture. There is no mention whatever of a Kaynes manor in the Priory records, and it is probable that the king acquired it before the foundation.

The tradition that an incident at a tournament caused the manor to be forfeited must be connected with a confused recollection of the fact that a William de Kaynes unhorsed and took Stephen at the battle of Lincoln.[4] It was on another William, probably his grandson, that the fierce displeasure of Henry II was visited by the forfeiture of his lands.[5] But had he possessed any lands in Silverstone, and had the king permanently retained them, the farm of the vill would certainly not have continued unchanged.

The lands of this manor lay to the immediate west of the village, in two fields on either side of the Tove, which were shared with the men of Charlock, in the fee of Towcester in Abthorpe. Successive members of the family of de Lestre, who held land of Kaynes in Easton Neston and elsewhere also held land there, and, indeed, as lords, confirmed the grants of others. When the men of Silverstone grant their land in these fields, it is said to lie, as indeed it does, in the fields of Silverstone; when the men of Charlock grant theirs, it is said, with equal truth, to lie in Charlock or in Abthorpe. Later on, when the addition of an acre here or an acre there had often caused a holding in one fee to stray into the other, it was usual to describe a tenement as lying in the fields of Silverstone and Abthorpe. When William de

---

[1] Part II, No. 294A.   [2] Ed. J. Hunter, p. 83.
[3] P.R. 17 Jo. P.R.S. (N.S.), Vol. 37, p. 21. The farm is still £6.
[4] *Henry of Huntingdon* (Rolls Series), 74, p. 274.
[5] P.R. 23 Hen. II, P.R.S. Vol. 28, pp. 91 and 95.

Brandestone, who held his land by serjeanty in the king's manor, quit-claimed his whole tenement to the Priory, the charter was careful to state that it lay within and without the vill.[1]

When and how the Priory acquired the lordship of the Silverstone lands in these fields our charters do not reveal, but by the middle of the thirteenth century, if not earlier, the process was complete. Late in that century we see them busily acquiring the lands of the Abthorpe fee, and finally, early in the fifteenth century, they were able to bring negotiations for the enclosure of these fields to a successful conclusion.[2]

The fee of Towcester

The great manor of Towcester, with its many members, is presumed to have remained in the king's hand until Henry I granted it to Hascuil of St Hilary, whose grand-daughter Maud brought it in marriage to Roger de Clare.[3] On her death, the king appears to have resumed it for a time, but certainly without annexing its member in Silverstone to his own manor, for, fifty years later, the court of William de Muntchensy, who had obtained the manor of Towcester, was exercising jurisdiction over it.[4]

Its lands lay well to the north of the village, in fields that were shared with the men of Foxcote. When Roger de Clare gave Roger the engineer six virgates to sustain him in his service, he described them as lying at Foxcote,[5] but when Roger's descendants granted their land, they spoke of it as being in the fee of Towcester. Roger Tremenel, on the other hand, looked at the reverse of the medal: his lands, though clearly they marched with those of the engineers in the same furlongs and fields, lay in the fields of Foxcote.[6]

The Pinkeny fee

Domesday Book records half a hide, with one ploughland and a quarter of a wood, as gelding in Silverstone, and the Survey records Henry de Pinkeni, who inherited the fee in 1178, as its holder. It is not necessary to conclude that this land lay in Silverstone. Indeed it is difficult to find there any possible location for it, nor a trace of any tenant who would be expected to occur on a Pinkeny fee. Although there is no evidence whatever to prove or disprove the statement made to the escheator, the probability is that this land lay in Syresham, and had, perhaps, a share in Haselborough wood.

The Mandeville fee

Ernald, in 1086, held half a hide of Geoffrey de Mandeville, and there was land for one plough. The Survey returns Otuer (de Boville) as holding the same land of earl William, and by that time Emma de Selveleia was in seisin as his undertenant. The integral fee was granted by her and her successors to the Priory first for a render of fifteen shillings, then of twelve and of ten,[7] and finally, when Thomas, a younger son of Sarra, the last of that

---

[1] No. 131.

[2] No. 155. It is indeed a pity that this precious document has perished, and that a vital part of it was already defaced when the cartulary was compiled. See also No. 142.

[3] See J. H. Round's introductions to the Survey in *V.C.H. Northants*, Vol. 1.

[4] Nos. 127 and 128.   [5] No. 110.   [6] No. 235.   [7] Nos. 114, 106, 111, and 108.

family, was received into the house, the render was altogether extinguished.[1] Probably at the same time, the earl released the land from military service.[2]

In the thirteenth century, the Priory held the land in frankalmoign, and the family of Clerk of Silverstone, whose members we shall meet on almost every page in this volume of the cartulary, held of the Priory by military service.[3]

Very few of the charters relating to land of this fee contain descriptions of what is being conveyed, but as those of the fourteenth century all describe the land as lying in the fields of Silverstone and Whittlebury we may conclude that they lay to the east of the village in fields that were shared with the men, or at any rate some of the men, of Whittlebury. It is not, however, likely that one ploughland represented as much as a half share.

The fee of Norton

Finally, though not in these charters, there is evidence that some land in Silverstone was in the fee of Norton. When William de Brandeston died in 1273, he was said to hold an assart in Silverstone of the fee of the lord of Norton.[4] In 1278, an inquisition was taken about some newly-assarted land between the stream and the road from Silverstone, below Handley park. Some of it was found to belong to the manor of Norton.[5]

3. WHITTLEBURY

The topography of Whittlebury is not ascertainable from these charters. There is no mention of the name in Domesday Book, but from the Survey we learn that a certain Richard held six small virgates there of the fee of Towcester in Silverstone. He may possibly be the predecessor of Elias de Hinton, who held that fee, but it is not profitable to speculate on an isolated Christian name occurring at an uncertain date.

From a grant to the Priory by Richard I of the service of Aubrey the forester and Geoffrey de Norton[6] it appears that there was also a fee of Norton in Whittlebury, and most of the charters which relate to this vill are grants of land held by the descendants of Walwan, Aubrey's father.

Three fields are mentioned: an east, a west, and a south field, but it is not necessary to infer that they belonged to one farming system; indeed, as charters relating to the fee of Mandeville never mention a south field, it is unlikely that they did. The south field, on which the Priory built a windmill in the early 1220's, may have been a demesne field of the foresters.

We are left, therefore, to guess the identities of the men who shared fields with those of the fee of Mandeville, whether they were the men of the fee of Towcester, or of the fee of Norton, or of both. There, for the time being, at least, the matter must rest.

4. MONKSBARN

In the first decade of the thirteenth century, assarting had begun on a considerable scale in the woods of West Perry, parts of which lay in the fees of

---

[1] No. 108.   [2] No. 120.   [3] No. 91.   [4] I.P.M. of William de Brandeston, C.133/4/9.
[5] *Calendar of Inquisitions*, Vol. I, No. 1111.   [6] No. 89.

Towcester and Norton.[1] In the early twenties, Prior Roger of Luffield, who probably began the expansion of the Priory lands, acquired eighty acres of assarted land by the grant of a corrody to William de Clairvaux. They also obtained land there of the gift of John Marshal, lord of Norton, and of Henry de Perry.

The Priory evidently farmed this land in demesne throughout the thirteenth century,[2] but, as we should expect, it was let in 1351, and perhaps before. It is interesting to observe that the men of Heathencote, who had presumably had rights of common or estover in the woods before they were felled, were able to set up rights of common of pasture over the assarts.[3]

In 1424, the estate was let to John St John for a term of fifty years at a rent of thirty shillings a year, but this rent does not appear in the rental of 1468, and the property is not mentioned in the Inquisition Post Mortem that was taken on the death of Thomas Rowland, the last prior. It may, therefore, have been disposed of during the currency of this lease.[4]

[1] For the activities of Geoffrey FitzPeter (d. 1213) see No. 167.
[2] No render from this property is mentioned in the rental of 1289. Part III, No. 764.
[3] No. 180.   [4] W. 3005.

Marginal notes by the scribe are enclosed in round brackets prefixed by an asterisk. Additions by the transcriber are enclosed in square brackets. Blank spaces in the MS. are indicated by dots.

[TABLE OF CONTENTS OF CARTULARY]

Donacio Willelmi de Waterstretford super collacione ecclesie predicte.

Concordia inter abatissam de Elnestowe et priorem de Luffelde super decimis infra landiam de Luffelde. | 10

Confirmacio Iohannis Lincolniensis episcopi super ecclesijs de Dodford' Thorneburgh et capella de Euershawe.

Confirmacio Iohannis Lincolniensis episcopi super ecclesijs de Thorneburgh et capella de Euershawe cum x. solidis in medietate ecclesie de Bechampton'. | 11

Confirmacio ecclesiarum de Dodford Thorneburgh Euershawe cum quadam porcione decimarum in Salden' ac x solidis in medietate ecclesie de Bechampton'.

Confirmacio Walteri episcopi Cantuarensis super ecclesijs de Dodford Thorneburgh cum capella sancti Nicholai de Euershawe.

Confirmacio ecclesiarum predictarum cum x solidis medietatis ecclesie de Bechampton'. | 12

Ordinacio vicarie de Thorneburgh per Henricum episcopum Lincolniensem.

Composicio inter priorem de Luffelde et vicarium de Thorneburgh.

Confirmacio Willelmi Linc' episcopi super ecclesia de Dodford'.

Confirmacio T' archiepiscopi Cantuarensis super ecclesijs de Dodford Thorneburgh et capella beati Nicholai de Euershawe cum x solidis annue pensionis medietatis ecclesie de Bechampton'. | 13

Littera obligatoria vicarij de Murseley super quibusdam decimis in Shalden'.

Comissio Walteri de Wermyngton' generalis commissarii super decimis in Shalden'.

Concessio capelle sancti Iohannis baptiste de Lulingston' a Galfrido de sancto Martino.

Carta Ricardi de Hinton' de decimis garbarum tocius dominici de feodo de Mandeuile in territorio de Silueston'.

Materia decimarum inter priorem et rectorem de Hinton' et cetera. | 14

Carta Hugonis de capella sancti Iohannis baptiste de Lillingston'.

Concordia inter priorem de Luffelde et personam et Thomam vicarium ecclesie de Broccle super ecclesia de Dodford.

Scriptum confirmacionis x solidorum medietatis ecclesie de Bechampton'. | 15

Concordia inter priorem de Luffelde et rectorem de Waterstretford'.

Scriptum aduocacionis ecclesie de Weststretford.
Confirmacio Willelmi filij Willelmi de Stratford super ecclesia
de Stratford'. } 16

Littera R. archidiaconi Bok' super capella de Euershawe.
Composicio inter priorem de Luffelde et rectorem de Towcestr'
super quibusdam decimis.
Littera legati super materia inter priorem de Luffelde et rec-
torem ecclesie de Hinton'.
Donacio Roberti fitz Nigel super ecclesia de Bechampton'.
Acquietancia rectoris ecclesie de Towcestr'. } 17

Littera recuperacionis decimarum cum capella de Euershawe.   18

Littera confirmacionis archidiaconi Bok' super capella de Euer-
shawe.
Alia littera confirmacionis de capella de Euershawe de archi-
diacono.
Confirmacio archidiaconi Bok' super ecclesia de Thorneburgh.
Relaxacio prioris de Bradwel super ecclesia de Thorneburgh.
Littera archidiaconi Bok' super capella de Euershawe.
Sentencia diffinitiua ad priorem de Luffeld de x. solidis annue
pensionis medietatis ecclesie de Bechampton'. } 19

Confirmaciones regum.   21

Magna carta regis Henrici.
Confirmacio ac proteccio regis Henrici ij^{di}.
Acquietancia regis Henrici de vicesima.
Carta concessionis j ferie apud Luffelde tempore regis Henrici
iij.

Licencia ac donacio regis Edwardi iij ad mort' x librorum.
Alia licencia de eadem valore.
Mandatum regis Edwardi iij de ix vellerum et ix garbarum. } †

Mandatum regis Edwardi pro materia inter priorem et Rogerum Dayrel de Lillingston' de xiij solidorum iiij denariorum et
obolo.
Mandatum regis Ricardi secundi pro materia inter ipsum
Rogerum et priorem de vno prato quod dictus Rex inclusit in
viuarium suum de Sulueston'. } †

Confirmacio possessionum monasterij de Luffelde a rege Ed-
wardo iij.
Mandatum regis Ricardi ij de materia inter ipsum et priorem de
Luffelde pro terris et tenementis in Silueston'. } †

Carta ac remissio regis Henrici.

[†Number omitted by the scribe.]

Licencia regis Henrici ad eligendum nouum pastorem de Luffelde.

Littera regis Henrici missa ad episcopum pro confirmacione
pastoris predicti. †

Mandatum regis Henrici pro aisiamentis infra forestam de
Whittelwode. †

Selueston'.

29

Carta donacionis Rogeri de le Enginor de xx acris terre et prati
ibidem.

Carta confirmacionis de terris predictis a Agnete vxori Iohannis
le Enginor.

Carta donacionis Iohannis le Enginor de ij acris terre ibidem
cum pertinencijs. 29

Carta donacionis Rogeri le Enginor de ij partibus duarum acrarum cum pertinencijs ibidem.

Carta donacionis Rogeri le Enginor de iij selionum terre cum
pertinencijs ibidem.

Carta Rogeri le Enginor de donacione j messuagij cum pertinencijs.

Carta ac donacio Rogeri le Enginor de v selionum cum pertinencijs.

Carta concessionis xij nummorum de Rogero le Enginor. 30

Carta donacionis Rogeri le Enginor de vj acris terre cum iij acris
prati.

Carta concessionis ac donacionis omnium tenementorum infra
et extra villam de Selueston' cum pertinencijs.

Carta concessionis tenementorum infra villam de Silueston' de
Simone filio Willelmi et Emme vxori eius.

Donacio Emme vxoris dicti Willelmi de omnibus tenementis
infra villam de Selueston'.

Acquietancia x. solidorum infra villam de Selueston'. 31

Concessio terrarum quondam Michaelis de Selueston'.

Carta ac concessio vj virgatarum terre ex donacione Rogeri de
Clara.

Donacio terrarum quondam Willelmi de Selueleia.

Excambium terre in Sulueston' inter priorem de Luffelde et
Henricum filium Ernaldi de Selueston' de medietate vnius acre
ibidem.

Carta donacionis Henrici filij Ernaldi de vna acra terre. 32

Carta donacionis et concessionis Eustachij de Sillegia de eisdem
terris in Silueston' cum pertinencijs.

Acquietancia x solidorum in Silueston'.

[†Number omitted by the scribe.]

Conuencio facta inter priorem de Luffelde et priorem de Chikesand' de terris in teritorio de Witlebury in quibus constructum   †
erat molendinum.

Concessio terre in Silueston' ex Agatha vxori Willelmi Foresta-
rij cum iiij^{or} acris terre ibidem existentibus.
Acquietancia x solidorum de Roberto Banuul de Selueston'.
Confirmacio terrarum in Silueston' ex Willelmo Maundeuil
comite Essex'.
Alia confirmacio ex Willelmo Maundeuil predicto.
Concessio omnium terrarum in Silueston' Ricardi filij Helie
domini de Hinton'.

Confirmacio Roberti de Bolendon' de diuersis terris in Selueston'.
Carta confirmacionis Henrici de Hinton' de terris suis in Selueston'.
Carta donacionis Henrici de Hinton' domini de Hinton' de
bosco de Hynwode.
Concessio iiij solidorum de Henrico de Hinton' in Brackelay.

* (nota pro 4^{or} solidis in Brakkeley fo 34)

Finalis concordia in curia regis Henrici iiij inter dictum regem et
priorem de Luffelde de j acra terre et vna roda.
Finalis concordia inter priorem et Rogerum le Enginor de
Silueston'.
Quieta clamacio terre in Silueston' ex Iuliana filia Roberti
Billing.
Donacio ac quieta clamacio terre in Silueston' ex Iohanne
Braunteston'.

Donacio ac quieta clamacio j tenementi in Silueston' cum pertinencijs ex Willelmo Branteston'.
Carta donacionis vj denariorum in Silueston' ex Iohanne Bercario.
Quieta clamacio terre in Silueston' ex Ricardo Clerke de Silueston'.
Carta que ostendit quale seruicium pertinet priori de Luffeld de
tenemento quondam Thome Knott.

Quieta clamacio terre in Silueston' ex Willelmo Textore de
Silueston'.
Carta donacionis Thome Chapman de vj denarijs in Silues-
ton'.
Carta donacionis Iohannis Mariot de ij acris terre et j roda in
Selueston'.

[†Number omitted by the scribe.]

Carta donacionis Iohannis Mariot de ij messuagijs cum croftis et iiij acris terre ac j assarto continente vij acras terre in Silueston'.

Littera [space in MS.] terrarum ex Iohanne Mariot.

Alia littera de eodem Iohanne de Silueston'.

Quieta clamacio Willelmi Frankelani de Selueston' de vno tenemento cum pertinencijs. } 38

Composicio inter Edmundum Grey et priorem de Luffelde ad terminum vite eorum.

Carta confirmacionis Willelmi Lambard de Silueston' de vj denarijs ibidem.

Relaxacio ac quieta clamacio pro Lambard et alijs in Selueston'. } 39

Dimissio j tenementi in Selueston' cum pertinencijs tempore regis Ricardi secundi.

Manumissio Iohannis Reve de Selueston'.

Carta concessionis Henrici de Selueston' de vj denarijs ibidem.

Littere liberacionis terrarum et tenementorum in villa et campis de Selueston'.

Carta donacionis j messuagij cum pertinencijs ex Iohanne Warland'.

Concessio Ricardi de Silueston' de ix solidis versus priorem.

Carta donacionis Petri Grandestun' [sic] de j messuagio cum pertinencijs in Silueston'. } 42

Warda facta per Iohannem Louel dominum de Louel.

Recognicio terrarum in Silueston' et Witlebury.

Manumissio Ricardi Reve de Selueston' de Henrico Dayrel. } 43

Carta donacionis j assarti ex Thoma Assheby de Silueston'.

Dimissio terrarum in Silueston' ad terminum vite.

Carta donacionis vj denariorum in Silueston' ex herede Iohannis Chapman. } 44

Dimissio terrarum in Silueston' ad terminum vite.

Presentacio j monachi per Henricum Grene militem missa ad priorem de Luffelde. 80

Euidencie bone de messuagio Thome Maidford. 45

Chaldelake 64

Carta concessionis Iordani filij Hawisie Willelmo filio Nicholai de medietate terre sue in Chaldelake cum medietate messuagij ibidem.

Carta donacionis omnium terrarum et prati quondam Alicie filie dicti Iordani.

Quieta clamacio Ade Bakon' ad priorem de Luffelde de omnibus terris et tenementis quas dictus Adam tenuit de eisdem priori et conuentu. 64

Relaxacio omnium terrarum cum tenementis et pertinencijs quondam Ade filij Willelmi Valerant. | 64
Conuencio inter priorem et Willelmum Bonde de Challake.

Dimissio terre et tenementi in Chaldlake.
Concessio ac quieta clamacio omnium terrarum quondam Walteri Bacon'.
Dimissio terre et tenementi in Challake et campis de Abthrop'.
Quedam indentura inter Ricardum Barker de Shopis et Willelmum Grene de Challake. de vno tofto cum crofto in Challake nuper vocato Bakuns cum quatuor acris terre. simul adiacentibus eidem tofto cum crofto in campis de Abthrop'. | 65

Redditus quinque denariorum cum concessione et confirmacione ij acrarum terre in campis de Abthrop'.
Conuencio inter priorem de Luffelde et Rogerum Trimenel de Foxcote de escambio terrarum finali. | 66
Donacio j acre terre Willelmi filij Hamonis de Wapenam.

Indentura ibidem de terris et tenementis manerij in Chaldelake. | 41

De terris que quondam fuerunt Walteri Bakon' natiui prioris de Luffelde. | 79

Campi de Abthropp'.

Donacio vj rodarum terre ibidem per Willelmum filium Henrici de Abthrop'.
Donacio j acre terre ibidem per dictum Willelmum de Abthropp'.
Carta donacionis trium rodarum terre per dictum Willelmum de Abthrop'. | 67

Donacio quinque rodarum terre per Willelmum West de Abthrop'.
Carta donacionis iij acrarum terre per Iohannem filium Rogeri de Abthrop'.
Redditus j oboli de dimidia acra terre ibidem per Ricardum filium Ricardi filij Petri de Abthrop'.
Littera defencionis omnium terrarum quondam Willelmi filij Henrici de Abthrop'. | 68

Carta donacionis homagij et seruicij Abbarici filij Willelmi Pugeys.
Carta donacionis j dimidie acre terre ibidem per Robertum filium Willelmi Leueneth de eadem.
Carta confirmacionis iij acrarum terre ibidem per Iohannem filium Roberti de Lestr' de eadem.
Carta donacionis j acre terre ibidem per Iohannem de la Estr'.
Carta donacionis j dimidie acre terre ibidem per Galfridum de Symely de Abthrop'. | 69

Carta donacionis ij acrarum terre ibidem per Galfridum Balde de Abthrop'.
Quieta clamacio j acre terre ibidem per Rogerum filium Iohannis de eadem.
Concessio j acre terre ibidem per Rogerum filium Iohannis de eadem Abthrop'.
Carta donacionis vj rodarum terre ibidem per Willelmum filium Henrici de eadem.

70

Carta donacionis j acre terre ibidem per Robertum Thommes de Selueston'.
Carta concessionis j acre terre per Petrum le Hoker de Silueston'.
Carta donacionis j rode terre per Galfridum West et Agnetem vxorem eius.
Carta concessionis j acre terre per Agnetem Boterel de Silueston'.

71

Carta donacionis j rode terre ibidem per Galfridum West de Abthrop'.
Littera deliberacionis seisine de j acra terre ibidem.
Littera recuperacionis omnium terrarum quondam Walteri Bacon' in campis de Abthrop'.
Littera warantie omnium terrarum in campis de Abthrop' per Iohannem filium Iohannis de Abthrop'.
Carta concessionis omnium terrarum quondam Rogeri filij Nicholai de Witlebury.
Ad Ricardum Baker de Chaldelake de terris et tenementis ibidem.

Numbers
omitted
by the
scribe

Carta donacionis Henrici carbonarij de vna dimidia acra terre ibidem.

53

Wyttelburye.

74

Carta concessionis medietatis j messuagij ibidem per Rogerum filium Nicholai.
Carta concessionis ij acrarum ibidem per Nicholaum Horwode.
Carta donacionis medietatis vnius messuagij per Philippum capellanum de Silueston'.

73

Carta concessionis cuiusdam terre ibidem per Albricum Forestarium de Witlebury.
Carta confirmacionis cuiusdam ibidem per Henricum filium Rogeri de eadem.
Carta donacionis j messuagij ibidem per Rogerum filium Nicholai de eadem.
Carta donacionis j messuagij ibidem per Nicholaum filium Iordanis.
Carta donacionis j messuagij ibidem per Ingeridam vxorem Nicholai predicti.

74

[†Number omitted by the scribe]

Monkysbern'.

Quieta clamacio de terris et assarto ibidem per Willelmum de
Stapleford'.
Carta donacionis cuiusdam terre ibidem per Iohannem Mares-
callum.
Carta donacionis quateruiginti acrarum ibidem per Willelmum
de Clarisvallibus.
Carta confirmacionis de terris ex donacione Willelmi de Claris-
vallibus per Iohannem Marescallum.

} 46

Conuencio facta inter priorem de Luffelde et Willelmum de
Clarisuallibus de quateruiginti acris terre in quadam parte
bosci sui.
Carta donacionis quateruiginti acrarum Willelmi de Clereuaus
per Willelmum Marescallum filium Willelmi Marescalli comi-
tis Penbroc'.
Carta confirmacionis dictarum quateruiginti acrarum per
Willelmum de Clarisuallibus.
Carta donacionis ac quiete clamacionis de xij denarijs ab an-
tiquo pertinentibus ad castrum North'.
Carta donacionis j dimidie acre terre cum longo prato ibidem
per Willelmum Wrenche.

} 47

Carta donacionis minoris assarti ibidem per Henricum de
Pery.
Conuencio facta inter priorem de Luffelde et Henricum de Pery
de assarto ibidem.
Carta confirmacionis minorum assartorum per Willelmum
filium Henrici de Pyry.

} 48

Indentura ac dimissio toti manerij de Monkesbarne.
Carta donacionis j dimidie acre prati in Longmede per Simonem
filium Ricardi de Estpiry.
Dimissio firme ac manerij de Monkesbarne.

} 49

Conuencio ac concordacio facta inter priorem de Luffelde et
Galfridum de Insula.
Carta donacionis j chemini ibidem per Radulphum de We-
don'.
Dimissio firme de Monkesbarne ad terminos.

} 50

Carta donacionis Iohannis Marescalli domini de Norton' de xij
acris bosci iuxta assartam suam de Monkeswode.

} 63

Towcettyr

Carta vnius tenementi ibidem ex donacione Henrici Pistoris.
Carta donacionis Christiane Wayford de vno tenemento cum
curtilagio in villa de Towcestr' cum pertinencijs.

} 51

Carta donacionis Alicie vxoris Henrici Steg de xij denarijs
ibidem.
Carta donacionis Alexandri filij Alicie de Toucestr' de redditu
sex denariorum.   } 52

Quieta clamacio Radulphi filij Willelmi de terris ibidem.
Carta Agnetis vxoris quondam Radulphi de redditu j oblatus.   } 51
Acquietancia Agnetis filie Radulphi de terris ibidem.

Carta donacionis j solarij cum celario ibidem ex Iohanne filio
Iohannis de Sauuage.   } 52
Carta Iohannis filij Galfridi de j acra terre ibidem.

Conuencio facta inter priorem de Luffelde et Iohannem Botte
et Ceciliam vxore eius de vno messuagio cum pertinencijs in
Towcestr'.   } 54
Dimissio j tenementi in Towcestr' per Thomam Fabrum ad ter-
minum vite.

Carta donacionis Galfridi Coffe ad Iohannem Blundel de j messuagio ibidem.
Carta donacionis Willelmi de Brakeley de Towcestr' de j mes-
suagio ibidem.   } 55
Acquietancia j tenementi in Towcestr' cum pertinencijs a Wil-
lelmo Coke de eadem.

Quieta clamacio vnius messuagij cum pertinencijs in Towcestr'
per Sibillam relictam Willelmi at Lake in Towcestr'.
Indentura de terris et tenementis in Towcestr'.
Dimissio terrarum et tenementorum in Towcestr' per priorem   } 56
-de Luffelde.
Acquietancia Walteri rectoris de Towcestr' de xx marcis.

Dimissio terre et tenementi in Towcet' per priorem de Luffelde.
Conuencio inter priorem de Luffelde et Radulphum de Shaldes-
ton'.
Acquietancia Iohannis le Porter de redditu vj denariorum   } 57
ibidem.
Carta donacionis j acre et dimidie terre per Feliciam vxorem
Edwardi de Towcestr'.

Quieta clamacio omnium tenementorum et terrarum in Tow-
cestr' per Henricum de Gayton'.
Carta confirmacionis j tenementi cum terris in Towcestr' per
Iohannem Botte.
Carta confirmacionis omnium tenementorum et terrarum ibi-   } 58
dem per Hugonem filium Edrich'.
Carta donacionis ij acrarum et dimidie cum pertinencijs in
campis de Burcot' per Feliciam vxorem Edwardi seruientis.

Carta donacionis j denarij ibidem per Robertum le Syre.

Carta donacionis j acre et dimidie cum pertinencijs in campis de Burcot per Feliciam vxorem Edwardi de Towcet'.

Carta confirmacionis j messuagij ibidem per Ceciliam filiam Edriche.

Carta donacionis ij acrarum ibidem per Wibertum portarium de Towcestr'.

59

Carta confirmacionis solarij et celarij in Towcestr' per Iohannem filium Simonis de Saluage.

Relaxacio et quieta per Radulphum de Wedon' de pastura de feodo de Marton'.

Conuencio facta inter priorem de Luffelde et Henricum Grene militem pro monacho in prioratu predicta faciendo ad placitum dicti Henrici Grene.

60

Carta donacionis j prati cum pertinencijs ibidem per Iohannem Gebenum.

61

Carta confirmacionis Iohannis Grene de Towcestr' de omnibus terris et tenementis ibidem.

Carta confirmacionis domini Thome capellani de Towcestr' de omnibus terris et tenementis ibidem existentibus quondam Iohannis Blundel.

Donaciones diuerse per Thomam capellanum de Towcestr'.

62

TEXT OF CHARTERS

I

Notification by Robert, earl of Leicester, to Ralf the butler and all his barons and trusty men that he has given in alms to Malger the monk the small land between Limbreoda and Cepieleia for building houses and an oratory, and as much of the other land of Cerneleia as, on the advice of his friends, he may think fit to give. He has made this gift for the souls of King William and Queen Matilda, of Roger de Beaumont and Adelina his wife, of Robert his father and his antecessors, and for his own soul and that of his brother Waleran. 1124

Fundacio monasterij beate Marie de Luffeld in comitatu Northampton' infra forestam de Whittelwode

Robertus comes Legrecestrie Radulphus [*sic*] pincerna et omnibus baronibus et fidelibus suis salutem. Sciatis me dedisse seruo dei Malgero monacho in elimosina paruam landam que est inter Limbreodam et Cepieleiam ad mansiones et oratorium ibidem faciendum et de alia terra de Cerneleia tantum ad edificandum quantum ego conuenienter considerabo per consilium amicorum meorum. Et hoc feci pro anima regis Anglorum Willelmi et Matilde regine et Rogeri de Bellomonte et Adeline vxoris sue et pro anima patris mei Roberti et antecessorum meorum et pro salute anime mee et fratris mei Gualeraina. Testibus Gualer' comite de Mell' et Osberto capellano et Ricardo magistro et Gubberto capellano et Morino de Pinn et Roberto filio Erchemberti et Galfrido de Turuill' et Radulphus pincerna [*sic*] et Radulpho paruo et Willelmo de Diua et Gosselino marescallo et Osulfo forestario. Et hoc eciam feci per consilium et laudem comitis de Guarenna et Nigelli de Albinneio et Gualeraini fratris mei comitis de Mell'.

L.C. 17r.

NOTE : Dugdale (*Mon. Angl.* IV. 348) gives alternative dates for this charter of 1124 and 1133. The later date cannot be accepted, for the Pipe Roll of 31 Hen. I shows Nigel de Albini to have died in 1129 and William de Diva about a year later. (Ed. Hunter, pp. 24 and 83.)

Tanner (*Notitia*, Northamptonshire, xxii) gives its date as 1124, and this can be regarded as the traditional date.

Knowles and Hadcock (*Medieval Religious Houses*, 70) consider that No. 4 shows the Priory to have been founded 1116–18. As the present charter is plainly of the second earl of Leicester, they presumably reject it as the foundation charter, for the second earl only succeeded his father in 1118. Against their view it must surely be urged that that No. 4 in no way demonstrates the existence of the Priory at that time,

C   15

and that the tradition in the Priory evidently was that the second earl of Leicester had been its founder, and that this was his foundation charter.

The insistent mention of Waleran, count of Meulan, the earl's brother, tends to confirm the traditional date. In March of this year, the count, in rebellion against Henry I, was worsted in a skirmish in Normandy and taken prisoner. Henry was a savage antagonist: at least two of Waleran's knights, one of them, Geoffrey de Turville, a witness to this charter, were blinded. Before and after the surrender of the castle of Beaumont, and the final collapse of the revolt, the earl must have felt the deepest anxiety for his brother's safety, from which feeling this act of piety may well have derived.

2

Writ of Henry I, addressed to Richard Basset, Aubrey de Vere, Hugh de Kaynes and his foresters of Whittlewood: The monks of Luffield are in his alms, and are to have protection and be allowed their easements in the forest as in times past. [1130–3]

Carta regis Henrici primi

Henricus rex Anglie R. Basset et A. de Ver' et Hugoni de Chahan' et omnibus forestarijs suis de Whitlewoda salutem. Precipio quod prior et monachi de Luffelde qui sunt in elimosina mea et homines eorum et omnia sua sint bene et in pace mea firma. Et custodite et manutenete eos et omnia sua et facite eis habere aisiamenta sua de foresta mea conuenienter et sine vasto sicut habere solent. Quare precipio quod non patiamini quod vlla iniuria vel contumelia fiat eis quia ipsi in mea manu et tutela sunt. Teste R. Basset apud Wdestoc.

L.C. 17r.

3

Writ of the Empress Maud notifying her lieges of Northamptonshire and Buckinghamshire that the monks of Luffield are in her protection and care. 1141

Matilde imperatricis

M. imperatrix regis Henrici filia omnibus fidelibus suis de Northamtescira et Buchinghamscira salutem. Precipio quod omnes res monachorum de Luffelda sint in mea firma pace ne aliquis rebus eorum quibuscunque forisfaciat quia ipsi sunt in mea proteccione et tenseria et omnes res eorum. Teste Roberto de Oilli apud Oxeneford'.

L.C. 17r.

4

Writ of Queen Matilda, addressed to Vitalis Engaine and William de Lisures: They are bidden to take Malger the monk and his servants to

H. dei gra Rex Angl z Dux Norm z Aquit z Com And. Vic z ballivis suis z oibz foresta
riis de Hoghtegesir z de Buktegehasir salt. Precipio uob q custodiat z manuteneat z prot
eg z possessioes suas sic mea ppas. ita q nulla ei ut res ut hoib ut possessioib suis iniuria
ut contumelia aut uiolentia faciatis nec fieri pmittatis. Hec paticulari q ipse ut oms
amittant q hre debeant. Et si eis sup hoc in aliq forisface ppterit plenaria eis
fa sib dilce justicia fieri faciatis. qa pre pnoiat ppterea ille z monachi z oia sua sua st in
manu z custodia z ptectoe mea. T. Johe Decano Sar. Apd Wudest.

No. 5

Luffield, as the king gave them leave to stay there, and to afford them protection. 1116–18

Carta Matilde regine Anglie

Matilda Anglie regina Vitali Ingaino et Willelmo de Lusoris salutem. Mando vobis et precor vt pro mei amore deportetis istum Malgerum monachum et seruientes suos in Luffelda quando hoc est quod rex ei ibi remanere concessit et manutenete eum ita ne aliquis ei iniuriam faciat et ita vt inde vobis grates sciant. Teste episcopo Linchol' apud Oxeneford'.

L.C. 17r.
NOTE: Calendared and so dated by Farrer (*Outline Itinerary of Henry I*, 378), and Johnson and Cronne, *Regesta*, 1198.

5

Writ of Henry II, addressed to the sheriffs, bailiffs, and foresters of Northamptonshire and Buckinghamshire, bidding them give protection to John, prior of Luffield, whom the king himself caused to be instituted, and to his house, his men, and their possessions. [June–July 1175]

Carta regis Henrici secundi

H. dei gratia rex Angli*e* ⅂ dux Norm*annorum* ⅂ Aquit*anorum* ⅂ comes And*egauorum* ⁚ vic*ecomitibus* ⅂ bailliuis suis ⅂ omnibus forestariis de Norhamtesir*a* ⅂ de Bukingehamsir*a* ⁚ salutem. Precipio uobis quod custodiatis ⅂ manuteneatis ⅂ protegatis Iohannem priorem meum de Luffeld' quem ibi priorem feci institui . ⅂ prioratum illum ⅂ terras ⅂ homines ⅂ omnes res ⅂ possessiones suas sicut meas proprias. Ita quod nullam ei uel rebus uel hominibus uel possessionibus suis iniuriam uel contumeliam aut uiolentiam faciatis ⁚ nec fieri permittatis. nec patiamini quod ipse uel monachi ibidem deo seruientes quicquid de suo nec de pertinentiis que de iure eidem prioratui adiacent ⁚ amittant ⁚ que habere debeant. Et siquis eis super hoc in aliquo forisfacere presumpserit plenariam eis inde sine dilacione iusticiam fieri faciatis . quia prior prenominatus ⅂ prioratus ille ⅂ monachi ⅂ omnia sva sunt in manu ⅂ custodia ⅂ protectione mea. Teste. Iohanne decano Sar' apud Wudest*oc*.

W. 3054 L.C. 17v. Confirmaciones Regum.
7½" × 4¼".
Great seal, white, 2¾" diameter, broken.
No endorsement.
NOTE: The attestation of John, dean of Salisbury, points to this writ having been issued during one of the king's visits to Woodstock in this year (cf. Eyton, *Itinerary of King Henry II*, 191–2).

6

Writ of Stephen, addressed to the bishop of Chester, the justices, barons, and servants, and all his lieges of Warwickshire: He has given to the monks of Luffield the hermitage in the wood of Fleckhampstead that Gerald the monk made there. [1149–54]

Carta regis Edwardi primi [*sic*]

E. [*recte* S.] rex Anglie episcopo Cestrie et iustic' et vicecomitibus et baronibus et ministris et omnibus fidelibus suis de Warwicshira salutem. Sciatis quod dedi in perpetuam elemosinam deo et ecclesie beate Marie de Luffelde et monachis ibidem deo seruientibus heremitagium in bosco de Flechamsteda quod Geraldus monachus ibi fecit. Quare volo et firmiter precipio quod ecclesia predicta et monachi teneant illud bene et in pace et libere et quiete ab omni seculari exaccione sicut elemosinam meam dominicam. Teste Roberto cancellario et Rogero de Frag' et Fulcone de Oilli apud London'.

L.C. 17v.

NOTE: The attestations of Robert the chancellor and Roger de Fraxino establish this as a writ of Stephen. The bishop of Chester to whom it is addressed must be Walter Duredent (1149–59) who consecrated the hermitage chapel. The bull of Alexander III (No. 8) confirms the Priory in its possession of the hermitage, but there is no other evidence that they ever possessed it, nor that this gift took effect. For its known history see *V.C.H. Warwickshire*, Vol. VI, pp. 234–5.

7

Bull of Eugenius III, addressed to William the prior and the brethren of Luffield, confirming to them the possessions they now have, or may afterwards acquire. 13 February 1152

Priuilegium Eugenij pape iij

Eugenius episcopus seruus seruorum dei dilectis filiis Willelmo priori Luffeldensis monasterii eiusque fratribus tam presentibus quam futuris regularem vitam professis imperpetuum. Religiosis desideriis dignum et facilem prebere consensum . ꝛ iustis petitionibus congruum impertiri suffragium . quatenus et deuotionis sinceritas laudabiliter enitescat . et utilitas postulata iures indubitanter affirmat. Eapropter dilecti in domino filij uestris iustis postulationibus clementer annuimus . et prefatam ecclesiam in qua diuino mancipati estis obsequio sub beati Petri et nostra protectione suscipimus . et presentis scripti priuilegio communimus . Statuentes . ut quascunque possessiones . quecunque bona eadem ecclesia in presentiarum iuste et canonice possidet . aut infuturum concessione pontificum . largitione regum uel principum . oblatione fidelium . seu aliis iustis modis prestante domino poterit adipisci firma uobis uestrisque successoribus et illibata permaneant. Decernimus ergo ut nulli omnino hominum liceat prefatam ecclesiam temere perturbare . aut eius possessiones auferre . uel ablatas retinere . minuere . seu aliquibus vexationibus fatigare . sed omnia inconcussa et integra conseruentur eorum pro quorum gubernatione ac sustentione concessa sunt usibus omnimodis profutura . Salua diyocesani episcopi canonica iustitia. Siqua igitur infuturum ecclesiastica secularisue persona hanc nostre constitutionis paginam sciens contra eam temere uenire temptauerit . secundo tercioue commonita nisi presumptionem suam congrua satisfactione correxerit . potestatis honorisque sui dignitate careat . reamque se diuino iuditio existere de perpetrata iniquitate cognoscat . et a sacratissimo corpore ac sanguine dei et domini redemptoris nostri Ihesu Christi aliena fiat. atque in extremo examine districte ultioni subiaceat. Cunctis autem eidem loco sua iura seruantibus sit pax domini nostri Ihesu Christi. quatenus et hic fructum bone actionis percipiant. ⁊ apud supremum iudicem premia eterni pacis inueniant. Amen. Benedicite. Amen.

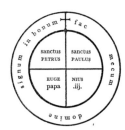

Ego Evgenius catholice ecclesie episcopus subscripsi.

BENEVALETE
(in monogram)

✠ Ego Otto diaconus cardinalis sancti Georgii ad uelum aureum subscripsi.

✠ Ego Rodulfus diaconus cardinalis sancte Lucie in septa solis subscripsi.

✠ Ego Gregorius presbiter cardinalis tituli sancti Calixti subscripsi.

✠ Ego Nicolaus Albanensis episcopus subscripsi.

✠ Ego Gregorius diaconus cardinalis sancti Angeli subscripsi.

✠ Ego Iulius presbiter cardinalis tituli sancti Marcelli subscripsi.

✠ Ego Hugo Hostiensis episcopus subscripsi.

✠ Ego Rollandus . presbiter cardinalis sancti Marci subscripsi.

✠ Ego Gerardus presbiter cardinalis tituli sancti Stephani in monte celio subscripsi.

Datum Signie per manum BOSONIS sancte Romane ecclesie scriptoris . idibus Februarii indictione xv Incarnationis dominice anno M°.C°.L°.I° Pontificatus uero domni EUGENII. pape. iij. anno septimo.

W.3008   L.C. 17v.–18r.
17¾″ × 21″.
Leaden bulla of Eugenius III, 1½″ diameter.
No endorsement.

8

Bull of Alexander III, addressed to Ralf, prior of Luffield, confirming them generally in their possessions, and in particular: The place where their church is, the place of St Mary, the chapel of St Thomas the Martyr, the place of St Mary at Fleckhampstead, the place of St Mary at Charleia, the place at Bradwell, the vill of Evershaw, the land they have in Lamport, Wavendon, Salden (and two-thirds of the demesne tithes there), Leckhampstead, Westbury, Bedford (with a house in front of the archdeacon's gate), and Silverstone; a tithe of the bread of the houses of Hamo son of Meinfelin, William le Brun, William de Plumpton, Godfrey de Lillingstone, and a house in Northampton. 10 June 1174

Priuilegium Alexandri pape iij

Alexander episcopus seruus seruorum dei dilectis filijs Radulfo priori sancte Marie de Luffelde [et] eiusdem fratribus tam presentibus quam futuris regularem uitam professis imperpetuum. Religiosam uitam eligentibus apostoli cum conuenit ad esse presidium ne forte cuiuslibet temeritatis incursus aut eos a proposito reuocet aut robur quod absit sacre religionis infringat. Ea propter dilecti in domino filij uestris iustis postulacionibus clementer annuimus et prefatam ecclesiam in qua diuino mancipati estis obsequio sub beati Petri et nostra proteccione suscipimus et presentis scripti patrocinio communimus. Statuentes ut quascunque possessiones quecunque bona eadem ecclesia in presenciarum iuste et canonice possidet aut in futurum concessione pontificum largicione regum vel principum oblacione fidelium seu alijs iustis modis prestante deo poterit adipisci firma uobis uestrisque successoribus et illibata permaneat. In quibus hec proprijs duximus exprimenda uocabulis locum ipsum in quo prefata ecclesia sita est cum omnibus pertinencijs suis ecclesiam sancte Marie de Dodeford' cum omnibus pertinencijs suis locum sancte Marie capellam sancti Thome martiris locum sancte Marie de Flechamstude cum omnibus pertinencijs suis locum sancte Marie de Charleia cum omnibus pertinencijs suis locum de Bradewell cum omnibus pertinencijs suis villam que dicitur Euersawe cum omnibus pertinencijs suis terram quam habetis in Langeport terram quam habetis in Langeport[1] [sic] terram quam habetis in Wauendune terram quam habetis in Saldene duas partes decimarum de dominio eiusdem ville terram quam habetis in Lechamstude terram quam habetis in Westburi terram quam habetis in Bedford' cum quodam manso ante portam archidiaconi terram quam habetis in Selueston' decimam panis de domo Hamonis filij Meinfelini decimam panis de domo Willelmi le Brun decimam panis de domo Willelmi de Plumton' decimam panis de domo Willelmi[2] de Lillingstan' domum quam habetis in Northampton'. Preterea cum commune interdictum terre fuerit liceat uobis clausis ianuis exclusis excommunicatis et interdictis non pulsatis campanis suppressa uoce diuina officia celebrare. Sane noualium uestrorum que proprijs manibus aut sumptibus colitis siue de nutrimentis uestrorum animalium nullus a uobis decimas presumat exigere. Liceat quoque uobis clericos vel laicos liberos et absolutos e seculo fugientes ad commissionem uestram recipere et eos absque ulla contradiccione in uestro monasterio retinere. Prohibemus insuper ut nulli fratrum uestrorum post factam in eodem loco possessionem sine licencia prioris sui aliqua leuitati fassit de claustro discedere discedentem uero absque communium litterarum cautione nullus audeat retinere. Nulli eciam liceat uobis vel ecclesijs uestris nouas et indebitas exacciones imponere antique uero et racionabiles consuetudines libertates et immunitates ecclesie uestre uobis et eidem ecclesie auctoritate apostolica confirmamus. Sepulturam quoque ipsius loci liberam esse decernimus ut eorum deuocioni et extreme uoluntati qui se illic sepeliri deliberauerint nisi forte excommunicati uel interdicti sint nullus obsistat salua tamen iusticia matris ecclesia. Obeunte uero te nunc eiusdem loci priori uel tuorum quolibet successorum nullus ibi qualibet surreptionis astucia seu uiolencia proponatur nisi quem fratres communi consensu uel fratrum pars consilij sanioris secundum dei timore et beati Benedicti regulam prouident eligendum. Decernimus igitur ut nulli omnino hominum liceat prefatam ecclesiam temere perturbare aut eius possessiones auferre uel ablatas retinere imminere seu quibuslibet uexacionibus fatigare sed illibata omnia et integra conseruentur eorum pro quorum gubernacione et sustentacione concessa sunt usibus omnimodis perfutura. Salua sedis apostolice auctoritate et diocesani episcopi canonica iusticia. Si qua igitur in futurum ecclesiastica secularis ue persona hanc nostre constitutionis paginam sciens contra eam temere uenire temptauerit secundo tercio ue commonita nisi presumpcionem suam digna satisfaccione correxerit potestatis honorisque sui dignitate careat reamque se diuino iudicio existere de perpetrata iniquitate cognoscat et a sacratissimo corpore ac sanguine dei et domini redemptoris nostri Ihesu Christi aliena fiat atque in extremo examine districte ulcioni subiaceat. Cunctis autem eidem loco sua iura seruantibus sit pax domini nostri Ihesu Christi quatinus et hic fructus bone accionis percipiant et apud districtem iudicem premia eterne pacis inueniant. Amen. Datum Anagne per manum Graciani sancte Romane ecclesie subdiaconi et notarij iiij idibus Iunij indictionis vij Incarnacionis dominico anno m° c° lxx° iiij° pontificatus nostri domini Alexandri pape iij anno xv°.

L.C. 18r.–18v.   Priuilegia ecclesiarum.
W. 3001, part of the earlier cartulary, contains a transcript of this bull, and two important variants occur in it:
    1. Witefeld'. (There is no other mention of land in Whitfield.)
    2. Godefridi. (This is very probably the correct reading.)

9

Bull of Innocent III, confirming to the Priory the churches of Thorn-borough, Dodford, and Water Stratford, and the chapel of Evershaw. 7 October 1206

Priuilegium Innocencij pape iij

Innocentius episcopus seruus seruorum dei dilectis filijs priori et mo-nachis de Luffelde salutem et apostolicam benediccionem. Annuere consueuit sedes apostolica pijs uotis et honestis petencium precibus fauorem beneuolum impertiri. Ea propter dilecti in domino filij uestris iustis postulacionibus grato concurrentes consensu de Thorneberge de Dodford et de Stratford ecclesias capellam de Euershawe cum perti-nencijs suis sicut eas iuste ac pacifice possidetis uobis et ecclesie uestre per nos auctoritate apostolica confirmamus et presentis scripti pat-rocinio communimus. Nulli quoque omnino homini liceat hanc pagi-nam nostre confirmacionis infringere uel ei ausu temerario contraire. Siquis autem hic attemptare presumpserit indignacionem omnipo-tentis dei et beatorum Petri et Pauli apostolorum eius se nouerit in-cursurum. Datum Laterano nonas octobris pontificatus nostri anno 9°.

L.C. 18v.–19r. Priuilegia ecclesiarum.

10

Bull of Boniface VIII, confirming to the Priory the privileges granted to them by his predecessors. 11 April 1302

Priuilegium Bonifacij pape viij

Bonifatius episcopus seruus seruorum dei. Dilectis filijs. . priori et conuentui monasterij de Luffelde per priorem soliti gubernari ordinis sancti Benedicti Lincolniensis diocesis salutem et apostolicam benedictionem. Solet annuere sedes apostolica pijs uotis et honestis petentium precibus fauorem beniuolum impertiri. Eapropter dilecti in domino filij uestris iustis postulacionibus grato concurrentes assensu omnes libertates et immunitates a predecessoribus nostris Romanis pontificibus siue per priuilegia seu alias indulgentias uobis et monas-terio uestro concessas necnon libertates et exemptiones secularium exactionum a regibus et principibus ac alijs Christi fidelibus rationa-biliter uobis indultas sicut ea omnia iuste et pacifice obtinetis uobis et per uos eidem monasterio auctoritate apostolica confirmamus et pre-sentis scripti patrocinio communimus. Nulli ergo omnino hominum liceat hanc paginam nostre confirmationis infringere seu temerare contraire. Siquis autem attemptare presumpserit indignacionem om-nipotentis dei et beatorum Petri et Pauli apostolorum eius se nouerit incursurum. Datum Laterano iij idibus Aprilis et pontificatus nostri anno octauo.

W. 3010   L.C. 19r.   Priuilegia ecclesiarum.
13¼" × 9½".
Leaden bulla of Boniface VIII.
No endorsement.

II

Bull of Nicholas IV in the same terms. 1 September 1291

Priuilegium Nicholai pape iiij

Nicolaus episcopus seruus seruorum dei. dilectis filijs. . priori et con-uentui monasterij de Loffeld' per priorem soliti gubernari ordinis sancti Benedicti Lincolniensis diocesis salutem et apostolicam benedictionem. Solet annuere sedes apostolica pijs uotis et honestis petentium precibus fauorem beniuolum impertiri. Eapropter dilecti in domino filij uestris iustis postulationibus grato concurentes assensu omnes libertates et immunitates a predecessoribus nostris Romanis pontificibus siue per priuilegia seu alias indulgentias uobis et monasterio uestro concessas necnon libertates et exemptiones secularium exactionum a regibus et principibus ac alijs Christi fidelibus rationabiliter uobis indultas sicut ea iuste ac pacifice obtinetis uobis et per uos eidem monasterio auctori-tate apostolica confirmamus et presentis scripti patrocinio communi-mus. Nulli ergo omnino hominum liceat hanc paginam nostre con-firmationis infringere uel ei ausu temerario contraire. Siquis autem attemptare presumpserit indignationem omnipotentis dei et beatorum Petri et Pauli apostolorum eius se nouerit incursurum. Datum apud Urbemueterem kalendis Septembris pontificatus nostri anno quarto.

[on fold] Iacobus Anag'

W. 3011   L.C. 19r.–19v.
14½" × 10".
Leaden bulla of Nicholas IV.
No endorsement.

12

Bull of John XXII, confirming to the Priory the lands and tithes they now possess and may afterwards acquire. 11 May 1332

Priuilegium Iohannis pape xxij

Iohannes episcopus seruus seruorum dei. dilectis filijs. . priori et con-uentui monasterij de Luffeld' per priorem soliti gubernari ordinis sancti Benedicti Lincolniensis diocesis salutem et apostolicam bene-dictionem. Cum a nobis petitur quod iustum est et honestum tam uigor equitatis quam ordo exigit rationis ut id per solicitudinem officij nostri ad debitum perducatur effectum. Eapropter dilecti in domino

filij uestris iustis postulationibus grato concurrentes assensu personas
uestras et locum in quo diuino estis obsequio mancipati cum omnibus
bonis que impresentiarum rationabiliter possidetis aut infuturum
iustis modis prestante domino poteritis adipisci sub beati Petri et
nostra protectione suscipimus. Specialiter autem decimas terras possessiones domos prata pascua nemora et alia bona uestra sicut ea
omnia iuste et pacifice possidetis uobis et per uos eidem monasterio
auctoritate apostolica confirmamus et presentis scripti patrocinio
communimus. salua in predictis decimis moderatione concilij generalis. Nulli ergo omnino hominum liceat hanc paginam nostre protectionis infringere uel ei ausu temerario contraire. Siquis autem hoc
attemptare presumpserit indignationem omnipotentis dei et beatorum
Petri et Pauli apostolorum eius se nouerit incursurum. Datum Auinion' v idibus Maij pontificatus nostri anno sextodecimo.

[on fold] Benedictus Pont'

W. 3009   L.C. 19v.   Priuilegia ecclesiarum.
16¾″ × 12¾″.
Leaden bulla of John XXII.
No endorsement.

13

Bull of Innocent III in similar terms. 26 May 1215

Priuilegium Innocencij pape iij

Innocentius episcopus seruus seruorum dei. dilectis filijs. abbati et
conuentui monasterij de Loufelt. salutem et apostolicam benedictionem. Sacrosancta romana ecclesia deuotos et humiles filios ex assuete
pietatis officio propensius diligere consueuit. ut ne prauorum hominum
molestijs agitentur. eos tamquam pia mater sue protectionis munimine
confouere. Ea propter dilecti in domino filij uestris iustis postulationibus grato concurrentes assensu. personas uestras et locum ipsum in
quo diuino estis obsequio mancipati cum omnibus bonis uestris tam
ecclesiasticis quam mundanis que impresentiarum rationabiliter possidetis. aut in futurum iustis modis prestante domino poteritis adipisci, sub beati Petri et nostra protectione suscipimus. Specialiter autem
domos. terras. ortos. prata. nemora. molendina. possessiones. et alia
bona uestra sicut ea omnia iuste et pacifice possidetis. uobis et per uos
eidem monasterio uestro auctoritate apostolica confirmamus. et presentis scripti patrocinio communimus. Nulli ergo omnino hominum
liceat. hanc paginam nostre protectionis et confirmationis infringere.
uel ei ausu temerario contraire. Siquis autem hoc attemptare presumpserit. indignationem omnipotentis dei. et beatorum Petri et Pauli
apostolorum eius se nouerit incursurum. Datum Roma apud sanctum
Petrum. vij kalendis Junij pontificatus nostri anno septimodecimo.

[on fold] . JC .

No. 14 (2)

W. 3012 L.C. 19r.–20r.
11″ × 9″.
Leaden bulla of Innocent III.
Endorsement illegible.

14

An agreement made in the king's court, whereby the Abbey of Eynsham relinquishes its claim that the Priory of Luffield is subject to it. [June–July 1214]

Carta composicionis et quiete clamacionis inter priorem de Luffelde. et abbatem de Eynesham

Indented at the top

CYROGRAPHUM

Uniuersis sancte matris ecclesie filiis ad quos presens carta peruenerit. A. diuina miseracione abbas Eẏnesham' totusque eiusdem loci conuentus. salutem. in domino. Ad uniuersitatis uestre noticiam uolumus peruenire nos diuine pietatis intuitu vnanimique consensu quietam clamasse de nobis ⁊ successoribus nostris in perpetuum priori ⁊ conuentui Luffeld' ad promocionem domus eiusdem Luffeld' omnem questionem quam contra predictam domum Luffeld' habuimus super subieccione eiusdem domus Luffeld'. Quia nos proposuimus eandem domum Luffeld' nobis ⁊ domui nostre esse subiectam. ⁊ quicquid iuris in eadem domo. uel subieccione eiusdem domus tam in rebus quam in personis uendicauimus. ⁊ nos habere proposuimus ⁝ omnino eisdem priori ⁊ conuentui Luffeld' remississe imperpetuum. Volumus itaque ⁊ concedimus ut eadem domus Luffeld' tam in creatione rectoris quam in professione monachorum. nec non ⁊ in omnibus aliis spiritualibus ⁊ temporalibus a nobis ⁊ a successoribus nostris imperpetuum sit libera ⁊ soluta. nec in temporalibus. nec in spiritualibus nobis siue successoribus nostris in aliquo habeatur subiecta. Omnia uero instrumenta que penes nos super prefata domo ⁊ subieccione eiusdem domus habuimus prefatis priori ⁊ conuentui Luffeld' restituimus. fideliter promittentes. ut si de cetero aliqua instrumenta aliquo casu super subiectione prefate domus apud nos reperta fuerint ⁝ illis non utemur. sed uolentes ipsa omnino viribus carere priori ⁊ conuentui Luffeld' eadem restituemus. Et ne istud futuris temporibus in irritum possit reuocari ⁝ uel aliquo modo ab aliquibus retractari. prefatam remissionem concessionem. ⁊ quietam clamacionem presenti scripto in modum cẏrographi confecto ⁊ sigillorum nostrorum appositione confirmauimus. Hiis testibus. Rogero decano Lincoln'.R. et .W. de Norhamton' ⁊ Bukingeham'. archidiaconis. Sẏmone de Pateshull'. Iocelino de Stiuechleẏa. Iacobo de Potern'. Rogero Huschard'. Henrico de Ponte Audomar'. tunc iustic*iariis* domini regis in banco. A. priore de Brakel'. Gileberto decano de Icteslepe. Magistro

Helẏa de Tri*nitate*. Martino de Pateshull' clerico. Radulfo Hareng. Thoma de Chẏmili. Willelmo de Castell'. Roberto de Sẏdem'. Ricardo Pull' clericis. ꝫ multis aliis.

W. 2403   L.C. 20r.   Priuilegia ecclesiarum.
Seals: 1. Green oval seal of Adam, abbot of Eynsham. 2⅞″ × 1¾″. The Blessed Virgin Mary, seated, with child. Below, the abbot, full length with crozier. – – – – LLUM ADE GRA – – – – – AB – – – – – EYNESHAM – – – – – – DITUS EX ADAM TUEATUR. AMEN. DEUS ADAM.
2. Green oval seal of the abbey of Eynsham. 3⅜″ × 2″. The coronation of the Virgin. Below, the abbot praying. SIGILLUM ECCLESIE SANCTE G – – – – – S ET SANCTE MARIE EGNESHAMIE.
Endorsed: Eynesham. Quieta clamancia subieccionis.
NOTE: For the date see No. 14A. Printed by Salter, *Cartulary of the Abbey of Eynsham* (Oxford Historical Society, Vol. XLIX), I. pp. 171–2. The clause beginning 'fideliter promittentes' undertaking to restore documents that might thereafter be found, does not occur.

14A

Final concord in the king's court between Adam, abbot of Eynsham, and Roger, prior of Luffield, touching the subjection of the Priory to the Abbey. 25 June–2 July 1214

Indented at the top and right-hand side
CIROGRAPHUM

Hec est finalis concordia facta in curia domini regis apud Westmonasterium in octabis sancti Iohannis baptiste anno regni regis Iohannis .xvj^{mo} coram .P. Wintoniensi episcopo Simone de Pat' Iacobo de Poterna. Rogero Huscarl'. Ioscelino de Stiuecle. iusticiariis ꝫ aliis fidelibus domini regis tunc ibi presentibus. Inter Adam abbatem de Einesham. ꝫ Rogerum priorem de Luffeld' de subiectione domus de Luffeld'. quam idem abbas clamauit pertinere ad abbatiam de Einesham. Et vnde placitum fuit inter eos in eadem curia. Scilicet quod predictus abbas remisit ꝫ quietum clamauit . de se ꝫ successoribus suis ꝫ conuentui de Luffeld' inperpetuum totum ius ꝫ clamium quod habuit in omnimoda subiectione predicte domus de Luffeld' . tam in spiritualibus quam in temporalibus. Et pro hac quieta clamancia ꝫ fine ꝫ concordia ⁖ predictus prior concessit eidem abbati decem solidatas redditus in Westmolendino de Wulfrinton' . scilicet illas decem solidatas redditus ⁖ quas Willelmus filius Hamonis dedit ecclesie de Luffeld'. percipiendas eidem abbati ꝫ successoribus suis per manum illius quicunque molendinum illud tenuerit ⁖ ad duos terminos anni . scilicet ad annunciacionem beate Marie quinque solidos ꝫ ad festum sancti Michaelis quinque solidos.

W. 3062
8″ × 3½″.
NOTE: This is the earliest mention of Prior Roger. Printed in the *Eynsham Cartulary* (op. cit. Vol. I, No. 230).
Endorsed: M de Luffeld' Finalis concordia de Heynesham.

15

Bull of Boniface VIII, appointing the prior of St Bartholomew, London, judge delegate to hear an appeal by the Priory from a judgment of the official of Lincoln in favour of William, rector of Towcester. 18 February 1301

Priuilegium Bonifacij pape viij

Bonifatius episcopus seruus seruorum dei dilecto filio. . priori sancti Bartholomei Londoniensis salutem et apostolicam benedictionem. Significarunt nobis . .prior et conuentus monasterij de Luffeld' per priorem soliti gubernari ordinis sancti Benedicti Lincolniensis diocesis quod cum magister Willelmus rector ecclesie Toucestre eiusdem diocesis ipsos super quibusdam decimis et rebus alijs coram . .officiali Lincolniense non ex delegatione apostolica traxisset in causam dicti prior et conuentus ex eo sentientes ab officiali predicto indebite se grauauari [sic] quod postquam aliquamdiu in eadem causa processum extitit acta in iuditio coram eo habita per que causa instruebatur predicta in autenticam scripturam redigi facere contra iustitiam recusauit humiliter requisitus ad sedem apostolicam appellarunt. Cum autem dicti prior et conuentus sicut asserunt predicti rectoris potenciam merito perhorrescentes ipsum infra ciuitatem et diocesem Lincolniensem nequeant conuenire secure discrecioni tue per apostolica scripta mandamus quatinus uocatis qui fuerunt euocandi et auditis hinc inde propositis quod iustum fuerit appellacione remota decernas. faciens quod decreueris per censuram ecclesiasticam firmiter obseruari. Testes autem qui fuerint nominati si se gratia odio uel timore subtraxerint censura simili appellatione cessante compellas ueritati testimonium perhibere. Datum Laterano xij kalendas Marcij pontificatus nostri anno septimo.

[on fold] Lr. de M . . . .

W. 2945   L.C. 20r.–20v.
16¾″ × 11¾″.
Endorsed: Prior de Loufelt' . . .

16

Bull of Boniface VIII to the same effect as the preceding. 2 December 1302

Priuilegium Bonifacij pape viij

Bonifatius episcopus . seruus seruorum dei . dilecto filio . .priori de Sancto Bartholomeo Londiniense salutem et apostolicam benedictionem. Sua nobis . .prior et conuentus monasterij de Luffelde per priorem soliti gubernari ordinis sancti Benedicti Lincolniensis diocesis petitione monstrarunt quod cum magister Willelmus rector ecclesie de Towecestria eiusdem diocese ipsos super quibusdam decimis et

rebus alijs coram . .officiali Lincolniense non ex delegatione apostolica traxisset in causam dicti prior et conuentus ex eo sentientes ab
officiali predicto indebite se grauari quod postquam in eadem causa
aliquandiu processum extitit acta in iudicio coram eo habita per que
causa instruebatur predicta in autenticam scripturam redigi facere
iustitiam recusauit humiliter requisitus ad sedem apostolicam appellarunt. Cum autem dicti prior et conuentus sicut asserunt potentiam
predicti rectoris merito perhorrescentes eum infra ciuitatem uel diocesem Lincolniensem nequeant conuenire secure discrecioni tue per
apostolica scripta mandamus quatinus si est ita reuocato in statum
debitum quicquid post appellationem huiusmodi inueneris temere
attemptatum audias causam et appellatione remota debito fine decidas faciens quod decreueris per censuram ecclesiasticam firmiter obseruari. Alioquin partes ad prioris iudicis renuctos examen. appellantem
in expensis legitimis condempnando. Testes autem qui fuerint nominati si se gratia odio uel timore subtraxerint censura simili appellatione cessante compellas ueritati testimonium perhibere. Datum
Laterano iiij nonas Decembris pontificatus nostri anno octauo.

W. 2946   L.C. 20v.   Priuilegia ecclesiarum.
15″ × 14½″.
Endorsed: Mandatum Bonifacij pape viij priori sancti Bartholomai pro decimis in Challake
(15th century).

17

Bull of John XXII, appointing the prior of Dunstable judge delegate to
hear an appeal from a judgment of the prior of Snelshall in favour of Bradwell priory who had sued Luffield for possession of the church of Thornborough. 14 March 1330

Priuilegium Iohannis pape xxij

Iohannes episcopus seruus seruorum dei dilecto filio . .priori monasterij de Dunstaple per priorem soliti gubernari Lincolniensis diocesis
salutem et apostolicam benedictionem. Sua nobis . .prior et conuentus prioratus de Luffeld ordinis sancti Benedicti Lincolniensis
diocesis petitione monstrarunt quod licet ipsi parriochialem ecclesiam
de Thornberge dicte diocesis in proprios usus canonice obtinerent
prout obtinent et tam ipsi quam predecessores eorum predictam ecclesiam a tempore quo eam in huiusmodi usus habuerunt tenuerunt et
possiderunt et tunc tenerent et possiderent pacifice et quiete tamen
. .prior et conuentus prioratus de Bradewelle ordinis et diocesis predictorum falso asserentes quod licet dicta ecclesia eidem prioratui de
Bradewelle canonice annexa fuisset et predecessores eorum predictam
ecclesiam a tempore annexionis huiusmodi aliquandiu pacifice possedissent ut mendaciter pretendebant tamen prefati prior et conuentus
de Luffeld predictam ecclesiam contra iustitiam occuparant et detine-

bant occupatam in ipsius prioris et conuentus de Bradewelle preiudicium et grauamen contra dictos priorem et conuentum de Luffeld
super hoc nostras ad . .priorem de Snelleshale dicte diocesis in communi forma litteras impetrarunt dictosque priorem et conuentum de
Luffeld super hijs fecerunt coram eodem priore de Snelleshale auctoritate litterarum huiusmodi ad iudicium euocari. Ex parte uero dictorum prioris et conuentus de Luffeld ex eo sentientium a prefato
priore de Snelleshale postquam inter partes ipsas in causa huiusmodi
aliquandiu processum extitit coram eo indebite se grauari quod in
fauorem partis aduerse in eadem causa ulterius procedere aut uices
suas alteri committere absque causa rationabili contra iusticiam recusauit expresse ab eis super hoc humiliter et pluries requisitus fuit ad
sedem apostolicam appellatum. Quocirca discretioni tue per apostolica scripta mandamus quatinus uocatis qui fuerint euocandi et auditis hinc inde propositis quod iustum fuerit appellatione remota decernas faciens quod decreueris per censuram ecclesiasticam firmiter obseruari. Testes autem qui fuerint nominati si se gratia odio uel timore
subtraxerint censura simile appellatione cessante compellas ueritati
testimonium perhibere. Datum Auinion' ij idus Martij pontificatus
nostri anno quartodecimo.

* (Contra priorem de Bradewell')

[on fold] Av. diaconus

W. 2764   L.C. 20v.–21r.
19¼″ × 15½″.
Endorsed: Mandatum domini pape Iohannis xxij ad priorem de Dunstable . . .

18

Bull of John XXII, to the same effect as the foregoing, but with additional
aspersions on the conduct of the prior of Snelshall. 14 March 1330

Priuilegium Iohannis pape xxij

Iohannes episcopus seruus seruorum dei dilecto filio . .priori monasterij de Dunstaple per priorem soliti gubernari Lincolniensis diocesis
salutem et apostolicam benedictionem. Sua nobis . .prior et conuentus prioratus de Luffeld ordinis sancti Benedicti Lincolniensis diocesis petitione monstrarunt quod licet ipsi ecclesiam parrochialem de
Thornberge dicte diocesis in proprios usus canonice obtinerent prout
obtinent et tam ipsi quam predecessores eorum predictam ecclesiam a
tempore quo eam in huiusmodi usus habuerunt tenuerunt et possiderunt et tunc tenerent et possiderent pacifice et quiete tamen prior et
conuentus prioratus de Bradewelle ordinis et diocesis predictorum
falso asserentes quod licet dicta ecclesia eidem prioratui de Bradewelle canonice annexa fuisset ac predecessores eorum predictam

ecclesiam a tempore annexionis huiusmodi aliquamdiu pacifice possedissent ut mendaciter pretendebant tamen prefati prior et conuentus
de Luffeld predictam ecclesiam contra iustitiam occuparant et detine-
bant occupatam in ipsorum prioris et conuentus de Bradewelle preiudicium et grauamen contra dictos priorem et conuentum de Luffeld
super hoc nostras ad . .priorem de Snelleshale dicte diocesis in communi forma litteras impetrarunt dictosque priorem et conuentum de
Luffelde super hijs fecerunt coram eodem priore de Snelleshale auctoritate litterarum huiusmodi ad iudicium euocari. Vero quia prefatus prior de Snelleshale postquam aliquandiu inter partes ipsas in
huiusmodi causa coram eo processum extiterat pretendens nimis
ueraciter se de huiusmodi causa propter infirmitatem proprij corporis
ulterius non posse cognoscere ac super hoc alteri uices suas commictere
humiliter requisitus indebite denegans in fauorem partis alterius
eisdem priore et conuentu de Luffeld renitentibus et inuitis causam
et partes easdem ad apostolice sedis remisit examen certam eisdem
partibus terminum prefigendo in quo partes ipse super hijs apud
sedem eandem comparerere [sic] deberent. Pro parte dictorum prioris
et conuentus de Luffeld sentientium exinde indebite se grauari fuit ad
sedem appellatam eandem. Quocirca discretioni tue per apostolica
scripta mandamus quatinus uocatis qui fuerint euocandi et auditis
hincinde propositis quod iustum fuerit appellatione remota decernas
faciens quod decreueris per censuram ecclesiasticam firmiter obseruari. Testes autem qui fuerint nominati si se gratia odio uel timore
subtraxerint censura simili appellatione cessante compellas ueritati
testimonium perhibere. Datum Auinion' ij idus Martij pontificatus
nostri anno quartodecimo.

[on fold] Av. diaconus

W. 2763   L.C. 21r.–21v.   Priuilegia ecclesiarum.
20″ × 13″.
Leaden bulla of John XXII.
Endorsed:
     1. Ricardus de Thorenton
       die xxix Marcii sanctorum festum Lucij 7 Andree.
     2. xiij Iulij.

18A

Testimony of John Poncius, a notary, that the Priory had lodged its appeal
in due form at Bradwell against the judgment of the prior of Snelshall. (See
No. 18.) 30 November 1329

In nomine domini Amen. Presens publicum instrumentum appareat
euidenter quod anno eiusdem ab incarnacione secundum computa-
cionem ecclesie Anglicane. millesimo. CCC°. vicesimo nono. indiccione terciodecima. mense Nouembris die .xxx° pontificatus sanctis-
simi in Christo patris 7 domini nostri. domini Iohannis diuina proui-

dencia pape .xxxij. anno quartodecimo. in mei notarij publici infrascripti. et testium subscriptorum presencia. personaliter constitutus
religiosus vir frater Rogerus de Pateshull' monachus ꝫ procurator
religiosorum virorum prioris ꝫ conuentus de Luffeld' ordinis sancti
Benedicti Lincolniensis diocesis verus ꝫ legitimus. de cuius mandato.
michi notario publico infrascripto. sufficienter constabat. in choro
prioratus de Bradewelle ordinis sancti Benedicti Lincolniensis diocesis.
religioso viro fratri Roberto eiusdem loci priori ibidem tunc presenti.
quandam appellacionem in scriptum redactam. notificauit. ꝫ eam
publice legit. copiamque eiusdem penes eiusdem priorem de Bradewelle dimisit. quam acceptauit ꝫ secum portauit. Tenor dicte appellacionis talis est. ꝫ formam continet subsequentem. In dei nomine
Amen. Cum religiosus vir frater Iohannes prior de Snelleshale. Lincolniensis diocesis iudicem vnicum in causa seu negocio. quod occasione ecclesie de Thorneberge predicte diocese inter religiosos viros. .
priorem ꝫ conuentum de Bradewelle actores ex parta vna. ꝫ priorem
ꝫ conuentum de Luffeld' possessioni ecclesie predicte canonice incumbentes reos ex altera. dudum vertebatur seu verti spectabatur a
sede apostolica delegatum se pretendens. auctoritate predicta dictos
religiosos de Luffeld' modis ꝫ viis. quibus possent sine decreto voca-
cionis personalis precedente . ad certas diem ꝫ locum coram ipso in
predicto negocio fore vocandos decreuerit processuros ac licet per
certificatorum executoris in ea parte deputati manifeste constiterit
dictos religiosos de Luffeld' nullo modo fuisse citatos. Idem tamen
delegatus nimis voluntarie in predicto negocio procedens partem
dictorum religiosorum de Luffeld' reputans legitime citatam cum
non esset. quandam excepcionem. subrepcionis contra rescriptum per
partem dictorum religiosorum de Bradewelle contrapositos religiosos
de Luffeld' in dicto negocio impetratum coram ipso delegato pro-
positam ꝫ in forma iuris conceptam. quamque prius dictis religiosis de
Luffeld' optulit se in forma iuris legitime probaturum. admittere non
curauit. sed in dicto negocio procedere debitam iusticiam partibus
predictis exibere absque causa maledicenter expresse recusans. partibus predictis ad procedendum in predicta causa seu negocio iuxta
formam retro actorum coram eo in ea parte habitorum. certum diem
in curia Romana. contra tenorem ꝫ formam predicti rescripti extra
omnem casum in qua predictum negocium posset ad curiam Roma-
nam deuolui. parte dictorum religiosorum de Luffeld' expresse re-
clamante ꝫ contradicente. prefixit. ꝫ assignauit. nimis iuste in ipsorum
religiosorum de Luffeld' graue preiudicium dampnum non modicum
ꝫ grauamen. Vnde ego frater Rogerus de Pateshulle conmonachus ꝫ
procurator dictorum religiosorum de Luffeld' sentiens ex hiis ꝫ eorum
quolibet dictos dominos meos. ꝫ me eorum nomine per dictum fratrem
Iohannem priorem de Snelleshal' delegatum sedis apostolice in dicto
negocio se pretendentem indebite pregrauari. ad sacrosanctam sedem

D

apostolicam nomine dominorum meorum predictorum in hiis scriptis apello. ꝯ apostolos cum effectu peto; Acte sunt hec. anno indiccione. mense. die. pontificatu. ꝯ loco prenominatis. presentibus Willelmo de Luffeld' Radulpho le Whrẏgte. Willelmo de Fraccino. de Thorneberge. ꝯ aliis testibus ad premissa vocatis. habitis ꝯ specialiter rogatis;. Et ego Iohannes Poncius Cantuariensis dẏocesis publicus auctoritate apostolica notarius et in registro Felicis recordatoris domini Clementis pape quinti capitulo. lxxxxviij°. pontificatus eiusdem anno quinto registratus dicte appellacionis notificacioni lecture. ꝯ ipsius appellacionis copie concessioni vna cum prenominatis testibus presens interfui ꝯ ita sic fieri . vidi . audiui . ꝯ propria manu fideliter scripso . publicaui . ꝯ in hanc publicam formam redegi . meique nomine et signo consueto consignaui . ad hoc specialiter vocatus . ꝯ rogatus ;.

W. 2765
11″ × 16″.
Endorsed: Notificatio appellacionis priori de Bradewell'.

18B

Certificate of the dean of Buckingham that he has cited the prior and convent of Bradwell to attend before the prior of Dunstable, the judge delegate, in the conventual church of St Frideswide in Oxford. 3 July 1330

Reuerendo religionis viro . . priori monasterii beati Petri de Dunstaple per priorem soliti gubernari ordinis sancti Augustini Lincolniensis diocesis iudici vnico in causa seu negocio appellacionis inter partes infrascriptas a sede apostolica delegato ipsius ve commisariis aut commissario decanus de Buckingham salutem. cum obediencia reuerencia ꝯ honore. Mandatum vestrum nuper recepi formam continens infrascriptam Prior monasterij beati Petri de Dunstaple per priorem soliti gubernari ordinis sancti Augustini Lincolniensis diocesis iudex vnicus in causa seu negocio appellacionis inter partes infrascriptas a sede apostolica delegatus . discreto viro decanus de Buckingham salutem. ꝯ mandatis apostolicis firmiter obedire auctoritate qua fungimus in hac parte quam vobis mittimus inspiciendam et eam inspectam nobis illam remittendam vobis iniungimus ꝯ mandamus quatinus citetis seu citari faciatis peremptorie religiosos viros . . priorem ꝯ conuentum de Bradewell' ordinis sancti Benedicti Lincolniensis diocesis partem in hac parte appellatam quod die iouis proxima post festum sanctorum Processi ꝯ Martiniani proximum futurum in ecclesia conuentuali sancte Frideswide Oxon' coram nobis vel commissario nostro compareant ꝯ religiosis viris . . priori ꝯ conuentui de Luffeld' ordinis ꝯ diocesis predictorum parti in hac parte appellanti in dicte appellacionis causa seu negocio de iusticia responsuris processuris vlterius pacturis et recepturis quod iusticia suadebit. Et quid in pre-

missis feceritis nos vel commissarium nostrum dictas diem ꝯ locum
certificetis per litteras vestras patentes harum tenorem modum ꝯ
formam citacionis vestre in hac parte plenius continentes. Datum apud
Dunstaple predictam. idus Iunij anno domini millesimo trescentesimo
triscesimo. Huius igitur auctoritate mandati prefatos priorem ꝯ conuentum de Bradewelle personaliter apprehenses citaui quod die et
loco in vestro mandato contentis coram vobis vel commissariis vestris
aut commissario comparerent pacturos ꝯ recepturos quod tenor dicti
vestri mandati exigit et requiret. Sic que mandatum vestrum reueren-
ter sum executus. Datum apud Stowe quinto nonas Iulii anno domini
millesimo trescentesimo triscesimo.

W. 3059
9¾″ × 3½″.
Fragment of green seal. A head.

19

Bull of Innocent III, appointing judges delegate to hear the cause of the
Priory against Nigel de Salden, whom they accused of detaining land given
to them in alms, relying on a document which he had openly admitted to
be false. 6 October 1206

Priuilegium Innocencij pape iij

Innocentius episcopus seruus seruorum dei dilectis filijs de Cumba et
de Stanlleia abbatibus et priori de Kenelwrth Couuentrensis diocesis
salutem et apostolicam benediccionem. Querelam dilectorum filiorum
prioris et monachorum de Luffelde recepimus continentem quod
Nigellus de Saldene Lincolniensis diocesis terram quandam ecclesie
sue in elemosinam assignatam instrumenti occasione cuiusdam quod
ipse confessus est publice falsum esse detinere presumit in ipsorum
preiudicium et grauamen licet prestito iuramento promiserit quod
ipsos super prefata terra decetero minime molestaret in alijs iniuriosus
eisdem plurimum et molestus existens. Ideoque discrecioni uestre per
apostolica scripta mandamus quatinus partibus conuocatis audiatis
causam et appellacione remota fine debito immunetis faciens quod
decreueritis per censuram ecclesiasticam firmiter obseruari. Testes
autem qui fuerunt nominati si se gracia odio vel timore subtraxerint
simili districcione appellacione cessante cogatis ueritati testimonium
perhibere nullis litteris ueritati et iusticie preiudicantibus a sede
apostolica impetratis quod si non omnes hijs exequendis potueritis
interesse duo uestrum ea nichilominus exequantes. Datum Laterano
ij nonas Octobris pontificatus nostri anno nono.

L.C. 21v.–22r. Priuilegia ecclesiarum.
NOTE : This Nigel is not the lord of Salden. Richard son of Nigel was lord at this time; there
is no evidence of the two being related.

20

Bull of Innocent III, appointing judges delegate to hear the complaint of
the Priory against the Abbey of Eynsham for refusing to observe the composition made by the parties in a suit relating to the subjection of the Priory
to the Abbey. 6 October 1206

Mandatum Innocencij pape iij

Innocentius episcopus seruus seruorum dei dilectis filijs abbati de
Bethlesden' et de Northampton' et de Bukingham archidiaconis .
Lincolniensis diocesis salutem et apostolicam benediccionem. Signifi-
cauerunt nobis dilecti prior et monachi de Luffelde quod cum inter
ipsos ex una parte et abbatem et conuentum de Egnesham ex altera
Lincolniensis diocesis super subieccione et obedientia domus sue
coram bone memorie Cantuarense archiepiscopo et venerabili fratre
nostro episcopo Norwicense auctoritate nostra questio uerteretur
tandem inter eos amicabilis composicio intercessit quam dicti abbas
et conuentus licet hinc inde finiit interposicione fidei roborata renuunt
obseruare. Quocirca discrecioni uestre per apostolica scripta mandamus quatinus composicionem ipsam sicut sine prauitate proinde
facta est et ab utraque parte sponte recepta faciatis appellacione remota per censuram ecclesiasticam firmiter obseruari. Testes autem
qui fuerunt nominati si se gracia odio vel timore subtraxerint simili
districcione appellacione cessante cogatis ueritati testimonium perhibere. Nullis litteris ueritati et iusticie preiudicantibus a sede apostolica impetratis sed si non omnes hijs exequendis potueritis interesse
duo uestrum ea nichilominus exequantes. Datum Laterano ij nonas
Octobris pontificatus nostri anno nono.

W. 3015 L.C. 22r. Priuilegia ecclesiarum.
Leaden bulla of Innocent III.
No endorsement.

21

Bull of Gregory IX, confirming the possessions of the Priory. 14 August 1228

Priuilegium Gregorij pape viiij

Gregorius episcopus seruus seruorum dei dilectis filijs . .priori et
conuentuj de Luffeld': salutem et apostolicam benedictionem: Cum
a nobis petitur quod iustum est et honestum. tam uigor equitatis quam
ordo exigit rationis. ut id per sollicitudinem officii nostri ad debitum
perducatur effectum. Eapropter dilecti in domino filii. uestris iustis
postulationibus grato concurrentes assensu. personas et monasterium
uestrum cum omnibus bonis que impresentiarum rationabiliter possidet. aut in futurum iustis modis prestante domino poterit adipisci.

sub beati Petri et nostra protectione suscipimus. Specialiter autem ecclesiam sancte Marie de Luffeld cum pertinentijs suis. terras quoque possessiones. et alia bona uestras sicut ea omnia iuste ac pacifice possidetis uobis et per uos eidem monasterio uestro auctoritate apostolica confirmamus : et presentis scripti patrocinio communimus. Nulli ergo omnino hominum liceat hanc paginam nostre protectionis et confirmationis infringere : uel ei ausu temerario contraire. Siquis autem hoc attemptare presumpserit indignationem omnipotentis dei. ꝛ beatorum Petri et Pauli apostolorum eius se nouerit incursurum. Datum Perusij xviiij kalendas Septembris pontificatus nostri anno secundo.

W. 3016   L.C. 22r.–22v.
8¼" × 8".
Leaden bulla of Gregory IX.
No endorsement.

22

Notification by John, abbot of Eynsham, that after the hearing of a suit between the Abbey and the Priory, the Abbey has quitclaimed to the Priory its right to receive 10s. yearly in token of their subjection to the Abbey. The Abbey will return to the Priory the documents on which the claim was founded. The Priory has paid ten silver marks for this quitclaim. 13 March 1241

Acquietancia decem solidorum de abbate de Eynesham

Uniuersis sancte matris ecclesie filijs ad quos presens scripta [*sic*] peruenerit J. diuina miseracione abbas de Eignesham totusque [*sic*] eiusdem loci conuentus salutem in domino. Ad vniuersitatis uestre noticiam uolumus peruenire quod mota esset inter nos ex una parte et priorem et conuentum de Luffelde ex altera coram de Wrocstone et de Nortone et de Ministre prioribus iudicibus a domino papa delegatis super redditu decem solidorum annorum nobis a dictis priore et conuentu de Luffelde racione subieccionis aliquando debitorum partibus coram dictis iudicibus in iudicio constitutis lis sub hac forma conquieuit videlicet quod nos unanimi assensu et consilio capituli nostri dictos decem solidos prefatis priori et conuentui de Luffelde vna cum omni accione quam erga eos habuimus uel aliquo tempore habere poterimus deum pro oculis habentes visis eorum instrumentis penitus relaxauimus atque remisimus sub fide nostra firmiter promittentes quod neque nos neque aliqui successorum nostrorum nomine dicti redditus uel racione alicuius subieccionis aduersus eos uel eorum successores de cetero controuersiam mouebimus aut accionem intentabimus. Insuper adiuuentes sub eadem fide quam prius promittendo quod nos omnia instrumenta uel munimenta dicto priori et conuentui de Luffelde contingencia eisdem fideliter restituerimus. Et si tamen fortuito processu temporis aliquid instrumentum penes nos vel successores nostros fuerit repertum quod eos vel eorum successores contingit uel contingere possit eisdem ut predictum est absque omni dilacione resignabimus. Pro hac autem relaxione resignacione siue quieta clamacione dederunt nobis dicti prior et conuentus de Luffelde decem marcas argenti premanibus. Et ne a nobis uel successoribus nostris quod absit istud inirritum possit reuocari nos huic scripto signa nostra vna cum signis dictorum iudicum apposuimus impetratis scilicet et impetrando obiectis et obiciendis et omni auxilio iuris tam ciuilis quam canonici renunciantes. Acta apud Eignesham anno gracie m° cc° x°l in crastino sancti Gregorij. Hijs testibus priore de Wrocston*e* priore de Norton*e* priore de Minstr*e* et eorum commissarijs videlicet Galfrido vicario de Witten*e*   Willelmo eiusdem loci capellano et Roberto Ailwi clerico Ada capellano Ada Palmer Ricardo decano de Thorneberge Roberto decano de Murell Radulfo vicario de Euerssawe Ricardo clerico de Selueston*e* Willelmo de Branteston*e* Symone clerico de Luffelde et alijs.

L.C. 22v.   Priuilegia ecclesiarum.

23

Request by the abbot of Eynsham to the judges delegate to seal the agreement between the Abbey and the Priory. March 1241

Viris venerabilibus et amicis in Christo karissimis de Northon' et de Wrockeston' et de Minstr' prioribus permissione diuina abbas Eignesham salutem. In vestro salutari latorem presencium ad nos dirigentes rogamus ut instrumento formam pacis inter nos continenti signa vestra cum signis nostris ad maiorem inter nos securitatem inposterum velitis apponere eorum sicut decet indempnitati prouidentes. Valete.

L.C. 22v.

24

Notification by Hugh de Kaynes to William, archdeacon of Northampton, and all the faithful, that he has given the church of Dodford to the Priory. [*c.* 1140–8]

Donacio ecclesie beate Marie de Dodeford'

H. de Cah' Willelmo archidiacono de Norhampt' omnibus que [*sic*] fidelibus sancte ecclesie salutem. Notum [uobis sit me concessisse ꝫ] dedisse ecclesie sancte Marie de Luffeld' ecclesiam de Dodeford in elemosinam [pro animabus] patrum meorum ꝫ antecessorum cum omnibus que ad illam predictam ecclesiam pertinent. [Teste Simone capellano ꝫ] Willelmo filio meo ꝫ Stephano [dapi]fero ꝫ Hugone de laforest. Valete.

W. 2455 L.C. 23r. Confirmaciones ecclesiarum. The right-hand side of the letter has
    been lost and the cartulary supplies the missing words.
5″ × 1⅛″.
White round seal, 1½″ diameter, broken, in white bag.
Endorsement illegible.
NOTE: The earliest known occurrence of William de Sancto Claro archdeacon of North-
    ampton is 1140–2; he died in 1168. See also No. 25.

25

Confirmation of the foregoing by Alexander, bishop of Lincoln. [1140–8]

Confirmacio A. Lincolniensis episcopi

A. dei gracia Lincolniensis episcopus vniuersis sancte ecclesie filijs
salutem. Quia ad nostram pertinet curiam iustis subditorum peticioni-
bus congruum exhibere consensum eorumque negocijs omnimoda
intuicione perspicere specialius tamen quiete religiosorum inuigilare
dignum duximus quatenus eo attentis contemplacionis inhereant
sinceritati quo magis fuerunt a perturbacionibus secularibus expediti.
Ea propter dilectis fratribus monachis ecclesie sancte Marie de Luffelde donacionem quam Hugo de Chaines et Ricardus de Chaines
heres eius fecerunt de ecclesia de Dudeford cum omnibus pertinencijs
suis ratam habentes confirmamus et sigilli nostri impressione episcopali auctoritate corroborauimus Testibus Willelmo archidiacono
de Northamtone et Dauid archidiacono de Bukingham Radulfo de
Munen' Ernaldo clerico de Seluestona.

L.C. 23r.

26

Confirmation by Robert de Chesney, bishop of Lincoln. [After 1148]

Confirmacio R Lincolniensis episcopi

R. dei gracia. Linc'. episcopus. vniuersis sancte ecclesie filiis per
Lincolniensem episcopatum constitutis ⁚ salutem. ꝛ dei benediccionem. Quia ad episcopalem pertinet dignitatem curam subditis
exibere. eorum tamen attentius expedit inuigilare negociis. quos ꝛ
conuersatione probatos nouimus. ꝛ quadam ulterioris amicitie ratione
dignos existimamus. Eapropter dilectis in domino fratribus; monachis
de Luffeld' donationem quam Hugo de Chainnes. ꝛ Ricardus de
Chainnes heres eius eis fecerunt. de ecclesia de Dudeford' cum omnibus pertinenciis suis ratam habentes confirmamus. ꝛ presentis sigilli
testimonio. episcopali auctoritate communimus. Testibus. Willelmo
archidiacono. magistro Thoma eius clerico. Rogero Amari. Valete.

W. 2441 L.C. 23r.
5″ × 2½″.
White oval seal, 3″ × 2⅛″. Obverse: full-length mitred figure with crozier; hand uplifted in
    blessing. Reverse rubbed.
NOTE: The date is probably early in his episcopate, as the gift had been made before its
    commencement.

27

Quitclaim by William, prior of Merton, of the right they had claimed in the church of Dodford. [1167–78]

Littera Willelmi de Meriton'

Notum sit omnibus Christi fidelibus ad quos presentes littere peruenerint quod ego Willelmus prior Merton et eiusdem loci conuentus uisis instrumentis prioris et monachorum de Luffelde et iure eorum quod habent in ecclesia de Dodeford plenius cogito appellacionem quam apud Lamehud' coram domino episcopo Lincolniense super memorata ecclesia nos habere asserebamus imperpetuum renunciauimus. Et ut hoc ratum et inconcussum semper permaneat presens scriptum sigillo nostro communire dignum duximus. Hijs testibus Willelmo priore hospitalis sancti Iohannis Northampton H. decano Northampton Willelmo de Dereby canonicis et alijs.

L.C. 23r.
No endorsement.
NOTE : The limiting dates are those as given for William, prior of Merton, in *V.C.H. Surrey*, Vol. 2, p. 102. The family of Kaynes had also been benefactors of Merton Priory and the claim now abandoned may have been founded on one of these grants.

28

Notification by Christian, prior of Thetford, to the judges delegate that the bearer has been appointed the attorney of the priory of Thetford in the suit between them and the monks of Luffield. [1167–74]

Littera Christiani prioris de Thefford'

Reuerendis patribus Rogero dei gracia Wigorn' episcopo et domino Simoni abbati sancti Albani delegatis iudicibus frater Christianus prior Theffordie eidemque totius loci conuentus salutem. et oraciones. Mittimus ad uos latorem presencium sufficienter acturum coram uobis loco nostro super transaccione que facta est inter nos et monachos de Luffelde et fidei interponere confirmata permittentes et nos ratum habitos quicquid ipse fecerit super ea que uertebatur inter nos et fratres predictos.

L.C. 23v.   Confirmaciones ecclesiarum.
NOTE : Simon was elected abbot of St Albans in 1167; Roger fitz-Count, bishop of Worcester, died in 1174. Christian does not appear in the list of priors given in *V.C.H. Norfolk*, Vol. II, p. 393. No ground for the claim can be suggested.

No. 31

29

Notification by Roger, bishop of Worcester, of the termination of the suit between the prior of Thetford and the monks of Luffield. [1167–74]

Littera R. Wigornensis episcopi de ecclesia de Dodeford'

Uniuersis sancte matris ecclesie filijs R. dei gracie Wigornensis ecclesie minister salutem. Ad uniuersorum referimus noticiam quod controuersia que uertebatur inter priorem de Thefford' et monachos de Luffeld' super ecclesiam de Dodeford' et nobis et dilecto in Christo fratre Simone abbati sancti Albani ab Alexandro papa tercio commissa fuerat communiter terminanda sub hoc fine quieuit memoratus siquidem prior de Thefford' compaciens paupertati monachorum de Luffeld' iuri quod sibi uendicabat in ecclesia de Dodeford' penitus renunciauit et eandem ecclesiam predictis monachis cessit. Hanc autem renunciationem uiua uoce fecit Christianus prior de Thefford' in presencia nostra constitutus et postmodum eandem plenius prestatus est per litteras sui conuentus quas nobis destinauit.

L.C. 23v.

30

Renunciation by the prior and convent of Thetford to the Priory of Luffield, on compassionate grounds, of the right they had claimed in the church of Dodford. [1167–74]

Littera prioris et conuentus de Thefford de ecclesia de Dodeforde

Dilectis fratribus nostris de Luffelde prior et conuentus sancte Marie de Theffordia salutem et dileccionem in Christo Ihesu. Compacientes paupertati ecclesie vestre vestrisque sumptibus ac uestris [sic] parcentes controuersie que uertebatur inter nos super ecclesiam de Dodeford pie cedimus et iuri quod in eadem ecclesia reclamabamus uobis et ecclesie uestre pariter renunciamus. Valete in domino.

L.C. 23v.

31

Notification by the judges delegate that a suit between the Priory and A., clerk, had been settled by A. renouncing his right in the church of Dodford in return for a perpetual pension of 20s. 9 April 1176

Littera iudicum ecclesie de Dodeford

Not indented. Letters cut through

ᴊIXƎ˥Iꝺ SVIƆIᴊSꝴI ᴊƎ SꝴNIꟽOꝺS SꝴᴊSꝴI

A. Cirec'. ꓶ R. sancti Augustini Bristod'. dei gracia dicti abbates.

vniuersis sancte ecclesie filiis salutem. Ad publicam uolumus noticiam deuenire. quod cum dominus papa Alexander. iij. causam que inter priorem ꝛ fratres de Luffeld'. ꝛ A. clericum super ecclesiam de Dodeford' uertebatur. nobis cognoscendam ꝛ fine debito terminandam comisisset ⁖ partibus in presencia nostra constitutis inter eos tandem amicis mediantibus sub hac transactionis forma conuenit videlicet quod iam dictus. A. omni iuri quod in prescripta ecclesia de Dodeford'. sibi competere asserebat. iuramento corporaliter prestito renunciauit. a lite omnino recedens. xx. solidos. perpetuo ab ecclesia de Luffeld' ad duos terminos percepturis .x. ad Pascha. ꝛ .x. ad festum Sancti Michaelis. apud Butlesden per manum sacriste eiusdem ecclesie aut alicuius alterius fratris. cui predictus. A. ipsam pecuniam tradendam assignauerit. Quotienscumque uero ecclesia de Luffeld'. per annum a solucione cessauerit⁖ in duplum nomine pene eodem anno tenebitur. Nos itaque auctoritate. qua in hac causa fungebamur ⁖ transactionem istam confirmamus ne possit denuo in litem reuocari. Celebrata est autem hec transactio anno domini mclxxvj. fera .v. infra octavo Pasche apud Cirec'. His testibus. R. priore sancte Fridewise. Oxenford'. Radulfo ꝛ Willelmo canonicis Cirec'. Willelmo ꝛ Ricardo canonicis sancti Augustini Bristod'. magistro Samuele ꝛ Ricardo fratre eius. magistro Gilleberto de Crical'. Henrico de Brudeshal'. Radulfo de Latthon'. Petro de Monte Forti. Waltero de Cherlecot' Beniamin de Edbrict'.

W. 2436   L.C. 23v.–24r.
7″ × 4″.
White oval seal of the abbot of Cirencester, 2⅝″ × 1¾″. Full-length, seated, mitred, figure with a sprig in his right hand and a book in his left. SIGILLUM – – – – –. Tag for the seal of the abbot of St Augustine.

32

Confirmation to the Priory by St Hugh, bishop of Lincoln, of the churches of Dodford and Thornborough and a mediety of the church of Beachampton. [1189–91]

Confirmacio sancti Hugonis Lincolniensis episcopi ecclesiarum de Thorneberg' et Dodeford'

Omnibus Christi fidelibus ad quos presens scriptum peruenerit. Hugo dei gratia Linc' episcopus eternam in domino salutem. Ut ea que locis religiosis dei intuitu a fidelibus collata sunt absque perturbatione possideantur ⁖ priorum sollicite procurauit prudentia. ipsa eis scriptis autenticis confirmando. Quorum nos uestigia sectantes . dilectis filiis nostris in Christo monachis de Luffeld' beneficia que eis fidelium contulit deuocio . sicut ipsis ꝛ domui eorum rationabiliter collata sunt confirmare ꝛ in presenti scripto annotare dignum duximus. Ex dono

Radulfi de Caignes ecclesiam sancte Marie de Dudeford'. Ex dono Hamonis filii Meinphlin ꞉ ecclesiam de Torneberg'. Ex dono Ricardi filii Nigelli ꞉ medietatem ecclesie sancte Marie de Bechhamton'. Hec omnia beneficia cum omnibus ad ea pertinentibus sicut in cartis donatorum atque archidiaconorum a quibus in ipsis iam dicti monachi fuerunt instituti ꞉ continentur ꞉ eis concedimus inperpetuum possidenda presenti que scripto atque sigilli nostri patrocinio confirmamus. Saluis episcopalibus consuetudinibus ⁊ Lincolniensis ecclesie dignitate. Hiis testibus. Roberto abbate Nutel'. Magistro Rogero de Rolueston'. Magistro Ricardo de Swalewetl'. Galfrido de Lecchelad'. Roberto de Capella. Iohanne decano de Preston'. Eustachio de Wilton'. ⁊ aliis multis.

W. 3057   L.C. 24r.   Confirmaciones ecclesiarum.
6″ × 5½″.
White seal in bag.
NOTE : For date cf. *Oseney Cartulary*, IV. 410–11.

33

Confirmation to the Priory by Robert Kilwardby, archbishop of Canterbury, of their right to appropriate to their own use the churches of Dodford and Thornborough and the chapel of Evershaw. 3 May 1277

Confirmacio Roberti Cantuariensis archiepiscopi ecclesiarum de Thorneberg' et Dodeforde

Nouerint vniuersi quod nos frater Robertus permissione diuina Cantuariensis archiepiscopus tocius Anglie primas in visitacione nostra facta in diocesis Lŷncolniense [diligenter] inspectis ⁊ examinatis instrumentis ⁊ priuilegiis religiosorum virorum . . prioris ⁊ [conuentus] de Luffeld' ordinis sancti Benedicti super ecclesiis sancte [Marie] de Dodeford. et sancte [Marie de] Thorneberg'. et capelle sancti Nicholaẏ de [Euersawe] appropriatis [eisdem ipsos super appropriacione] his reputamus sufficienter esse munitos. In cuius rei testimonium [sigillum] nostrum presentibus est appensum. Datum apud Norhampton' v. nonas Maii anno domini M°CC°Lxx° septimo consecracionis nostre quinto.

W. 3058   L.C. 24r.
8″ × 4¼″.
Some parts of this charter have been damaged by damp, and for several words the cartulary
      must be relied on.
Very fine oval green seal, 3″ × 2″. A full-length figure.
No endorsement.

34

Letters dimissory of William Courtenay, archbishop of Canterbury: The Priory has the right to possess and appropriate to its own uses the churches of Thornborough and North Dodford and the chapel of Evershaw, and to a portion of the tithes of Salden in the parish of Mursley. 8 November 1389

Confirmacio Willelmi Cantuariensis archiepiscopi

Uniuersis sancte matris ecclesie filijs presentes litteras inspecturis Willelmus permissione diuina Cantuar' archiepiscopus tocius Anglie et apostolice sedis legatus salutem in domino sempiternam. Nouerit vniuersitas uestra quod cum religiosi uiri prior et conuentus de Luffelde Lincolniensis diocesis certa die et loco per nos assignatis eisdem coram nobis dictam diocesem iure metropolitano uisitantibus sua priuilegia et instrumenta quorum iure ut dicebant fulciti ecclesias parochiales de Thornebergh' et de Northdodeford cum capella de Euerschawe dicte diocesis in proprios usus tenent ac pensionem annuam decem solidorum de ecclesia de Bechampton' et porcionem garbarum et aliarum rerum decimabilium in Salden infra fines et limites ecclesie parochialis de Murslee percipiunt et percipere pretendunt exhibuissent ac eciam ostendissent. Nos visis examinatis et diligencius ponderatis huiusmodi exhibitis et ostensis quia inuenimus dictos priorem et conuentum memoratas ecclesias cum capella predicta canonice possedisse et pensionem et porcionem percepisse prelibatas ipsasque ecclesias cum capella predicta in proprios usus canonice optinuisse et optime possedisse et possidere ac dictas pensionem et porcionem percepisse et debere percipere necnon sufficientibus titulis eosdem religiosos super apparacionem et percepcionem huiusmodi munitos fuisse et esse eosdem religiosos ab officio nostro contra eos in hac parte institutos absolumus per decretum et dimittimus absolutos. In cuius rei testimonium episcopale sigillum nostrum presentibus est appensum. Datum apud Bytlesden' octauo die Nouembris anno domini M° CCC° lxxx^mo nono et nostre translacionis nono.

L.C. 24v.   Confirmaciones ecclesiarum.

35

Confirmation by Richard, prior of Bradwell, of the release by Nigel, his predecessor, of the church of Thornborough to Luffield. [1220–c. 1225]

Carta Ricardi prioris de Bradewelle de ecclesia de Thorneberge

Vniuersis sancte matris ecclesie filiis ad quos presens scriptum peruenerit ꞉ Ricardus prior [de] Bradewell' . salutem. in domino. Nouerit vniuersitas uestra me inspectis instrumentis prioris ⁊ monachorum de Luffeld'. ⁊ cognito plenius eorum iure quod habent super ecclesiam de Torneberge confirmasse concessionem quam predecessor meus Nigellus prior de Bradewell' unanimi assensu capituli sui eis super eadem ecclesia sicut in literis eorum continetur facere dignum duxit. Et ne hoc quod a me actum est in posterum in irritum possit deduci ꞉

Vniu[er]s[is] s[an]c[t]e catholie eccl[es]ie filiis. Rob[ertus] archid[iaconus] de buchigeha[m]. Salt[em]. Nosc[at] p[re]sen[s]
c[om]mu[n]itas [et] subsec[u]tur[a] posterit[as] Higellu[m] p[res]b[ite]r[u]m de bradewell i[n] n[ost]ra p[re]s[en]cia con
stitutu[m] renu[n]ciasse iur[i] q[uo]d habebat i[n] eccl[es]ia de corneberg[a]. plen[ar]ie ha
mo[n]e filio me[m]felm[i] q[u]i ius patronat[us] habebat i[n] eccl[es]ia illa. [et] me p[re]s[en]tacio[n]e
e[ius] [et] peticio[n]e. Joh[ann]i p[res]b[ite]r[o] de luffeld ca[n]onice i[n]tra[n]sse i[n] ead[em] eccl[es]ia. hiis
testib[us] alan[o]. fil[io] me[m]fel. Bertholomeo de lug[r]on. Rog[ero] m[a]s de lue. Joh[ann]e deca
no. Rad[ulfo] fil[io] b[u]ert. Rog[ero]. fil[io] azeri. Thom[a] de corneberg[a]. Alardo de burne[a]

No. 36

sigilli mei inpressione scriptum istud corroboraui. His. testibus. Ricardo decano de Caluerent'. Willelmo de Wlfrt'. capellano. Galfrido de Dodef' clerico. Turstano de Bradewell'. Roberto de Billing'. Henrico. Pege. Radulfo Wither. Ᵹ aliis.

W. 2808   L.C. 24v.
5½″ × 4″.
Tag for seal.
No endorsement.
NOTE: John was still prior of Bradwell in 1219. *Feet of Fines Bucks.* (B.R.S. IV, p. 39, No. 2).
For Robert de Billing see Appendix; he and Ralf Wither attest No. 295 dated 1224.

36

Notification by Robert de Burnham, archdeacon of Buckingham, that Nigel, prior of Bradwell, had in his presence, and in that of Hamo son of Meinfelin, the patron of the church of Thornborough, renounced his right in that church, and that he, the archdeacon, on the presentation and at the request of Nigel had canonically instituted John, prior of Luffield, into the said church. [*c.* 1180–1184]

Confirmacio ecclesie de Thorneberge

Vniuersis sancte Ᵹ catholice ecclesie filiis. Robertus archidiaconus de Buchingeham. salutem. Noscat presens vniuersitas Ᵹ subsecutura posteritas Nigellum priorem de Bradewell' in nostra presencia constitutum renunciasse iuri quod habebat in ecclesia de Torneberg'. presente Hamone filio Meinfelini qui ius patronatus habebat in ecclesia illa. Ᵹ me presentacione eius Ᵹ peticione . Iohannem priorem de Luffeld canonice instituisse in eadem ecclesia. His testibus Alano . filio Meinfel*ini*. Bertholomeo de Lugton'. Rogero Vis de Lue. Iohanne decano. Radulfo . filio Berneri. Rogero . filio Azeri. Thoma de Torneberg' Alardo. de Burneam.

W. 3042   L.C. 24v.–25r.
5¾″ × 2½″.
White oval seal, 1⅛″ × 1″, flaked. A standing figure.
NOTE: For date see No. 39.
Endorsed: De Roberto archidiacono Bucking' Thorneberg'.

37

Confirmation to the Priory by St Hugh, bishop of Lincoln, of the right to appropriate to their own uses the church of Thornborough, when Thomas the priest shall cease to possess it, subject to their providing a sufficient living for the vicar who ministers there. [1186–*c.* 1190]

Confirmacio sancti Hugonis Lincolniensis episcopi de Thorneberg'

Omnibus Christi fidelibus ad quos presens scriptum peruenerit ꞉ Hugo dei gratia Linc' episcopus salutem in domino. Ad uniuersitatis uestre noticiam uolumus peruenire nos diuine pietatis intuitu concessisse ecclesie beate Marie de Luffeld ꝫ monachis ibidem deo famulantibus ecclesiam de Thornberg' possidendam perpetuo in proprios usus cum omnibus pertinenciis suis. ex quo eam a Thoma presbitero uacare contigerit. Salua in eadem ecclesia competenti uicaria. ei qui in ipsam ministrabit assignanda. Saluis etiam episcopalibus consuetudinibus ꝫ Linc' ecclesie dignitate. Quod ne alicuius astucia vel machinacione contigerit. Salua in eadem ecclesia competenti uicaria. ei qui in ipsam ministrabit assignanda. Saluis etiam episcopalibus consuetudinibus ꝫ Linc' ecclesie dignitate. Quod ne alicuius astucia vel machinacione possit in posterum in irritum reuocari: presenti illud scripto ꝫ sigilli nostri patrocinio confirmamus. Hiis testibus. magistro Rogero de Rolueston'. magistro Simone de Siwell'. magistro Ricardo de Swalewecliua. magistro Radulfo de Ford. magistro Rogero de Sumerford'. Roberto de capella. Angod'. ꝫ Reimundo . clericis. magistro Ricardo de Doddeford'. Eustachio de Wilton'. et aliis.

W. 2855 L.C. 25r. Confirmaciones ecclesiarum.
6¼″ × 5½″.
Brown oval seal, 3″ × 2″. Full-length vested and mitred figure with crozier, right hand uplifted in blessing. Inscription chipped.
Endorsement illegible.
NOTE: The church of Thornborough had been obtained before 1184 (see No. 39) and the confirmation of the bishop was probably obtained as soon as possible.

38

Release to the Priory by Nigel, prior of Bradwell, of the church of Thornborough. In return, John, prior of Luffield, has remitted his claims against Bradwell in respect of the churches in the lands of Hamo son of Meinfelin. [c. 1180–1184]

Littera Nigelli prioris de Bradewelle pro ecclesia de Thornberg'

Vniuersis sancte matris ecclesie filijs Nigellus prior monasterij de Bradewell' ꝫ uniuersi eiusdem loci fratres salutem. Ad uniersitatis uestre noticiam peruenire uolumus nos liberam ꝫ quietam concessisse ecclesiam de Thorneberga monasterio de Luffeld'. Propter autem hanc concessionem Iohannes prior monasterij de Luffeld' ꝫ eiusdem loci fratres uniuersi peticionem quam super me ꝫ super monasterio de Bradewell' ꝫ ecclesijs terre Hamonis filij Meinfel*INI* habebant remiserunt. ꝫ iuri quod se in eis habere asserebant : renunciauerunt. Ne autem ista concessio imposterum reuocari possit in irritum : sigilli nostri munimine eam corroboramus ꝫ carte presentis testimonio : confirmamus. Hiis testibus. Alano filio Meinfel*ini* Bartholomeo de Luct' Roggero Uisdel' Michaele clerico de Stoch. Radulfo de Bealchamp. Willelmo del Frein. Henrico de Seluest' Philippo sacerdote de

Lillingest'. Ada' ⁊ Absalon' fratre eius de Lillingest' Rich' clerico de Doddeford' Rodberto pistore.

* (Pro monasterio de Braddewell')

W. 2799   L.C. 25r.
6½″ × 3¼″.
Slit for seal-tag.
NOTE: For date see No. 39.

39

Notification by the judges delegate, Robert Foliot, bishop of Hereford, and Adam, abbot of Evesham, that the suit between the Priory and Hamo son of Meinfelin had been compromised in the presence of the king. [*c.* 1180–1184]

De ecclesia de Thorneberg'

.R. dei gratia Herefordensis episcopus ⁊ .A. eadem gratia abbas Eueshamensis omnibus ad quos littere ille peruenerint salutem. Nouerit uniuersitas uestra quod causa que uertebatur inter priorem de Luffeld. ⁊ Hamonem filium Menfelini nobis a domino pape delegata ⁒ in presentia domini regis taliter terminata. est. quod prior ⁊ monachi peticionem quam habuerunt super cella predicti .H. de Bradewella ⁊ monachis ⁊ ecclesiis de terra .H. eidem .H. ⁊ heredibus suis omnino remiserunt ⁊ iuri quod se in eis habere asserebant inperpetuum renunciauerunt. Sepenominatus uero .H. assensu uxoris sue ⁊ heredis sui prefatis priori ⁊ monachis ⁊ ecclesie de Luffeld. decimam tocius panis sui de dominio lucro suo dedit ⁊ inperpetuum concessit. ⁊ ecclesiam preterea de Torneberga ⁒ eis dedit liberam ⁊ quietam cum omnibus ad eandem ecclesiam pertinentibus. Nos autem utriusque sigillo certificati hanc compositionem prescriptam sigillorum nostrorum munimine confirmamus.

W. 2857   L.C. 25r.–25v.
7½″ × 2¼″.
Brown oval seals 3″ × 2″:
    1. Vested figure (headless) with right hand uplifted. – – – – – DENSIS over antique
      gem(?) SIGILLUM ROBERTI.
    2. Full-length vested figure with crozier and book. S' GILL AD – – – – – – HAM.
NOTE: Hamo son of Meinfenin died in 1184 when Hamo, his son and heir, was 19 years old.
    Rot. de Dom. p. 38 (P.R.S. vol. xxxv).

40

Licence of the Priory to Robert de Aumari to have a chantry in the chapel of St Laurence in their parish of Thornborough. The Priory will provide a chaplain to minister there three times a week, when Robert or his household are in residence. On certain named festivals, Robert and his household shall attend the parish church. Robert has given the Priory three acres of land, the lot meadow pertaining to a virgate of land in that vill, the tithe of nine acres (the tenth acre of corn being given to the church of Buckingham) and 6*d.* to be paid yearly from his chamber. [*c.* 1203–6]

De capella de Thorneberge

Indented at top

CIROGRAPHUM

Nouerint vniuersi sancte matris ecclesie filij. quod W. prior de Luffeld'. totiusque eiusdem loci conuentus. concesserunt Roberto de Aumari ⁊ heredibus suis cantariam capelle beati Laurencij que sita est infra limites parochie sue de Thorneberge sub hac forma. scilicet quod capellanus predicti prioris ⁊ monachorum de Torneberge tribus diebus in ebdomada scilicet die dominica. die mercurij. die veneris. in predicta capella ministrabit. si predictus. R. uel heredes sui. uel libera familia sua ibi residentes fuerint ⁊ sacerdos sui potens fuerit ut ibi ministrare possit nisi aliqua iusta causa emergente impeditus fuerit quod ibi ministrare non possit. Exceptis tunc diebus festiuis. scilicet. die Natali domini. die absolucionis ante Pascha. cum duobus diebus sequentibus. die Pasche. die Pentecostes. die Assumpcionis beate Marie. Quibus diebus predictus .R. ⁊ heredes sui cum omni familia sua si residentes ibi fuerunt ad matricem ecclesiam conuolabunt. Si autem festiuitas alicuius apostoli uel dies omnium sanctorum superuenit extra tres dies prenominatos capellanus si sui potens fuerit ministrabit. Prefatus autem R. uel heredes sui nullum capellanum ministrantem in dicta capella retinere presument sine voluntate prioris ⁊ monachorum de Luffeld. ⁊ capellani de Torneberge. Si uero contigerit quod aliquis capellanus uel uir religiosus illac transsiens uel moram faciens ibi celebrauerit⁏ omnes obuenciones ibi prouenientes ecclesie matrici de Torneberge transmittentur. Preterea nullus parochianorum matricis ecclesie in dicta capella ad diuina audienda in preiudicium ⁊ dampnum matricis ecclesie admittetur. Dictus autem .R. ⁊ heredes sui omnia necessaria tam in libris quam in ceteris ornamentis que ad diuina celebranda pertinent⁏ integre. ⁊ honeste predicte capelle prouidebunt. Diebus autem quibus sacerdos eidem capelle deseruierit⁏ idem .R. ⁊ heredes sui eidem sacerdoti ad mensam suam procuracionem prouidebunt. Sepedictus autem .R. de assensu heredis sui dedit ⁊ concessit deo ⁊ ecclesie beate Marie de Thorneberge ⁊ monachis de Luffeld'. tres acras terre cum pertinencijs. de feodo suo in Thorneberge super le Oldeland iuxta uiam ⁊ totum pratum pertinentes ad vnam virgatam terre. in eadem villa. sicut euenerit per diuisionem ⁊ decimam nouem acrarum. quarum decima acra bladi datur ecclesie de Buchigham ⁊ vj. denarios per annum percipiendos de thalamo memorati .R. ⁊ heredum suorum die beati Michaelis. in liberam ⁊ puram ⁊ perpetuam elemosinam. in omnibus tam hẏdagijs quam scutagijs. ⁊ alijs forinsecis seruicijs. Si autem aliquo casu series istius

scripti non obseruetur ex parte predicti .R. ꝫ heredum suorum:
ministracio predicte capelle cessabit. donec ecclesie matrici de Torneberge ꝫ eius ẏconomis competenter fuerit satisfactam. Hanc autem
composicionem fideliter obseruandam tam prior ꝫ monachi de Luffeld' in verbo domini dixerunt. quam .R. et heredes sui affidauerunt.
in presencia .W. Blesensis tunc archidiaconi de Buchingham et tocius
capituli eiusdem loci. sigillorum suorum apposicione confirmauerunt.
His. testibus. W. archidiacono. I. de Prest'. decano. R. de Cal-
uerunt'. decano. R. de Thorneberg'. I. de Lechamsted'. A. de
Euersawe. R. Harenc. W. de la Haie. W. de Freine. Rogero de Mor-
tone. Milone de Thorntone. Rogero filio Azoris. Et alijs.

W. 2835   L.C. 25v.–26r.   Confirmaciones ecclesiarum.
7″ × 9″.
Broken seal in bag.
Endorsed: De capella de Torneburge. Concessio facta Rogero de Aumari.
NOTE: William of Blois succeeded to the archdeaconry in 1203. (*Early Bucks Charters*,
  B.R.S. p. 40). The attestation of Roger son of Azur does not occur later than *c.* 1205.

41

Confirmation by Hugh of Wells, bishop of Lincoln, of the gift to the Priory
by William de Stratford of the advowson of the church of Water Stratford.
23 September 1217

Confirmacio Hugonis Lincolniensis episcopi de Stratford

Uniuersis sancte matris ecclesie filijs ad quos presens scriptum peruenerit .H. dei gracia Lincolniensis episcopus. salutem in domino.
Quum pia facta fidelium digno sunt prosequenda fauore. noueritis
quod nos collacionem dilecti filii Willelmi de Strafford quam super
aduocacione ecclesie de Strafford' domui religiose de Luffeld' fecit. ꝫ
monachis ibidem deo seruientibus. ꝫ in perpetuum regulariter ser-
uituris. ratam ꝫ gratam habemus. ꝫ eam sicut racionabiliter facta est:
eis auctoritate episcopali confirmamus. saluis in omnibus episcopalibus consuetudinibus ꝫ Lincolniensis ecclesie dignitate. Quod ut perpetuam obtineat firmitatem. presens scriptum sigilli nostri duximus
apposicione roborandum. Hijs testibus. Thoma de Fiskerton' cappel-
lano. magistro. Robert de Grauel'. canonicis Linc'. Radulfo de Ware-
uill'. Willelmo de Kamesham' canonico Wellense. Stephano de
Cicestr'. ꝫ aliis. Datum per manum Petri de Bathon' canonico Linc'
apud Kildebẏ nono kalendas Octobris pontificatus nostri anno
octauo.

W. 2578   L.C. 26r.   Confirmaciones ecclesiarum.
5¼″ × 3″.
Brown oval seal, 2″ × 1¼″. Obverse: a standing figure, etc. (rubbed). Reverse: Virgin and
  Child.

E

42

Memorandum of proceedings undertaken in the chapter of the archdeacon of Buckingham by William, prior of Luffield, to perpetuate testimony as to the advowson of Water Stratford. 8 November 1242

De ecclesia de Stratforde

Memorandum quod die sabbati proxima post festum Omnium Sanctorum anno gracie domini m°cc°xl° secundo frater Willelmus prior de Luffeld' cartam domini Willelmi filij Willelmi de Stratford' super collacionem aduocacionis ecclesie de Stratford' 7 cartam domini episcopi Lincolniensis eandem collacionem confirmantem. deo 7 beate Marie de Luffeld' 7 monachis ibidem deo seruientibus coram domino M. archidiacono de Bukingham in pleno capitulo apud Thorneberge in ecclesia exibuit 7 eas coram omnibus in plena audiencia legi fecit. que carte collacionem aduocacionis dicte ecclesie dicte domui 7 monachis factam esse testificabantur. Comparuit eciam ibi dominus .R. persona de Stratford qui interrogatus coram omnibus in capitulo a dicto archidiacono ad cuius presentacionem admissus fuit. respondit: quod ad presentacionem prioris Rogeri 7 monachorum de Luffeld' ad dictam ecclesiam admissus fuit 7 in ea institutus. Et ut hec propter memoriter labilem memoriam hominum retineantur. 7 ut uniuersi de comitatu Bukingham 7 maxime de visneto de Stratford' si contingat in foro seculari uel ecclesiastico super aduocacionem uel iure patronatus dicte ecclesie moueri controversionem certiorentur. dominus M. archidiaconus Bukingham' presenti scripto sigillum suum apposuit. 7 multi alij qui presentes erant tunc in predicto capitulo. videlicet dompnus. S. prior de Bradewell'. dompnus Iohannes prior de Snelleshale. Magister. S. officialis. R. decanus de Thorneberge. Magister .R. de Preston'. Radulfus de Stou'. Radulfus de Cropri persona de Newentone. Robertus persona de Morton'. G. persona de Saldeston'. Eustachius persona de Foxcote. Laurencius persona de Lillingeston. Manserus et Henricus rectores ecclesie de Bechampton'. R. persona de Hadestoke. Henricus persona de Hadintone. Thomas persona de Hachecote. Iordanus persona de Mersle. Iohannes vicarius de Hadestoke. R. vicarius de Stowe. .R vicarius de Cleÿdune. Lucas vicarius de Euersawe. Ingulram capellanus de Lechamstede. Iohannes capellanus de Padebur'. Hugo capellanus de Hyldesdune. G. capellanus de Tingswic. Rogerus capellanus de Stratford'. Walterus capellanus dicti rectoris. Henricus capellanus de Saldeston'. Walterus capellanus de Radecliue. dominus Hugo de Chastilun. de Lechamstede. dominus Ernaldus Byset de Preston'. Willelmus filius Reginaldi de Morton'. dominus Willelmus de Becampton'. dominus Willelmus de Stratford'. 7 Rogerus eiusdem Willelmi [? frater]. Reginaldus de Fraxino.

Willelmus frater domini Ernaldi Biset. Radulfus de Langeport. Iohannes de Langeport. Dowe de Morton. Radulfus franciscus de Lechamstede. Radulfus frankelanus de Stratford'.

W. 2577   L.C. 26r.–26v.
11″ × 4¼″.
Eleven seal tags.
No endorsement.

43

Notification by Stephen, archdeacon of Buckingham, that the charter of William son of William de Stratford, granting the church of Water Stratford to the Priory, has been read before him in his chapter. [1192–1202]

De ecclesia de Stratford

Uniuersis sancte matris ecclesie filiis. Stephanus archidiaconus Bukinham'. Salutem in domino. Nouerit uniuersitas uestra Willelmum filium Willelmi de Stratfort patronum ecclesie de Stratfort concessisse monachis de Luffeld' ⁊ fratribus ibidem deo famulantibus ecclesiam de Stratfort cum omnibus pertinenciis in puram ⁊ perpetuam elemosinam. quos coram nobis in capitulo nostro ad eandem ecclesiam presentauit. cartamque suam qua ipsis ecclesiam illam confirmauerat. in audiencia nostra legi fecit. Nos autem ad ipsius ⁊ illorum peticionem. in huius facti testimonium. hoc scriptum concipi fecimus. cui sigillum nostrum apposuimus. Teste capitulo de Bukinham apud Stowe.

W. 2573   L.C. 26v.   Confirmaciones episcoporum.
5¾″ × 2¼″.
Strip for seal.
Endorsed: De ecclesia de Stratford'. Littera Stephani archidiaconi de Buck'.
NOTE: According to le Neve, Stephen was appointed in 1192. He occurs as archdeacon on the Pipe Roll of 4 John (P.R.S. NS 17, p. 278).

44

Composition of a suit between the Priory and the abbess of Elstow, heard by Matthew, archdeacon of Buckingham, master W. his official, and R. dean of Newport, judges delegate. The Priory give the abbess a rent of 8d. paid by the lady Margaret de Pateshulle for a garden in Dodford; the abbess surrenders the tithe of the wood of Westbury within the 'land' of Luffield. June 1234

Conuencio abbatisse de Elnestowe de decimo infra landam Luffelde

Hec est concordia facta inter abbatissam et conuentum de Aunestowe ex una parte et priorem et conuentum ex altera de Luffelde in quadam causa inter ipsos mota super quibusdam decimis prouenientibus de quibusdam terris suis infra landam de Luffelde de bosco de Westbur' ex delegacione domini pape venerabili uiro domino M. archidiacono

Bukingham' et magistro W. eius officiali et decano de Neuport commissa videlicet quod dicti prior et conuentus de Luffelde dederunt et concesserunt et rescripto presenti confirmauerunt imperpetuum abbatisse et monialibus predictis pro bono pacis inter ipsos unice redditum annuum viij denariorum scilicet in villa de Dodeford annuatim percipiendorum ad festum sancti Michaelis a domina M. de Pateshulle uel a suis assignatis pro quadam [sic] gardino cum pertinencijs iuxta suum gardinum in dicta uilla quod a dictis monachis pro dicto redditu tenere consueuit. Et si dicti monachi redditum predictum non potuerint dictis monialibus warantizare. dabunt eisdem in dicta uilla uel apud Westbur' escambium ad ualenciam sine lite et ad hoc faciendum subiecerunt se interdictioni archidiaconi Bukingham' qui pro tempore fuerit archidiaconus vt potestatem hanc ipsos ad hoc faciendum appellendi renunciantes omni appellacioni et cauillacioni et omni iure [sic] remedio tam ciuilis quam canonici. Prior uero et conuentus de Luffelde omnes decimas prouenientes de terris sitis infra dictam landam de Luffelde de boscho de Westbur' quas tempore mote litis inter ipsos et dictas moniales perceperunt percipient imperpetuum sine lite. Sic tandem tam dicte abbatissa et moniales quam dicti prior et conuentus renunciauerunt impetratis et impetrandis super decimis predictis. Facta autem fuit hec concordia anno ab incarnacione domini m°cc°xxxiiij° mense Iunij. In predictorum igitur testimonium dicte abbatissa et moniales huic scripto signa sua apposuerunt vna cum signis domini M. archidiaconi Bukingham et R. decani de Neuport iudicum principalium et R. clerici dicti decani de Neuport gerentes vices [sic] officialis Bukingham'.

L.C. 26v.–27r.

45

Letters dimissory of John Gynwell, bishop of Lincoln: The Priory has proved its right to appropriate to its own uses the churches of Thornborough and North Dodford and the chapel of Evershaw, to a pension of 10s. from the church of Beachampton, and to a portion of the tithes of Salden in the parish of Mursley. 16 March 1356

Confirmacio ecclesie de Thorneberge

Vniuersis sancte matris ecclesie filiis presentes litteras inspecturis Iohannes permissione diuina Lincoln' episcopus salutem in omnium saluatore. Nouerit vniuersitas vestra quod cum religiosi viri prior et conuentus de Luffeld' nostre diocesis certis die ꝫ loco per nos assignatis eisdem coram nobis diocesem nostram auctoritate nostra ordinaria visitantibus sua priuilegia et instrumenta quorum iure ut dicebant fulciti ecclesias parochiales de Thornebergh' et Northdodeford' cum capella de Everschawe dicte nostre diocesis in proprios vsus tenent ac pensionem annuam decem solidorum de ecclesia de Bechampton' et porcionem garbarum ꝫ aliarum rerum decimabilium in Salden' infra fines et limites ecclesie parochialis de Murslee percipiunt et percipere se debere pretendunt exhibuissent ac eciam ostendissent. Nos visis examinatis et diligencius ponderatis huiusmodi exhibitis et ostensis quia inuenimus dictos . . priorem ꝫ conuentum memoratas ecclesias cum capella predicta canonice possedisse et pensionem ac porcionem percepisse prelibatas ipsasque ecclesias cum capella predicta in proprios vsus canonice optinuisse ꝫ optinere possedisse et possidere ac dictam pensionem ꝫ porcionem percepisse et debere percipere necnon sufficientibus titulis eosdem religiosos supra apparacione ꝫ perceptione huiusmodi munitos fuisse ꝫ esse eosdem religiosos ab officio nostro contra eos in hac parte instituto absoluimus per decretum et dimittimus absolutos. In cuius rei testimonium sigillum nostrum presentibus est appensum. Datum apud Lidẏngton' decimo septimo Kalend. Aprilis anno domini millesimo ccc° quinquagesimo quinto et consecracionis nostre nono.

W. 2473   L.C. 27r.   Confirmaciones episcoporum.
12¾″ × 3¾″.
Fragment of green seal.
Endorsement illegible.

46

Similar letters dimissory of John Buckingham, bishop of Lincoln. 5–6 January 1366

Confirmacio Lincolniensis episcopi de Thorneberge

Uniuersis sancte matris ecclesie filijs presentes litteras inspecturis Iohannes permissione diuina Lincoln' episcopus salutem in omnium saluatore. Nouerit vniuersitas uestra quod cum religiosi uiri prior et conuentus de Luffelde nostre diocese certis die et loco coram certis commissarijs nostris archi*diacon*atum Bukinghamie auctoritate nostra ordinaria visitantibus per ipsos eisdem religiosis assignata sua priuilegia et instrumenta quorum iure ut dicebant fulciti ecclesiam parochialem de Thorneburgh cum capella de Euerschawe dicte nostre diocese in proprios usus tenent ac pensionem annuam decem solidorum de ecclesia de Bechampton' et porcionem garbarum et aliarum rerum decimabilium in Salden infra fines et limites ecclesie parochialis de Muresle percipiunt et percipere se debere pretendunt exhibuissent ac eciam ostendissent. Nos visis examinatis et diligencius ponderatis hijs exhibitis et ostensis coram dictis commissariis nostris habitis quia inuenimus dictos priorem et conuentum prefatam ecclesiam cum capella predicta canonice possedisse et pencionem ac porcionem percepisse prelibatas ipsamque ecclesiam cum capella predicta in proprios usus canonice optinuisse et obtinere possedisse et possidere ac dictas pencionem et porcionem percepisse et debere percipere necnon sufficientibus titulis eosdem religiosos super appropriacione et percepcione his munitos fuisse et esse eosdem religiosos ab officio nostro contra eos in hac parte instituto absolumus per decretum et dimittimus absolutos. In cuius rei testimonium sigillum nostrum presentibus est appensum. Datum apud Lidington' vj^{to} nonas [*sic*] Ianuarij anno domini M°CCC° sexagesimo quinto et consecracionis nostre sexto.

L.C. 27r.–27v.

47

Similar letters dimissory of Thomas de Ashley, sequestrator and commissary of Thomas Bek, bishop of Lincoln. 23 November 1342

Confirmacio ecclesiarum de Thorneburgh et Northdodeford

Nouerint vniuersi quod religiosi viri prior ꝛ conuentus de Luffeld' ecclesias parochiales de Northdodeford' Thornebergh' ꝛ capellam de Euerschawe in proprios vsus optinentes vna cum quadam porcione decimarum garbarum in Salden' ꝛ aliarum rerum decimabilium infra fines ꝛ limites parochie de Mursle' ac cum pensione decem solidorum in ecclesia de Bechampton' supra appropriacione ꝛ assecucione dictarum ecclesiarum capelle attachiate porcionis ꝛ pensionis predictarum coram nobis Thoma de Aschel' rectore ecclesie de Eston' venerabilis patris domini Thome dei gratia Lincoln' episcopi sequestratore ac eiusdem in hac parte commissario et ad ostendendum et detegendum canonicam assecutionem eorundem fuissent legitime ad iudicium euocati iidem prior ꝛ conuentus coram nobis ad certos diem ꝛ locum eisdem assignatos per procuratorem suum sufficienter legitime comparentes instrumenta placitos ꝛ alia documenta legitima supra impropriacione ꝛ assecutione premissis necessaria exhibuerunt vnde visis ꝛ inspectis ꝛ examinatis hiis instrumentis supra impropriacione ꝛ assecutione memoratis ipsos religiosos in hac parte sufficienter munitos ab examinatione nostre dimisimus per decretum. In cuius rei testimonium sigillum nostrum quod vtuntur in hoc officio presentibus est appensum. Datum apud Leghamsted' ix Kalendas Decembris anno domini millesimo ccc^{mo} quadragesimo secundo.

* (Temporalia [?] bona)

W. 3028   L.C. 27v.   Confirmaciones episcoporum.
10½″ × 3½″.
Red oval seal, 1″ × ¾″, chipped. A crude full-length figure.

48

Letters dimissory of Walter Reynolds, archbishop of Canterbury: The Priory has rightfully appropriated the churches of St Mary at Thornborough and Dodford, and the chapel of St Nicholas at Evershaw. 4 February 1320

Confirmacio ecclesiarum de Thorneberge et Dodeforde

Vniuersis presentes litteras inspecturis Walterus permissione diuina Cant' archiepiscopus tocius Anglie primas salutem in domino sempiternam. Nuper iure metropolitano Lincoln' diocesem actualiter visitantes inspectis munimentis religiosorum virorum .. prioris ꝝ conuentus monasterij beate Marie de Luffeld' super appropriacionem ecclesiarum beate Marie de Thorneberge ꝝ de Dodeford' cum capella beati Nicholai de Efuershagh' dicte Lincoln' diocesis ipsos religiosos tamquam in hiis sufficienter munitos ab officij nostri examinacione dimittimus per presentes. In cuius rei testimonium sigillum nostrum presentibus est appensum. Datum apud Butlesden' iie nonas Februarii anno domini millesimo cccmo decimo nono.

W. 2442   L.C. 28r.   Confirmaciones episcoporum.
10½″ × 2½″.
Green oval seal. Martyrdom of St Thomas with small half-length mitred figure praying beneath. AD − − − − − − PRO ME SIT SEMPER [PASSIO THOM]E.

49

Letters dimissory of John Buckingham, bishop of Lincoln: The Priory has proved its right to appropriate to its own uses the churches of North Dodford and Thornborough and the chapel of St Nicholas at Evershaw, to a portion of the tithes of Salden and a pension of 10s. from the church of Beachampton. 5 April 1367.

Confirmacio ecclesiarum Thorne' et Dodeforde

Vniuersis sancte matris ecclesie filijs presentes litteras inspecturis Iohannes permissione divina Lincoln' episcopus salutem in omnium saluatore. Nouerit vniuersitas vestra quod cum religiosi viri prior et conuentus de Luffeld' nostre diocesis certis die ꝝ loco per nos assignatis. eisdem coram nobis diocesem nostram auctoritate nostra ordinaria visitantibus sua priuilegia ꝝ instrumenta quorum iure ut dicebant fulciti ecclesias parochiales de Thornebergh' et de Northdodeford' cum capella de Euerschawe dicte nostre diocesis in proprios vsus tenent ac pensionem annuam decem solidorum de ecclesia de Bechampton' et porcionem garbarum ꝝ aliarum rerum decimabilium in Salden' infra fines ꝝ limites ecclesie parochialis de Murslee percipiunt ꝝ percipere se debere pretendunt exhibuissent ac eciam ostendissent.

nos visis examinatis ⁊ diligencius ponderatis huiusmodi exhibitis ⁊
ostensis quia inuenimus dictos priorem ⁊ conventum memoratas
ecclesias cum capella predicta in proprios vsus canonice possedisse ⁊
pensionem ac porcionem percepisse prelibatas ipsasque ecclesias cum
capella predicta in proprios vsus canonice optinuisse ⁊ optinere possedisse ⁊ possidere ac dictas pensionem et porcionem percepisse ⁊ debere
percipere necnon sufficientibus titulis eosdem religiosos supra appropriacione ⁊ percepcione huiusmodi munitos fuisse ⁊ esse eosdem religiosos
ab officio nostro contra eos in hac parte instituto absoluimus per decretum et dimittimus absolutos. In cuius rei testimonium sigillum nostrum
presentibus est appensum. Datum apud Buckeden' nonis Aprilis anno
domini millesimo ccc^mo. lxvii°. et nostre consecracionis quarto.

W. 3037   L.C. 28r.
13″ × 4″.
Fragments of green seal.
Endorsement illegible.

50

Acknowledgement by Thomas de Eston, attorney of Thomas de Blakesley,
rector of Culworth, of the sum of 10 silver pounds for the compounding of a
pension of ½ mark due yearly from the Priory, and in final settlement of all
arrears due. 1 July 1319

Omnibus Christi fidelibus ad quos presentes littere peruenerint
Thomas de Eston' attornatus magistri Thome de Blacoluesle rectoris
ecclesie de Culworth' eternam in domino salutem. Noueritis me re-
cepisse apud Luffeld' die dominica proxima post festum natiuitatis
sancti Iohannis Baptiste anno regni regis Edwardi filii regis Edwardi.
duodecimo. ad vsum dicti magistri Thome domini mei a religiosis
virus. . priore ⁊ conuentu de Luffeld' decem libras argenti pro arriragijs cuiusdam annue pencionis dimidie marce continentis de toto
tempore predicto ⁊ pro totali solucione de toto tempore futuro in qua
dimidia marca dicti religiosi dicto magistro Thome domino meo annuatim. tenebantur per quoddam scriptum obligatorium quosque per
eosdem ad aliquod beneficium ecclesiasticum fuisset promotus. De
quibus decem libris ac eciam de omnibus alijs arriragijs litibus querelis
contractibus debitis exaccionibus et demandis quibuscumque dictam
dimidiam marcam annualem ⁊ dictum magistrum Thomam dominum meum tangentibus de toto tempore predicto ⁊ pro plenaria solucione infuturum fateor me et dictum magistrum Thomam dominum
meum plenarie esse perpacatos ⁊ pascificatos [sic] ⁊ dictos religiosos
omnino ut permittitur per presentes inperpetuum fore quietos et absolutos obligans insuper me heredes ⁊ executores meos ⁊ omnia bona
mea mobilia ⁊ immobilia ad quorumcumque manus deuenerint ad
acquietandum ⁊ indempnos conseruandum prefatos viros religiosos ⁊
omnes eorum successores erga prefatum magistrum Thomam domi-

num meum de omnibus arriragijs predictis ꝰ de solucione dicte annue pencionis infuturum. Et ad maiorem huius rei euidenciam dictum scriptum obligatorium dicte annue pencionis per preceptum dicti domini mei eisdem religiosis reddidi ꝰ liberaui tanquam vacuum ꝰ adnullatum. In quorum omnium premissorum testimonium presentibus sigillum meum apposui. Et quia sigillum meum pluribus est incognitum sigillum magistri domus sancti Iohannis Norhant' presentibus apponi procuraui. Hijs testibus domino Radulpho de Plumpton' rectore ecclesie de Norton'. Galfrido de Braundeston'. Thoma de Maẏdeford' de Selueston'. Willelmo de Chiriton'. Willelmo de Shemersbẏ clerico de Norhant ꝰ alijs. Datum apud Luffeld' die et anno supradictis.

W. 3047   L.C. 28r.–28v.
9¼″ × 6½″.
Strip for seal.
No endorsement. No rubric.

51

Receipt of John Barbor of Stony Stratford, attorney of John de Luffwik, for 2 marks in respect of two payments which the Priory, at the request of the king, had undertaken to make to John de Luffwik for his support. 19 November 1367

Acquietancia de duobus marcis solutis Iohanni de Stonistratford anno regis Edwardi tercij xlj

Pateat vniuersis per presentes quod ego Iohannes Barbor de Stonistratford attornatus Iohannis de Luffwik' de Manton recepi die confeccionis presencium de Willelmo priore de Luffelde et eiusdem loci conuentus [sic] duas marcas argenti in plena solucione de duobus summis proxime prestitis scilicet in festo sancti Georgij et sancti Luce euangeliste de quibus marcis dominus prior et conuentus predicto Iohanni tenebantur per vnam indenturam sibi ab eis per rogatum domini regis confectam pro sustentacione sua prout in dicta indentura plenius continetur de quibus quidem marcis fateor me esse plenarie pacatum et predictos priorem et conuentum de predictis marcis imperpetuum fore quietos per presentes. In cuius rei testimonium sigillum meum apposui. Datum apud Luffelde die ueneris ante festum sancti Edmundi regis et martiris anno regni regis Edwardi tercij post conquestum xl^{mo} primo.

L.C. 28v.   Ordinaciones episcoporum de ecclesiis.

52

Confirmation of Henry Burghersh, bishop of Lincoln, after reference to the register of Henry Lexington, that the vicarage of Thornborough consists of the oblations at the altar, the lesser tithes, and a messuage and croft. 12 September 1323

Ordinacio vicarie de Thorneberge

Uniuersis presentes litteras inspecturis Henricus permissione diuina Lincolniensis episcopus salutem in omnium saluatore. Vniuersitati uestre notum facimus per presentes quod examinato registro de ordinacionibus vicariarum tempore bone memorie domini Henrici dei gracia Lincolniensis episcopi secundi predecessoris nostri in nostra Lincolniensi diocese factis compertum est in eo inter cetera contineri quod vicaria in ecclesia de Tornebŷr' que est. prioris et monachorum de Luffeld' ex dudum ordinata consistit in omnibus obuentionibus altaris et minutis decimis cum mesuagio et crofto eidem assignatis. In cuius compercionis testimonium: sigillum nostrum presentibus est appensum. Datum apud Caldebeche ij. idus. Septembris anno domini Millesimo ccc^{mo} vicesimo tercio.

W. 2878 L.C. 28v.–29r.
10¾″ × 2¾″.
Dark green oval seal of the bishop, 2¼″ × 1½″. Virgin and Child under canopy with half-length praying, mitred, figure beneath.
Endorsed: De Thorneberge.
NOTE: The significance of 'secundi' is obscure; Henry Lexington was the only predecessor of Henry Burghersh who bore that Christian name. 'Henrici' may be a mistake for Hugonis, i.e. it was the register of Hugh II of Wells that had been consulted.

53

Certificate of Philip Repingdon, bishop of Lincoln, that the registers relating to the ordination and endowment of vicarages in the diocese show that the vicarage in the church of Thornborough, which belongs to the Priory, consists in all the offerings at the altar and the lesser tithes, and a messuage and croft. 22 December 1417

Composicio inter priorem et conuentum ꝛ vicarium de Thorneberg'

Vniuersis sancte matris ecclesie filijs presentes litteras inspecturis Philippus permissione diuina Lincolniensis episcopus salutem in domino sempiternam. Vniuersitati vestre notum facimus per presentes quod scrutatis diligenter per nos registris nostris de ordinacionibus ꝛ dotacionibus vicariarum in ecclesijs parochialibus nostre diocesis temporibus predecessorum nostrorum dudum Lincoln' episcoporum factis ꝛ ordinatis in eisdem inter cetera in ipsis contenta vicariam in ecclesia parochiali de Thorneburŷ dicte nostre diocesis compertimus in hunc modum ordinatam fore ꝛ dotata. Vicaria in ecclesia de Thorneburŷ que est prioris ꝛ monachorum de Luffeld' ex dudum ordinata consistit in omnibus obuentionibus altaris ꝛ minutis decimis cum mesuagio ꝛ crofto eidem assignatis. In quorum quidem scrutinii ꝗ compercionis testimonium sigillum nostrum presentibus est appensum. Datum in castro nostro de Sleford' xxii° die mensis Decembris anno domini millesimo quadringentesimo xvii^{mo} et nostre consecrationis anno xiii^{mo}.

W. 2801   L.C. 29r.   Composissiones de ecclesiis.
10¾″ × 3¼″.
Strip for seal.
No endorsement.

54

Letters dimissory of William Alnwick, bishop of Lincoln: The Priory had rightfully appropriated the church of Dodford to its own uses. 18 July 1442

Confirmacio ecclesie de Dodeforde

Nouerint vniuersi per presentes quod cum dilecti in Christi filij religiosi viri prior ꝗ conuentus de Luffeld' ordinis sancti Benedicti nostre diocesis coram nobis Willelmo permissione diuina Lincoln' episcopo archidiaconatum nostrum Northampton' clerumque ꝗ populum eiusdem [nuper iure] ordinario actualiter visitantibus ad exhibendum ꝗ ostendendum munimenta ꝗ euidentias quorum iure ecclesiam parochialem de Dodford' infra dictum archidiaconatum [situatam ipsis ꝗ eorum prioratui] appropriatam fuisse ꝗ esse dicebant certis die ꝗ loco [lune euo]cati fuissent ijdem prior ꝗ conuentus huiusmodi die ꝗ loco coram nobis [sufficienter compar]entes munimenta et euidentias quibus mediantibus dictam ecclesiam in proprios tenent vsus nobis huiusmodi die ꝗ loco effectualiter exhib[ebant. Nos vero examin]atis ꝗ plenarie discussis euidentijs ꝗ munimentis memoratis quia prefatos priorem ꝗ conuentum super huiusmodi appropriacionem sufficienter ꝗ ad [plenum munitos] fuisse ꝗ esse inuenimus euidenter ipsos priorem ꝗ conuentum ab officij nostri impeticione absolutos dimittimus per presentes. Datum apud Berughbẏ [sub sig]illo nostro ad causas xviij die mensis Iulij anno domini mccccxlij° nostreque consecracionis anno xvj° ꝗ translacionis vj°.

W. 2453   L.C. 29r.
10″ × 2¾″.
Red oval seal 'ad causas'. 2⅛″ × 1½″. Under two canopies a full-length figure of the Virgin and Child, and of a king. Below, the small figure of the mitred bishop with crozier.
No endorsement.
NOTE: There are two holes in the charter, and missing words have been supplied from the Cartulary. In l. 9 'lune' is probably a misreading. There are signs of an interlineation in the charter, but it is no longer legible. One would expect 'eisdem assignatis'.

55

Letters dimissory of Thomas Bek, bishop of Lincoln: The Priory has proved its right to appropriate to its own uses the churches of Thornborough and North Dodford and the chapel of Evershaw, to a pension of 10s. from the church of Beachampton, and a portion of the tithes in Salden in the parish of Mursley. 25 February 1344

Confirmacio ecclesiarum Thorneburgh ⁊ North Dodeford'

Vniuersis sancte matris ecclesie filiis presentes litteras inspecturis. Thomas permissione diuina Lincoln' episcopus salutem in omnium saluatore. Nouerit vniuersitas vestra quod cum religiosi viri prior ⁊ conuentus de Luffeld' nostre diocesis certis die ⁊ loco per nos assignatis eisdem coram nobis diocesem nostram auctoritate nostra ordinaria visitantibus sua priuilegia ⁊ instrumenta quorum iure vt dicebant fulciti ecclesias parochiales de Thornebergh' et Northdodeford' cum capella de Euerschawe dicte nostre diocesis in proprios vsus tenent ac pensionem annuam decem solidorum de ecclesia de Bechampton' ⁊ porcionem garbarum ⁊ aliarum rerum decimabilium in Salden' infra fines ⁊ limites ecclesie parochialis de Murslee percipiunt ⁊ percipere se debere pretendunt exhibuissent ac eciam ostendissent. Nos visis examinatis ⁊ diligencius ponderatis huiusmodi exhibitis ⁊ ostensis quia inuenimus dictos priorem ⁊ conuentum memoratas ecclesias cum capella predicta canonice possedisse ⁊ pensionem ac porcionem percepisse prelibatas ipsasque ecclesias cum capella predicta in proprios vsus canonice optinuisse ⁊ optinere possedisse ⁊ possidere ac dictas pensionem ⁊ porcionem percepisse ⁊ debere percipere necnon sufficientibus titulis eosdem religiosos super apparacione ⁊ percepcione huiusmodi munitos fuisse ⁊ esse eosdem religiosos ab officio nostro contra eos in hac parte instituto absoluimus per decretum ⁊ dimittimus absolutos. In cuius rei testimonium sigillum nostrum presentibus est appensum. Datum apud Dauentre. v. Kalendas Marcii anno domini millesimo ccc^{mo} quadragesimo tercio. et consecrationis nostre secundo.

W. 3036   L.C. 29v.   Composiciones ecclesiarum ac decimarum.
12″ × 3¾″.
Fragments of large green seal. Seated figure under canopy; kneeling figure below.
No endorsement.

56

Acknowledgement by Richard, perpetual vicar of Mursley, of the right of the Priory to two-thirds of the greater and lesser tithes of the demesne of Robert fitz-Nigel in Salden. [1247–8 or after 1250]

Littera Ricardi vicarij ecclesie de Mursle

Omnibus Christi fidelibus ad quos presentes littere peruenerunt Ricardus dictus perpetuus vicarius ecclesie de Muresle salutem in domino sempiternam. Nouerit vniuersitas uestra quod ego Ricardus inspectis sacrosanctis euangelijs iuraui coram testibus subscriptis quod nunquam decetero inquietabo priorem et conuentum de Luffelde nec aliquos ex parte ipsorum super percepcione duarum partium decimarum proueniencium tam minutarum quam garbarum de omni dominico Roberti filij Nigelli in Saldene nec eciam aliquo modo procurabo nec aliquis ex parte mea procurabit quod ipsi predicti prior et conuentus nec aliqui ex parte ipsorum super predictis decimis vexentur uel aliquo modo inquietentur iniuste. In cuius rei testimonium presentibus litteris sigillum meum apposui coram domino Radulfo de Selueston monacho eiusdem loci et domino Iohanne Morice de Langeport et Henrico de sancto Lycio et Ricardo de Mimmes et pluribus alijs.

L.C. 29v.

NOTE: Richard was instituted vicar in 1247 and ceased in 1248. Richard Newton was instituted in 1250 (*Register of Robert Grosseteste*, Lincoln Record Society, Vol. 11, pp. 370, 380).

57

Letters dimissory of Walter de Wermington, commissary of the archbishop of Canterbury: The Priory has proved its right to a pension and to the tithes of Salden in the parish of Mursley. 24 March 1320

Confirmatio Walteri de Warnyngton commissarij generalis

Pateat vniuersis per presentes quod impetitis coram nobis Waltero de Wermington' rectore ecclesie de Difeld Lincolniensis diocese reuerendi patris domini Willelmi dei gracia Cantuarensis episcopi tocius Anglie primatis et ciuitatem et diocesam Lincolniensem iure suo metropolitano visitantis ad visitandum clerum et populum archidiaconatus Buk' et commisario generali deputato religiosis viris priore et conuentu de Luffelde dicte diocese super perceptione pensionis et decimarum parochialium in Salden in parochia de Muresle idem prior et conuentus certis die et loco sibi super hoc per nos assignatis coram nobis sufficienter comparentes instrumenta priuilegia raciones et allegaciones super iure dictas pensionem et decimas percipiendi exhibuerunt proposuerunt et allegarunt quibus visis intellectis et diligenter inspectis dictos religiosos super his tanquam sufficienter munitos ab examine nostro et ab impeticione officij nostri in pace dimisimus per decretum. Datum apud Neuport Panell ix kalendas Aprilis anno domini M°CCC° nonodecimo. Sequestrum erga nostra auctoritate in ipsis interpositum relaxauimus.

L.C. 29v.–30r.

58

Grant by Godfrey de Sancto Martino to John, his clerk, of the chapel of St. John the Baptist at Lillingstone, with the half virgate that belongs to it. [*c.* 1180–*c.* 1200]

Carta Godefridi de sancto Martino de capella de Lillincstona

Sciant tam presentes quam futuri quod ego Godefridus de sancto

Martino concessi ⁊ presenti carta mea confirmaui Iohanni clerico meo capellam sancti Iohannis baptiste de Lillincstona cum dimidia virgata terre eiusdem capelle spectante ⁊ cum omnibus pertinenciis suis ⁏ in liberam ⁊ puram ⁊ perpetuam elemosinam. adeo libere sicut antecessores mei concesserunt. ⁊ vt hec concessio rata. firma. ⁊ stabilis futuris temporibus perseueret ⁏ eam presentis scripti anotatione ⁏ sigillique testimonio ⁏ eam robarore curaui. His testibus. magistro Ricardo de Kent. magistro Henrico de Geluil'. magistro Alano de Wyll'. magistro Iohanne de Hicford'. Waltero persona de Piria. Philippo capellano de Lillincstona. Nicolao capellano de Lechamsted. Willelmo dechano de Tursmer Nicolao persona de Wenlibur' Radulfo Dyarel Apselon filio Ricardi. ⁊ multis alijs.

W. 2526 L.C. 30r. Carta donacionis decimarum.
9″ × 3″.
Tag for seal.
NOTE: Godfrey de Sancto Martino had granted a tithe of the bread of his house to the Priory before 1174 (No. 8) but the witnesses suggest a later date.

59

Confirmation to the Priory by Richard de Hinton, patron of the church of Hinton, of the tithes of the demesne of the fee of Mandeville in Silverstone, according to the terms of the composition of a suit before Philip, sub-dean of Lincoln and his fellow judges delegate, between the Priory and T. de Pinkeni. The Priory will pay 2*s*. yearly to T. and his successors. [1210]

Carta Ricardi de Hynton' de decimis feodi de Mandeuile

Uniuersis Christi fidelibus ad quos presens scriptum peruenerit. Ricardus de Hint' patronus ecclesie eiusdem uille salutem. in salutis autore. Ad uniuersitatis uestre noticiam uolo peruenire me concessisse ⁊ presenti carta mea confirmasse deo ⁊ beate Marie de Luffeld ⁊ monachis eiusdem loci omnes decimas garbarum tocius dominici de feodo de Mandeuile in territorio de Seluest'. iuxta tenorem composicionis facte inter dictos monachos de Luffeld ⁊ S. rectorem ecclesie de Hẏnt'. ⁊ T. de Pinkeni personam ecclesie de Hint' coram P. subdecano Lincolniensis ecclesie ⁊ eius coniudicibus. unde causa uertebatur inter dictos monachos ex una parte. ⁊ S. rectorem ecclesie de Hinton ex altera parte auctoritate domini pape super dictis decimis coram dictis iudicibus. tenendas ⁊ habendas liberas ⁊ quietas de me ⁊ heredibus meis inperpetuum possidendas. Saluo tamen quod predicti monachi persoluent per annum ij. solidos ad festum sancti Iohannis Baptiste predicto S. ⁊ eius successoribus personis ecclesie de Hint'. prefate uero decime prefatis monachis quiete remanebunt imperpetuum. Hijs testibus S. rectore ecclesie de Hint'. T. persona eiusdem ecclesie. I. de Merston' capellano. Hoseberto de Hint'. Ricardo

filio Maze Henrico de Flore. Roberto de Billing. Henrici Dogeht.
꒭ aliis.

W. 2614 L.C. 30r.–30v.
6″ × 4¼″.
Tag for seal.
NOTE: For the date see No. 60.

60

Notification by the judges delegate appointed by Innocent III to hear a
suit between the Priory and Simon de Cranfeld, the rector, and Thomas de
Pinkeni, the parson, of Hinton, that the same has been settled. The Priory
will retain for ever the tithes of the demesne of Richard de Hinton in Silverstone, and will pay to Thomas and his successors 2s. yearly. [1210]

De decimis feodi de Mandeuile

Omnibus Christi fidelibus ad quos presens scriptum peruenerit
Philippus subdecanus Linc'. ꒭ sancte Katerine. ꒭ sancte Marie Magdalene. priores Lincolniensis diocese salutem eternam in domino.
Nouerit uniuersitas vestra nos mandatum domini pape in hijs uerbis
suscepisse. Innocencius episcopus seruus seruorum dei dilectis filijs
subdecano. Linc'. ꒭ sancte Katerine. ꒭ sancte Marie Magdalene
prioribus Lincolniensis diocese. salutem ꒭ apostolicam benediccionem. Querelam S. rectoris ecclesie de Hinctun' recepimus continentem
quod prior ꒭ monachi. de Luffeld' ꒭ T. clericus ꒭ quidam alij Lincolniensis diocese decimas quasdam ad dictam ecclesiam pertinentes contra iusticiam detinent ꒭ reddere contradicunt. Quocirca discrecioni
uestre per apostolicam scriptam mandamus quatinus partibus conuocatis audiatis causam. ꒭ appellacione remota fine debito terminetis.
facientes quod statueritis per censuram ecclesiasticam firmiter obseruari. Testes autem qui fuerunt nominati si se gracia odio uel timore
subtraxerunt per districcionem eandem appellacione cessante cogatis
ueritati testimonium perhibere꒮ Quorum si se non omnes hijs exequendis poteritis interesse꒮ duo uestrum ea nichilominus exequantur.
Datum Laterano. sextodecimo Kalendas Ianuarij pontificatus nostri
anno duodecimo. Huius igitur auctoritate mandate dicto S. simul cum
priore ꒭ monachis de Luffelde per procuratorem coram nobis constitutis Thoma de Pinkenni persona dicte ecclesie litteras suas super rati
habicione ad nos transmittente꒮ Lis tandem inter eos amicabili com-
posicione sub hac forma conquieuit. videlicet quod predicti prior ꒭
conuentus de Luffeld omnes decimas de dominio domini Ricardi de
Hinctun'. in territorio de Seluestun' tenebunt imperpetuum. Soluendo
dicto. S. ꒭ successoribus suis personis ecclesie de Hinctun' duos solidos
annuatim. ad Natiuitatem Sancti Iohannis Baptiste. Ita quidem quod
si tamen dicti prior ꒭ conuentus de Luffeld' ad dictum terminum vel
infra xv. dies proximo sequentes in solucione cessauerunt licitum erit

sepedicto S. ꝛ successoribus suis prefatas decimas absque omni reclamacione dictorum prioris ꝛ conuentus in manum suam recipere ꝛ de
ipsis pro sua disponere voluntate. Ne igitur quod tam sollempniter
coram nobis actum est in dubium reuocari possit in posterum: presenti scripto sigilla nostra simul cum sigillis partium apponi fecimus.
Testibus I. archidiacono Oxon'. magistris W. filio Fulconis. R. de
Lindwud'. G. de Scardeburgh'. A. de sancto Edmundo. T. de Fisker-
tun'. canonico Linc'. magistro. W. filio Galfridi. G. capellano de
Sanctis Innocentibus G. de Cancia clerico ꝛ multis aliis.

W. 2596   L.C. 30v.   Composiciones decimarum.
$6\frac{1}{2}'' \times 4\frac{1}{2}''$.
Seals: 1. White oval seal $1\frac{1}{2}'' \times 1''$.
       2. Green oval seal $1\frac{1}{4}'' \times \frac{7}{8}''$.
Endorsed: De decimis feodi de Mandeuile. Littera Lincoln' episcopi sancte Katerine ꝛ
    sancte Magdalene Marie priorum.
NOTE: The papal mandate bears date 17 December 1209.

61

Grant to the Priory in alms by Hugh de Sancto Martino of the chapel of St
John the Baptist within his court at Lillingstone [*c.* 1220–5]

Carta Hugonis de sancto Martino de capella de Lillingstone

Sciant presentes ꝛ futuri quod ego .H. de Sancto Martino intuitu pietatis ꝛ caritatis ꝛ pro salute anime mee ꝛ vxoris mee ꝛ omnium antecessorum meorum ꝛ successorum dedi ꝛ concessi deo ꝛ beate Marie de
Luffeld ꝛ monachis ibidem deo famulantibus capellam sancti Iohannis
Baptiste cum omnibus pertinentiis suis que sita est in curia mea de
Lillingestan. tenendam ꝛ habendam liberam ꝛ quietam de omnibus
seruicijs terrenis ꝛ exaccionibus ꝛ in puram ꝛ perpetuam elemosinam
quantum ad donationem laici ꝛ patroni pertinet. Donationem autem
predicte capelle cum pertinencijs ego ꝛ heredes mei predictis monachis
sicut liberam elemosinam warantizabimus imperpetuum. Vt autem
ea que a me acta sunt firma preseruerent presens instrumentum sigillo
meo dignum duxi confirmare. Hijs testibus Galfrido Saluago. Waltero
de la Haẏe. Willelmo filio Ricardi de Bechamton' militibus. Radulfo
decano de Billing'. Ricardo decano de Torneberge Petro fratre H. de
Sancto Martino. Roberto de Billing' Henrico coco. Iordano. Iohanne
Crispo ꝛ alijs.

W. 2531   L.C. 30v.–31r.
$5\frac{1}{2}'' \times 4''$.
Round green seal, $2\frac{1}{4}''$ diameter (broken). A regardant bird. + SIGILL' HVGONIS D SANCTO
    MARTIN.
NOTE: For Robert de Billing see Appendix, p. 269. For Henry cocus and John Crispus see
    the dated charters Nos. 196 and 295.

62

Notification by judges delegate of the settlement of several suits between the Priory and the parson and vicar of Brockhall, the Priory having alleged that the church of Brockhall was subject to that of Dodford. [1227–41]

Concordia inter priorem de Luffelde et personam de Brochole

Nouerint vniuersi Christi fideles quod cum quedam controuersia auctoritate Gregorij pape noni inter I. personam et magistrum Thomam vicarium ecclesie de Brochol' procuratorem eiusdem I. persone tam ad componendum quam ad litigandum in omnibus causis legitime constitutum actores ex una parte et priorem et conuentum de Luffelde reos ex altera super decimis et rebus alijs subscriptis coram decano de Cantebrugg' et coniudicibus suis uerteretur. Item cum quedam controuersia auctoritate eiusdem pape inter priorem et con- uentum de Luffelde actores ex una parte et I. personam et Thomam vicarium ecclesie de Brochole reos ex altera parte super ecclesiam de Brochol' qui ad ecclesiam de Dodeforde tanquam capellam spectare dicebant coram W. Wigorniense episcopo et coniudicibus suis uer- teretur. Item cum quedam causa appellacionis auctoritate eiusdem pape inter easdem personas coram eodem episcopo Wigorniense et coniudicibus suis uerteretur. Item cum quedam causa appellacionis auctoritate eiusdem pape inter easdem personas coram priore de Bernecestr' et coniudicibus suis uerteretur. Tandem omnes predicte lites mote inter partes ex consensu parcium in hunc modum amicabili- ter conquieuerunt videlicet quod omnes decime site infra Suttissebro sub Watlingstret et Brochol' remanebunt solute et quiete ecclesie de Brochol' imperpetuum salua decima feni prouenientis de Sustermede ecclesie de Dodeforde imperpetuum. Et sciendum quod predictus Thomas vicarius soluet priori et conuentui de Luffelde annuatim ad festum sancti Michaelis sex denarios nomine fine pro decimis proue- nientibus de duabus acris que uocantur Akermannelonde. Que uero decime site infra predictum Suttissebroc usque ad terram Galfridi de Armenters remanebunt solute et quiete ecclesie de Dodeforde im- perpetuum. Predicti eciam prior et conuentus de Luffelde omnem accionem quam habuerunt super ecclesiam de Brochol' suspenderunt totum tempore predictorum I. persone et Thome vicarij et utraque pars omnibus causis et controuersijs quibuscunque super predictis motis et mouendis quamdiu predicti I. persona et Thomas vicarius uixerunt renunciauit sub pena viginti marcarum a parte ab ista com- posicione recedente parti composicionem parenti soluendarum subi- ciens se iuridiccioni archidiaconi Norhampton' ad penam predictam soluendam cum fuit commissa. Et ad maiorem huius rei securitatem partes presenti composicionem [*sic*] signa sua una cum signis iudicum

F

apposuerunt. Hijs testibus R. suppriore sancti Andree North' magistro R. Baton' magistro W. de Gogenho magistro W. de Lindesey
domino Iohanne capellano de Brochol' Iohanne clerico de Brochol'
Nicholao diacono de Luffelde et alijs.

L.C. 31r.–31v.   Composissiones decimarum.
NOTE : No closer dating can be given than the limits of the pontificate of Gregory IX.

63

Acknowledgement by master James de Buckingham, rector of a mediety of
the church of Beachampton, of the right of the Priory to an annual pension
of 10s. from that mediety. 21 November 1300

Scriptum magistri Iacobi de Bukingham pro pencione in ecclesia de
Bechampton

Indented at the top. Letters cut through

Memorandum quod cum controuersia orta esset inter priorem ⁊ conuentum de Luffeld' ex parte vna ⁊ magistrum Iacobum de Bukingham
rectorem medietatis ecclesie de Bechamtone ex altera. super deten-
cionem cuiusdam annue pensionis decem solidorum prefatis religiosis
de predicta medietate ecclesie de Bechamtone debite. Et super hoc
dicti religiosi prefatum magistrum Iacobum coram officiale episcopi
Linc' implasitarunt [*sic*]. predictamque pencionem eisdem religiosis
fore debitam cum arreragiis. dampnis ⁊ expensis per sentenciam diffinitiuam recuperarunt. tandem predictus Iacobus curialitatem sibi per
dictos religiosos diu factam aduertens predictam pencionem eisdem
recognouit decetero fore faciendam ⁊ ipsos religiosos de predicta pencione in crastino Sancti Edmundi regis ⁊ martiris anno domini. m°.
ccc°. in pleno capitulo apud Luffeld' in plenam posuit possessionem ⁊
fide media se astrinxit predictam pencionem decem solidorum in festo
Sancti Michaelis annuatim pro toto suo tempore sine aliqua dilacione
contradictione seu machinacione eisdem religiosis decetero fore per-
soluendam ac eciam quadraginta solidos de arreragiis dicte pencionis
per quatuor annos detentis infra octabas Natiuitatis domini anno
supradicto et Pasche proximo subsequentis pro equalibus porcionibus
eisdem religiosis fideliter persoluendos. omnibus aliis controuersiis.
quibuscumque exaccionibus ⁊ demandis ex vtraque parte ante diem
confeccionis presencium subortis per istud scriptum ex consensu partium confectum cassatis ⁊ penitus adnichilatis. Et ad hec omnia premissa sine fraude ⁊ dolo obseruanda. huic memorando bipartito sigilla
sua alternatim sunt appensa. Hiis testibus. domino Hugone de Castilon. Iohanne de Tȳngewȳc. Radulpho le Bra[y] de Bechamtone.
magistro Henrico de Insula tunc officiale archidiaconi de Buck'.
domino Radulpho de Tȳngewic rectore ecclesie de Lillingston. do-

mino Ricardo rectore medietatis ecclesie de Bechamtone. domino
Ada de la More rectore ecclesie de Foxcote ꝰ multis aliis.

W. 2385   L.C. 31v.   Carta. Pensionis. ecclesie de Bechampton.
6¾″ × 4¾″.
Round green seal, ¾″ diameter.
Endorsed: Scriptum magistri Iacobi de Bukingham.

64

Compromise of a dispute between William ad crucem of Stratton, chaplain,
and the Priory as to his right, by provision of the Holy See, to be maintained
by the Priory until they should present him to a benefice. William renounced his claims, in return for which the Priory granted him, until they or
others should promote him to a benefice, all the tithes and offerings pertaining to the chapel of Evershaw, excepting the tithes of corn and hay, all the
tithes of the manor of le Oldewyk, and the mortuary wine. William under-
took not to alienate the tithes, or to have any chaplain to minister in the
chapel. He would in all things be faithful and obedient to the Priory. 3
August 1317

Concordia inter rectorem de Stratforde et priorem de Luffelde

Indented at the top. Letters cut through

Cum lites ꝰ discordia mote essent inter dominum Willelmum dictum
ad crucem de Stratton' capellanum Lincolnie dẏocesis actorem ex
parte vna et religiosos viros priorem ꝰ conuentum de Luffeld' dicte
dẏocesis reos ex parte altera supra quadam prouisione impetrata per
dictum Willelmum contra religiosos viros predictos secundum formam illius decretalis cum secundum appellum tandem predicte lites ꝰ
discordia ex amicabili compositione vtriusque partis sopite fuerunt in
hunc modum videlicet quod predictus Willelmus prouisionibus ac
impetracionibus omnimodis per se factis seu impetratis contra religiosos viros priorem ꝰ conuentum de Luffeld' antedictos ac a sede
apostolica sibi concessis vt sibi ministrarent vite sue necessaria
quousque ad ecclesiasticum beneficium per eosdem religiosos fuisset
promotus secundum illius decretalis virtutem cum secundum appellum
necnon iuri sibi competenti seu quoquo modo competituro per easdem impetraciones infuturum coram venerabili viro magistro Rogero
Scuret de Bukẏngham tunc venerabilis viri archdiaconi Buk' officiali
ꝰ in dicta prouisione venerabilis patris domini Iohannis dei gratia
Lincolnie episcopi comissario ꝰ sacre sedis apostolice notario ꝰ coram
discreto viro magistro Gilberto de eadem sacre sedis antedicte notario
habita deliberatione pure sponte et absolute renunciavit per presentes promisit etiam bona fide ac etiam corporali prestito sacramento
concessit coram eisdem magistris ꝰ notariis quod de cetero religiosos
viros predictos non inquietabit vexabit vel aliquo modo grauabit

occasione prouisionum seu impetracionum predictarum nec per alias
impetraciones quascumque contra eosdem religiosos faciendas per se
vel per alios nomine suo nec impetraciones nomine suo factas ratas
habebit sed vanas et nullas ⁊ omnino defectiuas nec aliquos in verbo
sacerdotum quoquo modo procurabit seu excitabit ad impetrandum
aliqualiter contra eosdem religiosos. Et si contingat se quod absit vel
aliquem alium nomine suo de cetero contra premissa aliquo modo
venire vel aliquod incomodum procurare vult ⁊ concedit quod predicti religiosi agant ⁊ procedant contra se tanquam contra periurum
infamem ingratum ⁊ excommunicatum ⁊ quod pro tali pupplice sit
habitus ⁊ convictus renunciauit in premissis omni iuris remedio impet-
rato seu impetrando. Pro hac autem renunciacione predicti religiosi
concesserunt predicto Willelmo ad terminum vite sue vel quousque
per eosdem vel per alios ad ecclesiasticum beneficium fuerit promotus
omnes decimas ⁊ oblationes pertinentes ad capellam beati Nicholai
de Euerschawe quam predicti religiosi habent ⁊ tenent in proprios usus
exceptis decimis garbarum ⁊ feni cum vino mortuario et omnimodis
decimis prouenientibus de le Oldewẏk manerio eorundem religiosorum tam de bonis alienis quam de bonis propriis que quidem decime
que supra excipiuntur cum vino mortuario predictis religiosis remanebunt. Pro hac autem concessione predictus Willelmus in predicta
capella diuinum officium pro predictis religiosis quotiens opus fuerit in
propria persona celebrabit atque omnia honoraria ordinaria ⁊ extra-
ordinaria predictam capellam ⁊ officium suum tangentia sumptibus
suis ⁊ labore sustinebit. Predictas vero decimas tempore suo durante
nemini tradet nec in predicta capella aliquem capellanum ad minis-
trandum in diuinis officiis sub amiscione omnium premissorum assig-
nabit sine voluntate dictorum religiosorum gratum ⁊ fidelem predictis
religiosis de cetero se habebit consilium dictorum religiosorum fideliter
occultabit ⁊ honorem eorundem vbique conseruabit ⁊ de non veni-
endo in contrariam aliquorum premissorum sed ad omnia supradicta
fideliter ⁊ integre tenenda ⁊ obseruanda tactis sacrosancti ewangeliis
predictus Willelmus in capitulo apud Luffeld' coram predictis religiosis iterum corporale prestitit sacramentum. In cuius rei testimonium
predicte partes huic indenture sigilla sua apposuerunt ⁊ sigillum
officialitatis Bukẏngham apponi procurauerunt. Datum apud Luffeld' die mercurii proxima post festum sancti Petri ad vincula anno
domini m° ccc° septimodecimo.

W. 2485   L.C. 31v.–32r.
10¼″ × 5¾″.

65

Release and quitclaim to the Priory by John son of William, lord of Water
Stratford of the advowson and patronage of the church of Water Stratford

which William son of William, his ancestor, had given them. 19 November 1320

De aduocacione ecclesie de Weststretford'

Omnibus Christi fidelibus ad quorum noticiam hoc scriptum peruenerit Iohannes filius Willelmi de Weststratford' dominus de Weststratford' eternam in domino salutem. Noueritis me remisisse relaxasse et omnino pro me heredibus ꝫ assignatis meis quibuscunque inperpetuum confirmasse et quietum clamasse religiosis viris priori ꝫ conuentui de Luffeld' et eorum successoribus totum ius ꝫ clameum quod habeo habui uel aliquo modo habere potui in aduocatione ꝫ iure patronatus ecclesie de Weststratford' cum omnibus pertinenciis suis. quam quidem ecclesiam dicti religiosi habuerunt ex concessione donacione ꝫ carte confirmacione Willelmi filii Willelmi quondam domini de Weststratford' antecessoris mei in liberam puram et perpetuam elemosinam et per dictam concessionem donacionem ꝫ carte confirmacionem dicti religiosi fuerunt in plena et pacifica possessione presentandi ad eandem ecclesiam de Weststratford' diuersas personas a tempore a quo non exstat memoria ne eorum possessioni predicte per me heredes seu assignatos meos qualescunque in preiudicium iuris eorum in hac parte contra salutem anime mee qualecunque prestetur vero impedimentum. Ego dictus Iohannes pro me heredibus ꝫ assignatis meis ius eorum recognoui et per presentes confirmaui ita quod nec ego dictus Iohannes nec heredes neque assignati mei nec aliquis alius nomine nec iure nostro in predictis advocacione et iure patronatus ecclesie predicte de Weststratford cum pertinenciis suis aliquod ius uel clameum decetero exigere seu vendicare poterimus infuturum set ab omni accione ꝫ demanda inperpetuum simus exclusi per presentes. Et ego uero predictus Iohannes heredes ꝫ assignati mei predictam advocacionem ꝫ predictum ius patronatus ecclesie predicte de Weststratford' cum omnibus pertinenciis suis prefatis religiosis ꝫ eorum successoribus contra omnes gentes inperpetuum warantizabimus ꝫ ubique in omnibus defendemus. In cuius rei testimonium sigillum meum presentibus apposui. Hiis testibus. dominis Iohanne de Hausted'. Iohanne de Woluerton'. Iohanne Giffard' le Boef militibus. Andrea de Sancto Licio. Philippo de Hardeshull'. Ricardo de Kynebell'. Rogero de Sancto Licio ꝫ aliis. Datum in pleno comitatu apud Bucki[n]gham die mercurii proxima ante festum Sancti Clementis pape anno regni regis Edwardi filii regis Edwardi quartodecimo.

W. 2571   L.C. 32v.   Carta donacionis ecclesie.
9¼″ × 5¼″.
Green oval seal, 1¼″ × 1″.

66

Grant to the Priory by William son of William de Stratford of the church of Water Stratford. [Before 1202]

Carta Willelmi filij Willelmi de Stratforde

Omnibus sancte matris ecclesie filijs ad quos presens scriptum per- uenerit ⁖ Willelmus filius Willelmi de Stratford' salutem. Noscat uni- uersitas uestra me intuitu pietatis concessisse ⁊ dedisse ac presenti carta mea confirmasse deo ⁊ ecclesie sancte Marie de Luffelde ⁊ monachis ibidem deo famulantibus ecclesiam meam de Stratford' in puram ⁊ perpetuam elemosinam liberam ⁊ quietam ab omnibus secularibus seruicijs que ad me pertinent pro anima patris mei ⁊ matris mee ⁊ omnium antecessorum meorum ⁊ successorum. His testibus. Rogero filio Azur Willelmo Baiuel. Alano Bretel. Gerardo de Strat- ford'. Waltero Bastard. Ricardo de Rinshal'. Iohanne seruiente prioris. Henrico Pege. Adamo clerico. ⁊ eius fratre Galfrido. Roberto Turpil'. Radulfo Megre. Roberto de Billing' ⁊ multis alijs.

W. 2576   L.C. 32v.–33r.
7½″ × 3½″.
Tag for seal.
Endorsed as rubric and de ecclesia de Stratford (14th century).
NOTE : For date see No. 43. The grantor is William II de Stratford, the Willelmus secundus
of the *Eynsham Cartulary* (op. cit. Vol. II, No. 611). William I, his father, married
Hadewisa, daughter of Azur, sheriff of Oxfordshire in 1147 (and probably later).
The first witness was, therefore, the grantor's uncle.

66A

Release to the Priory by John de Ditton of all claims against them, upon their presenting him to the church of Water Stratford. 6 October 1323

Vniuersis pateat per presentes quod ego Iohannes de Dẏtton capel- lanus ad ecclesiam de Weststratford' per religiosos viros priorem ⁊ conuentum de Luffeld' Lincolniensis diocesis presentatus omni iuri ⁊ accioni michi in presenti in dicta ecclesia competenti racione cuius- cunque presentacionis predictorum religiosorum uel quoquo modo infuturo michi competituro habita deliberacione pure sponte ⁊ abso- lute renuncio per presentes. In cuius rei testimonium huic remissioni mee sigillum meum apposui ⁊ quia sigillum meum plurimorum est incognitum sigillum decanatus de Buk' apponeri procuraui. Et ego Walterus perpetuus vicarius de Stowe decanus de Buk' ad rogatum predicti domini Iohannis de Dẏtton' capellani sigillum officii mei duxi apponendum. His testibus. domino Roberto rectore ecclesie de Schald' domino Iohanne vicario de Westburẏ: Ricardo de Lange- port: Roberto de Langeport; Hugone de Westburẏ tunc capellano de

Euerscaue. ⁊ aliis. Datum apud Euerscaue die iouis in festo sancte Fidei virginis: anno domini M°ccc° vicesimo tercio.

W. 2574
9″ × 3″.
Brown seal, ½″ diameter, broken, cf. 66. C.
No endorsement.

66ᴮ

Receipt of John de Ditton in favour of the Priory for the sum of 2 marks, paid to him in settlement of his pension and all arrears thereof. 18 October 1318

Pateat vniuersis per presentes quod ego Iohannes de Ditton' clericus recepi apud Luffeld' die sancti Luce euangeliste anno regni regis Edwardi filij regis Edwardi duodecimo de fratre Iohanne de Westburẏ priori de Luffeld' ⁊ de eiusdem loci conuentu duas marcas argenti in quibus dicti prior ⁊ conuentus michi tenebantur nomine annue pensionis. De quibus duabus marcis ac eciam de omnibus aliis arreragiis pensionem meam tangentibus de toto tempore preterito vsque diem confeccionis presencium fateor me plenarie esse pacatum ⁊ dictos priorem ⁊ conuentum omnino per presentes fore quietos. In cuius rei testimonium huic aquietancie sigillum meum apposui. Datum apud Luffeld' die ⁊ anno supradictis.

W. 3030
9″ × 2″.
Tag for seal.
Endorsed: Aquietancia Iohannis de Ditton. 15th century.

66ᶜ

A similar receipt for the sum of 30s. 19 April 1327

Pateat vniuersis per presentes quod ego Iohannes de Ditton capellanus recepi apud Luffeld' die dominica proxima ante festum sancti Georgii martiris anno domini millesimo trecentesimo vicesimo septimo ⵝ de religiosis viris priori ⁊ conuentu de Luffeld' triginta solidos argenti in plenam solucionem sexaginta solidorum in quibus michi tenebantur per quoddam scriptam obligacionis de quibus sexaginta solidis fateor me plenarie esse pacatum ⁊ dictos religiosos per presentes omnino fore quietos. In cuius rei testimonium presentibus sigillum meum apposui. Datum apud Luffeld' die ⁊ anno supradictis.

W. 3061
10″ × 1¾″.
Brown seal, ½″ diameter. A cross (?) charged with five birds.
No endorsement.

66D

Presentation by the Priory of William Barbor to the church of Water Stratford. 16 August 1450

Reuerendissimo in Christo patri 7 domino suo Marmaduco dei gracia Lincolniensi episcopo humilis 7 deuotus Iohannes prior 7 conuentus prioratus de Luffeld' vestre diocese omnimodas reuerencias obedienciam 7 honorem tanto patri debitas. Ad ecclesiam parochialem sancti Egidij de Waterstratford' vestre diocese nostri patronatus per liberam resignacionem magistri Iohannis Combe vltimi rectoris eiusdem vacantem 7 ad nostram presentacionem pleno iure spectantem dilectum nobis in Christo Willelmum Barbor capellanum ad dictam ecclesiam de Waterstratford' admittere 7 ipsum rectorem in eadem canonice cum omnibus suis iuribus 7 pertinencijs vniuersis fauorabiliter 7 benigne dignemini instituere vlteriusque sibi faciendo 7 exequendo quod vestro in hac parte incumberit officio pastorali. In cuius rei testimonium sigillum capituli nostri presentibus est appensum. Datum apud Luffeld' sextodecimo die mensis Augusti anno domini millesimo CCCC^{mo} quinquagesimo.

W. 2572
13½″ × 2½″.
Tag for seal.
No endorsement.

67

Confirmation by Robert de Burnham, archdeacon of Buckingham, of the gift by Hugh de Evershaw to the Priory of the chapel of Evershaw. [1178–92]

Littera Roberti archidiaconi Buk' de capella de Euershawe

Omnibus sancte matris ecclesie filijs Robertus archidiaconus de Buchingham salutem. Noscat uniuersitas uestra me secundum tenorem carte Hugonis de Euersawe 7 donacionem antecessorum suorum capellam de Euersawe cum omnibus pertinencijs liberam 7 quietam ecclesie sancte Marie de Luffelde 7 fratribus eiusdem loci deo seruientibus confirmasse 7 sigilli mei munimine roborasse. Testibus his Michaele decano de Blechesl'. 7 Iohanne decano de Prestona. 7 magistro Philippo de Lillingston'.

W. 2491   L.C. 33r.   Confirmaciones Archidiaconi.
6″ × 1½″.
White varnished seal, chipped, 2½″ diameter.
NOTE: David, the predecessor of Robert de Burnham, died in 1177 (*Pipe Roll 25 Hen. II*, P.R.S. xxvIII, p. 73). Le Neve gives 1192 as the date of the appointment of Robert's successor Stephen.

67A

Notification by Robert de Burnham, archdeacon of Buckingham, that the dispute between the Priory and Gilbert, rector of Mursley, touching the demesne tithes of Salden, had been resolved at Aylesbury in full chapter, when Gilbert released them to the Priory. [1178–92]

Omnibus sancte matris ecclesie filiis Robertus archidiaconus de Buchingham salutem. Sciatis controuersia que uertebatur inter priorem de Luffeld ꝫ Gilebertum de Muresle taliter coram nobis apud Ailesbiri in pleno capitulo esse sopitum. quod ipse Gilebertus iuri quod se asserebat habere in duabus partibus decimarum de dominio de Saldene scilicet de .xx. acris ꝫ de cotariis. omnino renunciauit ꝫ ecclesie sancte Marie de Luffeld integre resignauit. Valete in domino.

W. 2583
6″ × 1″.
Strip for seal.
Endorsed: Saldenne lettera Roberti archidiaconi Buk'.
NOTE: For date see No. 67.

68

Composition of a suit between Roger, prior of Luffield and John, vicar of Towcester, relating to tithe of lands in Charlock. [c. 1215–20]

Composicio inter priorem de Luffelde et personam de Towcestre

Hec est composicio pro bono pacis facta inter R. priorem de Luffelde et conuentum ex una parte et Iohannem clericum vicarium ecclesie de Towcestr' ex alia super quibusdam decimis quas predictus I. pecijt a predicto priore et conuentu de Luffeld scilicet de terris illis quas te-nuerunt Alexander de Chaldelake et Osbertus Longus et Willelmus Bakun sitis in territorio de Chaldelake quod predictus prior et con-uentus pacifice illas decimas teneant et pacifica illarum gaudeantur possessione imperpetuum soluendo nomine illarum decimarum an-nuatim predicte ecclesie de Towcestr' duas libras cere et dimidiam libram incensi in vigilia sancti Laurencij martiris. Vt autem hec com-posicio ex utriusque parte rata sit et immolata permaneat confirmata est apposicione signorum iudicum delegatorum a Gwalone legato domini pape Honorij scilicet supprioris sancti Fretheswide et W. capellani sancti Martini de Oxonia coram quibus predictus I. pre-dictos priorem et conuentum traxit in causam super predictis decimis. Redacta est autem hec composicio in duplicem scripturam in modum cirograffi confectam cuius scriptura unum scriptum habeatur prior et conuentus de Luffelde signis iudicum predictorum et predicti I. vicarij signatum. Aliud uero scriptum habeat I. vicarius signis iudicum et prioris et conuentus signatum. Hijs testibus Arnulfo clerico de

Selueston Willelmo de Clarisvallibus Ricardo Mace de Brakel'
Roberto de Billing magistro I. de Essex Fulcone de Brideport
Radulfo clerico de Luffelde et alijs.

L.C. 33r.
NOTE: Gualo left England in 1218.

69

Notification by the judge delegate of the settlement of a suit between the
Priory and William, rector of Hinton. The Priory paid the rector two marks,
in return for which he renounced the annual payment of 2s. mentioned in
No. 60. [1237–41]

Littera Willelmi rectoris de Hintone

Sciant presentes ꝛ futuri quod cum lis mota esset inter Willelmum
rectorem ecclesie de Hintone ex vna parte. ꝛ priorem ꝛ conuentum de
Luffeld' ex altera. coram decano de Wẏcumbe auctoritate domini
Ottonis tunc apostolice sedis legati super annuo scensu duorum solidorum de quo dicebat ecclesiam suam spoliatam esse ꝛ petiit nomine
ecclesie sue sibi restitutionem fieri in hunc modum conquieuit scilicet
quod predictus prior et conuentus dederunt dicto rectori duas marcas
argenti pro bono pacis. et idem rector renunciauit omni iuri quod
habuit vel habere potuerit si quem habuit nomine predicte ecclesie in
exaccione predicti scensus duorum solidorum. Et litteras domini legati
ꝛ omnia instrumenta que habuit super processu habito coram iudice
suo priori ꝛ conuentui restituit ꝛ ne processu temporis ista a labili
decidant memoria hominum tam ipse iudex quam idem rector huic
scripto sigilla sua apposuerunt. Hiis testibus. Radulfo vicario de Sut-
tone. Iohanne capellano de Brakel'. Simone capellano de Boẏcot'.
domino Ricardo de Fardingeston'. Iohanne Moriz. Roberto vine-
tario. Ada de Brakel'. Luca clerico. qui simul sigilla sua cum sigillis
dictorum iudicis ꝛ rectoris in testimonium apposuerunt.

W. 3024   L.C. 33r.–33v.
4¾″ × 3″.
Slits for four seal-tags.
NOTE: The dates cover the years when Otto was legate.

70

Undertaking by Robert fitz-Nigel that if he shall fail to procure the appro-
priation by the Priory to its own uses of the mediety of the church of Beachampton, of which they are the patrons, then their charter, granting to the
chapel in his manor of Salden two-thirds of the greater and lesser tithes
there, shall be of no effect. 26 March 1329

Concessio domini Roberti le fitz Neel de ecclesia de Bechamptone

Vniuersis Christi fidelibus ad quos presentes littere peruenerint

Robertus le fitz Neel miles dominus de Salden' salutem in domino sempiternam. Cum religiosi viri. . prior ⁊ conuentus sancte Marie de Luffeld ordinis sancti Benedicti Lincolnie diocesis dederint et concesserint vnanimi eorum consensu per quandam cartam sigillo eorum communi consingnatam perpetue capelle mee in manerio meo de Saldene situate predicte diocesie duas partes decimarum maiorum ⁊ minorum de predicto manerio meo ⁊ terris decimatis eiusdem proueniencium quas ex donacione predecessorum meorum olim dictas decimas in feudum possidencium canonice fuerunt assecuti. Nouerit vniuersitas vestra predicta me dictum Robertum pro me heredibus ⁊ assignatis meis dictis religiosis per presentes concessisse quod si eisdem religiosis ⁊ monasterio suo predicto medietatem ecclesie de Bechamptone predicte diocesis in qua medietate ius habent patronatus ex donacione predecessorum meorum minime fecerim appropriari cum institucione ⁊ corporali induccione subsecuta. . tunc predicta carta donacionis decimarum predictarum supradicte capelle facta vacua sit ⁊ inanis nullum iuris effectum inducens sed penitus nullius momenti ac predictis religiosis retractatur. In cuius rei testimonium sigillum meum hiis litteris presentibus apposui. Hiis testibus. domino Iohanne de Woluertone. domino Andrea de Sancto Lucio. domino Malculmo de Chastiloun' militibus. Philippo de Hardeshulle ⁊ Willelmo de Kẏnebelle ⁊ aliis. Datum apud Salden' predictam die dominica proxima post festum annunciacionis Beate Marie virginis anno domini millesimo trescentesimo vicesimo nono ⁊ anno regni regis Edwardi tercii post conquestum tercio.

W. 2384   L.C. 33v.   Acquitancia . de ecclesiis.
7¾″ × 3¾″.
Round green seal, ⅞″ diameter.

71

Quitclaim to the Priory by Walter de Houghton, rector of Towcester, in consideration of the sum of 80 marks, of the damages he had claimed from them in respect of tithes in Hydlond, Coclilond, and Heggemulne. 1 May 1344

Acquietancia rectoris ecclesie de Towcestre

Uniuersis ad quos presentes littere peruenerint Walterus de Hoghton' rector ecclesie de Towcestre Lincolniensis diocesis salutem in domino. Licet impetrator in causa decimarum inter me dictum Walterum actorem ex parte una et religiosos uiros priorem et conuentum de Luffelde dicte diocese reos ex altera in curia Cantuariensi iudicaliter mota contra eosdem religiosos et pro parte mea quantum ad ius percipiendi predictis [sic] decimas de certis locis Hydlond Coclilond et Heggemulne vulgariter nuncupatis prouenientes diffinitiua sentencia lata fuisset fuissentque dicti religiosi in centum quadragintis libris nomine expensarum in hac predicta causa per me factarum ac decimis de dictis terris locis et molendino prouenientibus a tempore litis in hac parte inchoate per eosdem religiosos perceptis per dominum officialem curie predicte legitime condempnari. Nouerit vniuersitas uestra predicta me dictum Walterum rectorem ecclesie predicte quecumque accionem querelam seu demandam ex predicta sentencia michi contra dictos religiosos occasione predictarum expensarum vel decimarum a tempore litis predicte in hac parte inchoate que dictos religiosos preceptarum qualitercumque competentes omnino remississe per presentes ita quod ex nunc michi vel successoribus meis aut executoribus vel assignatis meis quibuscumque occasione predictarum expensarum vel decimarum a tempore litis in hac parte inchoate per eosdem religiosos preceptarum in predicta causa latarum nulla remaneat accio set per dictam remissionem meam totaliter sit sublata. Saluo tamen michi et successoribus meis in dicta ecclesia nostre ex nunc decimas in dictis locis peruenientes percipiendas iuxta formam condempnacionis memorate. Pro hac autem remissione predicte condempnacionis per dominum officialem curie Cantuariensis late predicti religiosi michi tenebantur per quoddam scriptum obligacionis in quateruiginti marcis de quibus quidem quateruiginti marcis fateor me ad terminos et locum in dicto scripto contentis plenarie esse pacatum et dictos religiosos de dictis quateruiginti marcis omnino acquieto per presentes . In cuius rei testimonium sigillum meum presentibus est appensum. Et quia sigillum meum pluribus est incognitum sigillum decanatus de Brackelay presentibus apponi procuraui. Datum in domo mea apud Towcestre die Sabbati in festo apostolorum Philippi et Iacobi anno domini millesimo CCC^{mo} quadragesimo quarto.

L.C. 33v.–34r.

72

Grant to the Priory in alms by Ralf de Saldeston, son of William Franciscus, and rector of Chetwode, of a virgate within and without the vill of Thornborough, which he bought from Berner de Horewode. [c. 1250–60]

Carta domini Radulphi rectoris ecclesie de Chetwode

Sciant presentes et futuri quod ego Radulfus de Saldeston' filius Willelmi Francisci rector ecclesie de Chetwode dedi concessi et hac mea carta presenti confirmaui deo et beate Marie de Luffeld' et monachis ibidem deo seruientibus pro salute anime mee . et patris et matris mee . et omnium antecessorum et successorum meorum . et omnium benefactorum meorum . cunctorumque fidelium vnam virgatam terre cum pertinencijs in villa de Thorneberg' et extra. Illam scilicet. quam emi de Bernero de Horewode. Tenendam et habendam

Deuuū psencet 7 fucr qd hec couecio ira ic pore 7 couerru de Lutteld. 7 pore 7 conuetu de
Chikeland. scit qd pdict pon 7 couuertu de Chikeand concesserut 7 qcru clamauerut Do 7
Beate andrie de Lutteld 7 couuertu eide Loci cini quicquid pedu i logu 7 i Latu. Latitudinem
dimidie acre de cra sua i sutteld icircuitu de Wiclebi ad costruendu ibi molendinu suu ad uertus
tenendu 7 habenda absque ullo reclamio Libe 7 qere i pperuu predicti u pon 7 Couuertu
de Lutteld ocesserut pdeis pon 7 couuertu de Chikeland prima molram i pdco molendino
post illa q sursu fuera scit qinru exiera de illa dimidia sigara cre qm illi qculi abri
cus forastari i eade uilla Douando cosuetudinem salua ipsa molra de Lutteld Hac dua do
nacione firmiter teneuda pniserut Et sigillos suos apposicioe ofirmauerut Hus
testibz Witto filio hunrici de seluestou. arnald fit hunrici. Thoma de Waleshat. Robro de
Billig. Rad Wicher. hunrico peche. Witto caritate. herico coker. 7 ll‥‥‥‥‥is.

No. 73

dictam virgatam terre de me ꝫ heredibus meis uel meis assignatis dictis monachis et eorum successoribus in liberam . puram . et perpetuam elemosinam adeo libere. et pure . et quiete sicut aliqua elemosina melius uel liberius aut purius poterit dari uel teneri . saluo regali seruicio. Et ego uero dictus Radulfus et heredes mei uel mei assignati dictam virgatam terre cum omnibus pertinenciis suis et libertatibus dictis monachis et eorum successoribus prout ante dictum est ⁚ contra omnes gentes warantizabimus . acquietabimus . et inperpetuum defendemus. Vt autem hec mea donacio . concessio . et carte mee confirmacio . inperpetuum perseuerent ⁚ presens scriptum sigilli mei inpressione roboraui. Hiis testibus. domino Hugone de Chastilon'. domino Willelmo de Bechhampton'. domino Radulfo Dayrel . militibus. Ricardo Gruscet. magistro Iohanne Tripacy Willelmo de Fraxino. Hugone de Heliden'. et aliis multis.

W. 2834   L.C. 34r.–34v.   Relauaciones . de ecclesiis.
8¾″ × 3¾″.
Tag for seal.
NOTE : Ralf Dayrel succeeded his father Henry in 1247 (*Excerpta e Rot. Fin.*, II, 23). It is suggested in Vol. III that attestations of master John Tripacy do not occur before 1250.

73

Quitclaim to the Priory by the prior and convent of Chicksands of land in Sutfelde in Whittlebury, fifty feet long and half an acre broad, for building a windmill. [*c.* 1220–5]

Carta inter priorem et conuentum de Luffelde et priorem et conuentum de Chikesand

Indented at the top.

ⴹⴑⵗⴘⴷⴀⵗꓤⴑⵗ

Sciant presentes ꝫ futuri quod hec est conuencio facta inter priorem ꝫ conuentum de Luffeld'. ꝫ priorem ꝫ conuentum de Chikesand'. scilicet quod predictus prior ꝫ conuentus de Chikesand' concesserunt ꝫ quietam clamauerunt deo ꝫ Beate Marie de Luffeld' ꝫ conuentui eiusdem loci terram quinquaginta pedum in longum ꝫ in latum. latitudinem dimidie acre de terra sua in Sutfeld' in territorio de Witleburi ad construendum ibi molendinum suum ad uentum. Tenendam. ꝫ habendam absque vllo reclamio libere ꝫ quiete imperpetuum. Predicti uero prior ꝫ conuentus de Luffeld' concesserunt predictis priori ꝫ conuentui de Chikesand proximam molturam in predicto molendino post illam que sursum fuerit scilicet quantum exierit. de illa dimidia virgata terre quam illis contulit Abricus forastarius in eadem uilla donando consuetudinem. salua propria moltura de Luffeld'. Hanc autem donacionem firmiter tenendam promiserunt. et sigillorum suorum apposicione confirmauerunt. Hiis testibus. Willelmo filio Henrici de Selueston'. Arnaldo filio Henrici. Thoma de Waleshal'. Roberto de Billing. Radulfo Wither. Henrico Peche. Willelmo Caritate. Henrico Doket. ꝛ aliis.

* (De terra molendini ad ventum de Silueston ibidem. De molendino.)

W. 2955   L.C. 34v.   Confirmaciones.
5¾″ × 4″.
White varnished oval seal, 3″ × 2″, of the convent of Chicksands. The Annunciation, with full-length figures.
Endorsed: Witlebur' Carta inter priorem ꝛ conuentum de Luffeld' et priorem ꝛ conuentum de Chikesand'
NOTE: Four of the witnesses attest No. 295 (Part II) dated 1224.

74

Notification by the judges delegate of the termination of a suit between the Priory and Robert de Saldeston, clerk, touching the chapel of Evershaw, which Robert had alleged to belong to the church of Shalstone. He renounced his claim. [1202]

Littera W. abbatis sancti Iacobi et de sancto Andrea et de Esseby priores de capella de Euershawe

Uniuersis sancte matris ecclesie filiis. W. abbas sancti Iacobi de Norhant' ꝛ de sancto Andrea ꝛ de Essebi priores. salutem. Mandatum domini pape in hec uerba suscepimus. Innocencius episcopus seruus seruorum dei dilectis filiis abbati sancti Iacobi de Norhant' ꝛ de sancto Andrea ꝛ de Essebi prioribus salutem. et apostolicam benediccionem. Causam abbati de Gerewedon' ꝛ eius coniudicibus commissam a nobis que uertebatur inter priorem ꝛ monachos de Luffeld' ex una parte. ꝛ R. clericum de Saldeston' ex altera. super capellam de Eueressawe que per apellacionem ad nos est delata vestro duximus examini committendam. Eapropter discrecioni uestre per apostolica scripta mandamus quatinus conuocatis qui propter hoc fuerint conuocandi꞉ ꝛ inquisita diligencius ueritate꞉ quod canonicum fuerit apellacione proposita decreuatis. ꝛ quod decreueritis faciatis per censuram ecclesiasticam firmiter obseruari. Testes autem qui nominati fuerint si se gracia odio uel timore subtraxerint. per districcionem eandem cessante apellacione cogatis ueritati testimonium perhibere. Nullus litteris ueritati ꝛ iusticie preiudicantibus a sede apostolica impetratis. Quod si non omnes hiis exequendis potueritis interesse꞉ duo uestrum ea nichilominus exequantur. Datum. Laterano vj nonas Marcii pontificatus nostri anno quinto. Huius igitur auctoritate mandati partes sepius coram nobis vocauimus que coram nobis constitute꞉ litem contestate sunt et testes hinc inde in sue asseracionis testimonium produxerunt. Videns autem predictus Robertus se nichil posse in predicta causa optinere꞉ iuri si quid habuit in predicta capella qui assere-

bat ad ecclesiam de Saldeston' pertinere. in presencia nostra renunciauit ꝫ eam sponte abiurauit. inperpetuum. Ne autem ea que coram
nobis facta sunt in posterum obliuioni tradantur sigillorum nostrorum
aposicione duximus corroboranda. Hiis testibus. S. archidiacono de
Bukingeham. I. decano de Preston'. magistro Philippo de Lillingestan'. Rogero filio Azori. Milone de Tornton' T. de Bechanton'. ꝫ toto
capitulo de Bukingeham. magistro R. de Linwatton'. R. de Arches.
R. de Wilebi. magistro. R. de Vndele. W. persona de Brantingestorp.
G. de Doddeford'. ꝫ alijs quamplurimis.

W. 2479 L.C. 34v.–35r.
8½″ × 3¾″.
White oval seal of Alexander, prior of Canons Ashby 1198–1205. 1¾″ × 1¼″. Full-length
    figure, turned to the right. SIGILL – – ALEXAND – – PRIORIS DE – – –.
NOTE: The papal mandate bears date 6 March 1202.

75

Notification by Stephen, archdeacon of Buckingham, of the composition
before him of a suit between the Priory and John son of William de Rollendric touching the chapel of Evershaw. John renounced his claim. [1192–
1202]

Littera S. Archidiaconi Buk' de capella de Euershawe

Uniuersis sancte matris ecclesie filijs S. archidiaconus Bukingham'
salutem Nouerit vniuersitas uestra quod in presencia nostra controuersia que uertebatur inter priorem et monachos de Luffelde et Iohannem filium Willelmi de Rollendric super capellam de Euershawe
finem accepit per concordiam. Ita quod predictus Iohannes iuri quod
proposuerat in predicta capella se habere penitus renunciauit et de
sponte sua sine omni coaccione iuramenter interposuit se de cetero
nullam unquam controuersiam super hoc contra predictos priorem et
monachos moturum. In cuius rei testimonium scriptum hoc fecimus
ad peticionem utriusque partis cui appositum est sigillum nostrum.
Valete in domino.

L.C. 35r. Archidiaconi.
NOTE: For date see No. 43.

76

Notification by Stephen, archdeacon of Buckingham, that the judgment of
the judges delegate in the cause between the Priory and Robert, parson of
Shalstone, had been publicly read in his chapter at Maids' Morton, Robert
being present and approving. [1195–1202]

Littera S Archidiaconi Buk' de capella de Euershawe

Uniuersis sancte matris ecclesie filiis S. archidiaconus Bukinghamie
salutem. Nouerit vniuersitas uestra quod cum residens essem in

capitulo de Bukingham apud Mortun' presentata est michi a priore de
Luffeld' transactio inter ipsum priorem. 7 .R. personam de Saldestun'
coram iudicibus delegatis facta super capellam de Euereshawe. videlicet abbate Sancti Iacobi de Northamton'. 7 Sancto Andrea. 7
Essebi prioribus ipsorum sigillis appositis confirmata. Hanc publice
in capitulo legi feci. ipso .R. astante 7 transactionem eandem ap-
probante cuius rei testimonium per scriptum meum perhibeo. 7 per
sigillum meum confirmo. Valete in domino.

W. 2471   L.C. 35r.
6″ × 1½″.
Slit for seal.
NOTE : According to Browne Willis, *Hist. of Town etc. of Buckingham*, 235, Robert Baivel was
    instituted rector *c.* 1195. See also No. 43.

77

Notification of John de Luco, vicar of Percival de Lavania, archdeacon of
Buckingham, that the church of Thornborough and the chapel of Evershaw
have been lawfully appropriated by the Priory to its own uses. 4 May 1270

Confirmacio ecclesie de Thorneburgh et capelle de Euershawe

Nouerint vniuersi ad quorum noticiam peruenerit hec scriptura quod
nos magister Iohannes de Luco vicarius nobilis uiri domini Perceualli
de Lauania archidiaconi Bukinghamie in ipso archidiaconatu auditis
7 plenius intellectis. iuribus. cartis 7 munimentis religiosorum uirorum
. . prioris 7 conuentus de Loffeld' ordinis sancti Benedicti Lincolniensis diocesis super ecclesiam sancte Marie de Thorneberg' 7 capella
sancti Nicolai de Euersauue legitime appropriatis eisdem ipsos easdem
ecclesiam 7 capellam licite 7 canonice in usus proprios tenere 7 possidere 7 fructus de eisdem prouenientes percipere tenore presencium
vice 7 auctoritate dicti domini. . archidiaconi declarauimus 7 diffini-
uimus. In cuius rei testimonium sigillum officialitatis dicti. . domini
archidiaconi presentibus literis est appensum. Datum apud Aylesbirie
quarto nonas. May. anno dominice incarnationis .M°CC° septuage-
simo.

W. 2770   L.C. 35r.–35v.
8¾″ × 3¾″.
Brown oval seal, 1½″ × 1″, broken.
No endorsement.

78

Quitclaim to the Priory by Robert the prior and the convent of Bradwell of
their right in the church of Thornborough. 18 October 1329

Carta ecclesie de Thorneburgh

Omnibus Christi fidelibus ad quos presens scriptum peruenerit frater

Robertus prior de Bradewell' Linc' diocesis ꝛ eiusdem loci conuentus
salutem in domino. Noueritis nos relaxasse ꝛ quietum clamasse pro
nobis ꝛ successoribus nostris priori ꝛ conuentui de Ludfeld' ꝛ eorum
successoribus totum ius ꝛ clamium quod habuimus seu quouis modo
habere poterimus in ecclesiam de Thorneberg' cum suis pertinenciis
dicte dẏocesis ita quod nec nos nec successores nostri nec aliquis alius
nomine nostro de cetero aliquid in dicta ecclesia exigere seu vendicare
poterimus nec poterit in futurum set inperpetuum sumus de cetero
exclusi. In cuius rei testimonium sigillum nostrum commune vna cum
sigillo predicti prioris presentibus sunt apensa. Datum in capitulo
nostro apud Bradewell' anno domini mᵒ tricentessimo vicessimo nono
in crastino Sancti Laurenti martiris.

W. 2767   L.C. 35v.   Confirmaciones.
7½″ × 3½″.
Green oval seal, 1½″ × 1″. Virgin and Child.

79

Letter of Stephen, archdeacon of Buckingham, to the judges delegate in the
cause between the Priory and Robert, rector of Shalstone, stating that his
chapter had unanimously found on inquisition that the chapel of Evershaw
belonged to the Priory of Luffield. [1195–1202]

Littera S. archidiaconi Buk' de capella de Euershawe

Uiris venerabilibus. de Gerunden' ꝛ de Cumbe abbatibus. ꝛ priori de
Dauentr'. S. archidiaconus Bukingh*amie* salutem in domino. Noscat
uestra discrecio. quod facta est in capitulo nostro apud Bukingham
diligens inquisicio super capella de Euersau' super qua vertitur causa
inter priorem et monachos de Luffeld'. ꝛ Robertum rectorem ecclesie
de Saldeston'. que uobis ut delegatis a domino papa. est commissa ꝛ a
singulis ꝛ uniuersis pro uero ꝛ constanter assertum est predictam
capellam pertinere ad monasterium de Luffeld'. ꝛ ab olim pertinisse.
ita ut nec mentio habita sit prius questionis alicuius super ea facta.
Istud scribimus ne prudenciam ipsam circumueniat alicuius suggestio
uana. vel scrupulosa. Valete in domino.

W. 2498   L.C. 35v.
5¾″ × 1½″.
White varnished oval seal, 1⅛″ × 1″, flaked.
NOTE: For date see No. 43.

80

Award in the cause between the Priory and master James de Buckingham
as to their right to an annual pension of 10s. from the church of Beachampton. The official of Lincoln decides in favour of the Priory. 8 November 1300

Sentencia difinitiva inter priorem de Luffeld' et magistrum Iacobum

G

de Buck' super contensione annue pensionis medietatis ecclesie de Bechamtone scilicet decem solidorum.

Acta in ecclesia beate Margarete supra montem Linc' die martis proxima post festum sancti Leonardi a die lune proxima precedente continuato 7 prorogato. anno domini m°ccc° coram nobis. . officiali Linc' in causa supra quadam annua pensione que coram nobis vertebatur inter religiosos viros. . priorem 7 conuentum de Luffeld' attornatos per Thomam de Insula procuratorem eorundem comparentes ex parte vna 7 magistrum Iacobum de Bokingham rectorem medietatis ecclesie de Bechampt' reum per Galfridum de Sutton' procuratorem suum comparentem ex altera videlicet cum constaret nobis per retroacta dictos diem 7 locum partibus antedictis fuisse prefixos. ad audiendum summam diffinitiuam in dicta causa si liqueretur instantibus procuratoribus partium predictarum 7 summam diffinitiuam in dicta causa ferri cum effectu postulantibus. demum cum nichil ab eisdem partibus ad retardationem summe memorate de novo proponeretur ad sumandum processimus in hunc modum. In dei nomine amen. Cum religiosi viri prior 7 conuentus de Luffeld' magistrum Iacobum rectorem medietatis ecclesie de Bechampt' coram nobis. . officiali Linc' supra quadam annua pensione seu prestatione decem solidorum eisdem religiosis a medietate ecclesie predicte debita traxissent in causam possessorium iudicium intentando porrecto a parte dictorum religiosorum dicto magistro Iacobo libello convencionali sub hac forma. coram vobis domine iudex dicit 7 iniure proponit procurator religiosorum virorum. . prioris 7 conuentus de Luffeld' nomine procuratoris pro eisdem contra magistrum Iacobum rectorem medietatis ecclesie de Bechampt' 7 contra quemlibet legitime intervenientem pro eodem quod cum ipsi religiosi domini sui nomine monasterij sui fuissent in possessione iure vel quasi percipiendi decem solidos sterlingorum annue prestationis seu pensionis a predicta medietate ecclesie 7 a rectoribus qui pro tempore fuerant in prefate medietate ecclesie instituti ad presentationem eorundem religiosorum vsque ad institutionem prefati rectoris in eadem medietate ecclesie qui nunc est idem tamen rector a tempore sue institutionis in predicta ecclesia dictam annuam prestationem subtraxit 7 dictis religiosis soluere contradicit minus iuste licet sepius ex parte eorundem religiosorum humiliter esset requisitus 7 sic ipsos religiosos 7 eorundem monasterium sua possessione iure uel quasi percipiendi annuatim predictos decem solidos spoliando seu spoliari mandando sive spoliationem nomine suo factam ratam habendo in anime sue periculum et dictorum dominorum suorum preiudicium non modicum 7 gravamen. Quare petit procurator predictus nomine dominorum suorum probatis de iure probandis quatenus sibi nomine procuratoris sufficiant in hac parte dictos dominos suos 7 eorum monasterium ad statum percipiendi huiusmodi annuam prestationem decem solidorum de predicta medietate ecclesie ⁊ per eundem rectorem subtractam restitui ⁊ predictum magistrum Iacobum de subtractis pro tempore suo in predicta ecclesia predictis religiosis ad satisfaciendum compelli. Hoc dicit ⁊ proponit nomine dominorum suorum divisim ⁊ coniunctim iuris beneficio sibi ⁊ dominis suis in omnibus saluo facta que ad prefatum libellum per dictam partem ream litis contestatione negative dicendo narrata prout narrantur vera non esse ⁊ ideo petita prout petuntur fieri non debere prefato quod ab eisdem partibus in dicta causa de calumpnia iuramenta prefati religiosi quosdam testes ad suam intencionem probandam produxerunt quibus in forma iuris admissis iuratis ⁊ examinatis ⁊ eorum attestationibus pupplicatis ceterisque iuris sollempniis in hac parte observatis ⁊ demum in causa concluso. nos officialis Linc' supradictus adsumandum in dicta causa decreuimus fore procedendum auditis igitur in alteris minutis cause supradicte processuque in dicta causa habito inter partes memoratas diligenter investigato quia inuenimus prefatos religiosos intencionem suam quo ad possessionem dictorum decem solidorum annuorum sufficienter probasse nichilque incontrariam a parte rea predicta ad exclusionem intencionis principalis partis actionis predicte fuisse propositum seu ostensum eosdem religiosos ⁊ eorundem monasterium ad statum ⁊ possessionem percipiendi huiusmodi pensionem seu prestationem annuam decem solidorum de predicta medietate ecclesie de Bechampt' restituimus ⁊ reducimus ipsosque restitutos ⁊ reductos tuendos fore decreuimus prefatum magistrum Iacobum in dampnis ⁊ expensis que ⁊ quas dicti religiosi in dicta causa incurrisse ⁊ legitime fecisse constiterit quam taxationem nobis reseruamus nichilominus condempnantes.

W. 2362   L.C. 35v.–36v.
9½″ × 5½″.
Defaced green oval seal, with remains of the Virgin.
Endorsements:
    1. As rubric.
    2. Northeford.

81

Henry III's Charter of the Forest. The re-issue of 1225.

Confirmacio regis Henrici

(Text, with unimportant errors, as printed in *Statutes of the Realm*, 24–5.)

L.C. 37r.–38v.   Confirmaciones Regum.

82

Letters Patent of Henry III stating that he has taken the lands and men of the Priory into his protection, and that their house is of his foundation. 21 August 1258

Confirmacio Regis Henrici

H. dei gracia Rex Anglorum dux Hibernie dux Normannorum Aquitanie et comes Andegauensis omnibus balliuis et fidelibus suis ad quos presentes littere peruenerunt salutem. Sciatis quod suscepimus in proteccionem et defencionem nostram homines terras res redditus et omnes possessiones dilectorum nobis in Christo prioris et conuentus de Luffelde quorum ecclesia est de fundacione nostra. Et ideo uobis mandamus quod manuteneatis protectatis et defendatis homines terras res redditus et omnes possessiones suas non inferentes vel inferri permittentes molestiam iniuriam dampnum aut grauamen. Et si quid eis forisfactum fuerit id eis sine dilacione faciatis emendari. In cuius rei testimonium has litteras nostras fieri fecimus patentes. Teste me ipso apud Selueston' xxj die Augusti anno regni nostri xl ij°.

L.C. 38v.   Confirmaciones.

83

Quittance of Henry III in favour of the Priory for the twentieth. 16 October 1271

H. dei gracia rex Anglie dominus Hibernie dux Aquitanie omnibus bailliuis 7 fidelibus suis ad quos presentes litere peruenerint salutem. Quia prior de Luffeld' satisfecit nobis 7 Edwardo primogenito nostro de vicesima ipsum 7 villanos suos contingente nos ipsum priorem 7 villanos suos predictos de dicta vicesima tenore presencium quietamus. In cuius rei testimonium has literas nostras fieri fecimus patentes. Teste me ipso apud Westmonasterium .xvj. die octobris. anno regni nostri lv^{to}.

W. 3048   L.C. 38v.
7½" × 2".
Privy seal, white, varnished, oval 1½" × 1¼".

84

Writ of Henry III granting to the Priory the right to hold a fair at Luffield every year, on the eve, the day, and the morrow of the Exaltation of the Cross. 8 February 1230

Carta regis Henrici

Henricus dei gratia rex Anglie dominus Hȳbernie dux Normannorum

Aquitanie ꝛ comes Andegauie archiepiscopis episcopis . abbatibus . prioribus . comitibus . baronibus . iusticiariis . vicecomitibus . prepositis . ministris . ꝛ omnibus balliuis ꝛ fidelibus suis salutem. Sciatis nos intuitu dei ꝛ pro salute anime nostre ꝛ animarum antecessorum ꝛ heredum nostrorum concessisse ꝛ hac carta nostra confirmasse priori de Luffeld' ꝛ monachis ibidem deo seruientibus quod ipsi ꝛ successores sui habeant in perpetuum unam feriam apud Luffeld' singulis annis per tres dies duraturam. videlicet in vigilia. ꝛ in die. ꝛ in crastino exaltationis sancte Crucis. Nisi feria illa sit ad nocumentum vicinarum feriarum. Quare volumus ꝛ firmiter precipimus quod predicti prior ꝛ monachi ꝛ eorum successores habeant in perpetuum predictam feriam bene ꝛ in pace. libere. quiete. integre : cum omnibus libertatibus ꝛ liberis consuetudinibus ad predictam feriam pertinentibus sicut predictum est. Hijs testibus. venerabilibus patribus. Iocelino Bathon'. Ricardo Dunolm' ꝛ Waltero Carleol' episcopis. H. de Burgo comite Kanc' iusticiario Anglie. R. comite Cestr' ꝛ Linc'. W. Marescallo comite Pembrok'. Stephano de Segraue. Iohanne Marescall'. Radulfo filio Nicholai. Et alijs. Datum per manum venerabilis patris R. Cicestr' episcopi cancellarij nostri apud Westmon'. viij. die Februarij anno regni nostri quartodecimo.

W. 3023   L.C. 38v.–39r.
8½″ × 5″.
Fragment of green seal.
No endorsement.

85

Licence of Edward III to John Grene, chaplain, and Simon Scot of Towcester to give to the Priory, notwithstanding the statutes of Mortmain, lands in Towcester, Easton Neston, and Hulcote. 18 November 1354

Confirmacio regis Edwardi tercij

Edwardus dei gracia rex Anglie ꝛ Francie ꝛ dominus Hibernie omnibus ad quos presentes littere peruenerint salutem. Sciatis quod cum nuper de gracia nostra speciali concesserimus ꝛ licenciam dederimus pro nobis ꝛ heredibus nostris quantum in nobis est dilecto nobis in Christo priori ꝛ conuentui de Luffeld quod ipsi terras ꝛ tenementa cum pertinencijs ad valorem decem librarum per annum iuxta verum valorem eorundem tam de feodo suo proprio quam alieno exceptis terris ꝛ tenementis que de nobis tenent in capite adquirere possint habend' ꝛ tenend' sibi ꝛ successoribus suis imperpetuum statuto de terris ꝛ tenementis ad manum mortuam non ponend' edito non obstante prout in litteris nostris patentibus eisdem priori ꝛ conuentui inde confectis plenius continetur. Nos volentes concessionem nostram predictam effectui debito mancipari concessimus ꝛ licenciam dedimus pro nobis ꝛ heredibus nostris quantum in nobis est Iohanni Grene capellano ⁊ Simoni Scot de Toucestre quod ipsi duo mesuagia triginta acras terre ⁊ octo acras prati cum pertinencijs in Toucestre Eston' ⁊ Holcote que de nobis non tenent ⁊ que valent per annum in omnibus exitibus iuxta verum valorem eorundem vltra reprisas ⁊ seruicia inde debita quinque solidos ⁊ vndecim denarios sicut per inquisicionem inde per dilectum nobis Walterum Parles escaetorem nostrum in comitatu Norhampton' de mandato nostro captam ⁊ in cancellariam nostram retornatam est compertum dare possint ⁊ assignare prefatis priori ⁊ conuentui habend' ⁊ tenend' sibi ⁊ successoribus suis in valorem decem solidorum per annum in partem satisfaccionis decem libratarum terrarum ⁊ tenementorum predictarum. Et eisdem priori ⁊ conuentui quod ipsi predicta mesuagia terram ⁊ pratum cum pertinencijs a prefatis Iohanne ⁊ Simone recipere possint ⁊ tenere sibi ⁊ successoribus suis predictis imperpetuum sicut predictum est tenore presencium similiter licenciam dedimus specialem statuto predicto non obstante nolentes quod predicti Iohannes ⁊ Simon vel heredes sui aut prefati prior ⁊ conuentus seu successores sui racione statuti predicti per nos vel heredes nostros inde occasionentur in aliquo seu grauentur. Saluo tamen capitalibus dominis feodi illius seruicijs inde debitis ⁊ consuetis. In cuius rei testimonium has litteras nostras fieri fecimus patentes. Teste me ipso apud Westmonasterium xviij die Nouembris anno regni nostri Anglie vicesimo octauo regni vero nostri Francie quintodecimo.

W. 2940   L.C. 39r.   Regum.
13¾″ × 8″.
Great seal, green, chipped.
No endorsement.
NOTE: Cf. No. 221.

86

Licence of Edward III to the Priory to acquire in mortmain lands to the value of £10, for the purpose of adding another monk to their number, to celebrate daily for himself and his ancestors and for the soul of Sir John de Grey, deceased. 30 May 1349

Confirmacio regis Edwardi

Edwardus dei gratia rex Anglie ⁊ Francie ⁊ dominus Hibernie omnibus ad quos presentes littere peruenerint salutem. Sciatis quod de gratia nostra speciali concessimus ⁊ licenciam dedimus pro nobis ⁊ heredibus nostris quantum in nobis est dilectis nobis in Christo . . priori ⁊ conuentui de Luffeld' quod ipsi terras ⁊ tenementa cum pertinenciis ad valorem decem librarum per annum iuxta verum valorem eorundem tam de feodo suo proprio quam alieno exceptis terris ⁊ tenementis que de nobis tenentur in capite adquirere possint habendum ⁊ tenendum sibi ⁊ successoribus suis imperpetuum. statuto de terris ⁊ tenementis ad manum mortuam non ponendis edicto non obstante. Ita

tamen quod ijdem prior ⁊ conuentus ⁊ successores sui quendam monachum vltra certum numerum monachorum in domo illa antiquitus
ordinatum diuina singulis diebus in ecclesia prioratus illius pro salubri
statu nostro dum vixerimus ⁊ anima nostra cum ab hac luce migra-
uerimus necnon pro animabus antecessorum nostrorum ac anima
Iohannis de Greẏ militis defuncti celebrantem inueniant imperpetuum et quod per inquisiciones in forma debita faciendas ⁊ in can-
cellaria nostra vel heredum nostrorum rite retornandas compertum
sit quod adquisicio sive adquisiciones sic faciende fieri poterint absque
dampno ⁊ preiudicio nostri ⁊ dictorum heredum nostrorum ac alterius cuiuscumque. In cuius rei testimonium has litteras nostras fieri
fecimus patentes. Teste me ipso apud Wodestok' tricesimo die Maij
anno regni nostri Anglie vicesimo tercio regni vero nostri Francie
decimo.

Per breve de priuato sigillo.   Grẏm'.

W. 3027   L.C. 39v.   Confirmaciones.
11½″ × 6¾″.
Slit for seal-tag.
Endorsed: Prior ⁊ conuentus infrascripti uirtute istius licencie adquisiuerunt terras ⁊ tenementa ad ualorem decem solidorum per annum sub data xviij^{mi} diei Nouembris
anno regis E infrascripti uicesimo octauo in partem satisfaccionis ⁊ cetera.

87

Inspeximus of Edward III of exchequer proceedings relating to the inci-
dence of the ninth on the temporalities of the Priory in Thornborough. 18
February 1366

Mandatum Regis Edwardi tercij

Edwardus dei gracia rex Anglie dominus Hibernie ⁊ Aquitanie omnibus ad quos presentes littere peruenerint salutem. Inspeximus tenorem
recordi ⁊ processus coram baronibus de scaccario nostro in hec verba.
Placita coram baronibus de scaccario nostro de crastino sancti Martini anno regni regis E. tercii post conquestum vicesimo octauo Buk'.
Dominus rex mandauit hic breue suum de magno sigillo suo quod est
inter communia de anno xvij° termino videlicet sancti Michaelis in
hec verba. Edwardus dei gracia rex Anglie ⁊ Francie ⁊ dominus Hibernie thesaurario ⁊ baronibus suis de scaccario salutem. Cum in vltimo
parliamento nostro extitit concordatum quod religiosi ⁊ alij viri
ecclesiastici qui ad parliamentum nostrum apud Westmonasterium
ad diem mercurij proximam post diem dominicam in medio quadra-
gesime anno regni nostri Anglie quartodecimo tentum vbi prelati
comites barones ⁊ communitas eiusdem regni nostri ad idem parliamentum summonati nonam garbarum nonum vellus ⁊ nonum agnorum nobis pro expedicione quorundam negociorum nostrorum in parti-

bus transmarinis concesserunt summoniti non fuerunt nec huiusmodi nonam nobis concesserunt ꝫ qui decimas nobis per eos prius concessas de temporalibus spiritualibus suis annexis que ad decimam inter eadem spiritualia anno regni domini E. quondam rex Anglie aui nostri vicesimo taxata fuerunt soluerunt de solucione none predicte pro predictis temporalibus suis sic ad decimam taxatis penitus exonerentur quidque de terris ꝫ tenementis per ipsos religiosos ꝫ alios viros ecclesiasticos post dictum annum vicesimum adquisitis eadem nona si leuetur ad opus nostrum per breue nostrum mandauerimus assessoribus ꝫ venditoribus none predicte in comitatu Buk' quod demande quam dilecto nobis in Christo priori de Luffelde qui ad parliamentum nostrum dicto die mercurij tentum personaliter summonitus non fuit sicut per inspeccionem rotulorum cancellarie nostre nobis constat pro dicta noua nona garbarum vellerum agnorum pro temporalibus spiritualibus suis annexis que ad decimam inter eadem spiritualia dicto anno vicesimo taxata fuerunt nobis soluend' fecerunt supersederent omnino et quod si quid a prefato priore pro dicta nona leuasset id ei restitui facerent indilate. Ita quod eadem nona de terris ꝫ tenementis per ipsum priorem vel predecessores suos post dictum annum vicesimum adquisitis eadem nona leuetur ad opus nostrum iuxta concordiam supradictam ac iam ex parte prefati prioris accepimus quod licet dicti venditores demande quam eidem priori pro nona predicta de temporalibus suis predictis nobis prestand' fecerunt omnino supersedissent virtute mandati nostri supradicti vos nichilominus ipsum priorem ad huiusmodi nonam de dictis temporalibus suis que ad decimam inter eadem spiritualia dicto anno vicesimo taxata fuerunt ad opus nostrum soluend' per summonicionem scaccarij predicti grauiter distringi ꝫ inquietari facitis minus iuste in ipsius prioris dispendium non modicum ꝫ grauamen. Super quo nobis supplicant sibi per nos remedium adhiberi. Nos volentes ipsum priorem in hac parte indebite onerari vobis mandamus quod viso mandato nostro predicto si vobis constiterit per nos taliter demandatum fuisse tunc exaccionem quam prefato priori pro dicta nona de temporalibus suis predictis sic ad decimam inter spiritualia dicto anno vicesimo taxata soluend' per summonicionem scaccarij predicti fieri facitis ad opus nostrum supersederi ꝫ ipsum inde ad idem scaccarium exonerari ꝫ quietum esse faciatis. Et districcionem si qua ei ea occasione facta fuerint sine dilacione relaxari faciatis eidem. Prouisa quod nona predicta de terris ꝫ tenementis si que per ipsum priorem vel predecessores suos post dictum annum vicesimum adquisita fuerunt si nondum leuata fuerit ad opus nostrum leuetur iuxta concordiam supradictam. Teste me ipso apud Eastry xxvj^{to} die Septembris anno regni nostri Anglie sextodecimo regni uero Francie tercio. Et modo ad crastinum sancti Martini venit hic predictus prior per Nicholaum de Elýseworth attornatum suum ꝫ dicit quod vicecomes Buk' ipsum grauiter distringit pro nona predicta ac si temporalia sua spiritualibus suis non forent annexa. Et petit sibi fieri in premissis quod ⁊ secundum tenorem mandati regis supradicti. Et super hoc scrutatis rotulis etc. comptum est quod mandatum fuit assessoribus ⁊ venditoribus none predicte in dicto comitatu Buk' per breue regis eis super compotum suum allocatum ⁊ hic in thesauro existens quod demande quam fecerunt prefato priori pro nona predicta eis soluenda pro temporalibus spiritualibus suis annexis supersederetur omnino compertum est eciam in rotulo examinato in Bed' Buk' quod xxxvj solidi vj denarij exiguntur de prefato priore de Luffelde de nona regi anno xiiij° concessa pro temporalibus suis in Thorneburgh' sicut continetur in rotulo de particulis compoti abbatis de Nuttele Philippi de Ailesburẏ Ade atte Glorie ⁊ Iohannis Neẏrnuẏt nuper assessores ⁊ venditores none predicte in dicto comitatu Buk' hic in thesauro existentibus. Compertum est insimul in rotulis de particulis taxacionis temporalium cleri in diocese Lincoln' in archidiaconatu videlicet Buk' que taxacio facta fuit anno xx regis E. aui regis nunc quod prior de Luffelde habet temporalia apud Thornburgh' vt in terris redditibus pratis curijs fructu animalium ad vij libras xiiij solidos vj denarios ad decimam cum clero taxata iuxta quam taxam idem prior ⁊ predecessores sui soluerunt decimas ⁊ alias quotas cum clero quociens ⁊ quando etc. Quibus expositis prefato priori dicit quod omnia temporalia sua in Thorneburgh' vbi assidetur ad nonam spiritualibus suis sunt annexa ⁊ sunt de possessione domus sue de Luffelde anno xx° regis E. aui regis nunc ⁊ tunc temporis ad decimam cum clero taxata adiciendo ipsum seu predecessores suos aliqua terra seu tenementum post dictum annum vicesimum in dicta villa de Thorneburgh' non adquisiuisse nec aliqua bona mobilia ibidem anno xiiij° habuisse alia quam de terris ⁊ tenementis predictis exeuncia. Et hec omnia pretendit verificare etc. Ideo fiat inde inquisicio antequam etc. Et preceptum est vicecomiti quod venire faciat hic a die sancti Hillarij in xv dies xij etc. de visneto de Thorneburgh' quorum quilibet etc. per quos etc. qui nec etc. ad recognicionem etc. Et quod premunire faciat prefatos assessores etc. quod intersunt capcioni inquisicionis predicte si sibi inderint expedire. Et idem dies datus est prefato priori. Et interim respectus. etc. Et continuato processu isto per execucionem breuium factam versus iuratum inquisicionis predicte usque octabis sancti Hillarij anno xxiv° regis huius sicut continet alibi in hoc rotulo inter placita de termino sancti Hillarij ⁊ finaliter in rotulo placitorum huius scaccarij de dicto anno xxix° inter placita de termino sancti Michaelis ⁊ in rotulis precedentibus. Predictus prior venit hic ad predictas octabas. Et vicecomes non retornauit breue. Ideo datus est dies eidem priori vlterius vsque a die Pasche in xv dies. Et preceptum sit vicecomiti sicut pluries quod distringat iuratum etc. Et quod apponat tot ⁊ tales etc. ita etc. ad eundem diem vel interim coram Roberto de Charwelton' rememoratorem huius scaccarij si prius etc. ad certos diem ꝫ locum quod etc. ita quod inquisicionem illam habeat hic ad predictam xv^{mam} Pasche. Et dictum est predicto priori quod expectet diem suum in patria coram prefato Roberto et quod sit hic ad xv Pasche ad audiendum iudicium inde etc. Ad quam xv Pasche predictus prior venit. Et predictus Robertus de Charwelton' liberauit hic quandam inquisicionem coram eo apud Buk' die iouis proxima post dominicam in Passione domini anno xxix° regis nunc super premissis captam per sacramentum Iohannis Clerke de Padeburẏ Iohannis Harrẏs ꝫ aliorum iuratorum quorum nomina annotantur in eadem inquisicione ꝫ abbate de Nuttele nuper assessore ꝫ venditore none garbarum vellerum ꝫ agnorum regi anno regni sui xiiij concordanter premunito vocato ꝫ non comparente. Qui dicunt super sacramentum suum quod omnia temporalia predicti prioris in Thorneburgh' spiritualibus suis sunt annexa ꝫ fuerunt de possessione domus de Luffelde anno xx° regis E. aui regis nunc ꝫ tunc temporis ad x^{mam} cum clero taxata ꝫ semper hucusque quando decime cleri currebant. Et dicunt quod predictus prior seu predecessores sui aliqua terras seu tenementa post dictum annum xx^{m} in villa predicta seu parochia eiusdem non perquisiuerunt nec aliqua bona seu catalla anno xiiij° regis nunc habuerunt ibidem alia quam de terris ꝫ tenementis spiritualibus suis annexis exeuncia. Set dicunt quod quidam Robertus Freẏne tenuit de prioratu predicto anno xxj° predicti regis E. aui vnum mesuagium viij acras terre ꝫ vnam acram prati vt de manerio de Thorneburgh' per homagium ꝫ fidelitatem qui suspensus fuit pro felonia quam fecit predicto anno xxj° ꝫ ea de causa mesuagium terra ꝫ pratum predicta capta fuerunt in manum predicti regis E. aui ꝫ postmodum prior loci predicti prosecutus fuit mesuagium terram ꝫ pratum predicta extra manum predicti regis E. aui vt dominus manerij predicti Et dicunt quod nona dicta mesuagia terram ꝫ pratum contingens predicto anno xiiij° valuit xij denarios si ad regem adiudicari contigerit. Ideo consideratum est quod predictus prior de solidis xxx vj denarijs de xxxj solidis vj denarijs exoneratur ꝫ quietus existat et quod de xij denarijs residuis remaneat oneratus pretextu premissorum. Nos autem tenorem recordi ꝫ processus predictorum ad requisicionem predicti prioris sub sigillo scaccarij predicti duximus exemplificandum. In cuius rei testimonium has litteras nostras fieri fecimus patentes. Teste T. de Lodelowa apud Westmonasterium decimo octauo die Februarij anno regni nostri quadragesimo per rotulum placitorum de anno vicesimo octaui Mich'.

W. 3020   L.C. 39v.–41r.   Confirmaciones Regum.
17″ × 11″.
Great seal of the Exchequer, green, chipped.
No endorsement.

88

Writ of Edward III appointing Robert de Thorp and John Knyvet justices to take an assize of novel disseisin which the prior of Luffield had brought against Roger Dayrel of Lillingstone Dayrel. 24 April 1365

Confirmacio regis Edwardi

Edwardus dei gratia rex Anglie dominus Hibernie ⁊ Aquitanie dilectis ⁊ fidelibus suis Roberto de Thorp' ⁊ Iohanni Knẏvet salutem. Sciatis quod constituimus vos iusticiarios nostros vna cum hiis quos vobis associatis ad assisam noue disseisine capiendam quam prior de Luffeld' arramiauit coram vobis per breue nostrum versus Rogerum Daẏrel de Lillyngston Daẏrel de tenemento in Lillyngston Daẏrel. Et ideo vobis mandamus quod ad certos diem ⁊ locum quos ad hoc prouideritis assisam illam capiatis facturi inde quod de iusticia pertinet secundum legem ⁊ consuetudinem regni nostri. Saluis nobis amerciamentis inde prouenientibus. Mandauimus enim vicecomiti nostro Buk' quod ad certos diem ⁊ locum quos ei scire faciemus assisam illam coram vobis venire faciat. In cuius rei testimonium has litteras nostras fieri fecimus patentes. Teste me ipso apud Westmonasterium xxiiij die Aprilis anno regni nostri tricesimo nono.

W. 2537, L.C. 41r.
5¼″ × 3″.
Fragment of white seal.
No endorsement.

89

Writ of Richard I to the sheriff and bailiffs of Northamptonshire notifying them he has granted to the Priory renders of 30s. from land belonging to Norton, namely 21s. from the tenement of Geoffrey de Norton and 9s. from that of Aubrey the forester, in exchange for the meadow of the Priory which had been taken into the king's vivary at Silverstone, and that Geoffrey and Aubrey are to be made intendant, i.e. to pay their rent in future, to the Priory.

Mandatum Ricardi regis secundi [sic]

Ricardus dei gracia rex Anglorum dux Normannorum Aquitanie et comes Andegauensis vicecomiti Northampton et balliuis suis salutem. Sciatis me concessisse monachis de Luffelde xxx solidos scilicet xxj de tenemento Galfridi de Nortune et jx de tenemento Albrici forestarij quod pertinet ad Nortune propter escambium prati predictorum monachorum quem inclausimus in viuario nostro de Seluestune et ideo volumus et firmiter precepimus quod predictos G et A predictis monachis amodo de predictis xxx solidis intendere faciatis Teste Willelmo

Eliense episcopo cancellario nostro apud Westmonasterium xiij die Februarij.

L.C. 41r.

90

Letters patent of Edward I granting to the Priory exemption from prest for one year. 8 July 1283

Confirmacio Regis Edwardi

Edwardus dei gratia rex Anglie dominus Hibernie ⁊ dux Aquitanie: omnibus bailliuis ⁊ fidelibus suis ad quos presentes littere peruenerint: salutem. Sciatis quod suscepimus in proteccionem ⁊ defensionem nostram dilectum nobis in Christo . . priorem de Luffeld' homines terras res redditus ⁊ omnes possessiones suas. Et ideo vobis mandamus quod ipsum priorem homines terras res redditus ⁊ omnes possessiones suas manuteneatis protegatis ⁊ defendatis: non inferentes eis vel inferre permittentes iniuriam molestiam dampnum aut grauamen: et siquid eis forisfactum fuerit: id eis sine dilacione faciatis emendare. In cuius rei testimonium has litteras nostras fieri fecimus patentes per vnum annum duraturas. Nolumus autem quod de bladis fenis equis carectis cariagiis victualibus aut aliis bonis seu catallis . ipsius prioris contra voluntatem suam ad opus nostrum aut aliorum per ministros nostros aut alterius cuiuscunque quicquid interim capiatur. Teste me ipso apud Buckebẏ .viij. die Iulij anno . regni . nostri vndecimo.

W. 3016   L.C. 41v.   Confirmaciones.
10″ × 4″.
Great seal, white, broken.
No endorsement.

91

Inspeximus of Richard II of the Inquisition post mortem after the death of John son of Richard (Clerk) of Silverstone, 12 March 19 Edw. I, and of Quo Warranto proceedings (3–4 Edw. III) touching the right of the Priory to have a fair at Luffeld, and to hold view of frankpledge there. 5 December 1391

Mandatum Regis Ricardi

Ricardus dei gracia rex Anglie ⁊ Francie ⁊ dominus Hibernie omnibus ad quos presentes littere peruenerint salutem. Inspeximus quoddam breue domini E. quondam regis Anglie progenitoris nostri dilecto ⁊ fideli suo Elie de Hanuill' tunc constabulario castri sui de Rokẏngham directum ac inquisicionem pretextu eiusdem breuis captam ⁊ in cancellario eiusdem progenitoris nostri anno regni sui decimo nono retornatam in hec verba. Edwardus dei gracia rex Anglia dominus

Hibernie ⁊ dux Aquitanie dilecto ⁊ fideli suo Elye de Hauuill' constabulario castri sui de Rokẏngham salutem. Monstrauit nobis dilectus nobis in Christo prior de Luffeld' quod cum Iohannes filius Ricardi de Sulueston' nuper defunctus quasdem terras ⁊ quedam tenementa de nobis in socagium ⁊ quedam de prefato priore per seruicium militare tenuerit quorum tenementorum custodiam idem prior vsque ad legitimam etatem heredis predicti Iohannis de iure habere debet vos nichilominus asserentes predictas terras ⁊ tenementa que idem Iohannes de nobis tenuit non de nobis in socagium set vt de corona teneri ita quod ratione eiusdem tenure custodiam omnium terrarum ⁊ tenementorum de quibus idem Iohannes fuit seisitus in dominico suo vt de feodo die quo obiit vsque ad legitimam etatem predicti heredis habere debemus omnes terras ⁊ tenementa predicta cepistis in manum nostram in ipsius prioris dispendium non modicum ⁊ grauamen et quia nolumus quod eidem priori iniuriet in hac parte set super premissis plenius certiorari volentes vobis mandamus per sacramentum proborum ⁊ legalium hominum de ballia vestra per quos rei veritas melius sciri poterit diligenter inquiratis quantum terre idem Iohannes tenuit de nobis ⁊ quantum de aliis ⁊ per quod seruicium ⁊ quantum terre ille valeant per annum in omnibus exitibus et inquisicionem inde distincte ⁊ apte factam nobis sub sigillo vestro ⁊ sigillis eorum per quos facta fuit sine dilacione mittatis ⁊ hoc breue. Teste me ipso apud Wappenbury xij die Marcij anno regni nostri decimo nono ꞉ Inquisicio facta apud Selueston' die sabbati proxima ante festum Annunciacionis beate Marie anno regni regis Edwardi decimo nono per Galfridum de Braunteston' Ricardum Auereẏ Willelmum Cardoun Willelmum le teler Henricum de Hauuill' Robertum le Feuere Willelmum Kyngesman Willelmum Dynne Galfridum le Hokere Rogerum le Feuere Adam de Brackele ⁊ Galfridum filium Ricardi qui dicunt super sacramentum suum quod Iohannes de Selueston' nuper defunctus tenuit de domino rege die quo obiit in socagium vnum mesuagium ⁊ quattuor virgatas terre cum pertinenciis in Selueston' per seruicium vndecim solidorum per annum faciendo sectam de tribus septimanis in tres septimanas ad curiam domini regis de Selueston' ⁊ dando meliorem bestiam suam pro heriotto suo pro omnibus seruiciis. Tenuit eciam idem Iohannes de Selueston' de priore de Luffeld' die quo obiit vnum mesuagium ⁊ tria cotagia cum duabas virgatis terre cum pertinenciis in Selueston' per seruicium militare faciendo homagium ⁊ forinsecum seruicium predicto priori. Dicunt eciam quod terre ⁊ tenementa que predictus Iohannes tenuit de domino rege in Selueston' die quo obiit valent per annum in omnibus exitibus xx solidos ⁊ terre ⁊ tenementa que idem Iohannes tenuit die quo obiit de priore de Luffeld' valent per annum in omnibus exitibus decem solidos. In cuius rei testimonium iurati predicti sigilla sua presenti apposuerunt inquisicioni. Datum apud Selueston' die ⁊ anno supradictis.

Inspeximus eciam quandam certificacionem per thesaurarios 7 cama-
rarios nostros in cancellariam nostram missam in hec verba. Placita de
Quo Waranto coram Galfrido le Scrop' 7 sociis suis iusticiariis domini
regis itinerantibus apud Norhamton' die lune proxima post festum
omnium sanctorum anno regni regis Edwardi tercij a conquestu tercio. Scrop'. Prior de Luffeld' summonitus fuit ad respondendum
domini regi de placito quo waranto clamat habere quandam feriam
apud Luffeld' in vigilia exaltacionis sancte Crucis in die 7 in crastino
7 visum franci plegii assisam panis 7 ceruisie de tenentibus suis in villa
de Sulueston'. Et prior per Iohannem de Apperton' attornatum suum
venit. Et quoad predictam feriam dicit quod H. quondam rex Anglie
proauus domini regis nunc per cartam suam concessit cuidam priori
de Luffeld' 7 monachis ibidem deo seruientibus 7 successoribus suis 7
per cartam suam confirmauit imperpetuum predictam feriam tenendam apud Luffeld' singulis annis per tres dies duraturam videlicet in
vigilia in die 7 in crastino exaltacionis sancte Crucis nisi feria illa esset
ad nocumentum vicinarum feriarum quam quidem cartam profert hic
in curia que hoc idem testatur. Et eo waranto clamat feriam predictam. Et semper hucusque ipse 7 predecessores sui a tempore confeccionis carte predicte seisiti fuerunt de predicta feria absque interrup-
cione etc. Et quoad predictum visum franciplegij assisam panis 7
ceruisie dicit quod ipse 7 omnes predecessores sui a tempore quo non
extat memoria seisiti fuerunt de predictis visu 7 assisa panis 7 ceruisie
de tenentibus suis in villa de Sulueston' predicta tenendum predictum
visum semel per annum ibidem. Et idem prior quesitus si habeat
pillorium 7 tumbrellum dicit quod non. Immo dicit quod a tempore
quo non extat memoria ipse 7 omnes predecessores sui vsi fuerunt
transgressores per amerciamenta punire 7 non penam corporalem. Et
eo waranto clamat libertates predictas. Et Ricardus de Aldeburgh'
qui sequitur pro domino rege dicit quod predictus prior cognoscit ipsum non habere pillorium 7 tumbrellum que proprie sunt iudicialia
ad visum franciplegij spectancia per que transgressores contra assisam
panis 7 ceruisie conuictos debite punire potest ac idem prior debitum
modum puniendi non excercet nec excercere potest set per amerciamenta tantum quod est manifeste contra legem 7 consuetudinem
regni 7 ad communem iacturam populi petit iudicium pro domino
rege etc. Et si premissa non sufficiant pro domino rege tunc petit quod
inquiratur qualiter predictus prior 7 predecessores sui vsi sunt libertatibus predictis 7 a quo tempore etc. Ideo venit inde iurata hic die
veneris proxima post mensem Pasche etc. ad quem diem venit predictus prior 7 similiter iurati qui dicunt super sacramentum suum
quod idem prior 7 predecessores sui a tempore confeccionis carte predicte vsi sunt predicta feria sicut debuerunt et quod ipse 7 omnes predecessores sui a tempore quo non extat memoria seisiti 7 vsi fuerunt
predicto visu franciplegio absque intrusione. Quesiti ad quantam

summam amerciamenta se extendunt que idem prior leuauit de transgressoribus contra assisam panis 7 ceruisie conuictis infra visum suum predictum quando per iudicialia puniri debuerant dicunt quod ad summam quadraginta denariorum. Et quia predictus prior superius cognouit quod ipse non habet pillorium neque tumbrellum que sunt iudicialia 7 necessaria ad custodiam assise panis 7 ceruisie et similiter conuictus est per iuratam istam quod idem prior nunc puniuit transgressores huiusmodi omnibus vicibus per fines 7 amerciamenta consideratum est quod predictus visus capiatur in manum domini regis. Et idem prior in misericordia. Et super hoc idem prior petit rehabere visum illum per finem etc. Et ei conceditur. Et dat domino regi dimidiam marcam pro visu illo rehabendo. Ideo predictus prior inde sine die. Saluo domino regi iure suo cum alias inde loqui voluerit etc. Rotulo xiij°. Nos autem tenores breuis ac inquisicionis necnon certificacionis predictorum ad requisicionem dilectorum nobis in Christo nunc prioris 7 conuentus de Luffeld duximus exemplificandum per presentes. In cuius rei testimonium has litteras nostras fieri fecimus patentes. Teste me ipso apud Westmonasterium quinto die Decembris anno regni nostri quintodecimo.   Burton'.

Exemplificatum per Iohannem Roms 7 Henricum Maupas clericos.

W. 2640   L.C. 41v.–42v.
19″ × 12″.
Great seal, green.
No endorsement.

92

Writ of pardon of Henry IV in favour of the Priory. 15 April 1403

Carta Regis Henrici

Henricus dei gracia rex Anglie 7 Francie 7 dominus Hibernie omnibus balliuis 7 fidelibus suis ad quos presentes littere peruenerint salutem. Sciatis quod de gracia speciali de assensu dominorum spiritualium 7 temporalium ac ad requisicionem communitatum regni nostri Anglie in parliamento nostro apud Westmonasterium anno regni nostri secundo tento existentis perdonauimus priori de Luffelde 7 eiusdem loci conuentui omnimodos transgressiones offensas mesprisiones contemptus 7 impeticiones per ipsos ante octauum diem Decembris predicto anno secundo contra formam statutorum de libertate pannorum 7 capiciorum factos siue perpetratos vnde punicio caderet in finem 7 redempcionem aut in alias penas pecunarias seu imprisonamenta statutis predictis non obstantibus. Ita tamen quod presentes perdonacio 7 relaxacio non cedant in dampnum preiudicium vel derogacionem alicuius alterius persone quam nostre dumtaxat. Et insuper mero motu nostro ob reuerenciam dei 7 caritatis intuitu perdonauimus eidem priori 7 conuentui sectam pacis nostre que ad nos versus ipsos per-

tinet pro omnimodis prodicionibus murdris raptibus mulierum rebel-
lionibus insurreccionibus felonijs conspiracionibus ac alijs transgressionibus offensis negligencijs extorcionibus mesprisionibus ignorancijs
contempnibus concelamentis ꝛ decepcionibus per ipsos ante dictum
octauum diem Decembris qualitercumque factos siue perpetratis
murdris per ipsos post decimum nonum diem Nouembris eodem anno
secundo perpetratis sique fuerint exceptis vnde iudicati rettati vel
appellati existunt ac eciam vtlagarunt sique in ipsos hijs occasionibus
fuerint promulgate ꝛ firmam pacem nostram eis inde concedimus
dumtamen. Idem prior ꝛ conuentus controfactores mistere monete ꝛ
cunagij multiplicatores seu lotores auri ꝛ argenti cum cuino nostro
cunatores ꝛ tonsores monete nostre probatores communes ꝛ notorij
latrones seu felones qui abiuracionem fecerant non existant. Ita tamen
quod stent recto in curia nostra siquis versus eos loqui uoluerit de
premissis vel aliquo premissorum. Et vlterius de vberiori gracia nostra
perdonamus ꝛ relaxamus eisdem priori ꝛ conuentui omnimoda es-
capia felonum catalla felonum ꝛ fugitiuorum catalla vtlagatorum ꝛ
felonum de se deodanda vasta impeticiones ac omnimodos articulos
itineris destrucciones ꝛ transgressiones de viridi vel venacione vendi-
cionem boscorum infra forestas ꝛ extra ꝛ aliarum rerum quarum-
cumque ante dictum octauum diem Decembris infra dictum regnum
nostrum Anglie ꝛ partes Wallie euenturis ꝛ euentis vnde punicio
caderet in demandam debitam seu in finem ꝛ redempcionem aut in
alias penas pecuniarias seu in forisfacturas bonorum ꝛ catallorum aut
in prisonamenta seu amerciamenta communitatum villarum vel
singularum personarum vel in oneracionem liberi tenementi eorum
qui nunquam transgressi fuerunt vt heredum executorum vel terre-
tenencium escaetorum vicecomitum coronatorum ꝛ aliorum huiusmodi ꝛ omne id quod ad nos versus ipsos pertinet vel pertinere posset
ex causis supradictis ac eciam omnimodas donaciones alienaciones ꝛ
perquisiciones per ipsos de terris ꝛ tenementis de nobis vel progeni-
toribus nostris quondam regibus Anglie in capite tentis ac eciam donaciones alienaciones ꝛ perquisiciones ad manum mortuam factas ꝛ
habitas absque licencia regia necnon omnimodos intrusiones ꝛ ingressus per ipsos in hereditatem suam in parte vel in toto post mortem
antecessorum suorum absque debita prosecucione eiusdem extra
manum regiam ante eundem octauum Decembris factos vna cum
exitibus ꝛ proficuis inde medio tempore perceptis ac eciam perdonauimus eisdem priori ꝛ conuentui omnimodos fines adiudicatos amerciamenta exitus forsifactos releuia scutagia ac omnimoda debita com-
pota prestita arreragia firmarum ꝛ compotorum nobis vicesimo primo
die Martij anno regni nostri primo qualitercumque debita pertinencia
necnon omnimodas acciones ꝛ demandas quas nos solus versus ipsos
vel coniunctim cum alijs personis seu persona habemus seu habere
potuerimus ac eciam vtlagare in ipsos promulgatas pro aliqua cau-

sarum predictarum. Et insuper perdonauimus ⁊ relaxauimus eisdem priori ⁊ conuentui omnimodas penas ante eundem octauum diem Decembris forisfactas coram nobis seu concilio nostro cancellario thesaurario seu aliquo iudicum nostrorum pro aliqua causa ⁊ omnes alias penas tam nobis quam carissimo patri nostro defuncto pro aliqua causa ante eundem octauum diem Decembris forisfactas ⁊ ad opus nostrum leuandas ac omnimodas securitates pacis ante illum octauum diem Decembris similiter forisfactas. Ita quod presens perdonacio nostra que ad premissa vel aliquod premissorum non cedat in dampnum preiudicium vel derogacionem alicuius alterius persone quam persone nostre dumtaxat. In cuius rei testimonium has litteras nostras fieri fecimus patentes. Teste me ipso apud Westmonasterium quintodecimo die Aprilis anno regni nostri quarto.

* (per ipsum regem. Sireston')

W. 3019   L.C. 42v.–43v.   Confirmaciones Regum.
17¾" × 9¼".
Great seal, white, broken.
No endorsement.

93

Licence of Henry VI to elect a prior in the place of John Hals, who has died. 15 July 1443

Licencia Henrici regis sexti ad priorem eligendum

Henricus dei gracia rex Anglie et Francie et dominus Hibernie dilectis sibi in Christo suppriori et conuentui de Luffelde salutem. Ex parte vestra nobis est humiliter supplicatum quod cum ecclesia vestra predicta per mortem bone memorie Iohannis Hals nuper prioris loci illius pastoris sit solacionis destituta alium vobis eligendi in priorem et pastorem licenciam vobis concedere dignaremus. Nos precibus vestris in hac parte fauorabiliter inclinati licenciam illam vobis duximus concedendam mandantes quod talem vobis eligatum in priorem et pastorem qui deo deuotus ecclesie vestre necessarius nobisque et regimonio vtilis et fidelis existat. In cuius rei testimonium has litteras nostras fieri fecimus patentes. Teste me ipso apud Westmonasterium xv die Iulij anno regni nostri vicesimo primo.

L.C. 43v.   Mandata domini. Regis.

94

Assent of Henry V to the election of John Hals. 28 August 1420

Licencia domini regis ad episcopum pro confirmacione noui prioris

Henricus dei gracia rex Anglie heres et regens regni Francie dominus Hibernie venerabili in Christo patri R. eadem gracia episcopo Lin-

H

coln' salutem. Sciatis quod eleccioni nuper facte in prioratu de Luffelde ordinis sancti Benedicti vestre diocesis vacante per mortem bone
memorie fratris Iohannis Horwode vltimi prioris loci illius de fratre
Iohanne Hals confratre eiusdem prioratus in priorem regium assen-
sum adhibemus et fauorem. Et hoc vobis tenore presencium signifi-
cauimus vt quod vestrum est in hac parte exequamini. In cuius rei
testimonium has litteras nostras fieri fecimus patentes. Teste Hum-
frido duce Glouc' custode Anglie apud Aukeland xxviij die Augusti
anno regni nostri octauo.

L.C. 43v.–44r.

95

Inspeximus of Henry VI of No. 2. 24 October 1449

Mandatum domini regis Henrici pro aisiamentis infra forestam de
Whittelwode

Henricus dei gracia rex Anglie ꝫ Francie ꝫ dominus Hibernie omnibus
ad quos presentes littere peruenerint salutem. Inspeximus littere
patentes domini .H. quondam regis Anglie progenitoris nostri factas
in hec verba. .H. rex Anglie .R. Bass' ꝫ A. de Ver ꝫ Hugoni de Chaban'
ꝫ omnibus forestariis suis de Witlewda salutem. Precipio quod prior
ꝫ monachi de Luffelda qui sunt in elemosina [mea] ꝫ homines eorum
ꝫ omnia sua sint bene ꝫ in pace mea firma ꝫ custodite ꝫ manutenete
eos ꝫ omnia sua ꝫ facite eis habere aisiamenta sua de foresta mea conuenienter ꝫ [sine vasto] sicut habere solent. Quare precipio quod non
paciamini quod vlla iniuria vel contumelia fiat eis quia ipsi in mea
manu ꝫ tutela sunt. Teste R. Bass' apud Vdestoc. [Nos autem litteras
predictas ac omnia ꝫ singula] in eisdem contenta rata habentes ꝫ
grata ea pro nobis ꝫ heredibus nostris quantum in nobis est accep-
tamus approbamus ratificamus [ꝫ dilecto nobis in Christo Iohanni
Pinchebek nunc] priori loci predicti ꝫ successoribus suis concedimus
ꝫ confirmamus prout littere predicte racionabiliter testantur ꝫ prout
ipse premissa habere ꝫ [eis gaudere debet ipseque ꝫ predecessores sui]
ea semper hactenus habere ꝫ eis gaudere consueuerunt. In cuius rei
testimonium has litteras nostras fieri fecimus patentes. [Teste me ipso
apud Westmonasterium xxiiij] die Octobris anno regni nostri vicesimo
octauo.   Godyng.
Pro dominis j marca soluta in hanaperio.
Exemplificatum per Iohannem Cammell' ꝫ Willelmum Godyng
clericos.

W. 2970   L.C. 44r.
15½″ × 5½″.
Great seal, white, broken.
No endorsement.
NOTE: This document has been damaged by damp, and missing words have been sup-
    plied from the Cartulary.

SILVERSTONE

96

Grant to the Priory in alms by Roger son of John the engineer of 7 acres of land and meadow. [*c.* 1231]

Carta Rogeri le Enginor

Sciant presentes ⁊ futuri quod ego Rogerus filius Iohannis le enginnur dedi. ⁊ concessi. ⁊ hac presenti carta mea confirmaui. deo ⁊ beate Marie. ⁊ monachis de Luffeld' ibidem deo famulantibus pro salute anime mee. ⁊ antecessorum ⁊ successorum meorum in liberam. ⁊ puram. ⁊ perpetuam elemosinam septem acras terre. ⁊ prati. scilicet super le Hurilond tres acras arabiles ⁊ duas acras prati. videlicet duas acras terre que iacent inter le Longeheg. ⁊ rusellum de Stocwell' iuxta terram Cecilie Bacun. ⁊ unam acram terre iuxta terram Roberti de Billing' uersus occidentem. ⁊ unam acram prati que iacet inter pratum Iordani filii Hawis' uersus occidentem. ⁊ aliam acram prati que iacet inter acras predictorum monachorum iuxta le Brodeheg. Et in alio campo scilicet in Hanlescroft tres seliones que iacent inter pratum Roberti de Billing. ⁊ terram Henrici fratris Alexandri. ⁊ tres seliones que iuxta terram predicti Henrici uersus orientem iacent ⁊ unam acram prati que iacet infra pratum predictorum monachorum. Tenendas. ⁊ habendas de me. ⁊ heredibus meis. bene. in pace. sine ullo impedimento mei uel heredum meorum. Ego uero predictus Rogerus. ⁊ heredes mei predictas septem acras terre. ⁊ prati cum pertinenciis suis predictis monachis contra omnes gentes inperpetuum warantizabimus. ⁊ acquietabimus ab omnibus seruiciis secularibus ⁊ demandis que ueniri uel exigi possint. Vt autem hec mea donacio. ⁊ concessio rata. ⁊ stabilis firmiter preserueret sigilli mei inpressione presens scriptum corroboraui. Hiis testibus. Henrico de Brauntestun'. Willelmo filio suo. Ricardo filio Arnoldi. Ricardo Schard'. Iordano Bigendebroc. Galfrido coco. Nicholao tunc diacono de Luffeld'. et aliis.

W. 2631   L.C. 45r.   Selueston.
7″ × 5½″.
Tag for seal.
NOTE: For date see Appendix, pp. 268–9.

97

Release to the Priory by Agnes, widow of John the engineer, of her dower in the 7 acres of land and meadow granted to them by Roger her son. [*c.* 1231]

Carta Agnetis uxoris Iohannis le enginor

Sciant presentes. ⁊ futuri quod ego Agnes qui fui uxor Iohannis le enginnur in libera potestate viduitatis mee concessi. ⁊ hac presenti carta mea confirmaui. deo ⁊ beate Marie ⁊ monachis de Luffeld' ibidem deo famulantibus totam partem dotis mee scilicet de septem acras terre. ⁊ prati super le Hurilond. ⁊ in Hanlescroft quas Rogerus filius meus predictis monachis de Luffeld' dedit in liberam. ⁊ puram. ⁊ perpetuam elemosinam. ⁊ carte sue confirmauit. Et ego uero predicta Agnes tactis sacrosanctis ewangelijs iuraui quod nullum clamium faciam uersus predictos monachos. nec uersus Rogerum filium meum in tota vita mea de predictis acris prenominatis. Et in huius rei testimonium sigillum meum huic presenti scripto apposui. Hijs testibus. Henrico de Brauntestun'. Willelmo filio suo. Ricardo filio Ernold'. Ricardo Chardun'. I. Bigendebroc Galfrido Coco. R de Prestun'. Nicholao tunc diacono de Luffeld'. et multis alijs.

W. 2599   L.C. 45r.
7″ × 3″.
White oval seal, 1¼″ × 1″. A fleur-de-lis. + SIGILL AGNET DE CVTSLOW.
NOTE : For date see Appendix, p. 268.

98

Grant to the Priory in alms by John the engineer, with the consent of Agnes his wife and Roger his heir, of two acres of land with the adjacent meadow. [*c.* 1200–5]

Carta Iohannis le enginur

Noverint vniuersi sancte matris ecclesie filij ad quos presens carta peruenerit ⁚ quod ego Iohannes le enginnur dedi ⁊ concessi consensu ⁊ assensu vxoris mee Agnetis ⁊ heredis mei Rogeri. deo ⁊ sancte Marie de Luffelde ⁊ monachis ibidem deo seruientibus pro salute anime mee ⁊ pro animabus omnium antecessorum meorum ⁊ successorum. duas acras terre cum pertinencijs vnam scilicet. in campo qui uocatur Hurilande proximam Longe Hegge cum prato desupter eadem acra in longo ⁊ in lato usque ad dintellum vt euenerit. totam partem meam prati apud West usque ad pratum Walerand' de Stocwell' ⁊ in alio campo. vnam acram secundum terre ⁚ quam Robertus de Codstowe tenuit ⁊ totam partem meam prati apud West ⁚ que iacet inter terram aratam de Ansercrofte ⁊ fossetum in longo ⁊ in lato usque ad frescas que antiquitatus culte fuerunt. in liberam. ⁊ puram ⁊ perpetuam elemosinam. libere ⁊ quiete ab omnibus secularibus seruicijs ⁊ exaccionibus. Vt autem hec donatio mea stabilis ⁊ inconcussa permaneat sigillo meo dignum duxi confirmare. Ego autem ⁊ heredes mei hanc predictam elemosinam predictis monachis inperpetuum warantizabimus. Hiis testibus. Henrico clerico de Seluest'. Arnaldo filio eius. Willelmo filio Henrici. Maze de Brackel'. Iordano. Walerand'

Roberto de Billing'. Waltero clerico. Henrico Pege. Radulfo Wither. Henrico filio Bil'.

* (Donacio ij acrarum terre.)

W. 2595   L.C. 45r.–45v.
$8\frac{1}{2}'' \times 3\frac{1}{2}''$.
White round seal, $1\frac{1}{2}''$ diameter. A lion statant guardant to right. + SIGILL' IO – – – – – s
LE ENGINVR.
NOTE: For date see Appendix, pp. 268–9.

99

Grant to the Priory in alms by Roger son of John the engineer of two-thirds of 2 acres on Stonforlong next to Handley and all the land by Handley for which John Tremenel used to pay $1\frac{1}{2}d$. [1231–c. 1250]

Carta Rogeri le enginor

Sciant presentes ⁊ futuri quod ego Rogerus filius Iohannis le enginnor intuitu pietatis ⁊ caritatis dedi ⁊ concessi ⁊ hac presenti carta mea confirmaui deo ⁊ beate Marie de Luffeld' ⁊ monachis ibidem deo famulantibus pro salute anime mee ⁊ antecessorum meorum ⁊ successorum duas partes duarum acrarum terre super Stonforlong proximiores Hanele ⁊ totam terram cum pertinenciis iuxta Hanele de qua Iohannes Tremenel michi per annum solebat tres obolos soluere. Tenendas ⁊ habendas de me ⁊ heredibus meis sibi ⁊ successoribus suis in liberam ⁊ puram ⁊ perpetuam elemosinam. Ego uero Rogerus ⁊ heredes mei totam terram prenominatam cum pertinenciis prenominatis monachis contra omnes gentes warantizabimus inperpetuum ⁊ ab omnibus secularibus seruiciis ⁊ demandis que euenire uel exigi possint adquietabimus. Vt autem ea que a me acta sunt firma preseruerent presenti scripto sigillum meum apposui. His testibus. Roberto de Towcester. Iohanne Tremenel de Foxcote. Ricardo filio Ernaldi de Selueston'. Willelmo de Branteston'. Iohanne fratre eius. G. coco. Willelmo de Saldeston' qui hanc cartam scripsit. ⁊ aliis.

* (Donacio ij partium duarum acrarum.)

W. 2625   L.C. 45v.   Siluestone.
$9\frac{3}{4}'' \times 2\frac{1}{4}''$.
White varnished oval seal, $1\frac{1}{2}'' \times 1\frac{1}{4}''$.
NOTE: For date see Appendix, p. 268.

100

Grant to the Priory in alms by Roger the engineer of three selions, three butts, and an acre of meadow in one field of Silverstone, and in the other two acres and a dole. [1231–c. 1250]

Carta Rogeri le enginor'

Sciant presentes ⁊ futuri quod ego Rogerus [le enginur intuitu pietatis

⁊ caritatis ⁊ pro salute] anime mee ⁊ antecessorum meorum ⁊ successorum [dedi ⁊ concessi ⁊ hac presenti carta mea confirmaui deo ⁊ beate Marie] de Luffeld' et monachis ibidem deo seruientibus tres [selliones in Ansexus croft inter terram Petri ⁊ terram Henrici et] tres buttas subtus le Gorstiemor . et vnam acram prati [inter Henricum ⁊ Emmam] et in alio campo vnam acram terre inter Longe hege ⁊ Stocwelle siche . ⁊ vnam acram [. . .] inter [. . .] acras pertinentes ad domum de Luffeld' . ⁊ vnam dolam atte Brode hege inter duas dolas adiacentes domui de Luffeld'. Tenendas ⁊ habendas de me ⁊ heredibus sibi ⁊ successoribus suis in liberam . ⁊ puram . ⁊ perpetuam elemosinam . libere . ⁊ quiete . ab omnibus seruiciis secularibus consuetudinibus ⁊ demandis . michi uel heredibus meis pertinentibus [uel que a nobis ullo modo uel] ullo iure exigi possint. Ego uero predictus Rogerus ⁊ heredes mei predictas acras terre ⁊ prati predictis monachis ac eorum successoribus contra [omnes homines ⁊ feminas] warantizabimus ⁊ aquietabimus . inperpetuum. [Vt autem hec mea donacio ⁊ concessio ac carte mee confirmacio firma ⁊] stabilis permaneat huic presenti scripto sigillum [meum apposui. Hiis testibus. Iohanne Tremenel.] Ricardo filio Ernaldi. Willelmo de Brampteston'. Ricardo Chardun. [Henrico Doket. Willelmo frankelano. ⁊ multis aliis.]

* (Donacio trium selionum terre.)

W. 2643   L.C. 45v.–46r.
8″ × 3½″.
Tag for seal.
NOTE : The charter has been badly damaged by damp and some missing words have been
    supplied from the cartulary. It must already have been in a poor state when the
    cartulary was compiled, for the scribe failed to read the words between 'Longe hege'
    and 'inter duas dolas'.

101

Grant to the Priory in alms by Roger the engineer of the messuage in Silverstone that Roger his grandfather held, 4 acres of land—2 in the east field and 2 in the west—and 4 doles of meadow, each an acre broad. [c. 1225–31]

Carta Rogeri le enginor

Sciant presentes ⁊ futuri quod ego Rogerus le engenniur dedi ⁊ concessi ⁊ hac presenti carta confirmaui deo ⁊ beate Marie de Luffeld'. ⁊ monachis ibidem deo seruientibus pro salute anime mee ⁊ pro animabus omnium antecessorum meorum ⁊ successorum illud mesuagium in Siluestun' cum pertincijs quod auus meus Rogerus tenuit. scilicet illud mesuagium proximum domui Ricardi Bacun. ⁊ quatuor acras terre quarum due iacent super le Hurilond in campo orientali. ⁊ due in campo occidentali. ⁊ quatuor dolas prati quarum quelibet habet lati-

tudinem unius acre. de quibus due dole iacent propinquiores le Longa-
heg. in campo orientali. super le Hurilond. ⁊ tercia dola in eodem
campo ex parte occidentali ad capud de la Brodeheg. ⁊ quarta dola in
campo occidentali propinquior bosco. Tenendum ⁊ habendum de me
⁊ heredibus meis. in liberam. ⁊ puram ⁊ perpetuam elemosinam. Predictum uero mesuagium. ⁊ predictam terram. ⁊ predictum pratum
cum omnibus pertinencijs suis: ego Rogerus ⁊ heredes mei sicut
liberam. ⁊ puram elemosinam prefatis monachis contra omnes gentes
warantizabimus inperpetuum. In huius donacionis ⁊ concessionis
testimonium sigillum meum presenti scripto apponere dignum duxi.
Hiis testibus. Arnoldo de Seluestun'. Henrico filio eius. Galfrido
clerico de Burkot'. Wiberto de Towcestra. Iohanne Tremerel. Roberto
de Billinga. ⁊ Ricardo Chardun' ⁊ aliis.

* (Donacio vnius messuagij cum pertinencijs)

W. 2590   L.C. 46r.   Siluestone.
White, varnished seal, 2″ diameter.
NOTE: For date see Appendix, pp. 268–9.

102

Grant to the Priory in alms by Roger the engineer of 5 selions of land in le
Hurilonde and all his meadow below le Brodeheg. [1231–c. 1250]

Carta Rogeri le enginor

Sciant presentes ⁊ futuri quod ego Rogerus le enginur intuitu pietatis
⁊ caritatis dedi ⁊ concessi ⁊ hac presenti carta mei confirmaui deo ⁊
beate Marie de Luffeld' ⁊ monachis ibidem deo famulantibus quinque
selliones terre super le Hurilonde quarum due iacent inter terram
Walteri Pugeẏs ⁊ terram Rose relicte quondam Roberti de Billingge.
⁊ una sellio super le Stonilond'. inter terram Iohannis Tremenel ⁊
terram dictorum monachorum. ⁊ due selliones inter terram Iohannis
Tremenel ⁊ terram dictorum monachorum et totum pratum suum
quod habuit subtus le Brodeheg inter pratum predictorum monachorum. Tenendas ⁊ habendas de me ⁊ heredibus meis sibi ⁊ successoribus suis inperpetuum in liberam ⁊ puram ⁊ perpetuam elemosinam
libere ⁊ quiete ab omnibus seruiciis secularibus ⁊ demandis michi uel
heredibus meis pertinentibus uel que a nobis ullo modo uel ullo iure
uel aliquo casu exigi poterint. Ego uero predictus Rogerus ⁊ heredes
mei predictas selliones ⁊ terram ⁊ pratum prenominatum cum omnibus pertinenciis contra omnes homines ⁊ feminas warantizabimus
adquietabimus ⁊ defendebimus. Vt autem hec mea donacio ⁊ concessio firma ⁊ stabilis inperpetuum preserueret presenti scripto sigillum meum apposui. His testibus. Ricardo clerico de Selueston'. Willelmo de Bramteston'. Iohanne ⁊ Henrico fratribus suis. Ricardo

Chardun. Willelmo frankelano. Henrico Doket. Galfrido coco. et multis aliis.

* (Donacio quinque selionum.)

W. 2584   L.C. 46r.–46v.
7″ × 4¼″.
White varnished round seal, 2″ diameter.

103

Grant to the Priory by Roger the engineer and Muriel his wife of a render of 12*d.* from the land which he gave to William son of Wibert in free marriage with his daughter Hawise. [*c.* 1190–*c.* 1200]

Carta Rogeri le enginor

Sciant tam presentes quam futuri me Rogerum ghinnor. ꝛ uxorem meam Murielem ꝛ heredes meos dedisse ꝛ concessisse in perpetuam elemosinam deo ꝛ sancte Marie de Luffeld ꝛ fratribus ibi deo seruientibus redditum .xii. nummorum de terra quam dedi Willelmo filio Wiberti. cum filia mea Hawis in libero mariagio. annuatim predicte ecclesie persoluendum ad uincula sancti Petri pro anima mea ꝛ uxoris mee ꝛ omnium antecessorum ꝛ successorum meorum. His testibus. Godefrido de Lillingstan. Simone filio Witori de Norh'. Rodberto pistore. ꝛ Iohanne nepote prioris. Adamo pistore. Rodberto de Masci. ꝛ Radulfo nepote Godefridi domini de Lilingstan. Ranulfo. coco.

* (Redditus xij nummorum.)

W. 2604   L.C. 46v.   Siluestone.
6½″ × 4¼″.
Tag for seal.
NOTE: For date see Appendix, p. 269.

104

Grant to the Priory in alms by Roger the engineer, for the health of the souls of himself, his wife, and Elias de Hinton, of 2 acres 1 rood in his croft, and an acre of meadow; and 4½ acres of land and 2 acres of meadow below Handley, all of which he gave to his daughter Hawise in free marriage; also a meadow. [*c.* 1190–*c.* 1200]

Carta Rogeri le enginor

Omnibus sancte matris ecclesie filiis tam presentibus quam futuris Rogerus enginnur salutem. Noscat uniuersitas uestra me ꝛ heredes mei dedisse ꝛ concessisse sancte Marie de Luffelde ꝛ fratribus ibi deo seruientibus ii^{as} acras ꝛ unam rodam in crofta mea. ꝛ unam acram prati. ⁊ sub Hanel' .iiii. acras terre ⁊ dimidiam ⁊ .ii^{as} acras prati quas dedi filie mee Hauus in liberum mariagium. istam predictam terram ⁊ prata predicta cum predicta filia mea ⁊ heredibus suis. ⁊ insuper pratum quoddam quod iacet inter pratum Hauus ⁊ pratum Osberti carpentarii. dedi ⁊ carta mea confirmaui predicte ecclesie de Luffeld in perpetuam elemosinam liberam ⁊ quietam ab omni seculari seruicio quod ad me pertinet uel heredibus meis. pro anima mea ⁊ uxoris mee ⁊ Helie de Hinton' ⁊ omnium antecessorum meorum ⁊ successorum. His testibus. Henrico clerico de Seluest'. ⁊ Willelmo filio Henrici. Iordano filio Hauus. Rodberto filio Wiberti. Iohanne nepote prioris. ⁊ Rogero forestario de Fuleuella. Rodberto coco. ⁊ Henrico Pendu. Osberto. longo. Willelmo Tirpel. Reginaldo filio Leuerig. Hernaldo becher. ⁊ Valeront.

* (Donacio vj acrarum et dimidie cum iij prati.)

W. 2608   L.C. 46v.
6" × 7".
Tag for seal.
NOTE : For date see Appendix, p. 269.

105

Release and quitclaim to the Priory by Roger son of John the engineer of the tenement that he held of them of the fee of Towcester. The Priory has given him 10 marks sterling. [1258–9]

Carta Rogeri le enginor

Sciant presentes ⁊ futuri quod ego Rogerus lenginur filius Iohannis lenginur reddidi resignaui relaxaui ⁊ quietum clamaui priori ⁊ monachis de Luffeld' de me ⁊ heredibus meis sibi ⁊ successoribus suis inperpetuum omne tenementum quod tenui de eis de feodo de Thouecestre cum mesuagiis ⁊ cum omnibus dicto tenemento ⁊ dictis mesuagiis pertinenciis. Tenendum ⁊ habendum dictum tenementum cum omnibus prenominatis ⁊ pertinenciis in humagiis redditibus releviis ⁊ wardis ex omnibus aliis que ullo modo uel aliquo iure uel aliquo casu contingente michi uel heredibus meis accidere uel euenire possint absque ullo impedimento contradiccione uel reclamacione mei uel heredum meorum. Pro hac autem resignacione relaxacione ⁊ quieta clamacione dederunt michi prior ⁊ monachi de Luffeld' decem marcas sterlingorum. Vt autem hec mea resignacio relaxacio ⁊ quieta clamacio firma ⁊ stabilis inperpetuum preserueret ꞉ huic scripto sigillum meum apposui in testimonium. Hiis testibus. domino Simone de Throp tunc vicecomite Norh'. Radulfo de Stratford. ⁊ Willelmo de Mortun' clericis. Willelmo de Braundeston'. Ricardo filio Ernoldi. Ricardo Cardun. Ricardo filio Aluredi. Henrico Amyun. Henrico

Doket. Galfrido coco. Henrico filio Alis. Willelmo le frankeleyn. ⁊ multis aliis.

* (Donacio omnium tenementorum pertinentium ad Rogerum le enginore.)

W. 2625   L.C. 46v.–47r.
8¾″ × 4½″.
White, varnished, round seal, 1¼″ diameter.
Endorsed:
    1. As rubric.
    2. Quieta clamancia de [Rogero] le enginor per tenementum in Towcest'.
NOTE: Simon de Thorp was then sheriff.

106

Grant to the Priory by Simon son of William and Emma his wife of their land in Silverstone of which they had disseised the monks because they were too poor to do the forinsec service. The monks will pay them 12s. yearly, and do the service to the king, and they paid 30s. for arrears of that service. [c. 1170–5]

Carta Simonis filii Willelmi et Emme uxoris eius de Seluelie

Sciant tam presentes quam futuri quod ego Simon filius Willelmi et uxor mea Emma de Selueleia reddidimus deo et sancte Marie de Luffelde et fratribus ibidem deo seruientibus totam terram nostram de Seluestona unde eos desaisauimus quia propter paupertatem suam seruicium regis facere non potuerunt. Quiaque paupertatem illorum considerantes unde eos spoliauimus dignum iudicamus inuestire voluimus ut bene et in pace et honorifice predicti monachi eandem terram teneant et libere et quiete imperpetuum possideant xij nobis tamen solidis annuatim soluendo et propter seruicium regis quod retro fuit dederunt nobis xxx solidos Testibus Henrico clerico de Seluestun et Henrico filio Liuese et Roberto pistore et Aluredo mercer' et Willelmo Turpil et Willelmo filio Gode.

* (Donacio terrarum pertinencium Simonis de Seluest')

L.C. 47r.   Siluestone.

107

Grant to the Priory by Emma de Selveleia, with the consent of H., her husband, of all her land in Silverstone, to hold in alms and in fee, rendering 12s. yearly, and doing the king's service. If she can free the land from this service, they shall render 15s. yearly. For this grant they have given her 2 marks and a palfrey. [c. 1160–70]

Carta Emme de Selueleia

Omnibus sancte ecclesie fidelibus parentibusque ⁊ amicis. Emma de

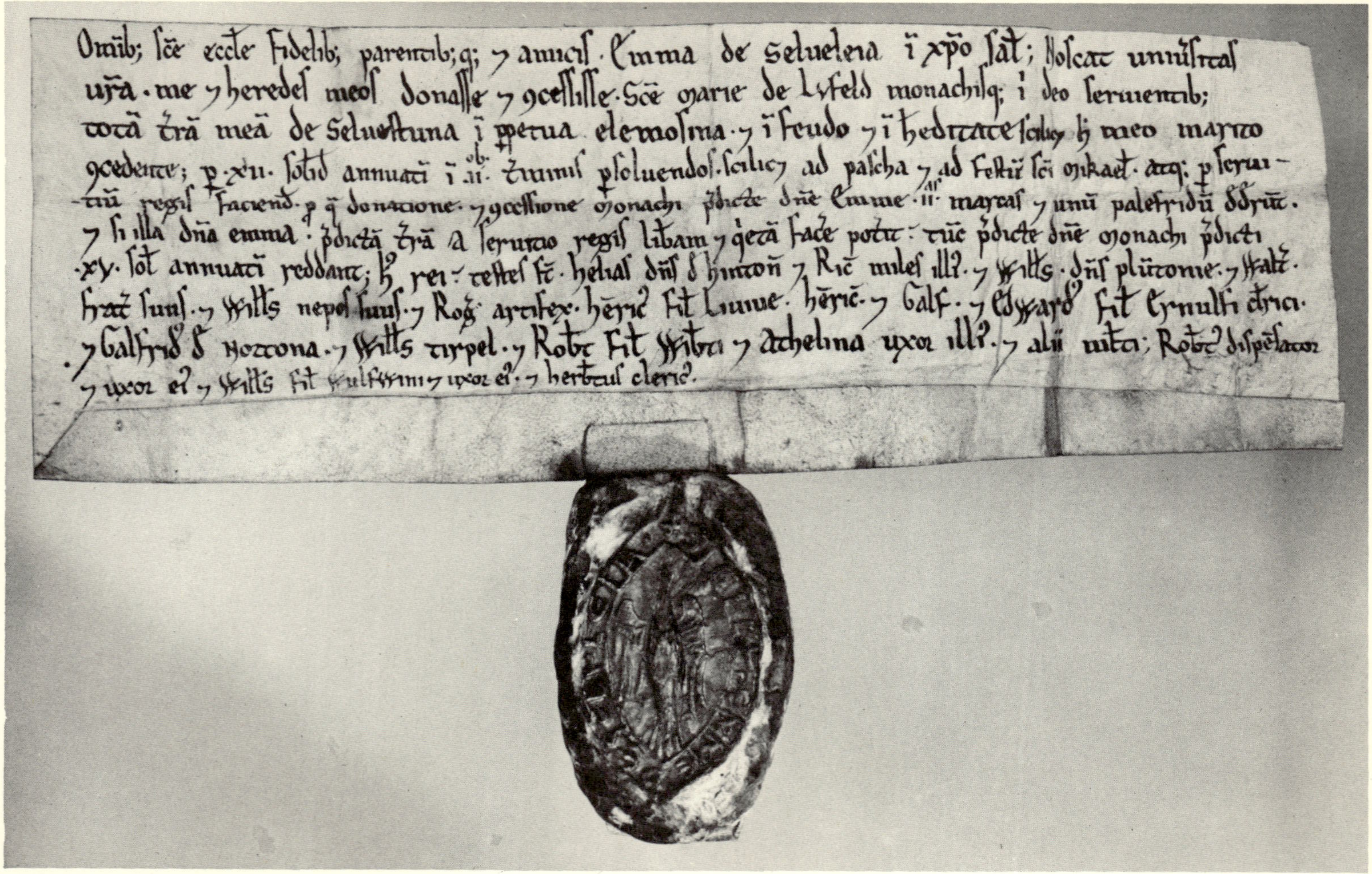

No. 107

Selueleia in Christo salutem. Noscat uniuersitas uestra. me ꝛ heredes meos donasse ꝛ concessisse. sancte Marie de Lufeld monachisque ibi deo seruientibus totam terram meam de Seluestuna in perpetua ele-mosina. ꝛ in feudo ꝛ in hereditate scilicet H. meo marito concedente; per .xii. solidos annuatim in .ii.^{obus} terminis persoluendos. scilicet ad Pascha ꝛ ad festum sancti Mikaelis. atque per seruicium regis facien-dum. pro qua donacione. ꝛ concessione monachi predicte domine Emme .ii.^{as} marcas ꝛ unum palefridum dederunt. ꝛ si illa domina Emma. predictam terram a seruicio regis liberam ꝛ quietam facere potuerit ᛬ tunc predicte domine monachi predicti .xv. solidos annua-tim reddant; Huius rei ᛬ testes sunt. Helias dominus de Hinton' ꝛ Ric-ardus miles illius. ꝛ Willelmus. dominus Plumtonie. ꝛ Walterus frater suus. ꝛ Willelmus nepos suus. ꝛ Rogerus artifex. Henricus filius Liuiue. Henricus. ꝛ Galfridus. ꝛ Edwardus filii Ernulfi clerici. ꝛ Galfridus de Nortona. ꝛ Willelmus Tirpel. ꝛ Robertus filius Wiberti ꝛ Athelina uxor illius. ꝛ alii multi; Robertus dispensator ꝛ uxor eius ꝛ Willelmus filius Wulfwini ꝛ uxor eius. ꝛ Herbertus clericus.

* (Donacio omnium terrarum pertinencium Emme de Silueleie.)

W. 2594   L.C. 47r.
$9\frac{3}{4}'' \times 3\frac{1}{2}''$.
White oval seal, $2\frac{1}{2}'' \times 1\frac{1}{2}''$. A bird displayed, with head erect. + SIGILL' EMME DE SEL – – LEIA.
NOTE: For date see Appendix, p. 268.

108

Grant to the Priory in alms by Sarra, daughter of William de Selveleia, with the consent of Robert de Bainvill, her husband, and of her heir, Michael, of the render of 10s. which the monks were making to her when Thomas, her son, took the habit of religion in their house. [c. 1200–10]

Carta Sarre filie Willelmi de Seluelie

Sciant presentes ꝛ futuri quod ego Sarra filia Willelmi de Selueleia. assensu Roberti de Bainuill' mariti mei ꝛ Michaelis. heredis mei. pro salute anime mee ꝛ antecessorum meorum ꝛ successorum dedi ꝛ con-cessi ꝛ hac presenti carta mea confirmaui deo ꝛ beate Marie de Luf-feld'. ꝛ monachis eiusdem loci. decem solidos redditus. quos michi per-soluebant de hereditate mea in Selueston' quam idem monachi de predecessoribus meis ꝛ de me tenebant. quando Thomas filius meus habitum religionis sumpsit in eadem domo. Tenendos ꝛ habendos in liberam ꝛ puram ꝛ perpetuam elemosinam. libere ꝛ quiete de me ꝛ heredibus meis ab omni clamio inperpetuum. Predictos autem. x. solidos redditus ego ꝛ heredes mei sicut liberam elemosinam᛬ predictis monachis contra omnes homines warantizabimus. His testibus. Ro-berto de Bainuille. Simone de Cranfeld. persona. Rolando. Albino.

Roberto de Billing'. Radulfo. Wither. Henrico koko. Willelmo filio
Ailredi. Rogero fratre eius. Willelmo de Selu'. Arnaldo filio Henrici.
Radulfo filio Roberti. ꝫ alijs.

* (Acquietancia x. solidorum)

W. 3038   L.C. 47v.   Siluestone.
8¼″ × 4″.
Tag for seal.
NOTE: For date see Appendix, p. 268.

109

Confirmation to the Priory by Michael son of Michael of the gift to them by
William de Selveleia, his grandfather, and Emma, William's mother, of all
their land in Silverstone of the fee of Mandeville. [c. 1215–25]

Carta Michaelis filii Michaelis

Nouerint uniuersi sancte matris ecclesie filij quod ego Michael filius
Michaelis dedi ꝫ concessi ꝫ hac presenti carta confirmaui. pro salute
anime mee ꝫ omnium antecessorum meorum ꝫ successorum deo ꝫ
beate Marie de Luff'. ꝫ monachis ibidem deo seruientibus totam terram in Selueston' de feodo de Mandeuil' cum omnibus pertinentijs
quam Willelmus de Selueleia auus meus. ꝫ Emma mater sua dederunt
ꝫ concesserunt eisdem monachis in feodo. Tenendam et habendam de
me ꝫ heredibus meis in liberam ꝫ puram ꝫ perpetuam elemosinam
libere ꝫ quiete ab omnibus seruicijs ꝫ consuetudinibus ꝫ exaccionibus
secularibus. Ego autem ꝫ heredes mei predictam terram cum omnibus
pertinentijs predictis monachis contra omnes gentes sicut puram ꝫ
liberam elemosinam warantizabimus imperpetuum. Hijs testibus.
Symone de Cranfeldia. Oliuero Leone. auunculis meis. Ogero. Andrea. Dinges. Iohanne. Willelmo. fratribus meis. Ernaldo clerico de
Selueston'. Henrico de Brantheston'. Roberto de Billing'. Radulfo
filio eius. Iordano. Iohanne Crispo. ꝫ alijs.

* (Concessio terre pertinentis Michaeli de Siluest')

W. 3041   L.C. 47v.
6¾″ × 2¾″.
Green round seal, 1¾″ diameter. A fish swimming in the sea; above, a crescent and star.
    + SIGILL' MICAELI – – – L MICHAELIS.
NOTE: For date see Appendix, pp. 268-9.

110

Confirmation by Roger de Clare, early of Hertford, to Roger the engineer
of 6 virgates at Foxcote that Ralf the chamberlain held, to hold in fee by
doing homage and by the exercise of his skill as an engineer. Wherever he
shall be in the service of the earl, he, his servant, and his horse shall be at

the earl's charge. When he shall die, his heir, unless he can do the service his father did, shall pay 12s. yearly for all service. [1152–73]

Carta Rogeri de Clare

Rogerus de Clara comes Hertford'. omnibus hominibus suis Francis 7 Anglis. salutem. Sciant presentes 7 posteri quod concedo 7 presentis carte testimonio confirmo Rogero artifici .vi. uirgatas terre apud Uoxecote. scilicet terram quam Radulfus camerarius tenuit in pratis [7] aquis 7 uijs 7 ceteris libertatibus que pertinent ad .vi. uirgatas prenominatas. Tenendas de me 7 heredibus meis quiete 7 libere in feodo 7 hereditate pro humagio 7 artificio quod rebus meis exhibebit. 7 ubicunque in seruicio meo fuerit. ipse 7 minister eius 7 equus ad sumptum meum erunt. 7 si predictus Rogerus obierit ꞉ heres eisudem nisi seruicium quale pater suus fecit facere sciat ꞉ pro omni seruitio .xii. solidos per annum michi uel heredibus meis reddat. Huius concessionis 7 confirmationis testes sunt. Robertus filius Hunfridi. Seierus de Quinci. Reinaldus dapifer. Iohannes clericus. Cunanus nepos comitis. Alanus camerarius. Iuo dispensator. Ricardus de Beseuill' pincerna. Godefridus pincerna. Willelmus cocus. Nicolaus cocus. Radulfus Canutus.

* (Concessio vj virgatarum terre)

W. 2602   L.C. 47v.–48r.
7″ × 3¾″.
Slit for seal-tag.
NOTE: 'Artifex' is rendered 'engineer' because Roger so described himself (Nos. 103 and 104).

111

Grant to the Priory by William de Selveleia, for his own welfare and that of Emma his mother, and for the souls of Eustace his father, his ancestors, and Earl Geoffrey, of all his land at Silverstone, which Eustace and Emma had given them. The monks shall render 12s. yearly for all except forinsec service. They have given him, for this grant, 20s. and a palfrey. [c. 1170–5]

Carta Willelmi de Selueleia

Sciant tam presentes quam futuri quod ego . Willelmus de Selueleia pro salute mea 7 matris mee Emme . 7 aliorum amicorum meorum 7 pro anima patris mei Eustachii 7 pro anima comitis Galfridi 7 omnium antecessorum meorum dedi 7 concessi deo 7 sancte Marie de Luffeld 7 monachis ibi deo seruientibus totam terram meam de Seluestona quam pater meus Eustachius 7 mater mea Emma eis dederunt . tenendam de me 7 de heredibus meis inperpetuum . pro .xii. solidis annuatim reddendis . medietatem ad Pascham . 7 medietatem ad festum sancti Michaelis . libere 7 quiete ab omni seruicio . 7 pro ista concessione predicti monachi dederunt michi .xx.ᵗⁱ solidos . et unum palefridum. T. Emma matre mea . 7 Eustachio de Crichitot. 7 Radulfo

Langewan . ⁊ Lebb*erto* . ⁊ Fuchart. de Selueleia . Willelmo seruein . ⁊ Gilberto pescherein. ⁊ Willelmo coco.

* (Donacio terre quondam Willelmi de Silueleia)

W. 2612 is another version of the same charter. It is given in the cartulary as Sciant presentes et futuri quod ego Willelmus de Selueleia pro salute sicut prius, but there are two variations from the text above: 1. the consideration is stated as '.ii. marcas . ⁊ .i. palefridum.' 2. The third witness is Radulfo Langewain.

W. 2647   L.C. 48r.   Siluestone.
7½″ × 6½″.
Tag for seal.
NOTE : William de Selveleia was dead in 1183. *Feet of Fines* (P.R.S. XVII. No. 1).

112

Grant by Roger, prior of Luffield, to Henry son of Arnold, of Silverstone, of a half acre in Silverstone in exchange for another. [*c.* 1225–31]

Carta Henrici filii Ernaldi

Omnibus presens scriptum visuris⸵ R. prior de Luffeld' totusque eiusdem loci conuentus salutem. Noueritis nos concessisse Henrico filio Arnaldi de Seluestun' medietatem illius acre que iacet proximior dimidie acre eiusdem Henrici iuxta mesuagium Willelmi de Rom' in Seluestun'. tenendam ⁊ habendam sibi ⁊ heredibus suis imperpetuum. Pro hac autem concessione predictus Henricus dedit ⁊ concessit nobis ⁊ domui nostre illam dimidiam acram terre in eadem uilla in escambium que est propinquior dimidie acre Willelmi filii Matildis ex parte orientali. Tenendam ⁊ habendam nobis ⁊ successoribus nostris de eodem Henrico ⁊ de heredibus suis iure perpetuo. Nos autem prefatam terram quam concessimus dicto Henrico⸵ eidem ⁊ heredibus suis contra omnes gentes warantizabimus inperpetuum. Predictus uero Henricus ⁊ heredes sui predictam dimidiam acram quam dedit ⁊ concessit nobis in escambium nobis ⁊ successoribus nostris contra omnes gentes warantizabunt. Vt autem ea que a nobis acta sunt firma preseruerent nos ex parte nostra dictus uero Henricus ex parte sua⸵ huic presenti scripto signa nostra in testimonium hic inde apposuimus. Hiis testibus. Henrico de Brantestun'. Willelmo et Iohanne filijs eius. Willelmo de Euersawe. Roberto de Billing'. Ricardo Chardun. Iohanne Tremerel. Iohanne de Abetrop. ⁊ aliis.

* (Excambium terre in Siluestone)

W. 2587   L.C. 48r.–48v.
6½″ × 4″.
White round seal, ½″ diameter. A fleur-de-lis device. + SIGILL' ARNALDI DE SELVESTO'.

113

Grant to the Priory in alms by Henry son of Arnold the clerk, of Silverstone, of an acre of land with headlands, which his father bequeathed to them for the welfare of his soul. [*c.* 1225–31]

Carta Henrici filii Ernaldi

Sciant presentes ꝫ futuri quod ego Henricus filius Arnaldi clerici de Seluestun' concessi ꝫ hac presenti carta mea confirmaui deo ꝫ beate Marie ꝫ domui de Luff' vnam acram terre cum cheuiciis quam Arnaldus pater meus pro salute anime sue legauit eidem domui de Luff' ad opus sustinendum. scilicet unam dimidiam acram cum cheuiciis que extendit uersus Smalebroc inter terram Henrici de Brantestun' ꝫ terram Ricardi Chardun in campo proximiore uille de Seluestun' ꝫ aliam dimidiam acram in campo orientale cum cheuiciis que extendit uersus Smalebroc iuxta terram Roberti de Billing. Tenendam ꝫ habendam in liberam ꝫ puram ꝫ perpetuam elemosinam. Et ego Henricus ꝫ heredes mei predictam acram terre predicte domui de Luff' contra omnes gentes warantizabimus inperpetuum. In testimonium huius concessionis ꝫ confirmacionis huic presenti scripto sigillum meum apposui. Hiis testibus. Iohanne persona de Touec'. Wiberto de Touec'. Henrico de Branteston'. Willelmo filio eius. Ricardo Chardun. Henrico nepote suo. Roberto de Billing'. ꝫ aliis.

* (Concessio vnius acre terre)

W. 2589   L.C. 48v.   Siluestone.
8¾″ × 4″.
Broken white seal, as No. 112.

114

Grant to the Priory by Eustace de Sellegia and Emma his wife, for the souls of Earl Geoffrey and of their ancestors, of all their land in Silverstone, to hold by the render of 15s. yearly. [*c.* 1140–60]

Carta Eustachii de Sellegia

Notum sit omnibus filiis sancte matris ecclesie quod ego Heustachius de Sellegia ꝫ Emma mea uxor damus ꝫ firmiter ineternum concedimus deo ꝫ sancte Marie Luffeldie ꝫ monachis ibi statutis totam terram nostram de Seluestuna cum nemore ꝫ pratis ꝫ pasturis ꝫ cum omnibus rebus pertinentibus in elemosina. Tenendum de nobis ꝫ de heredibus nostris futuris per recognitionem .xv^{cim}. solidorum per annum ⋮ pro salute animarum nostrarum ꝫ pro anima Gaufridi comitis ꝫ antecessorum nostrorum. Teste.[*sic*] Ailmarus presbiter de Neuport. ꝫ Willelmus clericus de Wendena. ꝫ Eustachius clericus de Sellega. ꝫ Willelmus scriptor de Waled'. ꝫ Hugo pincerna. ꝫ Bigod de Waled' ꝫ Hugo

armiger. ꝫ Gilebertus de Swinefort. ꝫ Willelmus coccus Luffeldie. ꝫ
hec donacio supradicta eo pacto facta est : quod cirografus qui inter
eos factus est demonstrat.

* (Donacio terre pertinentis Eustachij de Sillegia.)

W. 2611   L.C. 48v.
7¼″ × 5¼″.
Cords for seal.
NOTE: For date see Appendix, p. 268.

115

Confirmation by Michael son of Michael son of Oger of the grant that
Sarah his mother made to the Priory of a yearly render of 10s. in Silverstone. [c. 1215–25]

Carta Michaelis filii Michaelis filii Ogeri

Sciant presentes et futuri quod ego Michael filius Michaelis filii Ogeri
concessi et hac presenti carta mea confirmaui donacionem et confirmacionem quam Sarra mater mea fecit deo et beate Marie de Luffelde
et monachis eiusdem loci scilicet decem solidos redditus de hereditate
sua in Selueston' quos idem monachi de antecessoribus meis tenuerunt
in eadem villa quando Thomas frater meus habitum religionis sumpsit in eadem domo. Tenendos et habendos in liberam et puram et perpetuam elemosinam libere et quiete ab omni clamio de me et heredibus meis inperpetuum. Predictos autem decem solidos redditus ego
vero et heredes mei sicut liberam elemosinam contra omnes homines
predictis monachis warantizabimus. Hijs testibus Roberto de Bainuill' Simone de Cranfelde persona Rolando Albino Roberto de Billing
Waltero de Selu' Arnaldo filio Henrici Radulfo Wither Willelmo filio
arche*diaconi* Radulfo filio Roberti et alijs.

* (Acquitancia x solidorum.)

L.C. 48v.–49r.

116

Grant by Agatha, widow of William the forester of Towcester, confirmed
by Sibil, her daughter, to Henry Suireling of Silverstone, for his homage and
service and 8s. sterling, of 2 acres in the field of Silverstone. [c. 1240–50]

Carta Agathe uxoris Willelmi forestarii

Sciant presentes ꝫ futuri quod ego Agatha quondam vxor Willelmi
forestarij de Touecest' in libera viduitate mea dedi ꝫ concessi ꝫ hac
presenti carta mea confirmaui Henrico Suireling de Seluest' pro homagio ꝫ seruicio suo ꝫ pro octo solidos sterlingorum quos dedit michi
premanibus in gersomo duas acras terre in campo de Seluest'. scilicet.

ad le Heyelreue vnam acram iuxta molendinum aduentum. ꝫ vnam acram que abuttat in magnam viam Oxonie. Tenendas ꝫ habendas dictas duas acras terre de me ꝫ de heredibus meis dicto Henrico ꝫ heredibus suis vel suis assignatis libere quiete bene ꝫ in pace. Reddendo inde annuatim denarium obolum ad Pascha pro omnibus seruiciis consuetudinibus exaccionibus ꝫ demandis saluo forinseco si eueniat. Ego vero dicta Agatha et heredes mei dicto Henrico ꝫ heredibus suis vel suis assignatis dictas duas acras terre contra omnes homines ꝫ feminas warantizabimus imperpetuum. Et ut hec mea donacio ꝫ concessio ꝫ carte mee confirmacio rata sit ꝫ stabilis permaneat Sibilla filia mea hanc donacionem concessit ꝫ vna mecum presenti scripto cum sigillo meo sigillum suum apposuit. Hiis testibus. Hugone de Burkot' Wiberto ianitore. Iohanne Tremerel'. Ricardo filio Ernaldi. Ricardo Chardun. Willelmo de Brakele huius carte scriptore. ꝫ aliis.

* (Concessio terre.)

W. 2598   L.C. 49r.   Siluestone.
7″ × 3¼″.
Seals: 1. White, varnished, oval seal, 1½″ × 1″. An eagle displayed. SIGILL' AGASE FIL' ROGERI.
     2. Green oval seal, 1¼″ × ⅞″. A fleur-de-lis. SIGILL' FILIE AGAT'.

117

Grant to the Priory in alms by Agatha, widow of William the forester, of 4 acres in the fields of Silverstone. [c. 1235–45]

Carta Agathe quondam vxoris Willelmi forestarij

Sciant presentes ꝫ futuri quod ego Agatha uxor quondam. Willelmi forestarii. in libera potestate uiduitatis mee. dedi ꝫ concessi ꝫ hac presenti carta mea confirmaui deo ꝫ beate Marie de Luffeld' et monachis ibidem deo seruientibus quatuor acras terre cum pertinenciis in campis de Selueston'. scilicet ad Heyelreue unam acram iuxta molendinum aduentum. ꝫ vnam acram que abbuttat in magnam viam Oxonie ꝫ unam acram ꝫ dimidiam super Odho. ꝫ dimidiam acram super Flitenaker. in liberam ꝫ puram ꝫ perpetuam elemosinam. Tenendas ꝫ habendas de me ꝫ heredibus meis sibi ꝫ successoribus suis adeo libere ꝫ quiete. sicut aliqua elemosina melius dari. uel liberius teneri possit. Ego uero dicta Agatha ꝫ heredes mei predictas quatuor acras terre cum pertinenciis predictis monachis ꝫ eorum successoribus contra omnes gentes warantizabimus imperpetuum. Vt autem hec mea donacio ꝫ concessio ꝫ carte mee confirmacio firma ꝫ stabilis imperpetuum preserueret presenti scripto sigillum meum apposui. Hiis testibus. Albrico de Burtone. Willelmo de Braundestone. Ricardo clerico. de

I

Selueston'. Ricardo. Cardun. Rogero lenginnur. Henrico Doket. Galfrido koco. ꝛ multis aliis.

* (Donacio iiij^{or} acrarum terre.)

W. 2621   L.C. 49r.–49v.
9¾″ × 5½″.
Tag for seal.
NOTE : For date cf. the witnesses to the dated charter, No. 175.

118

Confirmation by Robert de Bainvill of the gift which his wife, Sarra daughter of William de Selveleia, had made to the Priory (No. 108). [*c.* 1200–10]

Carta Roberti de Banuill

Sciant presentes ꝛ futuri quod ego Robertus de Bainuill'. confirmaui donacionem. ꝛ confirmacionem quam Sarra filia Willelmi de Selueleia fecit deo ꝛ beate Marie de Luffeld'. ꝛ monachis eiusdem loci scilicet. decem solidos. redditus. de hereditate sua in Selueston'. quando Thomas filius eiusdem Sarre habitum religionis sumpsit in eadem domo. Tenendos. ꝛ habendos in liberam. ꝛ puram ꝛ perpetuam ele-mosinam. libere. ꝛ quiete ab omni clamio de me ꝛ heredibus eiusdem Sarre inperpetuum. Predictos. x. solidos redditus. ego ꝛ heredes sui predictis monachis. contra omnes homines warantizabimus. His testi-bus. Simone de Crainfeld' persona. Rolando. Albino. Roberto de Billing'. Radulfo Wither. Henrico koko. Willelmo filio Ailredi. ꝛ alijs.

* (Acquitancia .x. solidorum)

W. 2609   L.C. 49v.   Siluestone.
8½″ × 2¾″.
Tag for seal.

119

Confirmation by William de Mandeville, earl of Essex, of the gift that Emma de Selveleia and William her son made to the Priory of the land of their inheritance of his fee, to hold of them in alms by the service mentioned in their charter, saving the service due to him. [1167–89]

Carta Willelmi de Mandeuilla

Willelmus de Mandeuilla comes Essex' omnibus hominibus ꝛ amicis suis clericis ꝛ laicis salutem. Sciatis me concessisse ꝛ hac mea carta confirmasse donacionem quam Emma de Sellega ꝛ Willelmus filius eius fecerunt priori ꝛ monacis de Luffeld' de terra de Seluestuna que est de feodo meo Tenendam de eis heritarie in perpetuam elemosinam in bene ꝛ in pace ꝛ honorifice in omnibus libertatibus per tale seruici-um sicut carte eorum testantur quas prenominati monaci habent

Will de Osandeurilla Comes Essex ōnib hominib z Amicis suis Clericis z Laicis sal.
Sciatis me concessisse z hac mea Carta confirmasse donacione qm Emma de Sel
lega z Will filius ei fecum posn z monacis de luffeld de tra de Selues
tuna q est de feodo meo tenendam de eis herrarie ī prtuā elemosinam
in bene z in pace z honorifice in ōnib libtatibus p tale seruiciū sicut Car
tā eoy testantur qi pnominan monaci habent qre uolo z pcipio q illā
tram habeant z teneam ī ōnib libs consuetudinib ne aliqs eis miuriam
uel contumeliam faciat. saluo seruicio meo. t frae meo Simone de Belloc
biscap z laidet. Rad de Chener. Salualo de oscuitt. Magistro Rogo medico.
Walto Camario meo Will clerico meo q hanc Cartā feci. Iohanne birrone.

No. 119

quare uolo ꝫ precipio quod illam terram habeant ꝫ teneant in omnibus liberis consuetudinibus ne aliquis eis iniuriam uel contumeliam
faciat. saluo seruicio meo. T'. fratre meo Simone de Belloc'. Wiscardo
Laidet. Radulfo de Chenei. Sawalo de Oseuill'. magistro Rogero
medico. Waltero camerario meo. Willelmo clerico meo qui hanc cartam fecit. Iohanne Britone.

* (Confirmacio terrarum de Siluestone)

W. 2627 L.C. 49v.
8¾″ × 5¼″.
Round green equestrian seal, 3″ diameter, broken.

120

Grant to the Priory in alms by William de Mandeville, earl of Essex, of the
land of his fee out of which they used to do the service of one knight, free of
all secular service. [1179–89]

Carta Willelmi de Mandeuilla

Uniuersis sancte matris ecclesie filiis. Willelmus de Mandeuilla comes
Essex'. salutem. Nouerit uniuersitas uestra me concessisse in liberam ꝫ
puram ꝫ perpetuam elemosinam. pro salute anime mee. ꝫ pro animabus patris mei ꝫ matris mee ꝫ antecessorum meorum. deo ꝫ monachis
de Luffeldia deo ibidem seruientibus terram illam de feodo meo. de
qua seruicium feodi .j. militis faciebant꞉ liberam ꝫ quietam ab omni
seruicio terreno. ꝫ ab omni consuetudine ꝫ exactione seculari. T.
Willelmo abbate de Mortem'. Henrico de Ver. Radulfo de Mand'.
Ricardo de Monteini'. Willelmo filio eius. Osberto filio Ricardi. Willelmo Bruncoste. Wiscardo Laidet. Roberto de Luuetot. Petro de
Moineuill'. Robert Wascelin'. Radulfo de Querendon'. Hugone de
Chambai. Willelmo de Lisur'. Hugone. ꝫ Ricardo. capellanis. Willel-
mo Trenchefuil. Reginaldo de Sabrihct'. Radulfo de Burnouill'.
Thoma clerico.

* (Confirmacio terrarum in Siluestona)

W. 2597 L.C. 49v.
7″ × 4½″.
White equestrian seal, broken, originally round, 2½″ diameter.
NOTE: William became abbot of Mortemer in 1179. (*Recueil des Historiens des Gaules et de la
France*, Paris 1781, XII, p. 783.)

121

Grant to the Priory in alms by Richard son of Elias de Hinton of all his land
in Silverstone of the fee of Towcester, which they had proved in his court,
by the king's precept, to be held by the gift of Elias his father. The monks

shall render 9s. yearly, namely 7s. to the lord of Towcester and 2s. to Robert de Botlindon, to whom Elias gave this render in free marriage with Huelina his daughter. [1197–8]

Carta Ricardi filij Helye

Vniuersis sancte matris ecclesie filiis ad quos presens scriptum peruenerit: Ricardus filius Helye de Hinton salutem. Ad vniuersitatis uestre noticiam uolo peruenire me dedisse ꜟ concessisse deo ꜟ sancte Marie de Luffeld' ꜟ monachis ibidem deo famulantibus totam terram meam de Seluistun' de feodo Touecestr' cum omnibus pertinencijs. quam deregnauerunt in curia mea per preceptum domini regis se tenuisse ꜟ debere tenere de dono patris mei Helie . in perpetuam elemosinam . liberam ꜟ quietam ab omnibus secularibus seruicijs ꜟ exaccionibus. Reddendo annuatim .ix. solidos scilicet .vij. solidos nomine meo domino Touecestr'. ad festum beati Petri ad uincula . et ij. solidos. Roberti de Botlind' . quos pater meus Helias dedit illi in liberum mariagium de terra illa predicta cum sorore mea Hueline ad festum beati Michaelis. Et ut ista donacio ꜟ concessio rata ꜟ inconcussa permaneat: sigilli mei presentis munimine corroboraui. His testibus. Alano priore hospitalis de Brackel'. Iordano capellano de Hint'. Roberto de Botlind' milite Willelmo Baiuel. Rogero filio Azur. Hugone de Everishawe. ꜟ Roberto de Wanci. ꜟ Roberto de Turuil militibus. Roberto de Codstowe. Iohanne enginnur. Iohanne de Egnesham. Osberto de Hint' ꜟ Hugone de Hint'. Roberto del Ponte. Radulfo de Langeport. Galfrido Langeuin. Willelmo de Walton'.

* (Donacio terrarum in Siluestona)

W. 2589   L.C. 49v.–50r.
9¾″ × 4¾″.
Top half of white equestrian seal. No shield.
NOTE: For date see No. 127.

122

Confirmation of the foregoing by Robert de Botlindon and Huelina his wife. [1197–8]

Concessio Roberti de Botlindon' et Hueline vxoris eius

Vniuersis sancte matris ecclesie filiis. Robertus de Botlindon ꜟ Huelina vxor eius salutem. Noscat vniuersitas uestra nos concessisse deo ꜟ sancte Marie de Luffeld' ꜟ monachis ibidem deo seruientibus donacionem ꜟ concessionem quam dominus Ricardus de Hint' illis dedit ꜟ concessit. scilicet totam terram de Seluestun' de feodo Touecestr'. cum omnibus pertinencijs. in perpetuam elemosinam. quam scilicet terram predicti monachi dereinauerunt in curia domini Ricardi de Hint' per preceptum domini regis se tenuisse. ꜟ debere tenere de dono patris sui Helie de Hint' liberam ꜟ quietam ab omnibus secularibus seruicijs ꝫ exaccionibus. Reddendo annuatim .ix. solidos scilicet .vij. solidos domino Touecestr' ad festum beati Petri aduincula. ꝫ ij. solidos nobis quos dominus Helias de Hint' dedit de terra predicta cum filia sua Huelina in liberam mariagiam predictos uero ij. solidos reddendi ꞉ ad festum beati Michaelis terminus est. Et ne ista concessio alicuius temeritate uel machinacione temporis processu in irritum possit reuocari ꞉ sigillorum nostrorum presencium munimine corroborauimus. His testibus. Alano priore hospitalis de Brackel'. Iordano capellano de Hint'. Ricardo de Hint' domino. Willelmo Baiuel. Rogero filio Azur. Roberto de Wanci. Roberto de Toruile. Hugone de Euerishauue militibus. Roberto de Codstowe. Iohanne engenor. Iohanne de Egnesh' Osberto de Hint'. ꝫ Hugone de Hint'. Roberto de Witfeld. Radulfo de Langeport. Galfrido Langevin. Willelmo de Walt'.

* (Confirmacio terrarum in Siluestona)

W. 2624   L.C. 50r.   Siluestone.
9″ × 4½″.
White varnished seal, round, 1¼″ diameter.

123

Confirmation by Henry de Hinton of his father's gift to the Priory of all his land in Silverstone of the fee of Towcester. He quitclaims to them 2s. yearly which they used to render for it. [c. 1215–25]

Carta Henrici de Hinton

Notum sit omnibus ad quos presens scriptum peruenerit꞉ quod ego Henricus de Hyntun' concessi ꝫ confirmaui deo ꝫ beate Marie de Luff' ꝫ monachis ibidem deo seruientibus totam terram de Seluestun' de feodo Touecestre cum omnibus pertinenciis secundum tenorem carte patris mei. Quare volo quod ipsi teneant predictam terram de me ꝫ heredibus meis inperpetuum. Et ego ꝫ heredes mei remisimus ꝫ quietos clamauimus inperpetuum duos solidos per annum quos ipsi nobis de predicta terra reddere consueuerunt. Et ego ꝫ heredes mei predictam terram ꝫ quietam clamanciam duorum solidorum per annum eisdem monachis contra omnes gentes warantizabimus. Et pro hac confirmacione ꝫ quieta clamancia duorum solidorum predicti monachi debent adquietare me ꝫ heredes meos uersus curiam de Touec' de omnibus sectis ꝫ seruiciis que iuste exiguntur uel possint exigi de illa terra in Seluestun' de feodo Touecestre excepto releuio ꝫ homagio. Et ut ista confirmacio perpetuum robur obtineat eam presenti scripto sigilla mei apposicione roborato꞉ confirmaui. Hiis testibus. Simone rectore ecclesie de Hynton'. Hugone capellano. Ricardo de Attenestun'. Rogero de Leonibus Iohanne de Hulekot'. Iohanne de Gritewrthe. Ernaldo de Seluestun'. Ricardo de Hyntun'. Ricardo Cardun. Roberto de Billing' ꝉ aliis.

* (Donacio terrarum Henrici de Hynton)

W. 2600   L.C. 50r.
7″ × 5¼″.
White, varnished, round seal, 1½″ diameter.
Endorsed:
    1. As rubric.
    2. Quieta clamancia de ij solidis de domino de Hinton.

124

Grant to the Priory in alms by Henry son of Henry de Hinton of his wood called Hynewode, with the land and pasture, lying between the King's wood and that of the Hospital of Brackley, and abutting on the 'landa' of Luffield. [c. 1240–50]

Carta Henrici de Hinton

Sciant presentes et futuri quod ego Henricus de Hinton' filius Henrici intuitu pietatis et caritatis et pro salute anime mee et antecessorum meorum et successorum dedi et concessi et hac presenti carta mea confirmaui deo et beate Marie de Luffelde et monachis ibidem deo seruientibus totum boscum meum quod vocatur Hynewode cum terra et pastura et omnibus pertinencijs quod situm est inter boscum domini regis ex vna parte et boscum hospitalis de Brackele ex altera et abuttat ad landam de Luffelde. Tenendum et habendum de me et heredibus meis sibi et successoribus suis in liberam et puram et perpetuam elemosinam libere et quiete ab omnibus seruicijs secularibus et exaccionibus et demandis que ullo modo vel ullo iure uel aliquo casu contingente a me vel ab heredibus meis exigi potuerint. Ego vero dictus Henricus et heredes mei dictum boscum cum prenominatis predictis monachis et eorum successoribus contra omnes gentes warantizabimus et acquietabimus. Vt autem hec mea donacio et carte mee confirmacio robur perpetuum obtineat presenti scripto sigillum meum in testimonium apposui. Hijs testibus Iohanne Trimenel Hugone de Borecote Wiberto ianitore Willelmo de Brandeston' Albrico de Burton' Ricardo filio Ernaldi de Selueston' Aluredo de Witlebury Ricardo Chardon et alijs.

* (Donacio bosci de Hinwode)

L.C. 50v.   Siluestone.

125

Grant to the Priory by Henry son of Henry de Hinton that in the event of any of his heirs becoming a ward of the lords of Hinton, the monks shall hold, until the heir attain the age of 15, a solar with cellars in the market-place at Brackley, and a rent of 4s. from the house of Simon de Fynemere. [1231–c. 1250]

Carta Henrici filij Henrici de Hintone

Omnibus Christi fidelibus ad quos presens scriptum peruenerit Henricus de Hynton' filius domini Henrici de Hynton' salutem. Noueritis me concessisse ꝛ hanc concessionem presenti carta mea confirmasse pro me ꝛ heredibus meis ꝛ eorum heredibus priori ꝛ monachis de Luffeld' ꝛ eorum successoribus quod si ita contigat quod heres meus uel aliquis heredum suorum in custodiam cadat dominorum suorum de Hynton' habeant predicti monachi ꝛ teneant solarium cum cellariis in foro de Brackel' ꝛ redditum quatuor solidorum de domo Symonis de Fynemere donec heres meus ad etatem perueniat quindecim annorum. Et insimul concessi pro me ꝛ heredibus meis ꝛ eorum heredibus quod si predictum solarium cum cellariis combustum fuerit vel aliquo casu ceciderit vnde redditus solarii ꝛ cellariorum defecerit nunquam restauracionem redditus nec reedificacionem domorum a predicto priore ꝛ monachis uel eorum successoribus contra eorum voluntatem vllo modo nec aliquis ex parte nostra exigemus. Saluo tamen quod predicti prior ꝛ monachi predictum solarium cum cellariis dum fuerunt in eorum custodia sustentabunt in tali statu quo ea prius receperunt vsque dum heres prenominati Henrici vt predictum est: ad etatem plenam quindecim annorum perueniat. Et vt hec mea concessio firma ꝛ stabilis preserueret: huic presenti scripto sigillum meum apposui in testimonium. Hiis testibus. Willelmo de Branteston'. Ricardo clerico de Selueston'. Iohanne Mace de Brackel'. Rogero de Luyton'. Iohanne de London'. Ricardo Pykel. Radulfo filio Albrici clerici ꝛ multis aliis.

* (Donacio iiij^{or} solidorum in Brackeley)

W. 2626   L.C. 50v.–51r.
8¼″ × 4¼″.
Green seal with shield-shaped impression, ¾″ broad × 1″ high.
Endorsed: Hintone . Carta Henrici filij Henrici de Hintone. Pro wardo heredum de Hintone (14th century).

126

Inquisition at Hynewood in the forest of Whittlewood. The prior of Luffield will cause no damage to the king or the forest by ploughing up a reed-bed there. 23 October 1248.

Mandatum regis Henrici iij

Inquisicio facta apud Hynewode in foresta de Witlewode die veneris proxima post festum sancte Luce ewangeliste anno regni domini regis Henrici xxxij° per preceptum domini. R. Passel' coram Willelmo de

Northampt' tunc balliuo foreste per quatuor villatas propinquiores videlicet per Touecestre Seluestone. Witlebury. Syresham. et per xij liberos ꝛ legales homines videlicet per dominum Robertum Mauntel militem. Wibertum de Touecestre. Ricardum de la Wodehall. Albricum de Burtone. Willelmum de Brantestone. Ricardum de Seluestone. Rogerum de Wardum de Touecestre. Ricardum Chardun de Seluestone' Henricum Doget de Witlebury. Walterum Trigel de eadem. Robertum filium clerici de Syresham. Willelmum de Faringho de eadem de quodam rifleto inter terram arrabilem domini prioris de Luffeld' ꝛ magnum coopertum quod quidem rifletum dictus prior uoluit excolere. Qui dicunt super sacramentum eorum quod dictum rifletum continet in se vnam acram ꝛ vnam rodam ꝛ uestura refleti ualet xij denarij et quod nullum dampnum erit domino regi neque foreste de Wytlewode si dictus prior dictum rifletum uelit arare ꝛ excolere.

* (Finalis concordia de vna acra ꝛ j roda terre)

W. 2615   L.C. 51r.   Siluestone.
7¾″ × 3½″.
10 white seals, broken. No. 8: A radiating device. + s' WALTERI TRIG.
No endorsement.

127

Final concord made in the court of William de Muntchensy at Towcester and recorded in the county court at Northampton before Simon de Pateshull, then sheriff, etc. as (No. 128). 3 September 1197–2 September 1198

Concordia facta in curia de Towcestre et etiam coram iusticiarijs

Indented at the top.

Hec est finalis concordia facta in curia Willelmi de Muntchanesi apud Touec'. inter priorem de Luffeld' ꝛ monachos ꝛ Iohannem filium Rogeri le enginnur. ꝛ preterea recordata in comitatu Norhant' coram Simone de Patesh' qui tunc erat uicecomes. ꝛ aliis fidelibus domini regis ibidem tunc presentibus. anno regni regis Ricardi ix. quod ipse Iohannes recognouit ac quietam clamauit deo ꝛ sancte Marie de Luffeld' ꝛ monachis eiusdem loci totam terram de Seluest' cum pertinentiis de feudo Touec' . quam ipse .I. tenuit de Ricardo de Hint'. illam scilicet quam predicti prior ꝛ monachi disracionauerunt in curia predicti Ricardi de Hint' per preceptum domini regis sicut ius suum. Pro hac autem recognicione ac quieta clamacione predicti prior ꝛ monachi concesserunt predicto .I. ꝛ heredibus suis medietatem predicte terre excepto tenemento Hawis. liberam ꝛ quietam saluis forinsecis seruiciis ꝛ saluis releuiis. tenendam de predictis priore ꝛ monachis soluendo per annum .iiij. solidos. ꝛ .vi denarios. ad duos terminos. scilicet ad festum beati Petri aduincula iij. solidos. ꝛ .vj denarios. ad

festum sancti Michaelis .xii denarios. Preterea predicti prior ⁊ monachi concesserunt predicto .I. mesagium in quo pater eius Rogerus
manset. ⁊ medietatem prati quod Osbertus prepositus tenuit. Predictam uero terram ⁊ mesagium ⁊ pratum prefatus .I. neque dabit.
neque uendet neque inuadiabit sine consensu ⁊ assensu predictorum
prioris ⁊ monachorum. Hoc autem firmiter tenendum ⁊ inconcusse
seruandum affidauit predictus I. ⁊ iure iurando firmauit. ⁊ sigilli sui
munimine corroborauit. Illud idem predicti prior ⁊ monachi uerbo
fideli suo firmauerunt ac sigillo suo corroborauerunt. His testibus.
Simone de Patesh' vicecomite. Roberto de Preston. Roberto de Cule-
wthe Radulfo de Tenerchebrai. Ricardo de Hint' Galfrido de Ludla.
Willelmo de Caldecote Iohanne de Touec'. Henrico de Seluest'.
Willelmo de Seluest'. Iohanne de Vinesham. Thoma de Abetrop.
Henrico filio eius ⁊ alijs.

* (Finalis concordia inter priorem et Rogerum le enginur')

W. 2585   L.C. 51r.–51v.
6½″ × 10″.
White varnished round seal, 1⅜″ diameter. A lion, statant guardant to right. + SIGILL'
    IO – – – – IS LE ENGINUR.

128

Final concord in the court of William de Muntchensy at Towcester between
the Priory and John son of Roger the engineer. John quitclaimed to the
Priory all the land in Silverstone of the fee of Towcester, which he held of
Richard de Hinton, and which the Priory had deraigned in Richard de
Hinton's court by royal precept. The Priory granted to John and his heirs
half this land except the tenement of Hawise to hold of them for 4s. 6d.,
yearly, saving relief and forinsec service. They further granted him the
house in which his father was living, and half the meadow that Osbert the
reeve held. John shall not give, sell, or pledge without the consent of the
Priory. [1197–8]

Concordia facta in curia de Towcestre

CIROGRAPHVM

Hec est finalis concordia facta in curia Willelmi de [Muntchanesi]
apud Touec' . inter priorem de Luffeld' ⁊ monachos ⁊ Iohannem filium Rogeri le enginnur quod ipse Iohannes [recognouit ⁊ quietam]
clamauit deo ⁊ sancte Marie de Luffeld' ⁊ monachis eidem loci totam
terram de Seluest' cum pertinenciis de feodo Touec .quam ipse Iohannes tenuit de Ricardo de Hint' illam scilicet terram quam predicti prior ⁊ monachi disracionauerunt in curia Ricardi de Hint' per
preceptum domini regis? sicut ius suum. Pro hac autem recognicione
ac quieta clamacione predicti prior ⁊ monachi concesserunt predicto
Iohanni ⁊ heredibus suis medietatem predicte terre. excepto tenemento Hawis. liberam ⁊ quietam. saluis forinsecis seruiciis ⁊ saluis re-

leuiis. tenendam de predictis priore ⁊ monachis soluendo per annum
.iiij solidos. ⁊ vi. denarios. ad duos terminos. scilicet ad festum beati
Petri. advincula .iij. solidos ⁊ vi. denarios. ad festum beati Michaelis
.xij. denarios. Preterea predictus prior ⁊ monachi concesserunt predicto Iohanni mesuagium in quo pater eius Rogerus manset ⁊ medietatem prati quod Osebertus prefectus tenuit. Predictam uero terram
⁊ mesuagium ⁊ pratum prefatus Iohannes neque dabit neque neque
[sic] uendet. neque inuadiabit sine consensu ⁊ assensu predictorum
prioris ⁊ monachorum. Hoc autem firmiter tenendum ⁊ inconcusse
seruandum affidauit predictus .I. ⁊ iureiurando firmauit ⁊ sigilli sui
munimine corroborauit. Hoc idem predicti prior ⁊ monachi uerbo
fideli suo firmauerunt ac sigilli sui munimine corroborauerunt. Hiis
testibus. Ricardo de Hint' Galfrido de Lidla militibus. Philippo de
Lillingst' capellano. Iohanne de Touec'. persona. Henrico. de Seluest'. clerico. Willelmo de Selv'. Arnaldo. filio Henrici. Iohanne de
Egnesh'. Edwardo seruiente [   ] Thoma de Abetrop. Henrico filio
eius. ⁊ alijs.

W. 2601   L.C. 51v.   Siluestone.
6½″ × 4½″.
Tag for seal.

129

Quitclaim to the Priory by Juliana de Selveston, daughter of Robert de
Billing, in her widowhood, of all the land of her father, except the messuage
next to that of Richard de Selvestun. Also a virgate in Shalstone, which
William the carter held. The monks gave her 16 silver shillings, and a
quarter of corn. [c. 1240–50]

Sciant presentes ⁊ futuri quod ego Iuliana de Seluestun' filia Roberti
de Billing' in libera potestate viduitatis mee concessi ⁊ quietum clamaui priori ⁊ monachis de Luffeld' totam terram quam habui uel
habere potui cum pertinenciis de terra que fuit Roberti patris mei excepto mesuagio proximo mesuagii Ricardi de Seluestun'. Et insimul
omne ius ⁊ clamium quod habui uel habere potui de vna virgata terre
in Saldestun' cum pertinenciis quam Willelmus caretarius tenuit.
Tenendam ⁊ habendam sibi ⁊ successoribus suis inperpetuum absque
vlla reclamatione mei vel heredum meorum. Pro hac autem concessione ⁊ relaxacione dederunt michi prior et conuentus de Luffeld'
sexdecim solidos argenti ⁊ vnam quarterum frumenti. Et vt ista mea
concessio ⁊ relaxacio firma ⁊ stabilis inperpetuum permaneat huic
presenti scripto sigillum meum apposui in testimonium. Hiis testibus
Willelmo de Brandestun'. Ricardo de Seluestun' clerico. Ricardo
Ardun. Roberto de Ectestun' Rogero lenginur Ada Bacun Willelmo
Frankelano ⁊ multis aliis.

* (Quieta clamacio terre)

W. 2637   L.C. 51v.
6¼″ × 2¾″.
White oval seal, 1½″ × 1″. A stem, with symmetrical scrolls on either side. + s' IVLE FIL'
ROBTI DE BILLIG.

130

Confirmation by John de Brandeston of the gift to the Priory in alms by his brother William of the tenement he held of them in the vill and fields of Silverstone, with messuages, lands, rents, and villeins. [Shortly after 29 November 1273]

Quieta clamancia Iohannis de Brauntestone

Omnibus Christi fidelibus ad quos presens scriptum peruenerit Iohannes de Brandeston' frater ⁊ heres Willelmi filij Henrici de Brandeston' salutem in domino sempiternam. Nouerit vniuersitas uestra me concessisse ⁊ presenti scripto meo confirmasse donacionem. concessionem ⁊ quietam clamacionem quam Willelmus de Brandeston' frater meus fecit deo ⁊ beate Marie de Luffeld' ⁊ monachis ibidem deo seruientibus de toto tenemento cum omnibus pertinenciis suis quod de dictis monachis aliquando tenuit in villa ⁊ campis de Silueston vel in mesuagiis. terris. redditibus. escaetis. ⁊ natiuis cum eorum catallis. atque sequelis. prout in carta que Willelmus de Brandeston' frater meus dictis monachis fecit testatur. Tenendum ⁊ habendum dictum tenementum cum omnibus pertinenciis dictis monachis ⁊ eorum successoribus in liberam puram ⁊ perpetuam elemosinam adeo libere ⁊ quiete ac pure sicut aliqua elemosina melius vel liberius siue purius poterit concedi vel teneri inperpetuum. Et ego dictus Iohannes ⁊ heredes mei vel mei assignati dictum tenementum cum omnibus pertinenciis dictis monachis ⁊ eorum successoribus sicut prenotatum est contra omnes gentes warantizabimus. acquictabimus. ⁊ inperpetuum defendemus. Vt autem hec mea concessio ⁊ presentis scripti confirmacio rata ⁊ stabilis preserueret huic presenti scripto sigillum apposui in testimonium. Et quia sigillum meum proprium promtum non habui sigillum Willelmi de Cotis apponi procuraui. Hiis testibus. domino Roberto de Paueli. domino Iohanne de Wedon' militibus. Elẏa de Tingewik' Ricardo Grusset. Ricardo clerico de Sulueston'. Ricardo de la Wodehall' ⁊ aliis.

* (Donacio ac quieta clamacio terre.)

W. 2586   L.C. 51v.–52r.
12″ × 3½″.
Green oval seal, 1½″ × ⅞″.
NOTE: William de Brandestone died on 29 November 1273 (see the Inquisition quoted in note to No. 131).

131

Grant and quitclaim to the Priory by William de Brandeston of the whole tenement that he held of them, in the vill of Silverstone and without, with messuages and villeins. [1 November 1273]

Quieta clamancia Willelmi de Braunteston

Omnibus Christi fidelibus ad quos presens scriptum peruenerit Willelmus de Braundeston' filius Henrici de Braundeston' salutem in domino sempiternam. Nouerit vniuersitas vestra me concessisse ꝛ omnino quietum clamasse priori ꝛ monachis de Luffeld' ꝛ eorum successoribus pro salute anime mee ꝛ omnium antecessorum meorum ꝛ successorum totum tenementum meum in villa de Selueston' ꝛ extra cum omnibus pertinenciis suis quod de eis tenui. cum mesuagiis meis ꝛ natiuis cum eorum catallis atque sequelis. Tenendum ꝛ habendum dictum tenementum in omnibus prout antedictum est dictis priori ꝛ monachis in liberam. puram. ꝛ perpetuam elemosinam. adeo libere ꝛ quiete ꝛ proprie sicuti aliqua elemosina melius uel liberius siue proprius poterit concedi uel teneri inperpetuum. Et ego vero dictus Willelmus ꝛ heredes mei uel mei assignati dictum tenementum cum suis pertinencijs dictis priori ꝛ monachis sicut prenominatum est contra omnes gentes sicut liberam puram ꝛ perpetuam elemosinam warantizabimus acquietabimus ꝛ inperpetuum defendemus. Vt autem hec mea concessio ꝛ quieta clamancia inperpetuum robur firmum optineant presenti scripto sigillum meum apposui in testimonium. Hiis testibus. dominis Roberto de Pauelẏ. Iohanne de Wedone. militibus. Elẏe de Tingewik'. Ricardo clerico de Selueston'. Willelmo Cardun'. Galfrido de Ypres. Ricardo de Karsewelle. et aliis.

* (Donacio ac quieta clamacio j tenementi)

W. 2633   L.C. 52r.   Siluestone.
9½" × 3½".
NOTE : On All Saints Day, 1273, William fell mortally sick, and immediately surrendered to the Priory the tenement he held of them. Chancery Inquisitions Post Mortem C 133/4/9.

132

Grant to the Priory by John the shepherd, of Silverstone, of a rent of 6*d*. from a messuage in Silverstone between those of Robert Pogeys and Osbert Walrond. 1 May 1300

Scriptum Iohannis bercarij de Seluestone

Sciant presentes ꝛ futuri quod ego Iohannes dictus bercarius de Suluestone dedi concessi ꝛ hac presenti carta mea confirmaui deo ꝛ ecclesie beate Marie de Luffeld' ꝛ monachis ibidem deo seruientibus redditum sex denariorum annuatim recipiendum de vno mesuagio in

villa de Suluestone quod quidem mesuagium scitum est inter mesuagium Roberti Pogeys ex vna parte et mesuagium Hoseberti Walrond
ex altera. Habendum ꓱ tenendum ꓱ fideliter recipiendum predictum
redditum ad duos anni terminos videlicet ad festum sancti Michaelis
tres denarios ꓱ ad annunciacionem beate Marie tres denarios libere
integre ꓱ quiete. Ego vero dictus Iohannes ꓱ heredes mei vel mei assignati predictum redditum ad sustentacionem luminis beate Marie
ecclesie de Luffeld contra omnes gentes inperpetuum warantizabimus.
Et vt hec mea donatio ꓱ carte mee confirmatio perpetuum robur optineat huic presenti scripto sigillum meum apposui in testimonium.
Hiis testibus. Galfrido de Braundestone. Thoma de Maideford'.
Ricardo Auurei de Wytleburi. Willelmo clerico de eadem. Roberto
Doget de eadem. Datum apud Luffeld' in festo appostolorum Philippi
et Iacobi anno domini milesimo tricentesimo.

* (Donacio redditus vj denariorum in Silueston')

W. 2633   L.C. 52r.–52v.
9″ × 2¾″.
Tag for seal.
Endorsement illegible.

133

Grant to the Priory by Richard Clerk of Richard son of Walter Denys of
Silverstone, his villein, with his chattels and progeny, quit of all servitude.
[c. 1250–70]

Carta Ricardi clerici de Selueston'

Omnibus Christi fidelibus presens scriptum visuris uel audituris Ricardus de Selueston' dictus clericus salutem in domino sempiternam.
Nouerit vniuersitas vestra me dedisse ꓱ omnino quietum clamasse deo
ꓱ beate Marie de Luffeld' ꓱ monachis ibidem deo seruientibus Ricardum filium Walteri Denys de Selueston' natiuum meum cum omnibus
catallis suis ꓱ tota sequela sua de se exeunte͵ liberum ꓱ quietum ab
omni seruicio ꓱ iugo secularis seruitudinis. Ita quod ego nec heredes
mei nec aliquis alius ex parte nostre in persona dicti Ricardi neque in
catallis suis nec in sequela sua de se exeunte͵ de cetero nichil possumus
nomine natiuitatis nec alicuius seruitutis calumpniare uel exigere. Vt
autem hec mea donacio ꓱ quieta clamancia rate ꓱ stabiles inperpetuum preseruerent͵ hoc presens scriptum sigilli mei impressione roboraui. Hiis testibus. Ricardo Auurei. Willelmo de Abbetrop. Willelmo
Cardun. Galfrido de Ypres. Willelmo textore. ꓱ aliis.

* (Quieta clamacio terre)

W. 2619   L.C. 52v.   Siluestone.
9″ × 3″.
Slit for seal-tag.
Endorsed: Silueston . Carta Galfridi clerici.

133A

Grant by William Chardun of Silverstone to Alice, his younger daughter, of that part of his tenement in Silverstone that Thomas Confort once held, and three roods of land lying together at Dedenhul. 9 November 1294

Sciant presentes ꝛ futuri quod ego Willelmus Chardun de Seluiston' dedi concessi ꝛ hac presenti carta mea confirmaui Alicie filie mee iuniori pro seruicio suo totam illam parcellam tenementi mei in villa de Seluiston' cum gardinis viuis haẏis arboribus increscentibus ꝛ omnibus aliis pertinenciis suis inter tenementum meum et tenementum quod Thomas Confort aliquando tenuit ac etiam tres rodas terre mee coniacentes super Dedenhul inter terram prioris de Luffeld' ꝛ terram quam Adam Nulpart quondam tenuit. ꝛ extendentem se a terra domini regis vsque regiam viam. Habendam ꝛ tenendam totam predictam parcellam predicti tenementi cum gardinis ꝛ curtilagiis viuis haẏis arboribus increscentibus ꝛ omnibus aliis pertinenciis suis ꝛ totam predictam terram cum suis pertinenciis de capitali domino illius feodi predicte Alicie filie mee ꝛ heredibus suis vel assignatis suis libere quiete bene ꝛ in pace integre ꝛ hereditarie inperpetuum. Reddendo inde annuatim capitali domino illius feodi vnum denarium ad natiuitatis sancti Iohannis baptiste. pro omni seruicio exaccione consuetudine sectis curie ꝛ demanda seculari. Et ego uero predictus Willelmus ꝛ heredes mei vel assignati totam predictam parcellam dicti tenementi cum gardinis curtilagiis viuis haẏis arboribus crescentibus ꝛ omnibus aliis pertinenciis suis ꝛ totam predictam terram cum suis pertinenciis predicte Alicie filie mee ꝛ heredibus suis aut assignatis suis. pro predicto seruicio capitali domino inde faciendo contra omnes gentes in mundo warantizabimus acquietabimus ꝛ vbicumque inperpetuum defendemus. In cuius rei testimonium huic presenti carte pro me ꝛ heredibus meis sigillum meum apposui. Hiis testibus. Galfrido de Branston'. Ricardo Aufreẏ. Roberto Doget. Willelmo clerico. Willelmo de Stuneston'. Ricardo de Cartwell'. Willelmo de Slapton'. Willelmo Reẏnald'. Henrico clerico et aliis. Datum apud Touecestr' die Martis proxima ante festum sancti Martini anno regni regis Edwardi vicesimo secundo.

W. 2605
8½" × 4¼".

133B

Confirmation by Richard, son and heir of William Chardun, of the preceding grant. 6 January 1298.

Omnibus Christi fidelibus ad quos presens scriptum peruenerit Ricardus Chardun filius ꝛ heres Willelmi Chardun de Selueston' salutem in domino sempiternam. Noueritis me concessisse ꝛ confirmasse Alicie filie dicti Willelmi Chardun iuniori ꝛ heredibus suis vel assignatis suis totam illam parcellam tenementi quam predicta Alicia habet de dono dicti Willelmi patris mei in villa de Selueston' cum omnibus pertinenciis suis inter tenementum meum ꝛ tenementum quod Thomas Confort quondam tenuit sicut continetur in carta quam dicta Alicia habet de dono dicti Willelmi patris mei ac etiam tres rodas terre coniacentes super Dedenhul inter terram prioris de Luffeld' ꝛ terram quam Adam Nulpart quondam tenuit ꝛ extendentem se a terra domini regis vsque regalem viam. Habendam ꝛ tenendam dictam parcellam dicti tenementi cum pertinenciis suis ꝛ predictas tres rodas terre cum pertinenciis predicte Alicie ꝛ heredibus aut assignatis suis. libere quiete et in pace inperpetuum. Reddendo inde annuatim capitali domino illius feodi vnum denarium argenti ad natiuitatem sancti Iohannis baptiste pro omnibus aliis seruiciis ꝛ demandis secularibus. Et ego uero dictus Ricardus ꝛ heredes mei vel assignati dictam parcellam dicti tenementi ꝛ predictas tres rodas terre cum omnibus pertinenciis suis vt predictum est predicte Alicie ꝛ heredibus suis aut assignatis suis. pro predicto seruicio capitali domino faciendo contra omnes gentes warantizabimus inperpetuum. In cuius rei testimonium huic scripto sigillum meum apposui. Hiis testibus. Galfrido de Braundeston'. Ricardo Aufreẏ. Willelmo clerico. Roberto Doget. Willelmo de Slapton'. Willelmo Reẏnald. et aliis. Datum apud Selueston' die lune in festo Epiphanie domini anno regni regis Edwardi vicesimo sexto.

W. 2622
7¾" × 4½".
Slits for seal-tag.

134

Acknowledgement by Thomas Knotte and others that they are attorned to William Lambard and others in respect of tenements granted to them by Thomas Lambard. 12 June 1399

Carta Thome Knotte de Selueston'

Omnibus Christi fidelibus hoc presens scriptum visuris vel audituris nos Thomas Knotte de Seluestone Iuliana Halgode que fui vxor Thome Halgode de Seluestone Iohannes Colman et Ricardus Mason de Seluestun' salutem in domino sempiternam. Cum Thomas Lambard de Seluestone per cartam suam simplicis feodi dederit et concesserit Willelmo Lambard de Seluestone Ricardo Halgode Iohanni filio Willelmi Lambard de Seluestone Iohanni Clement de Seluestun' et Galfridus [sic] Gebouns de Seluestone redditus et seruicia sua subscripta cum homagijs fidelitatibus wardis maritagijs releuijs heriettis escaetis et alijs proficuis eisdem redditibus et seruicijs incumbentibus de illis terris et tenementis in Seluestone et Witlebury que tenent de prefato Thoma Lambard vt domino feodorum illorum in medio vide-

licet de vno mesuagio et vna virgata terre cum pertinencijs suis quondam Willelmi Chardone que ego predictus Thomas Knotte teneo in
feodo duos solidos per annum cum homagijs fidelitatibus et alijs proficuis eidem redditui incumbentibus et de tribus rodis terre quas dictus
Willelmus Lambard tenet in feodo vnum denarium per annum et de
vna acra terre quam idem Willelmus tenet in Seluestone vnum florem
rose per annum et de vno cotagio et quatuordecim acris terre et duabus
acris terre cum pertinencijs que predictus Ricardus Halgode tenet in
Witlebury in feodo duos denarios per annum et de vno cotagio tribus
acris et vna roda terre cum pertinencijs que idem Ricardus tenet in
Seluestone in feodo vnum denarium per annum et de vno cotagio
tribus acris et dimidia acra terre que ego predicta Iuliana teneo in
feodo per annum duos denarios et de vne et quatuor selliones [*sic*] terre
cum pertinencijs que ego predictus Iohannes Colman teneo in feodo
in Seluestone vnum denarium per annum et de vna parcella quadam
cum tribus buttis terre et prato adiacente in Seluestone que ego predictus Ricardus Masun teneo in feodo vnum obolum per annum cum
omnibus proficuis dictis redditibus et seruicijs contingentibus prout in
predicta carta plenius continetur. Nouerint vniuersi per presentes nos
prefatos Thomam Knotte Iulianam Halgode Iohannem Colman et
Ricardum Masun et quemlibet nostrum pro porcione sua pro se attor-
nasse predictis Willelmo Lambard Ricardo Halgode Iohanni filio
Willelmi Lambard Iohanni Smyth et Ricardo Boterell' de omnibus et
singulis redditibus predictis et ea tangentibus ac nos et heredes nostros
eis intendentes inde fecisse prout quemlibet nostrum pro porcione
conceruit. In cuius rei testimonium presentibus sigilla nostra apposuimus. Datum die veneris in crastino sancti Barnabe apostoli anno
regni regis Ricardi secundi post conquestum vicesimo secundo.

* (Redditus et seruicia pertinentes ad tenementum T. Knotte)

L.C. 52v.–53r.

134A

Grant by Matilda Keneman, of Syresham, to William Goddus, her son,
of a messuage with a curtilage next to it, and 1½ acres of arable land in the
vill and fields of Silverstone. 6 December 1391

Sciant presentes ⁊ futuri quod ego Matilda Keneman de Sẏresham
dedi concessi ⁊ hac presenti carta mea confirmaui Willelmo Goddus
filio meo heredibus ⁊ assignatis suis vnum mesuagium cum curtilagio
adiacente vnam acram ⁊ dimidiam terre arabilis in villa ⁊ in campis
de Silueston' quod quidem mesuagium cum curtilagio scituatum est
inter mesuagium Thome Knotte ⁊ mesuagium Willelmi Lambard vna
dimidia acra iacet in le Hech' iuxta terram prioris de Luffeld ⁊ vna
roda iacet super Cranesfurlong iuxta terram Ricardi Somondre vna
roda iacet in Depslade iuxta terram dicti prioris ⁊ vna dimidia acra

iacet apud le Wẏndmulhul' iuxta terram dicti prioris. Habendum ꝫ
tenendum predictum mesuagium cum curtilagio ꝫ metis ꝫ bundis predicti curtilagio spectantibus terre ꝫ omnibus alijs pertinencijs predicto Willelmo heredibus ꝫ assignatis suis libere quiete bene ꝫ in pace
imperpetuum de capitalibus dominis feodi illius per seruicia inde
debita ꝫ de iure consueta. Et ego vero predicta Matilda ꝫ heredes mei
predictum mesuagium cum curtilagio cum metis ꝫ bundis ꝫ predictam
acram ꝫ dimidiam terre arrabilis cum omnibus suis pertinencijs prefato Willelmo heredibus ꝫ assignatis suis contra omnes gentes warantizabimus ꝫ defendemus imperpetuum. In cuius rei testimonium huic
presenti carte sigillum meum apposui. Hijs testibus. Iohanne Bonde
de Sẏresham Iohanne Andreus de eadem Thoma Taẏlor de eadem
Ricardo Mason' de Silueston' Thoma Knotte de eadem Galfrido
Fraẏn de eadem ꝫ multis alijs. Datum apud Silueston' in festo sancti
Nicholai episcopi anno regni regis Ricardi secundi post conquestum
quintodecimo.

W. 2630
13½″ × 4¾″.
Seals: 1. Green oval seal, 1¼″ × ⅞″.
　　　2. Green oval seal, 1½″ × 1″.

135

Quitclaim to the Priory by William the weaver, of Silverstone, of a rood of
land on Ledinhul. [c. 1250–70]

Quieta clamancia Willelmi textoris de Seluestone

Omnibus Christi fidelibus hoc presens scriptum visuris uel audituris
Willelmus texthor' de Selueston' salutem in domino sempiternam.
Nouerit vniuersitas vestra me remississe ꝫ quietum clamasse priori ꝫ
monachis de Luffeld' ꝫ eorum successoribus totum ius ꝫ clamium
quod habui uel habere potui in vna roda terre super Ledinhul que fuit
de terra Bengil ꝫ iacet inter terram Willelmi Cardon ex vna parte ꝫ
terram Ade Nalepart ex altera. Tenendam ꝫ habendam dictam rodam
terre dictis priori ꝫ monachis ꝫ eorum successoribus sine impedimento
mei seu heredum meorum libere quiete bene ꝫ in pace inperpetuum.
Vt autem hec mea relaxacio ꝫ quieta clamancia perpetuum robur optineant huic presenti scripto sigillum meum apposui in testimonium.
Hiis testibus. Ricardo clerico de Selueston' Willelmo Cardoun de
eadem. Henrico Luppo de Wytlibur' Galfrido Trigil de eadem ꝫ multis aliis.

* (Quieta clamacio terre.)

W. 2617　L.C. 53r.　Siluestone.
8½″ × 3″.
Tag for seal.
NOTE: The dates given represent the probable lifetime of William Cardun; see Appendix,
　　　p. 269.

K

136

Grant by Thomas Chapman, vicar of Stoke Pogeys, kinsman and heir of John the shepherd, of Luffield, to John Flore, of Standon, of a messuage in Silverstone between those of Robert Pogeys and Osbert Walrond. He shall pay thereout the rent of 6*d.* to the Priory granted to them by Thomas Chapman (No. 132). 7 July 1400

Carta Thome Chapman vicarij de Stoke

Indented at the top. Letters cut through.

Omnibus Christi fidelibus hoc presens scriptum indentatum visuris vel audituris ego Thomas Chapman vicarius ecclesie de Stoke Pogeys consanguineus ꝛ heres quondam Iohannis de Luffeld' bercarij salutem in domino. Cum dictus Iohannes de Luffeld' bercarius quondam per factum suum dedit deo ꝛ ecclesie beate Marie de Luffeld' ꝛ monachis ibidem deo seruientibus imperpetuum redditum sex denariorum percipiendum annuatim ad festa sancti Michaelis archangeli ꝛ annunciacionis beate Marie virginis per equales porciones de vno mesuagio in villa de Silueston' situato inter mesuagium quondam Roberti Pogeys ex parte vna ꝛ mesuagium quondam Osberti Walronde ex parte altera quod quidem mesuagium predictum cum suis pertinencijs postmodum michi hereditarie accidebat vt consanguineo ꝛ heredi predicti Iohannis de Luffeld' bercarii. Sciatis me prefatum Thomam Chapman dedisse concessisse ꝛ hac presenti carta mea confirmasse Iohanni Flore de Standon' predictum mesuagium meum cum omnibus terris pratis pascuis pasturis ꝛ omnibus alijs pertinencijs suis in Silueston' ꝛ Abthrop' adeo plenarie prout michi hereditarie accidebant. Habendum ꝛ tenendum predictum mesuagium ꝛ terram cum suis pertinencijs prefato Iohanni Flore heredibus ꝛ assignatis suis imperpetuum de capitalibus dominis feodi illius per seruicia inde debita ꝛ de iure consueta. Reddendo inde annuatim priori ꝛ conventui dicte domus beate Marie de Luffeld' ꝛ eorum successoribus imperpetuum dictum annualem redditum sex denariorum ad festa prenotata equis porcionibus ita quod si contingat dictum annualem redditum sex denariorum aretro fore ad aliquem terminorum predictorum non solutum prefatus Iohannes Flore vult ꝛ concedit pro se ꝛ heredibus suis per presentes quod tunc bene liceat dictis priori ꝛ conuentui successoribus ꝛ assignatis eorum in predicto mesuagio ꝛ pertinenciis suis distringere pro redditu predicto ꝛ districciones asportare affugare ꝛ retinere quousque de eodem redditu ꝛ eius arreragijs eis plenarie fuerit satisfactum. Et ego prefatus Thomas Chapman ꝛ heredes mei predictum mesuagium ꝛ terram cum suis pertinencijs prefato Iohanni Flore heredibus ꝛ assignatis suis contra omnes gentes warantizabimus imperpetuum. In cuius rei testimonium hijs cartis indentatis sigilla

nostra alternatim apposuimus. Datum apud Silueston' in festo translacionis sancti Thome martiris anno regni regis Henrici quarti post
conquestum primo. Hijs testibus. Iohann Barton'. Thoma Duraunt.
Henrico Barton'. Iohanne Saundres. Roberto Aleyn. Henrico Michel.
Iohanne Clavell' ꝛ alijs.

* (Redditus vj denariorum)

W. 2628   L.C. 53r.–53v.
13½" × 7".
Green oval seal, 1" × ⅝", broken.
Endorsed: Selu'.

137

Grant to the Priory in alms by John Maryot of Silverstone of 2 acres 1 rood
of arable, lying in an assart called le Swelewe, for the celebration of masses
for the souls of himself, his wife, and his ancestors. 13 May 1349

Carta Iohannis Mariot de Silueston'

Sciant presentes ꝛ futuri quod ego Iohannes Maryot de Sulueston'
dedi concessi ꝛ hac presenti carta mea confirmaui deo ꝛ beate Marie
de Luffeld' ꝛ monachis ibidem deo seruientibus ij acras ꝛ vnam rodam
terre arabilis iacentes in assarta que vocatur le Swelewe inter terram
Petri de Brandeston' ex parte vna ꝛ terram Thome Maryot ex parte
altera. Habendas ꝛ tenendas duas acras ꝛ vnam rodam terre arabilis
iacentes vt predictum est ex dono meo in puram ꝛ perpetuam elemosinam pro diuinis celebrandis pro anima mea ꝛ anima vxoris mee
ꝛ pro animabus antecessorum meorum de capitali domino feodi illius
per seruicia inde debita ꝛ de iure consueta. Et ego predictus Iohannes
ꝛ heredes mei predictas duas acras ꝛ vnam rodam terre arabilis iacentes vt predictum est deo ꝛ beate Marie de Luffeld' ꝛ monachis ibidem deo seruientibus forma qua permittitur contra omnes gentes
warantizabimus acquietabimus ꝛ inperpetuum defendemus. In cuius
rei testimonium sigillum meum presentibus apposui. Hijs testibus
Willelmo de Brandeston'. Petro de Brandeston'. Hugone Thommes.
Iohanne Hoker'. Iohanne le Webbe ꝛ alijs. Datum apud Sulueston'
die mercurij proxima post festum sancti Iohannis ante portam latinam
anno regni regis Edwardi tercij a conquestu vicesimo tercio.

* (Donacio ij acrarum et j rode terre)

W. 2592   L.C. 53v.   Siluestone.
11½" × 4½".
White round seal, 1¼" diameter.

138

Grant to the Priory in alms by John Maryot and Christiana his wife of two messuages in Silverstone, with a croft containing 3 acres of arable and an assart containing 7 acres of arable, for the celebration of masses for the souls of his father and mother, himself and his wife, and his ancestors. 12 May 1349

Carta Iohannis Mariot de Silueston'

Sciant presentes ⁊ futuri quod nos Iohannes Maryot de Selueston' ⁊ Christiana vxor mea dedimus concessimus ⁊ hac presenti carta nostra confirmauimus priori de Luffeld' ⁊ eiusdem loci conuentui duo mesuagia in villa de Silueston' ⁊ vnum croftum continentem iij acras terre arabilis ⁊ vnam assartam continentem vij acras terre arabilis vnde vnum mesuagium situm est inter tenementum quondam Petri le Hoker' ex parte vna ⁊ regalem viam que vocatur Brackelewey ex parte altera. Dictum vero croftum adiacens est dicto mesuagio. Alterum vero mesuagium situm est inter tenementum Petri le Hoker' ex parte vna ⁊ tenementum Iohannis le Cock' ex parte altera. Dicta vero assarta iacet inter terram quondam Simonis de Brandeston' ex parte vna ⁊ terram Hugoni Thommes ex parte altera ⁊ abuttat ad vnum capud inter Lusshlasshmor'. Habendum ⁊ tenendum dicta duo mesuagia cum pertinencijs ⁊ dictum croftum cum dicta assarta ⁊ cum omnibus suis pertinencijs predictis priori ⁊ conuentui ex dono nostro in puram ⁊ perpetuam elemosinam pro diuinis celebrandis pro anima patris mei anima matris mee anima mea anima vxoris mee ⁊ pro animabus antecessorum meorum de capitali domino feodi illius per seruicia inde debita ⁊ consueta. Et nos vero predicti Iohannes ⁊ Christiana ⁊ heredes nostri predicta duo mesuagia cum dicto crofto ⁊ dicta assarta cum omnibus suis pertinencijs predictis priori ⁊ conuentui vt predictum est forma qua permittitur contra omnes gentes warantizabimus acquietabimus ⁊ inperpetuum defendemus. In cuius rei testimonium tam ego predictus Iohannes quam ego predicta Christiana huic presenti carte sigilla nostra alternatim apposuimus. Hijs testibus. Willelmo de Brandeston'. Petro de Brandeston'. Iohanne le Hoker' ⁊ alijs. Datum apud Selueston' die martis proxima post festum sancti Iohannis ante portam latinam anno regni regis Edwardi tercij a conquestu vicesimo tercio.

* (Donacio ij messuagiorum cum j crofto ac iij acris terre cum j assarta continente vij acras terre)

W. 2645   L.C. 54r.   Siluestone.
10″ × 6¼″.
1. White round seal, 1″ diameter. 2. White round seal, 1″ diameter.

139

Letters patent of John Mariot and Christiana his wife appointing John Frayn of Silverstone their attorney to deliver seisin to the Priory of two messuages, a croft, and an assart according to their charter. 13 May 1349

Carta Iohannis Mariot de Silueston'

Pateat vniuersis per presentes nos Iohannem Mariot de Silueston' ㄱ Christianam vxorem meam assignasse ㄱ in loco nostro constituisse dilectum nobis in Christo Iohannem Ferar' de Silueston' attornatum nostrum ad deliberandum priori de Luffeld' ㄱ conuentui plenam ㄱ pacificam seisinam in duobus mesuagijs cum pertinencijs ㄱ vno crofto ㄱ vna assarta de quibus in quadam carta inde eis per nos confecta plena ㄱ specialis fuit mensio ratum habiturum ㄱ gratum quicquid predictus Iohannes nomine nostro fecerit in premissis. In cuius rei testimonium presente littere sigilla nostra alternatim apposuimus. Hijs testibus. Willelmo de Brandeston'. Petro de Brandeston'. Iohanne le Hoker'. ㄱ alijs. Datum apud Sulueston' die martis proxima post festum sancti Iohannis ante portam latinam anno regni regis Edwardi tercij a conquestu vicesimo tercio.

* (Deliberacio terre)

W. 2636   L.C. 54r.
9½″ × 3″.
Broken white seal.
Endorsed. Silueston'.

140

Letters patent of John Maryot of Silverstone appointing John Frayn his attorney to deliver seisin to the Priory of 2 acres 1 rood of arable according to his charter. 14 May 1349

Carta Iohannis Mariot de Siluston'

Pateat vniuersis per presentes quod ego Iohannes Maṙyot de Silueston' constitui ㄱ ordinaui dilectum michi in Christo Iohannem Fraẏn de eadem attornatum meum ad liberandum priori de Luffeld' ㄱ conuentui plenam ㄱ pacificam seisinam in duabus acris ㄱ vna roda terre arabilis iacentibus in assarta que vocatur le Swelewe inter terram Petri de Brandeston' ex parte vna ㄱ terram Thome Maryot ex parte altera ratum habiturum ㄱ gratum quicquid predictus Iohannes no-mine meo fecerit in premissis. In cuius rei testimonium sigillum meum presentibus apposui. Hijs testibus. Willelmo de Brandeston'. Petro de Brandeston'. Hugone Thommes. Iohanne le Hoker'. Iohanne le Webbe ㄱ alijs. Datum apud Sulueston' die iouis proxima post festum sanctorum Nerei ⁊ Achillei anno regni regis Edwardi tercij a conquestu vicesimo tercio.

* (Deliberacio terre)

W. 2638   L.C. 54r.–54v.
12″ × 3″.
White round seal, 1⅛″ diameter.

141

Surrender and quitclaim to the Priory by William Frankeleyn, of Silverstone, of a messuage at the Tove bridge in Silverstone, with a croft adjacent, and 2 acres and 1 rood of land. 1 July 1347

Carta Willelmi Frankeleyn de Selueston

Notum sit omnibus ad quos presens scriptum peruenerit quod ego Willelmus Frankeleyn de Selueston' concessi dimisi ⁊ sursum reddidi priori de Luffeld' ⁊ eiusdem loci conuentui vnum messuagium apud Touebruyg' in Selueston' cum crofto adiacente ⁊ duas acras terre ⁊ vnam rodam cum pertinenciis suis que de predicto priore ⁊ conuentu tenui per certum seruicium annuale ex dimissione eorundem vnde vna acra iacet super Wodefurlong iuxta terram domini regis ⁊ vna acra iacet ad fraxinum iuxta terram domini regis ex utraque parte ⁊ vna roda iacet super Ryecroft iuxta terram que fuit Ricardi Cardon' totumque ius ⁊ clameum quod habui uel habere potui in dicto messuagio ⁊ crofto ⁊ in terra predicta cum pertinenciis suis eisdem priori ⁊ conuentui remisi relaxavi ⁊ quietumclamavi pro me ⁊ heredibus meis inperpetuum ita quod nec ego nec heredes mei aliquid ius uel clameum in dicto messuagio cum crofto seu in terra predicta uel aliqua parte eorum habere poterimus in futurum. In cuius rei testimonium sigillum meum presentibus apposui. Hiis testibus. Willelmo de Brandeston'. Ricardo Maydeford' Hugone Rykelot. Iohanne Webbe. Petro de Brandeston'. Iohanne atye Halle de Wyttelbury. Thoma Walter de eadem ⁊ aliis. Datum apud Luffeld' die dominica proxima post festum natiuitatis sancti Iohannis baptiste anno regni regis Edwardi tercii post conquestum vicesimo primo ⁊ regni sui Francie anno septimo.

* (Quieta clamacio vnius tenementi cum j mesuagio.)

W. 2630   L.C. 54v.   Siluestone.
10½″ × 5¼″.
No endorsement.

142

Grant to the Priory in alms by Sir Edmund de Grey of the right to have their pasture and field called Charlock field in severalty, without any intercommoning by Sir Edmund. The Priory will keep the obits of Sir John

Grey, father of Sir Edmund, and of Dame Constance Marshal his mother. 18 November 1446

Challake pro domino Edmundo Grey

Indented at the top.

This endentur made at London the xviii daye of Novembr' the yere of the reign of King Henry the vi aftir the conquest xxv bytwix Sir Edmond de Grey Lord Hastinges Weyford' and of Ruthin' upon the on parte and Dane John Pinchebek' priour de Luffelde upon the othir parte wittenesseth that the sayd Sir Edmond will and graunteth in weye of almese to the sayd priour and his brethn of the sayd hous to have severell his pastur and felde called Challak Felde longing to the manor of Challak to terme of live of the sayd priour without any entircomynyng of the sayd Sir Edmond or of any othir by him. And the sayd priour and his brethn bynde hem [to] the [sa]yd Sir Edmond by this endenture to kepe the obitis of Sir John Grey fadir to the sayd Sir Edmond and Dame Custaunce Ma[rchal'] modir to the sayd Sir Edmond that is to saye with masse dirige or any othir servise that longeth therto and such colectis as [the said] Sir Edmond schall delyver unto the sayd priour or schall make to delyver to the sayd priour and his brethn they schall devo[utly say at e]chon of theyr masses that is to saye thos that be prestes and perfourme the covvenandes upon the parte of the sayd priour [the] which ben above rehersed the sayd priour hathe takin the charge above sayd be twix him and godd. In wittenesse of this writyng eithir partie entirchaungeably hathe putte theyr seales. Writin the daye and yere above sayd.

* (Composicio inter E Grey et priorem)

W. 2421 L.C. 54v.–55r.
11¼″ × 5″.
Round red seal, 2″ diameter, mutilated. Shield of arms conché, with helm, mantling, and crest. Quarterly I & IV two bars on a chief; three roundels for Grey. II & III quarterly; I & 4 a maunch for Hastings, 2 & 3 an orle of martlets for Valence. Crest: a wyvern with wings extended. SIGILLŪ EDMUNDI – – – – – – – – – – – – – – DE RU – – – – –.
Endorsement as rubric (15th century).

143

Grant by William Lambard of Silverstone to John Webbe, of the same, of a messuage with lands in the fields of Silverstone and Abthorpe, late of Thomas Chapman, vicar of Stoke Poges. 14 September 1402

Carta Willelmi Lambard de Selueston'

Sciant presentes et futuri quod ego Willelmus Lambard de Seluest' dedi concessi et hac presenti carta mea confirmaui indentata Iohanni Webbe de eadem totum mesuagium meum in Seluestone cum omnibus terris pratis pascuis et pasturis et omnibus alijs pertinencijs suis in campo de Seluestone et Abthropp' que quondam fuere domini Thome Chapman vicarij de Stokepogeys ut in carta dicti domini Thome plenius patet. Messuagium vero predictum situm est inter messuagium Roberti Pogeys ex parte vna et messuagium quondam Osberti Warlonde ex parte altera. Habendum et tenendum predictum messuagium et terras cum omnibus suis pertinencijs prefato Iohanni Webbe heredibus et assignatis suis imperpetuum de capitalibus dominis feodi illius per seruicia inde debita et de me consueta. Reddendo inde annuatim priori et conuentui de Luffelde et eorum successoribus imperpetuum annualem redditum sex denariorum ad festum sancti Michaelis archangeli et annunciacionis beate Marie equalibus porcionibus. Ita quod si contingat dictum annualem redditum sex denariorum aretro fore ad aliquem terminorum predictorum non solutum prefatus Iohannes vult et concedit pro se et heredibus suis per presentes quod tunc bene liceat dicto priori et conuentui successoribus et assignatis eorum in predicto messuagio et pertinencijs suis distringere pro redditu predicto et districciones asportare effugare et retinere quousque de eodem redditu et eius arreragijs eis plenarie fuerit satisfactum. Et ego prefatus Willelmus Lambard et heredes mei predictum messuagium et terris cum pratis pascuis pastura et omnibus alijs pertinencijs suis in villa et campo de Seluestone et Abthropp' predictis prefato Iohanni Webbe heredibus et assignatis suis contra omnes gentes warantizabimus imperpetuum. In cuius rei testimonium hijs cartis indentatis alternatim sigilla nostra apposuimus. Datum apud Seluestone in festo exaltacionis sancte crucis anno regni regis Henrici quarti post conquestum tercio. Hijs testibus Ricardo Lambard Petro Gybouns Ricardo Hoker Iohanne Alein et alijs.

* (Redditus vj denariorum)

L.C. 55r.   Siluestone.

143A

Recital of Thomas Lambard's title to certain tenements of the fee of Mandeville in Silverstone and Whittlebury, and grant by him to William Lambard and others of the rents and services issuing therefrom. 11 June 1399

Cum terre ⁊ tenementa redditus ⁊ seruicia cum pertinencijs in Suluenston' ⁊ Wẏttlebury in comitatu Norhant' que fuerunt Iohannis Clerc de Selueston' tenentur de priore ⁊ conuentu prioratus monachorum de Luffeld' per seruicium militare virtute donacionis ⁊ feoffamenti per Willelmum Maundeuill' quondam comitem Essex' inde eis in puram ⁊ perpetuam elemosinam facti vnde dictus Iohannes Clerc obiit seisitus. ⁊ habuit exitum Matillidem Margaretam ⁊ Aliciam que intrarunt predicta terras ⁊ tenementa redditus ⁊ seruicia ⁊ ea per racionabilem particionem inter se diuiserunt vt coheredes ipsius Iohannis Clerc. Et

predicta Margareta habuit exitum Thomam Lambard' de Sulueston'
qui nunc est heres ꝛ possessor illius propartis terrarum tenementorum
reddituum ꝛ seruiciorum predictorum in Sẏlueston' ꝛ Wẏttleburẏ que
erant dicte Margarete matris sue. de qua proparte ipsa Margareta
obiit seisita. vnde quidam liberi tenentes tenent in feodo diuersa terras
ꝛ tenementa sua in Sulueston' ꝛ Wẏttleburẏ de prefato Thoma Lambard' vt domino illorum feodorum in medio pro redditibus ꝛ seruicijs
subscriptis. videlicet Thomas Knot tenet vnum mesuagium ꝛ vnam
virgatam terre cum pertinencijs quondam Willelmi Chardon' in Sulueston' per redditum duorum solidorum per annum ꝛ per homagium
ꝛ fidelitatem cum exitibus ꝛ proficuis inde emergentibus. Et Willelmus Lambard' de Sulueston' tenet tres rodas terre in Sulueston' per
redditum vnius denarij per annum ad festum sancti Michaelis. ꝛ
eciam idem Willelmus tenet vnam acram terre in Sulueston' per redditum vnius floris rose rubei per annum ꝛ per alia seruicia ꝛ proficua
inde emergencia. Et Ricardus Halgode tenet vnum cotagium ꝛ quatuordecim acras terre cum pertinencijs in Wẏttleburẏ per redditum
duorum denariorum per annum ad festum sancti Michaelis ꝛ per alia
seruicia ꝛ proficua inde emergencia. et eciam idem Ricardus tenet
duas acras terre in Wẏttleburẏ per redditum vnius floris rose per annum ꝛ per alia seruicia ꝛ proficua inde incumbencia. necnon idem
Ricardus tenet vnum cotagium tres acras ꝛ vnam rodam terre cum
pertinencijs in Sulueston' per redditum vnius denarij per annum
ꝛ per alia seruicia ꝛ proficua incumbencia. Et Iuliana Halgode vxor
quondam Thome Halgode tenet vnum cotagium cum curtilagio ꝛ
tribus acris ꝛ dimidia acra terre adiacentibus in Sulueston' per redditum duorum denariorum per annum ad festum sancti Michaelis ꝛ
per seruicia ꝛ proficua emergencia. Et Iohannes Colman tenet vnum
cotagium cum curtilagio ꝛ quatuor seliones terre adiacentes. quondam
Gilberti Kẏngesman in Sulueston' per redditum vnius denarij per
annum ꝛ per seruicia ꝛ proficua accidencia. Et Ricardus Mason' tenet
vnam parcellam gardini cum tribus buttis terre ꝛ prato adiacente in
Sulueston' sub gardino Iohannis Wattes per redditum vnius obuli per
annum ꝛ per seruicia ꝛ proficua incumbencia. Qui quidem prefatus
Thomas Lambard' tenet in capite omnia redditus ꝛ seruicia predicta
de prefatis priore ꝛ conuentu virtute donacionis predicte Willelmi
Maundeuill' eis quondam facte vt profertur. Sciant presentes ꝛ futuri
quod ego predictus Thomas Lambard' dedi concessi ꝛ hac presenti
carta mea confirmaui. Willelmo Lambard' de Sulueston' Ricardo
Halgode Iohanni filio Willelmi Lambard' Iohanni Clement de Sulueston' ꝛ Galfrido Gebuns de Sulueston' omnia ꝛ singula redditus ꝛ
seruicia mea predicta cum homagijs fidelitatibus wardis maritagijs
releuijs heretis eschaetis ꝛ omnibus alijs proficuis incumbentibus ꝛ de
iure contingentibus cum acciderint post decessum cuiuslibet tenencium meorum predictorum de omnibus ꝛ singulis terris ꝛ tenementis

supradictis cum pertinencijs suis in Sulueston' ⁊ Wẏttleburẏ que de me tenentur vt domino feodorum illorum in medio vt profertur cum homagio fidelitatibus wardis maritagijs releuijs heretis eschaetis ⁊ omnibus alijs proficuis emergentibus cum acciderint prefatis Willelmo Lambard' Ricardo Halgode Iohanni filio Willelmi Lambard' Iohanni Smẏth' ⁊ Ricardo Botrell' heredibus ⁊ assignatis eorum imperpetuum. de predictis capitalibus dominis feodorum illorum per seruicia inde debita ⁊ de iure consueta. Et ego vero predictus Thomas Lambard' ⁊ heredes mei omnia predicta redditus ⁊ seruicia mea exeuncia de terris ⁊ tenementis supradictis que de me tenentur in medio cum homagijs fidelitatibus releuijs heretis eschaetis ⁊ alijs proficuis emergentibus cum acciderint prefatis Willelmo Lambard' Ricardo Halgode Iohanni filio Willelmi Lambard' Iohanni Smẏth' ⁊ Ricardo Botrell' heredibus ⁊ assignatis eorum contra omnes gentes warantizabimus imperpetuum In cuius rei testimonium huic presenti carte sigillum meum apposui. Datum apud Sulueston' die mercurij in festo sancti Barnabe apostoli. anno regni regis Ricardi secundi post conquestum vicesimo secundo. Hijs testibus Iohanne Saundres Iohanne Asshebẏ Adam [sic] Chete de Foxlee Nicholao Godeman de Bradden' Willelmo Turuẏle de Wappenham ⁊ alijs.

W. 2642
14¾″ × 10⅞″.
Round green seal, 1″ diameter.
Endorsed: Silueston' (15th century).

144

Grant by Richard Masoun, next heir of Thomas Lambard, to William Lambard and others of the rents and services in Silverstone and Whittlebury which will fall to him on the death of Thomas. 30 June 1401

Pro Lambard ⁊ alijs de Selueston'

Omnibus ad quos hoc presens scriptum peruenerit Ricardus Masoun heres propinquus Thome Lambard de Selueston' salutem in domino sempiternam. Nouerit vniuersitas vestra me prefatum Ricardum remississe relaxasse et omnino pro me et heredibus meis imperpetuum quietum clamasse Willelmo Lambard de Selueston' Ricardo Halgode de eadem Iohanni filio Willelmi Lambard de eadem Iohanni Clement de eadem et Galfrido Gybouns de eadem heredibus et assignatis eorum totum ius et clameum quod habeo habui seu quouismodo habere potero in omnibus et singulis redditibus et seruicijs meis cum homagijs fidelitatibus wardis maritagijs releuijs heriettis eschaetis et omnibus alijs proficuis incumbentibus et de iure contingentibus cum acciderint post decessum cuiuslibet tenencium meorum de omnibus et singulis terris et tenementis in Sylueston' et Witlebury que de me tenentur ut domino feodorum illorum in medio racione hereditatis mee post decessum Thome Lambard auunculi mei. Ita quod nec ego predictus Ricardus Masoun nec heredes mei nec aliquis alius nomine nostro in omnibus supradictis redditibus terris et tenementis ac libertatibus prenominatis cum omnibus suis pertinencijs aliquid ius vel clameum de cetero exigere vel vendicare poterimus in futuro set ab omni accione iuris et demanda sumus exclusi imperpetuum. Et ego vero predictus Ricardus et heredes mei omnia et singula predicta redditus et seruicia mea homagia fidelitates warda maritagia releuia herietta eschaeta et omnia alia proficua incumbentes et de me contingentes de omnibus et singulis terris et tenementis cum pertinencijs suis in Selueston' et Witlebury prefatis Willelmo Ricardo Iohanni Iohanni et Galfrido heredibus et assignatis suis ut supradictum est contra omnes gentes warantizabimus acquietabimus et imperpetuum defendemus. In cuius rei testimonium huic presenti littere sigillum meum apposui. Hijs testibus Roberto Alein Nicholao Sterthupp' Ricardo Hoker Petro Gybouns Iohanne Boterell et alijs. Datum apud Selueston die iouis proxima post festum natiuitatis sancti Iohannis baptiste anno regni regis Henrici quarti post conquestum secundo.

* (Relaxacio ac quieta clamacio)

L.C. 55r.–55v.

145

Grant by Henry Chapman, of Silverstone, to William Bygge, chaplain, Sibil, daughter of John Filgor of Grafton, and William her son, and the heirs and assigns of William Bygge, of his tenement in Whittlebury with toft and croft adjacent. 17 November 1370

Carta Henrici Chapman de Selueston'

Sciant presentes ꝯ futuri quod ego Henricus Chapman de Silueston' dedi concessi ꝯ hac presenti carta mea confirmaui domino Willelmo Bẏgge capellano Sibille filie Iohannis Filgor de Grafton' ꝯ Willelmo filio dicte Sibille heredibus ꝯ assignatis predicti domini Willelmi totum illud tenementum meum cum tofto ꝯ crofto adiacente situato in Wẏttulburẏ inter tenementum quondam Willelmi Cole ex vna parte ꝯ tenementum Iohannis Nicol ex altera parte et predictum croftum extendit se a tofto quondam predicti Willelmi Cole vsque toftum Thome ate Walle. Habendum ꝯ tenendum predictum tenementum cum tofto ꝯ crofto adiacente cum omnibus suis pertinencijs predictis domino Willelmo Bigge Sibille ꝯ Willelmo filio eiusdem Sibille heredibus ꝯ assignatis predicti domini Willelmi libere quiete bene ꝯ in pace ꝯ hereditarie inperpetuum de capitalibus dominis feodi illius per seruicia inde eis debita ꝯ de iure consueta. Et ego vero predictus Henricus ꝯ heredes mei predictum tenementum cum tofto ꝯ crofto adiacente ꝯ

cum omnibus suis pertinenciis predicto domino Willelmo Sibille ꝫ
Willelmo filio eiusdem Sibille heredibus ꝫ assignatis eiusdem domini
Willelmi Bẏgge capellani sicut predictum est contra omnes gentes
warantizabimus inperpetuum. In cuius rei testimonium huic presenti
carte sigillum meum apposui. Hijs testibus. Thoma Maẏdeforde
Thoma ate Walle. Henrico Coffe. Iohanne Taillour. Iohanne Edẏ-
man ꝫ alijs. Datum apud Wẏttulburẏ die dominica in festo sancti
Hugonis episcopi anno regni regis Edwardi tercii post conquestum
quadragesimo quarto.

W. 2981   L.C. 55v.   Siluestone.
7½″ × 4″.
Tag for seal.
No endorsement.

146

Lease for 100 years by the Priory to William Balle, of Silverstone, Alice his
wife, and the heirs of their bodies of a messuage with a little wood, between
the messuage of Thomas Maydeford and the croft of John Mason, together
with two virgates in the fields of Silverstone which William Frankeleyn
lately held, and a plot of meadow called Brodemede Heende, which
Stephen Bedul lately held, saving the path to the mill. 25 January 1391

Conuencio inter priorem et conuentum et Willelmi Balle de Silueston'

Indented at the top. Letters cut through.

Anno regni regis Ricardi secundi post conquestum quartodecimo ad
festum conuersionis sancti Pauli appostoli facta fuit hec convencio
inter priorem de Luffeld' ꝫ eiusdem loci conuentum ex parte vna ꝫ
Willelmum Balle de Sulueston' ꝫ Aliciam vxorem eius ex parte altera
videlicet quod predicti prior ꝫ conuentus tradidere ꝫ ad firmam dimiserunt prefato Willelmo ꝫ Alicie vnum mesuagium cum paruo viridario inter mesuagium Thome Maydeford' ex parte vna situatum ꝫ
croftum Iohannis Mason' ex altera ꝫ duas virgatas terre cum pratis
pascuis ꝫ pasturis ꝫ omnibus alijs pertinencijs suis in villa ꝫ in campis
de Sulueston' que Willelmus Frankeleyn quondam tenuit ꝫ quandam
peciam prati vocati Brodemede Heende quam Stephanus Bedul
quondam tenuit ꝫ extendit se vnum capud ad superiorem finem
Brodehegth' ꝫ aliud capud vsque ad pratum vocatum Snaylismede in
longitudine ꝫ in latitudine a superiore fine Brodehegth' vsque ad ex-
tremam partem terre arabilis ex aduerso ꝫ sic vsque ortum Hegthulle-
mull' salua semita ad molendinum. Habendum ꝫ tenendum prefato
Willelmo ꝫ Alicie ꝫ exitui inter ipsos legitime procreato ad terminum
centum annorum proxime sequencium post datum presentis plenarie
completorum. Reddendo inde annuatim priori ꝫ conuentui ꝫ eorum
successoribus x solidos viii denarios ad festa sancti Michaelis archangeli ꝫ annunciacionis beate Marie per equales porciones ꝫ faciendo

sectam ad curiam predictorum prioris ⁊ conuentus de Sulueston' de tribus septimanis in tres septimanas. Et si contingat redditum predictum aretro fore pro xv dies post aliquid festum supradictum in parte vel in toto quod tunc bene liceat prefato priori ⁊ conuentui in tenemento predicto distringere ⁊ districciones retinere quousque de arreragijs simul cum dampno eisdem priori ⁊ conuentui seu eorum successoribus plenarie fuerit satisfactum. Et si racionabilis districcio in tenemento predicto per vnum dimidium annum inueniri non poterit seu deficiente legitimo exitu predictorum Willelmi ⁊ Alicie tunc liceat prefato priori ⁊ conuentui ⁊ eorum successoribus in tenementum predictum reintrare ⁊ in pristino gradu suo retinere absque contradiccione aliquali. Et quilibet qui in tenemento predicto vel eiusdem tenementi tenens in forma predicta decesserit post eius mortem vnum dabit heriettum. Et predicti Willelmus ⁊ Alicia ⁊ eorum exitus tenementum predictum reparabunt sustentabunt ⁊ manutenebunt in adeo bono statu sicut illud receperunt durante termino predicto. Et predicti Willelmus ⁊ Alicia ⁊ eorum exitus tenementum predictum non dimittent alicui hijs indenturis extraneo absque assensu dictorum prioris ⁊ conuentus seu eorum successorum. Et predicti Willelmus ⁊ Alicia ⁊ eorum exitus exonerabunt prefatum priorem ⁊ conuentum ⁊ eorum successores de omnimodis oneribus dicto tenemento qualibuscunque incumbentibus durante termino predicto. Et dicti prior ⁊ conuentus predictum mesuagium cum viridario predicto duabus virgatis terre pecia prati antedicta pascuis ⁊ pasturis pronominatis prefato Willelmo ⁊ Alicie ⁊ eorum exitui warantizabunt contra omnes gentes. In cuius rei testimonium predicti prior ⁊ conuentus Willelmus ⁊ Alicia huic scripto in modum cẏrographi confecto sigilla sua alternatim apposuerunt. Hijs testibus. domino Ricardo Boldesor' rectore de Norton'. Ricardo Ters. Thoma Maydeford'. Thoma Lambard'. Iohanne Hoker ⁊ multis alijs. Datum apud Luffeld' die et anno supradicto.

W. 2636   L.C. 55v.–56r.
14¼″ × 8″.
Broken white seal.
No endorsement.

146A

Grant by Peter Hervy, of Norton Davy, to William Balle of Silverstone and Alice his wife of a messuage in Silverstone and 2 acres in the field there. 21 May 1391

Sciant presentes ⁊ futuri quod ego Petrus Heruy de Norton' Dauy. dedi concessi ⁊ hac presenti carta mea confirmaui Willelmo Balle de Silueston' ⁊ Alicie vxori eius vnum mesuagium in Silueston' situatum inter terram Thome Maideford' ex parte vna ⁊ tenementum Iohannis Haukyn ex parte altera et dedi eciam eisdem Willelmo ⁊ Alicie duas

acras terre arabilis quarum dimidia acra iacet in campo de Silueston'
super culturam vocatam Wyndmyllehull' inter terram Iohannis Hike-
man ex parte vna ⁊ terram Ricardi Boterel ex parte altera vna acra
subtus Feliwell' inter terram Iohannis Cony ex parte vna ⁊ terram
Iohannis Adam ex parte altera ⁊ vna dimidia acra terre iacet iuxta
finem ville inter terram Hugonis Attebrook ex parte ⁊ terram Iohannis Adam ex parte altera. Habendum ⁊ tenendum predictum mesuagium ⁊ predictas duas acras terre cum omnibus suis pertinencijs predictis Willelmo ⁊ Alicie vxori eius ⁊ heredibus ⁊ assignatis eorum imperpetuum quiete ⁊ in pace de capitalibus dominis feodi illius per seruicia inde de iure consueta. Et ego vero predictus Petrus ⁊ heredes mei
predictum mesuagium ⁊ duas acras terre cum omnibus suis pertinencijs predictis Willelmo ⁊ Alicie heredibus ⁊ assignatis suis contra omnes
gentes in forma permissa warantizabimus imperpetuum. In cuius rei
testimonium huic presenti carte mee sigillum meum apposui. Hijs
testibus Thoma Maideford' Thoma Lambard' Petro Gibouns Iohanne Hoker Iohanne Cony de Silueston' ⁊ alijs. Datum apud Silueston' die dominica in die sancte Trinitatis anno regni regis Ricardi
secundi a conquestu Anglie quartodecimo.

W. 2591
11¾″ × 5¼″.
Round green seal, 1″ diameter.
No endorsement.

146B

Grant by John Stodeherde of Olney to William Balle of Silverston of 9
acres in the fields of Silverstone. 25 May 1399

Sciant presentes ⁊ futuri quod ego Iohannes Stodeherde de Holneye
dedi concessi ⁊ hac presenti carta mea confirmaui Willelmo Balle de
Sulueston' nouem acras terre arabilis ⁊ prati in campis de Sulueston'
quarum vna dimidia acra iacet inter terram abbatisse de Burnam ex
parte vna ⁊ terram Gilberti Cade ex altera vna dimidia acra iacet
super Alchisthorpe inter Iohannem Assheby ex parte vna ⁊ Perham-
londe ex altera parte. vna dimidia iacet at le Wyndemullehulle inter
terram prioris de Luffeld' ex vtraque parte. vna dimidia acra iacet
super Hangynglond' inter terram Hugonis Frayn ex vna parte ⁊ terram Iohannis Hykeman ex altera parte. vna dimidia acra iacet super
Powkefurlong inter terram Iohannis Assheby ex vna parte ⁊ est forera
uersus Wydhocfurlong. vna dimidia acra super culturam que vocatur
Smethemede inter terram Nicholai Stertup ⁊ terram Iohannis Adam.
vna acra iacet super culturam vocatam Stanbourhul inter terram
Nicholai Stertup ex vna parte ⁊ terram prioris de Luffeld' ex altera
parte. vna dimidia acra iacet super culturam vocatam Bernehul inter

terram Thome Maydeford' ex vna parte ⁊ terram Thome Knotte ex altera parte. vna dimidia acra iacet super Nettherehotho inter terram prioris de Luffeld' ex vna parte ⁊ terram Iohannis Adam ex altera parte. vna dimidia acra iacet super Ouerehottho inter terram Henrici Coffe ex vna parte ⁊ terram prioris de Luffeld' ex altera parte vna dimidia acra iacet super eandem culturam inter terram Iohannis Cony ⁊ terram prioris de Luffeld'. vna dimidia acra iacet super Fletenacur inter terram Thome Lambard' ⁊ terram Iohannis Smart. vna dimidia acra iacet super eandem culturam inter terram Nicholai Stertup ⁊ terram Simonis Osebarne. vna acra iacet super le Hanelefurlong inter terram Hugonis Frayn ⁊ terram Willelmi Hows cum cheuicijs. ⁊ vna acra prati extendens vsque molendinum vocatum Heggyl inter pratum Hugonis Frayn ⁊ pratum Willelmi Hows. Habendum ⁊ tenendum predictas nouem acras terre arabilis ⁊ prati cum omnibus suis pertinencijs predicto Willelmo heredibus ⁊ assignatis suis libere bene ⁊ in pace imperpetuum per seruicia inde debita ⁊ de iure consueta. Et ego vero predictus Iohannes ⁊ heredes mei predictas nouem acras terre arabilis ⁊ prati cum omnibus suis pertinencijs predicto Willelmo heredibus ⁊ assignatis suis sicut predictum est contra omnes warantizabimus ⁊ imperpetuum defendemus. In cuius rei testimonium huic presenti carte sigillum meum apposui. Hijs testibus. Thome Maydeford'. Willelmo atehalle. Ricardo Halegod. Thoma Knotte. Iohanne Hempman ⁊ multis alijs. Datum apud Sulueston' die dominica in festo sancte Trinitatis anno regni regis Ricardi secundi post conquestum vicesimo secundo.

W. 2618
$11\frac{1}{2}'' \times 6\frac{1}{2}''$.
Round red seal, $\frac{7}{8}''$ diameter.
No endorsement.

147

Charter of John Dayrel, lord of Lillingstone, freeing Richard Reve, son of John Reve, from villeinage. 25 July 1419

Manumissio Ricardi Reve a Iohanne Dayrel de Lyllyngston'

Omnibus Christi fidelibus hoc presens scriptum visuris vel audituris ego Iohannes Dayrel dominus de Lillingeston' Dayrel salutem in domino. Noueritis me prefatum Iohannem manumisse et ab omni iugo seruitutis et bondagij pro me et heredibus meis liberasse et liberum fecisse Ricardum Reue filium Iohannis Reue natiuum dominio meo de Lillingston' predicta vocata Gentil corps cum tota sequela de corpore ipsius Ricardi Reve procreata et procreanda et cum omnibus bonis et catallis suis possessis et possidendis. Ita quod nec ego predictus Iohannes Dayrel nec heredes mei nec aliquis alius nomine nostro ali-

quid ius vel clameum iuris in predicto Ricardo Reve nec in corpore
suo neque in sequela sua bonis et catallis predictis nec in aliquo eorundem decetero accione alicuius seruientis [*sic*] vel bondagij exigere vendicare nec habere potuerimus sed ab omni accione iuris et clamei in
hac parte ego predictus Iohannes Dayrel et heredes mei sumus exclusi
per presentes. In cuius rei testimonium presentibus sigillum meum apposui. ii die martis in festo sancti Iacobi apostoli anno regni regis Henrici quinti post conquestum septimo. Hijs testibus Iohanne Chaumbre
milite Thoma Couruo' Iohanne Chese Iohanne Cok' Thoma
Wodeward et alijs.

L.C. 56v.   Siluestone.

148

Grant to the Priory by Henry son of Diana Somoundre, for the maintenance
of the light of the Blessed Mary in their church, of a rent of 6*d.* issuing from
a messuage in Silverstone between those of Walter le Webbe and Geoffrey
Hiches. 1 May 1300

Carta Henrici filij Dinne Somoundre de Selueston

Sciant presentes ꜱ futuri quod ego Henricus filius Dinne Somoundre
de Suluestone dedi concessi ꜱ hac presenti carta mea confirmaui deo ꜱ
ecclesie beate Marie de Luffeld' ꜱ monachis ibidem deo seruientibus
redditum sex denariorum annuatim recipiendum ad sustentacionem
luminis beate Marie predicte ecclesie de vno mesuagio in villa de Suluestone quod quid mesuagium scitum est inter mesuagium Walteri le
Webbe ex vna parte ꜱ mesuagium Galfridi Hiches ex parte altera.
Habendum ꜱ tenendum ꜱ fideliter recipiendum predictum redditum
ad duos anni terminos videlicet ad festum sancti Michaelis tres denarios ꜱ ad annunciacionem beate Marie tres denarios libere integre ꜱ
quiete. Ego vero predictus Henricus ꜱ heredes mei vel mei assignati
predictum redditum ad sustentacionem luminis beate Marie ꜱ ecclesie antedicte contra omnes gentes inperpetuum warantizabimus. Et
vt hec mea donacio ꜱ carte mee confirmacio perpetuum robur optineant huic presenti scripto sigillum meum apposui in testimonium.
Hiis testibus. Galfrido de Braundeston'. Thoma de Maideford'.
Ricardo Auuerei de Wytleburi. Willelmo clerico de eadem. Roberto
Doget de eadem. Datum apud Luffeld' in festo appostolorum Philippi
ꜱ Iacobi anno domini milesimo tricentesimo.

W. 2593   L.C. 56v.
8″ × 3½″.
Tag for seal.

149

Letters patent of John Frayne of Silverstone appointing William Asser his
attorney to deliver seisin to the Priory of lands and tenements in the vill

and fields of Silverstone, he himself having been appointed attorney for that purpose. 25 May 1349

Carta Iohannis Frayne de Silueston

Pateat vniuersis per presentes me Iohannem Frayn' de Selueston' fecisse et loco meo constituisse dilectum michi in Christo Willelmum Asser de eadem attornatum meum ad deliberandum priori de Luffeld et conuentui plenam integram et pacificam seisinam in omnibus terris et tenementis in villa et in campis de Selueston' in quibus ego predictus Iohannes pro seisina deliberanda prefati priori de Luffeld et conuentui constitutus eram attornatus. Ratum habiturus et gratum quicquid predictus Willelmus nomine mee fecerit in premissis. In cuius rei testimonium sigillum meum presentibus apposui. Hijs testibus Willelmo de Braundeston' Iohanne le Hoker Hugone Thomes Iohanne Thomes Ricardo fabro et alijs. Datum apud Silueston' die lune proxima ante festum Pentecost' anno regni regis Edwardi tercij a conquestu vicesimo tercio.

L.C. 56v.–57r.

150

Lease for three lives by William, prior of Luffield, to John atte Brok, Joan his wife, and John their son of a messuage at the Tove bridge in Charlock, which John Rykelot once held of the Priory, and all their land and meadow in Westfeld except the land which John Warland and William Ardal once held of them, for a rent of 7 silver shillings, and a capon at Christmas. 13 February 1374

Indentura de tenemento apud Challake

Indented at the top. Letters cut through.

Nouerint vniuersi per presentes quod nos frater Willelmus prior de Luffeld' ⁊ eiusdem loci conuentus tradidimus concedimus ⁊ dimisimus Iohanni atte Brok' de Sulueston' ⁊ Iohanne vxori sue ⁊ Iohanne filio eorundem illud mesuagium nostrum apud Thouebrugge in Chaldelake quod Iohannes Rykelot de nobis quondam tenuit cum omnibus pertinencijs suis ⁊ totam terram nostram cum prato adiacente in campo qui vocatur Westfeld' cum suis pertinencijs extra terram quam Iohannes Warland et Willelmus Ardal quondam de nobis tenuerunt. Habendum ⁊ tenendum predictum mesuagium cum tota terra predicta ⁊ prato adiacente cum pertinencijs suis predictis Iohanni Iohanne ⁊ Iohanni ad totam vitam eorundem de nobis ⁊ successoribus nostris libere bene ⁊ in pace. Reddendo inde annuatim nobis ⁊ successoribus nostris septem solidos argenti ad duos anni terminos videlicet ad festum annunciacionis beate Marie in Martio ⁊ sancti Michaelis archangeli per equales portiones ⁊ vnum caponum ad Natalem domi-

L

ni ⁊ dabunt dictis priori ⁊ conuentui melius animal eorum nomine herieti post decessum vtrorum predictorum. Et preterea faciendo capitalibus dominis foedi seruicia inde debita ⁊ de iure consueta ⁊ forinsecum seruicium cum accidit ⁊ sectam ad curiam nostram semel in anno. Et si contingat quod predicti Iohannes Iohanna ⁊ Iohannes seu eorum quemquam in parte vel in toto alicuius solucionis dicti redditus terris predictis deficere quod absit extunc bene liceat dictis priori ⁊ conuentui seu eorum successoribus tam de dampnis quam de grauaminibus ⁊ expensis omnimodis quam de arreragijs cuiuscumque solucionis plene fuerit satisfactum‡ restringere ⁊ districcionem fugare ⁊ retinere quandocumque ⁊ vbicumque voluerint tam infra cepta domus quam extra. Et nos vero dicti prior ⁊ conuentus ⁊ eorum successores dictum mesuagium cum pertinencijs suis ⁊ terram prenominatam cum prato ⁊ omnibus pertinencijs suis vt predictum est Iohanni Iohanne ⁊ Iohanni ad totam vitam illorum ⁊ cuilibet eorum diucius viuenti contra omnes gentes warantizabimus ⁊ defendemus. Omnia vero edificia in adeo bono statu quo ea receperunt vel meliori sustentabunt. In cuius rei testimonium huic presenti scripto indentato partes predicte sigilla sua apposuerunt. Hiis testibus. Philippo Balle ballivo de Thoucestr'. Iohanne Woxcote. Iohanne West de Abtrop. Iohanne Heshon'. Thoma Lambard' de Sulueston'. ⁊ alijs. Datum apud Luffeld' die lune proxima post festum sancte Scolastice virginis anno regni regis Edwardi tercii post conquestum quadragesimo octavo.

W. 2889   L.C. 57r.   Siluestone.
11″ × 4¾″.
Tags for two seals.
No endorsement.

150A

A similar lease of the same premises to the same parties. 12 March 1355

Indented at the top. Letters cut through.

Nouerint vniuersi per presentes quod nos frater Willelmus prior de Luffeld' ⁊ eiusdem loci conuentus tradidimus concessimus ⁊ dimisimus Iohanni att' Brok' de Selueston' ⁊ Iohanne uxori sue ⁊ Iohanni filio eorundem illud mesuagium nostrum apud Thouebrugg' in Selueston' quod Iohannes Rikelot quondam de nobis tenuit cum omnibus pertinencijs suis ⁊ totam terram nostram cum prato adiacente in campo qui vocatur le Westfeld' cum suis pertinencijs extra terram quam Iohannes Walrand' ⁊ Willelmus Hardel quondam de nobis tenuerunt. Habendum ⁊ tenendum predictum mesuagium cum tota terra predicta ⁊ prato adiacente cum omnibus pertinencijs suis predictis Iohanni Iohanne ⁊ Iohanni ad totam vitam eorundem de nobis ⁊ successoribus nostris libere bene ⁊ in pace. Reddendo inde annuatim nobis ⁊ successoribus nostris septem solidos argenti ad duos anni terminos videlicet ad festum annunciacionis beate Marie in Martio ⁊ sancti

Michaelis per equales porciones ⁊ vnum gallum ⁊ duas gallinas ad
Natalem domini ⁊ dabunt dictis priori ⁊ conuentui melius animal
eorum nomine herieti post decessum vtriusque predictorum et preterea faciendo capitalibus dominis feodi seruicia inde debita ⁊ de iure
consueta et forinsecum seruicium cum accidit ⁊ sectam curie nostre.
Et si contingat predictos Iohannem Iohannam ⁊ Iohannem seu eorum
quemquam in parte vel in toto alicuius solucionis dicti redditus terris
suprastatis deficere quod absit ex tunc bene liceat dictis priori ⁊ conuentui ⁊ eorum successoribus quandocumque ⁊ vbicumque voluerint
tam infra cepta domus quam extra distringere ⁊ districciones fugare ⁊
retinere quousque dicti religiosi ⁊ eorum successores tam de dampnis
quam grauaminibus ⁊ expensis omnimodis quam de arreragijs cuiuscumque solucionis plene fuerit satisfactum. Nos vero predicti prior ⁊
conuentus ⁊ eorum successores dictum mesuagium cum pertinencijs
suis ⁊ terram prenominatam cum prato ⁊ omnibus pertinencijs suis vt
predictum est predictis Iohanni Iohanne ⁊ Iohanni ad totam vitam
illorum ⁊ cuilibet eorum diucius viuenti contra omnes gentes warantizabimus ⁊ defendemus. Omnia vero edificia in adeo bono statu quo
ea receperunt vel meliori sustentabunt. In cuius rei testimonium huic
presenti scripto indentato partes predicte sigilla sua alternatim apposuerunt. Hijs testibus. Iohanne Sparhauk. Willelmo Herteshorn.
Ricardo Smyt'. Stephano Budel. Thoma Lambard'. ⁊ alijs. Datum
apud Luffeld' die iovis in festo sancti Gregorij pape anno regni regis
Edwardi tercii post conquestum vicesimo nono.

W. 2644
12½″ × 4¾″.
Tag for seal.
Endorsed: Thorneburgh.

151

Grant to the Priory by John son and heir of John Warland, of Silverstone,
for the celebration of masses for the souls of himself, Joan his sister, and their
ancestors, of a messuage in Silverstone and 4 acres 3 roods in the fields there.
20 May 1349

Carta Iohannis Warlande filius et heres Iohannis Warlande

Sciant presentes ⁊ futuri quod ego Iohannes Warland' filius ⁊ heres
Iohannis Warland' de Sulueston dedi concessi ⁊ hac presenti carta
mea confirmaui deo ⁊ beate Marie de Luffeld' ⁊ monachis ibidem deo
⁊ beate Marie seruientibus vnum mesuagium ⁊ quatuor acras terre
arabilis ⁊ tres rodas in villa ⁊ in campis de Sulueston' quod quidem
mesuagium situm est inter mesuagium Agnetis Boterell' ex parte vna
⁊ mesuagium Iohannis Wattes ex parte altera tres vero rode dicte terre
iacent super le Overhalhull' inter terram domini ex parte vna ⁊ terram
quondam Willelmi Frankeleyn ex parte altera ⁊ vna acra iacet super

Wynmulnehull' inter terram quondam Iohannis Wygemor ex parte vna ⁊ terram quondam Willelmi filii Hugonis Hendes item tres rode iacent super Oakefurlong inter terram quondam Iohannis Wygemor ex parte vna ⁊ terram quondam Galfridi Hendes de Witelbur' ex parte altera ⁊ vna roda iacet super Gasenhall' inter terram Alicie quondam vxoris Ricardi Somondre ex vtraque parte ⁊ due rode iacent super Gosland inter terram quondam Iohannis Wygemor ex parte vna ⁊ terram predicte Alicie ⁊ vna roda iacet super Copeslad' inter terram quondam Iohannis Wygemor ex parte vna ⁊ terram quondam Willelmi Frankeleyn ex parte altera ⁊ vna roda super Flytenacr' inter terram Ricardi Maydeford ex parte vna ⁊ terram meam ex parte altera ⁊ vna dimidia acra iacet super eandem culturam inter terram quondam Iohannis Wygemor ex parte vna ⁊ terram le Heggenmylne ex parte altera ⁊ vna roda iacet super Othoo inter terram Iohannis Wygemor ex vtraque parte ⁊ vna roda iacet super Gernhull' inter terram quondam Iohannis Wygemor ex parte vna ⁊ terram Willelmi Frankeleyn ex parte altera. Habendum ⁊ tenendum dictum mesuagium cum tota terra predicta ⁊ omnibus suis pertinenciis deo ⁊ beate Marie de Luffeld' ⁊ monachis ibidem deo ⁊ beate Marie seruientibus ex dono meo in puram ⁊ perpetuam elemosinam ad diuina celebranda pro anima mea anima Iohanne sororis mee ⁊ pro animabus antecessorum nostrorum de capitalibus dominis feodi illius per seruicia inde debita ⁊ de iure consueta. Et ego dictus Iohannes ⁊ heredes mei predictum mesuagium ⁊ totam terram predictam cum omnibus suis pertinenciis deo ⁊ beate Marie de Luffeld' ⁊ monachis ibidem deo ⁊ beate Marie seruientibus forma qua permittitur contra omnes gentes warantizabimus acquietabimus ⁊ inperpetuum defendemus. In cuius rei testimonium sigillum meum presentibus apposui. Hiis testibus Willelmo de Brandeston' Hugone Thomes Iohanne le Hoker' Stephano Le Bedell' Ricardo Balye ⁊ alijs. Datum apud Sulueston' die mercurii proxima post festum sancti Dunstani anno regni regis Edwardi tercii a conquestu vicesimo tercio.

W. 2639   L.C. 57r.–57v.
13″ × 6¼″.
Tag for seal.
No endorsement.

152

Lease for two lives by William, prior of Luffield, to Alan Doget of Whittlebury and William his son of a messuage in Whittlebury between those of William de Slapton and John the chapman at a rent of 16*d.* yearly. They shall do one single suit to the great court of the prior. 2 February 1309

Conuencio Alani Doket de Witlebury ad terminum vite

Indented at the top. Letters cut through.

Notum sit omnibus hoc presens scriptum visuris uel audituris quod in festo purificacionis beate Marie anno regni regis Edwardi filii regis Edwardi secundo ita conuenit inter fratrem Willelmum priorem de Luffeld' ⁊ eiusdem loci conuentum ex parte vna et Alanum Doget de Wytlebury ⁊ Willelmum filium suum ex altera videlicet quod dicti prior ⁊ conuentus tradiderunt ⁊ dimiserunt dicto Alano ⁊ Willelmo ad totam vitam illorum uel cuius eorum diucius vixerit illud mesuagium in Wytlebury cum curtilagio ⁊ cum omnibus pertinenciis suis quod situatum est inter mesuagium Willelmi de Slapton' ex parte vna ⁊ mesuagium Iohannis le Chapman ex altera. Habendum ⁊ tenendum dictum mesuagium cum omnibus pertinenciis suis ad totam vitam eorum uel cui eorum diucius vixerit libere quiete bene ⁊ in pace. Reddendo inde annuatim dictis priori ⁊ conuentui ⁊ eorum successoribus sexdecim denarios ad duos anni terminos videlicet ad festum sancti Michaelis octo denarios ⁊ ad festum beate Marie in Marcio octo denarios ⁊ unicam sectam ad magnam curiam prioris pro omnibus aliis seruiciis secularibus exaccionibus ⁊ demandis saluo forinseco domini regis seruicio. Et si contingat quod absit quod predictus Alanus uel Willelmus in solucione dicti redditus in toto uel in parte defecerint uel distruccionem uel vastum aut aliquam alienacionem sine licencia ⁊ voluntate predicti prioris ⁊ conuentus in dicto tenemento quoquo modo fecerint extunc bene licebit dictis priori ⁊ conuentui dictum Alanum ⁊ Willelmum in dicto tenemento pro voluntate sua distringere ⁊ districcionem retinere quousque de premissis eisdem plenarie fuerit satisfactum. Dicti vero prior ⁊ conuentus ⁊ eorum successores dictum mesuagium cum suis pertinenciis predicto Alano ⁊ Willelmo quam diu vixerint uel cui eorum diucius vixerit sicut predictum est warantizabunt. In cuius rei testimonium tam dicti prior ⁊ conuentus quam dictus Alanus ⁊ Willelmus sigilla sua presentibus scriptis in modo cyrographi confectis hinc inde alternatim apposuerunt. Hiis testibus. Galfrido de Braundeston'. Thoma de Maydeford'. Willelmo de Slapton. Willelmo clerico de Wytlebury. Roberto Doget de eadem ⁊ aliis.

W. 2980   L.C. 57v.–58r.   Siluestone.
9″ × 5″.
Tag for seal.
No endorsement.

153

Grant by Richard Clerk and Margery his wife to William de Bradene, for his homage and service, and 7 marks, of a yearly rent of 9s. paid by the Priory for 3 virgates which they hold in demesne in Thornborough. They had this rent of the gift of John de Foxle. [1262–c. 1270]

Carta Ricardi de Selueston'

[Sciant presentes ⁊ futuri quod ego] Ricardus de Selueston' clericus ⁊

Margeria vxor mea dedimus concessimus ⁊ hac [presenti carta nostra confirmauimus] domino Willelmo de Bradene pro seruicio suo ⁊ pro septem marcis argenti quas nobis dedit premanibus in gersumo. nouem solidos annualis redditus. de priore de Luffeld' ⁊ eiusdem loci conuentu ⁊ de eorum successoribus annuatim percipiendos. ad duos anni terminos scilicet ad festum annunciacionis beate Marie quatuor solidis ⁊ sex denarios ⁊ ad festum sancti Michaelis quatuor solidos ⁊ sex denarios. quos quidem nouem solidos annualis redditus habuimus ex dono Iohannis de Foxle de tribus virgatas terre percipiendos in villa de Thornberwe quam quidem terram prior de Luffeld' teneat in dominio. Habendum ⁊ tenendum predictos nouem solidos annualis redditus cum omnibus suis pertinenciis ⁊ escaetis que inde nobis uel heredibus nostris aliquo iure poterint accidere. predicto domino Willelmo ⁊ heredibus suis uel suis assignatis de nobis ⁊ heredibus nostris uel cuicunque dare. vendere. uel assignare voluerint. libere. quiete bene. in pace integre in feodo ⁊ hereditarie inperpetuum. Reddendo inde annuatim nobis ⁊ heredibus nostris uel nostris assignatis. predictus Willelmus uel heredes sui uel sui assignati. vnum denarium argenti ad pascha. pro omnibus secularibus seruiciis curiarum sectis wardis. releuiis forinsecis. ⁊ omnimodis demandis que de predicto redditu uel pro predicto redditu exigi potuerint. Et nos predicti Ricardus ⁊ Margeria ⁊ heredes nostri uel assignati nostri predictos nouem solidos annualis redditus cum omnibus suis pertinenciis sicut predictum est . per predictum seruicium contra omnes gentes warantizabimus acquietabimus ⁊ defendemus inperpetuum. Vt autem hec nostra donacio . concessio. warantizacio ⁊ presentis carte nostre confirmacio robur perpetuitatis optineant? hanc presentem cartam sigillorum nostrorum impressione roborauimus. Hiis testibus. domino Roberto de Pauely. domino Iohanne Lupo. domino Roberto de Waunci. Willelmo de la Riuere Willelmo de sancto Iohanne. Ricardo de la Wodehalle. Iohanne le porter. Ricardo Aufre. Rogero Trimenel. Galfrido Turuile. Iohanne ad ecclesiam. Roberto de Solegraue. Reginaldo de Heymund clerico. Et multis aliis.

W. 2776   L.C. 58r.–58v.   Siluestone.
9½″ × 5¾″.
Seals: 1. Round, greenish white, ⅝″ diameter.
        2. Oval, greenish white, broken.
Endorsed: Silueston'.
NOTE: John Lupus succeeded his father Robert in 1262 (*I.P.M.* Vol. 1, p. 877).

154

Grant to the Priory in alms by Peter de Braundestone of all the land and meadow in Whittlebury that he had of the gift of Alice, daughter of John Clerk of Silverstone, and 2 acres that he had of the gift of Geoffrey Hendes, for the celebration of masses for the souls of himself and his wife, Alice Clerk and Richard Cotesdieu. 20 May 1349

Carta Petri de Braundeston' de Silueston

Sciant presentes et futuri quod ego Petrus de Braundeston' de Selueston' dedi concessi et hac presenti carta mea confirmaui deo et beate Marie de Luffelde et monachis ibidem deo et beate Marie seruientibus totam terram meam totum pratum meum quam et quod habui ex dono et feoffamento Alicie filie Iohannis Clerico de Siluestone que terre et pratum iacent in Rulalcis scilicet in campis de Witlebury et eciam duas acras terre arabilis cum capiciis in campis de Witlebury predictis que habui ex dono et feoffamento Galfridi Hendes de Witlebury quarum tres seliones iacent inter terram Ricardi Sircok et terram dicti Petri super le Westerewileland et due seliones iacent inter terram Iohannis de Hegham et terram dicti Petri et alie tres seliones iacent iuxta terram dicti Petri et extendunt se ad alium capud versus boream et ad aliud versus meridiem et alias tres seliones in campo predicto que iacent super Welyland iuxta terram Galfridi le Chapman que habui ex dono et feoffamento Thome Walt' et alias tres acras terre iacentes super eandem culturam quas habui ex dono et feoffamento Iohanne Godeston' vxoris mee. Habendam et tenendam totam terram predictam cum prato predicto et omnibus suis pertinencijs deo et beate Marie de Luffelde et monachis ibidem deo et beate Marie seruientibus ex dono meo in puram et perpetuam elemosinam pro diuinis celebrandis pro anima mea pro anima vxoris mee anima Alicie le Clerke anima Ricardi Cotesdieu et pro animabus antecessorum meorum de capitalibus dominis feodorum illorum per seruicia inde debita et de iure consueta imperpetuum. Et ego vero predictus Petrus et heredes mei totam predictam terram et pratum cum omnibus suis pertinencijs deo et beate Marie de Luffelde et monachis ibidem deo et beate Marie seruientibus forma qua permittitur contra omnes gentes warantizabimus acquietabimus et imperpetuum defendemus. In cuius rei testimonium sigillum meum presentibus apposui. Hijs testibus Willelmo de Braundeston' Hugone Thommes Iohanne Hoker Stephano Bedell Ricardo Fabro et alijs. Datum apud Selueston' die martis in crastino sancti Dunstani anno regni regis Edwardi tercij a conquestu vicesimo tercio.

L.C. 58v. Siluestone.

155

Award of Sir John Lovel and Sir Thomas Grene, umpires in a dispute between the Priory and John Lambard and others, touching common of pasture in Charlock field. 10 October 1410

Warda facta per Iohannem Louel dominum de Louel et T. Grene

Omnibus ad quos presens scriptum peruenerit nos Iohannes Louel dominus de Louell' et Thomas Grene milites salutem in domino sempiternam. Cum nuper lites et discordie mote et suborte fuerunt inter Iohannem priorem de Luffelde et eiusdem loci conuentum ex parte vna et Iohannem Lambard de Selueston' Iohannem Harrys de eadem Iohannem Hunte de eadem Ricardum Knotte de eadem et Iohannem Colman de eadem ex parte altera de quadam communa pastura in quodam campo clauso vocato Chaldelakefelde parcella manerij dictorum prioris et conuentus de Chaldelake in comitatu Northampton' in quo campo dicti Iohannes Iohannes Iohannes Ricardus et Iohannes asseruerunt et clamauerunt habere communam pasturam cum omnibus aueriis suis omni tempore anni quando campus ille iacet ad warectam et alijs temporibus a festo sancti Michaelis archangeli vsque ad festum annunciacionis beate Marie extunc proximum sequens qua causa dicti Iohannes Iohannes Iohannes Ricardus et Iohannes prosecuti fuerunt per breuem de transgressione in curia domini regis apud Westmonasterium tandem amicis interuenientibus inter partes predictas pax fuit conquieta et reformata in hunc modum videlicet quod tam dicti prior et conuentus pro se et successoribus suis quam dicti Iohannes Iohannes Iohannes Ricardus et Iohannes pro se et heredibus suis concesserunt et se submiserunt ad standum arbitrio decreto et iudicio Iohannis Barton senioris ex parte dictorum prioris et conuentus electi et Nicholai Lyrncascett ex parte dictorum Iohannis Iohannis Iohannis Ricardi et Iohannis electi. Et si dicti Iohannes Barton et Nicholaus inter se concordare non possent in materia predicta extunc arbitrio decreto et iudicio dictorum Iohannis Louel et Thome Grene militum tanquam inparium ex communi consensu et assensu parcium predictarum electi ad que omnia et singula dicto arbitrio tangencia in materia predicta ex vtraque parte perimplenda tam dicti prior et conuentus quam dicti Iohannes Iohannes Iohannes Ricardus et Iohannes alternatim se obligauerunt Iohanni Barton' iuniori in centum libris legalis monete super quo certis die et loco limitatis dictis Iohanne Barton' seniore et Nicholao in materia predicta tractantibus inter se concordare non potuerunt qua propter remiserunt totam materiam predictam prefatis Iohanni Louel et Thome Grene militibus vt dicti arbitrij inparibus Nouerit vniuersitas vestra quod auditis coram nobis dictis Iohanne Louel et Thome Grene et declaratis vni-

uersis et singulis euidencijs per consilium dictorum prioris et conuentus ac eciam Iohannis Iohannis Iohannis Ricardi et Iohannis nos
dicti Iohannes Louel et Thomas Grene milites ordinauimus adiudi-
cauimus et finaliter decreuimus in materia predicta videlicet quod
dicti Iohannes Iohannes Iohannes Ricardus et Iohannes et heredes
sui non habebunt communam pasture in campo predicto cum auerijs
suis

.   .   .   .

........................partes in quodam prato vocato Ale-
saundresmede annuatim a festo sancti Michaelis archangeli vsque ad
dictum festum purificacionis beate Marie extunc proximum sequens
imperpetuum et post vtrumque terminum finitum annuatim dicti
prior et conuentus et eorum successores habebunt et tenebunt dictum
campum et pratum in separali imperpetuum. Ordinauimus eciam et
decreuimus quod dicte obligaciones deliberentur Thome Wodemerse
ad custodiendum sub hac forma videlicet quod quecumque dictarum
parcium contraueniens et non adimplens ordinaciones decreta et iudi-
cia nostra in omnibus et singulis materijs predictis prolata quod eorum
obligacio in firmo robore permaneat et deliberetur Iohanni Barton'
iuniori aut eius executoribus ad prosequendum et summam in dicta
obligacione contentam leuandum ad opus partis aggrauate. In cuius
rei testimonium nos prefati Iohannes Louel et Thomas Grene milites
presentibus sigilla nostra apposuimus. Hijs testibus Thoma Wodeuyle
Radulpho Parles Iohanne Gyffard et alijs. Datum apud Chaldelake
predicta decimo die Octobris anno regni regis Henrici quarto post
conquestum duodecimo.

L.C. 58v.–59r.

156

Manumission by Eleanor, widow of John Dayrel, esquire, lord of Lillingstone Dayrel, and Paul and Thomas, their sons, of Richard Reve of Silverstone. 29 September 1450

Manumissio Ricardi Reve de heredum Dayrel

Omnibus Christi fidelibus ad quos presens scriptum peruenerit nos
Alianora Dayerell' vidua nuper relicta Iohannis Dayerell' armigeri
domini de Lyllyngston' Dayerell' in comitatu Bukk' Paulus Dayerell'
⁊ Thomas Dayerell' filij predictorum Iohannis et Alianore salutem in
domino sempiternam. Sciatis nos prefatam Alianoram Paulum et
Thomam manumississe et ab omni iugo seruitutis bondagij ⁊ villenagij pro nobis heredibus et assignatis nostris liberasse remississe relaxasse et liberum fecisse Ricardum Reve de Sylueston housbondman
cum omnibus terris tenementis bonis et catallis suis possessis et possidendis cum tota sequela sua ⁊ progenie de corpore ipsius Ricardi pro-

creata ꝫ procreanda ita quod nec nos prefata Alianora Paulus seu
Thomas nec aliquis nostrorum heredum nec assignatorum nostrorum
nec aliquis nomine nostro seu alicuius nostrum aliquod ius titulum vel
clameum racione alicuius seruitutis bondagij vel villenagij in predicto
Ricardo Reve nec in aliquo de progenie sua de corpore suo procreata
seu procreanda neque in terris tenementis bonis seu catallis eiusdem
Ricardi nec heredum suorum exigere vendicare nec habere poterimus
sed ab omni accione iuris tituli et clamei in hac parte nos prefata Alianora Paulus et Thomas heredes et assignati nostri sumus exclusi imperpetuum per presentes. In cuius rei testimonium sigilla nostra apposuimus. Datum apud Lyllyngston' Dayerell' predictum penultimo
die mensis Septembris anno regni regis Henrici sexti post conquestum
vicesimo nono. Hijs testibus Iohanne Pynchebeke priore de Luffeld'
Thoma Clarell' Iohanne Pygote Thoma Alayn' armigeris Ricardo
Harryes Iohanne Lambard' de Sylueston' predicto et multis alijs.

W. 2620 L.C. 59v. Siluestone.
12¼″ × 4¾″.
Two broken red seals.
No endorsement.

157

Grant to the Priory in alms by Thomas Assheby of Silverstone of an assart
in the fields of Silverstone between the assarts late of Hugh Colman and
Henry Attebroke, for the celebration of masses for the souls of himself and
his ancestors. 15 May 1349

Carta Thome Asheby de Silueston'

Sciant presentes ꝫ futuri quod ego Thomas Assheby de Sulueston' dedi
concessi ꝫ hac presenti carte mee confirmaui deo ꝫ beate Marie de
Luffeld' et monachis ibidem deo ꝫ beate Marie seruientibus vnam
assartam in campis de Sulueston' iacentem inter assartam quondam
Hugonis Colman ex parte vna ꝫ assartam quondam Henrici Atte-
brok' ex parte altera. Habendam ꝫ tenendam predictam assartam
cum pertinencijs deo ꝫ beate Marie de Luffeld' ꝫ monachis ibidem
deo ꝫ beate Marie seruientibus in puram ꝫ perpetuam elemosinam
pro diuino celebrando pro anima mea ꝫ pro animabus antecessorum
meorum de capitali domino feodi illius per seruicia inde debita ꝫ de
iure consueta. Et ego vero dictus Thomas ꝫ heredes mei predictam
assartam deo ꝫ beate Marie de Luffeld' ꝫ monachis ibidem deo ꝫ
beate Marie seruientibus vt predictum est forma qua permittitur
contra omnes gentes warantizabimus acquietabimus ꝫ inperpetuum
defendemus. In cuius rei testimonium sigillum meum huic presenti
carte est appensum. Hijs testibus. Willelmo de Brandeston'. Petro de
Brandeston'. Iohanne Hoker'. Hugone Thommes. Iohanne le Webbe
ꝫ alijs. Datum apud Sulueston' die veneris proxima post festum sanc-

torum Nerei ⁊ Achillei anno regni regis Edwardi tercij a conquestu vicesimo tercio.

W. 2606   L.C. 59v.–6or.
10″ × 4¾″.
Tag for seal.
Endorsed: Silueston' (15th century).

158

Lease by the Priory for two lives to Roger son of Matilda wife of Richard Cotesdeux of Silverstone and Joan his eldest sister of a messuage, croft, and 2 acres in the fields of Silverstone that Agnes, daughter of John Shepherd once held of them. 25 April 1324

Scriptum Rogeri Cotesdieux et Iohanne sororis sue ad terminum vite

Omnibus Christi fidelibus ad quos presens scriptum peruenerit frater Iohannes prior de Luffelde et eiusdem loci conuentus eternam in domino salutem. Nouerit vniuersitas vestra nos vnanimi assensu tocius capituli nostri in festo sancti Marci euangeliste anno regni regis Edwardi filij regis Edwardi septimodecimo concessisse et tradidisse Rogero filio Matilde vxoris Ricardi Cotesdeux de Selueston et Iohanne sorori eiusdem Rogeri seniori ad totam vitam eorum vel cui eorum diucius vixerit illud mesuagium in Selueston' cum crofto adiacente et cum omnibus pertinencijs suis quod quidem mesuagium Agnes filia Iohanne Bercarie quondam de nobis tenuit vna cum duabus acris terre in campis de Selueston' quarum dimidia acra iacet super Haselbur'more iuxta terram quondam Henrici Pelet dimidia acra super Orundel' iuxta terram quondam Ricardi clerici et vna acra in le Hech cxtra croftum quondam Iohannis le Goude et continet in se tres seliones et extendit se versus Rugh'. Habendum et tenendum dictum mesuagium et dictam terram cum omnibus pertinencijs suis ad totam vitam eorum et cui eorum diucius vixerit reddendo inde annuatim nobis et successoribus nostris tres solidos argenti ad duos anni terminos videlicet ad festum beate Marie in Marcio octodecim denarios et ad festum sancti Michaelis octodecim denarios et forinsecum seruicium domini regis cum euenerit et sectam vnicam ad curiam viceprioris pro omnibus seruicijs consuetudinibus exaccionibus et demandis salua nobis et successoribus nostris post decessum vtriusque eorum melius auerium suum nomine heriette. Et si contingat dictos Rogerum et Iohannam seu aliquis eorum in parte vel in toto solucionis dicti redditus deficere vel cessare seu aliquod vastum vel destruccionem in dicto tenemento vel aliquam alienacionem quoquo modo facere extunc liceat nobis et successoribus nostris dictos Rogerum et Iohannam in dicto tenemento distringere et districciones retinere quousque de premissis plenarie fuerit satisfactum. Nos vero dicti prior et conuentus et

successores nostri dictum mesuagium et terram cum omnibus pertinencijs suis prenominatis Rogero et Iohanne quamdiu vixerint vel
cui eorum diucius vixerit warantizabimus. In cuius rei testimonium
tam nos dicti prior et conuentus quam prenominati Rogerus et Iohanna sigilla nostra alternatim huic inde apposuimus. Hijs testibus
Galfrido de Brandeston' in Selueston' Willelmo filio eiusdem Waltero le Webbe de Seluestone et alijs.

L.C. 6or.   Siluestone.

159

Grant by William Lambard, of Silverstone, to John Webbe, of the same,
of his messuage in Silverstone, with its lands in the fields of Silverstone and
Abthorpe, which were once of Thomas Chapman, vicar of Stoke Poges and
is described in his charter (No. 136) as being situated between the messuages
of Robert Pogeys and the late Osbert Warlond. John and his heirs shall
render to the Priory 6d. yearly. 14 September 1402

Carta Willelmi Lambard' de Silueston

Indented at the top. Letters cut through.

Sciant presentes ꝫ futuri quod ego Willelmus Lambard' de Syluestone
dedi concessi ꝫ hac presenti carta mea indentata confirmaui Iohanni
Webbe de eadem totum messuagium meum in Syluestone cum
omnibus terris pratis pascuis ꝫ pasturis ꝫ omnibus aliis pertinencijs
suis in campis de Syluestone ꝫ Abthropp' que quondam fuerunt domini Thome Chapman vicarij de Stokepogeys ut in carta dicti domini Thome plenius patet messuagium vero predictum quod situm
est inter messuagium Roberti Pogeys ex parte vna ꝫ messuagium
quondam Osberti Warlond' ex parte altera. Habendum ꝫ tenendum
predictum messuagium ꝫ terram cum omnibus suis pertinencijs prefato Iohanni Webbe heredibus ꝫ assignatis suis imperpetuum de capitalibus dominis feodi illius per seruicia inde debita ꝫ de iure consueta.
Reddendo inde annuatim priori ꝫ conuentui de Luffeld' ꝫ eorum successoribus imperpetuum annualem redditum sex denariorum ad
festum sancti Michaelis archangeli ꝫ annunciacionis beate Marie
equis porcionibus. Ita quod si contingat dictum annualem redditum
sex denariorum aretro fore ad aliquem terminorum predictorum non
solutum prefatus Iohannes vult ꝫ concedit pro se ꝫ heredibus suis per
presentes quod tunc bene liceat dicto priori ꝫ conuentui ꝫ successoribus ꝫ assignatis eorum in predicto messuagio ꝫ pertinencijs suis distringere pro redditu predicto ꝫ districciones asportare effugare ꝫ retinere quousque de eodem redditu ꝫ suis arreragijs eis plenarie fuerit
satisfactum. In cuius rei testimonium hijs cartis indentatis alternatim
sigilla nostra apposuimus. Datum apud Syluestone in festo exaltacionis Sancte Crucis anno regni regis Henrici quarti post conquestum

tercio. Hijs testibus Ricardo Lambard' Petro Gybonns Ricardo Hoker' Iohanne Clement Iohanne Stauertone ꝣ alijs.

W. 2641 L.C. 60v. Siluestone.
9¾″ × 4″.
Tag for seal.
Endorsed: Lambarde de Silston Webbe de Silueston de vj d. ibidem percipiendis (15th century).

159A

A charter in terms precisely similar to No. 159, except that after the covenant to permit distraint and before the sealing clause the following warranty clause is inserted:

Et ego prefatus Willelmus Lambard ꝣ heredes mei predictum messuagium ꝣ terram cum pratis pascuis pasturis ꝣ omnibus aliis pertinenciis suis in villa ꝣ in campis de Sẏluestone ꝣ Abthropp' predictis prefato Iohanni Webbe heredibus ꝣ assignatis suis contra omnes gentes warantizabimus imperpetuum.

W. 2607
9¼″ × 4½″.
Endorsed: Sylueston (15th century).

160

Lease by the Priory for three lives to Henry the chapman of Silverstone, Agnes his wife, and Agnes their daughter, of a messuage and two selions in the croft next to it. 17 February 1364.

Dimissio terre et tenementi in Silueston

Nouerint vniuersi per presentes nos fratrem Willelmum Horewode priorem de Luffelde et eiusdem loci conuentum tradidisse concessisse et ad terminum vite dimisisse Henrico le Chapman de Seluestone Agnete vxori sue et Agnete filie eorum vnum mesuagium situatum in eadem inter tenementis [sic] Iohannis Hugonis ex vna parte et tenementum Galfridi Howes ex altera parte quod quidem mesuagium Willelmus Hardel de nobis quondam tenuit vna cum duobus sellionibus in crofto dicti mesuagij adiacente. Habendum et tenendum predictum mesuagium cum crofto adiacente et cum omnibus pertinencijs suis de nobis et successoribus nostris predictis Henrico Agnete et Agnete ad terminum vite eorum vel vni eorum diucius viuenti libere et pacifice. Reddendo inde annuatim nobis et successoribus nostris duodecim denarios argenti ad duos anni terminos per equales porciones videlicet ad festa annunciacionis sancte Marie et sancti Michaelis archangeli et secta curie ad visum franciplegiorum semel in anno pro omnibus seruicijs. Et si predictus redditus fuerit aretro in parte vel in toto per quindecim dies post aliquem terminum prenominatum tunc bene liceat nobis et successoribus nostris in predicto mesuagio pro redditu aretro distringere et districciones effugare asportare et retinere quousque de predicto redditu arreragia nobis et successoribus nostris plenarie fuerit satisfactum. Et si ulla districcio ad valorem redditus nostri in predicto mesuagio potuerit inueniri tunc bene liceat nobis et successoribus nostris predictos Henricum Agnetam et Agnetam de predicto mesuagio expellere et illud rehabere sine aliqua contradiccione dictorum Henrici Agnetis et Agnetis. Et predictum mesuagium in adeo bono statu uel in meliori sustentabunt et dimittent quo illud receperunt. Et predictus Henricus ad decessum vite sue nobis et successoribus nostris herietabunt et Agnes vxor dicti Henrici si post obitum viri sui predictum mesuagium tenere voluerit ad obitum suum insimul heriettabunt et Agnes filia dictorum Henrici et Agnetis si post vitam Agnetis matris sue prefatum mesuagium tenere voluerit in forma prescripta faciet. Et predicti Henricus Agnes et Agnes statum quem de nobis in predicto mesuagio habebunt ulla absque licencia nostra et successoribus nostris dimittent. Et nos predicti frater Willelmus de Horewode prior et conuentus et successores nostri predictum mesuagium cum crofto adiacente et cum omnibus suis pertinencijs predictis Henrico Agnete et Agnete ad terminum vite eorum vel vni eorum diucius viuenti pro predicto redditu in forma predicta contra omnes gentes warantizabimus. In cuius rei testimonium hijs litteris indentatis quarum vna pars penes predictos Henricum Agnetem et Agnetem manet sigillum nostrum commune apposuimus. Alteram autem partem que penes nos habuerimus predicti Henricus Agnes et Agnes sigillorum suorum impressione in premissorum testimonium gratis roborauerunt. Testibus domino Willelmo Legat' Thoma Assheby Stephano Vndel Iohanne le Mileward Galfrido Howes et alijs. Datum apud Luffelde in capitulo nostro die dominica proxima ante festum sancti Petri in cathedra anno regni regis Edwardi tercij a conquesto tricesimo octauo.

L.C. 6or.–61r.

161

Extract from a court roll: Recognition of the service due from lands which Thomas Maidford held of the Priory of the fee of Mandeville.

Euidencie bone de terris et tenementis que tenet Thomas Maydeforthe et unde eis debet facere homagium et fidelitatem

Ad curiam tentam die tali anno tali Thomas Maidford venit et cognouit tenere de priore de Luffelde de feodo de Maundeuyle in Suluestun et Witlebury duas partes vnius mesuagij cum ij partibus gardini et cum omnibus terris predictis ij partibus mesuagij adiacentibus quondam Iohannis Clerke que iure hereditario accidebant Margerie Clerke et Alicie sorori eius filiabus predicti Iohannis Clerke preter partem illam que predicta Alicia prius alienauit filijs suis videlicet Hugoni Thome et Willelmo pro seruicio ij solidorum x denariorum et secte curie de tribus in tres et fecit domino homagium et fidelitatem et quod eciam inquiratur per totam curiam si predictus Thomas bene et fideliter cognouit omnia que de eodem feodo tenet et si ista infrascripta videlicet cotagium quod Ricardus Rat tenet de eodem Thoma toftum cum crofto vocatum Pereyerde quod Galfridus Frayn quondam tenuit de eodem Thoma toftum cum crofto vocatum Magote croftum quod Hugo Frayn' tenet de eodem Thoma duas partes j tofti Kattisyerde quas Iohannes Adam tenet de predicto Thoma toftum quondam Iohannis Masun quod Iohannes Adam de dicto Thoma tenet cotagium in Witlebury quod Iohannes Howlots quondam tenuit de predicto Thoma vnam peciam terre vocata Kingsherepece quam Thomas Grene nunc tenet vnam libram cumini annualis redditus de cotagio Willelmi Cony et Ricardi Masun duos solidos annualis redditus de j mesuagio et ij cotagijs et dimidio et dimidia virgata terre Iohannis Cony de quibus mesuagio et cotagijs Iohannes Heynis tenet inmediate vnum cotagium de predicto Iohanne vnum cotagium quod Iohannes Punne tenet de predicto Iohanne inmediate vnum cotagium quod Iohannes Suired' tenet inmediate de predicto Iohanne vnum cotagium quod Henricus Schapman quondam tenuit inmediate de predicto Iohanne vnum cotagium diuisum inter Willelmum Carter Margeriam Sibe Simonem Hostane et Iohannem Briston' et Agnetem Shepherde tenentur inmediate de predicto Iohanne pertinentes ad feodum de Maundeuile et debentur recognosci cum mesuagio Iohannis Clerke per dictum Thomam.

L.C. 61r. Siluestone.

162

The like.

Ad curiam tentam die tali anno tali Thomas Maidford venit et recognouit tenere de priore de Luffelde de feodo de Maundeuyle in Sulueston' et Witlebury duas partes vnius mesuagij cum ij partibus gardini et cum omnibus terris predictis ij partibus mesuagij antedicti adiacentibus quondam Iohannis Clerke que iure hereditario accidebat Margerie Clerke et Alicie sorori eius filiabus predicti Iohannis. Preterea illam particularem et medietatem gardini et terre que Alicia predicta prius alienauit filijs suis scilicet Hugoni Thome et Willelmo. Clamat eciam tenere vnum cotagium de eodem feodo vnum toftum cum crofto vocatum Pereyerd quod Galfridus Frayn quondam tenuit de eodem Thoma. Clamat eciam tenere de eodem feodo vnum toftum

cum crofto vocatum Mattecrofte quod Hugo Frayn' tenet de eodem
Thoma. Clamat eciam tenere de eodem feodo vnum toftum quondam
Iohannis Masun quod Iohannes Adam tenet de eodem Thoma. Clamat eciam tenere de eodem feodo vnum cotagium in Witlebury iacentem iuxta cotagium Ricardi Lambard. Clamat eciam tenere de
eodem feodo vnum cotagium in Witlebury quod Iohannes Hoivlotus
quondam tenuit de predicto Thoma. Clamat eciam tenere de eodem
feodo vnam libram cumini annualis redditus de vno cotagio quod
Willelmus Cony et Ricardus Masun tenent. Clamat eciam tenere de
eodem feodo redditum ij solidorum de vno mesuagio et ij cotagijs et
dimidio et dimidia virgata terre arabilis Iohannis Corry quondam
Henrici Webbe de quibus mesuagio et cotagijs Iohannes Haynis tenet
in medietate de predicti Iohanne vnum cotagium per seruicium ij denariorum per annum. Et Iohannes Ponne tenet in mediate de Iohanne
Corry vnum cotagium libere et hereditarie imperpetuum. Et Iohannes
Smyth tenet de eodem Iohanne Corry in mediate per seruicium oboli.
Et Henricus Chapman quondam tenuit de predicto Iohanne suum
cotagium libere per seruicium j denarij. Et Willelmus qui desponsauit
filiam Simonis Hosbarve tenet medietatem vnius cotagij et Iohannes
Custon' et Agnes Sheperd soror sua tenent alteram medietatem de
predicto Iohanne per seruicium oboli. Et ista supradicta predictus
Thomas clamat tenere per seruicium ij solidorum x denariorum et sectam curie de tribus in tres et fecit homagium et fidelitatem. Inquiratur
de vna pecia vocata Kingis herepece quid tenet et quo titulo propter
homagium et recognicionem. Et clamat tenere de eodem feodo vnam
particulam gardini et iij buttes terre arabilis cum prato adiacente
gardino Iohannis Wattis que Willelmus Cony tenet de predicto
Thoma.

L.C. 61v.   Siluestone.

163

Grant by William, prior of Luffield, to William de Brandestone of the acre
of land that Ernald the clerk bequeathed to them, for which he shall pay
1*d.* yearly. [1231–*c.* 1250]

Uniuersis sancte matris ecclesie filiis frater. W. prior de Luffeld ꓶ eiusdem loci conuentus salutem in domino. Noueritis nos unanime assensu
capituli nostri concessisse Willelmo de Brandestone ꓶ heredibus suis
illam acram terre quam Hernaldus clericus nobis legauit. Tenendam
ꓶ habendam de nobis sibi ꓶ heredibus suis reddendo inde annuatim
nobis unum denarium ad festum sancti Michaelis pro omni seruicio
nobis spectante saluo releuio ꓶ warda Nos uero dictam acram contra omnes homines dicto Willelmo ꓶ heredibus suis warantizabimus.
In cuius rei testimonium sigillum ecclesie nostre apposuerimus presenti scripto. Hijs testibus. Albredo de Burtone. Aluredo de Witle-

buri. Ricardo Chardun. Rogero enginnator. Willelmo Frankelein ꝛ
alijs.

W. 2646 (Draft or copy)   L.C. 61v.–62r.
9″ × 2¾″.
No rubric.
Endorsed: Carta Willelmi de Braundeston'.

163A

Extract from a Court Roll of the manor of Norton: The Priory holds in
frankalmoign, and owes no secular services to the lord. 17 December 1321

Curia domini Roberti filii Pagani domini de Norton' tenta apud Norton' die iouis proxima ante festum sancti Thome apostoli anno regni
regis Edwardi filii regis Edwardi quintodecimo per Petrum filium
Warini dominum de Auestoch tunc senescallum predicti domini de
Norton'. Ad quamquid curiam frater Iohannes de Westbirẏ prior de
Luffeld' attachiatus fuisset ad respondendum predicto domino de
Norton' pro seruicijs et consuetudinibus subtractis vnde pro xx. solidis
redditus ꝛ de vna pari calcarium deauratorum ꝛ secta curie de tribus
septimanis in tres septimanas. Et dictus prior per districcionem venit
in eadem curia ꝛ dicit quod dominus ab eo aliqua seruicia nec redditum non potest exigere. Dicit eciam quod ipse ꝛ successores sui
quieti esse debent. Et profert vnam partem cuiusdam finis tempore
regis Henrici filij regis Iohannis leuati apud Norton' coram iusticiarijs
domini regis itinerantibus ibidem per quam finem ipse ꝛ successores
sui quieti esse debentur ab omnibus secularibus seruicijs secta consuetudine ꝛ demande ꝛ protulit in plena curia partem dicti finis que
bene testatur quod dictus prior tenet in Norton' de domino de Norton'
in puram ꝛ perpetuam elemosinam secundum formam ꝛ tenorem dicti
finis ꝛ petit iudicium si contra tenorem finis predicti dominus in hac
parte aliquid ab eo exigere possit ꝛ quia videtur curie quod prior ꝛ
successores sui iuxta formam ꝛ tenorem finis predicti quieti esse debent
ab omni exaccione ꝛ demanda ut predictum est. Ideo consideratum
est quod dictus prior eat inde quietus sine die. Ne ea que gesta sunt
possent per dominos aliquos uel senescallos futuros in irritum infuturum reuocari facta fuit ista inrotulacio apud Norton' die ꝛ anno
supradictis.

Part of W. 3112

163B

Extract from a Court Roll of the manor of Silverstone: The Prior owes no
suit there. 21 January 1326

Die martis in crastino sanctorum Fabiani ꝛ Sebastiani in curia tenta

M

apud Sulueston' anno regni regis Edwardi filii regis Edwardi xix^{mo}
tempore Ricardi le Warde senescalli domini Ricardi Louel domini de
Sulueston' prior de Luffeld' districtus fuit pro defalta secte curie de
Sulueston' que quidem secta predictus Ricardus le Warde exigebat de
predicto priore facienda ad curiam domini Ricardi Louel domini de
Sulueston' de tribus septimanis in tres septimanas per quam quidem
districcionem predictus prior videlicet dominus Iohannes de Westbury die ⁊ anno in curia predicta personaliter comparuit coram senescallo predicto ⁊ occasionatus fuit de defalta predicta vt . . . .
defaltas suas quas fecisset in curia de Sulueston' tempore Ricardi
Louel domini manerii predicti. Qui venit ⁊ dicit quod nullam debuit
sectam de tribus septimanis in tres septimanas et de hoc petiit ut po-
tuisset inquieri per totam curiam tunc ibidem presentem videlicet
tam omnes liberi quam serui ad hoc assignati ⁊ onerati per Ricardum
le Warde senescallum predictum qui dicebant ⁊ presentauerunt quod
predictus prior nullam debuit sectam ad curiam de Sulueston'. Ideo
consideratum fuit quod districciones predicti prioris que capta fuit
occasione predicta eidem liberetur ⁊ quod predictus prior de secta
predicta decetero sit quietus.

Part of W. 3112

163c

The prior makes fine with the lord of Silverstone, for half a mark, to be left
in undisturbed possession of 4 acres of land which the Priory acquired
from the king's justices, arrenting waste lands in the forest in 32 Edw. I.
13 March 1331

Presentatum fuit in curia domini Ricardi Louel apud Sulueston' die
mercurij in crastino beati Gregorij pape anno regni regis Edwardi
tercij a conquestu quinto coram Ricardo le Warde tunc temporis
senescallo quod prior de Luffeld' cepit ⁊ fossato inclusit quandam
placeam terre que vocatur Woluisteÿl continentem quatuor acras
terre ad nocumentum domini ⁊ omnium tenencium suorum pro qua
quidem inclusione predictus prior arenatus fuit coram senescallo predicto. Qui quidem prior presens erat in curia dicebat quod in anno
regni regis E. filij regis Henrici .xxx^{mo}ij. predictam placeam terre
vastatam cepit de domino Willelmo Trussel ⁊ sociis suis iusticiarijs
domini regis ad vastas placeas terre in foresta de Wittilwode arentan-
das pro certo redditu inde annuatim domino regi ad scaccarium soluendum. Et de hoc vocat warantiam ⁊ recordum rotulorum iusti-
ciariorum predictorum. Et pro predicta placea terre sic a domino rege
arentata predictus prior dedit domino Ricardo Louel dimidiam marcam ita ut ipse ⁊ successores sui predictam placeam terre pacifice ⁊
sine impedimento in posterum tenebunt absque calumpnia domini

predicti senescallorum uel balliuorum suorum. Et sic predictus prior ab ista curia recessit.

Part of W. 3112

164

Grant to the Priory in alms by Roger de Wauton, for the souls of himself, Sibilla his wife, and his ancestors, of all his land in Akeley and his meadow on La Leye. [*c.* 1250–60]

Carta Rogeri de Wauton

Sciant presentes et futuri quod ego Rogerus de Wauton dedi et concessi et hac presenti carta mea confirmaui deo et beate Marie de Luffelde ac priori et monachis ibidem deo seruientibus pro salute anime mee et Sibille vxoris mee et omnium antecessorum meorum totam terram meam in Hacle cum prato et omnibus pertinencijs suis super le Leye iuxta le Dernemore et extendit se in longitudine iuxta le Dernemoresdiche. Tenendam et habendam totam terram prenominatam de me et heredibus meis sibi et successoribus suis in liberam et puram et perpetuam elemosinam adeo libere et quiete sicut aliqua elemosina melius dari vel liberius poterit teneri. Ego uero dictus Rogerus et heredes mei predictam terram cum prato et omnibus pertinencijs suis dicto priori et monachis et eorum successoribus contra omnes gentes warantizabimus acquietabimus et defendebimus ac indempnes conseruabimus Et ut hec mea donacio et concessio ac presentis carte confirmacio rata et stabilis inperpetuum preserueret huic presenti scripto sigillum meum apposui in testimonium. Hijs testibus domino Hugone de Castilun domino Ricardo filio Ricardi domino Willelmo de Morton' Radulpho Dayrel Iohanne Morice Radulpho de Langport Elya Droys Ricardo Tripaci Iohanne de Padebur' et multis alijs.

L.C. 63r. Hacle.

NOTE: Roger de Wauton appears occasionally in documents of this period, e.g. *Newington Longeville Charters*, ed. Salter (Oxfordshire Record Society, iii), No. 34. The limits given are consistent with the attestations of all the witnesses.

164A

Grant by William, prior of Luffield, to Walter son of Walter de Dodeford of the land mentioned in the preceding charter. For this grant Walter has paid 2 marks. [*c.* 1250–60]

CIROGRAPHVM

Sciant presentes ⁊ futuri quod ego frater W. prior de Luffeld' totusque eiusdem loci conuentus dedimus concessimus et hac presenti carta nostra confirmauimus Waltero filio Walteri de Dodeford pro homagio ⁊ seruicio suo totam terram quam habuimus de dono domini Rogeri de Wautun' in campis de Akel' cum prato ꝛ omnibus pertinencijs. Tenendam. ꝛ habendam de nobis ꝛ successoribus nostris sibi ꝛ heredibus suis. et cuicunque dare vendere legare uel assignare voluerit. saluo redditu ꝛ iure nostro. Reddendo inde annuatim ipse ꝛ heredes uel sui assignati pro omnibus seruiciis nobis spectantibus. sectis curie nostre ꝛ omnibus aliis. saluo forinseco. Pro hac autem concessione ꝛ carte nostre confirmacione dedit nobis dictus Walterus duas marcas argenti premanibus. Nos uero ꝛ successores nostri dictam terram ꝛ pratum cum omnibus pertinenciis dicto Waltero heredibus suis uel suis assignatis contra omnes homines ꝛ feminas warantizabimus inperpetuum. Vt autem ea que a nobis concessa sunt firma inperpetuum permaneant huic presenti scripto sigillum ecclesie nostre apposuimus in testimonium. Hiis testibus. domino Rogero de Wautun'. Gileberto de Morthun'. Elya le Droẏs. Rogero de Morthun' clerico. Roberto le Louet Hugone filio suo. Roberto de Foxcot' ꝛ mvltis aliis.

W. 2965
6″ × 3″.
No endorsement.
NOTE : This transaction would presumably follow soon after the grant in No. 164.

MONKSBARN (in West Perry)

165

Release and quitclaim by William de Stapelford to the Priory of his right in the wood and assart that they have in the demesne wood of Norton. He has sworn to cause them no damage, saving his right, in common with the whole countryside, to pasture there when the crops have been carried. [*c.* 1235–45]

Quieta clamancia Willelmi de Stapelford

Sciant presentes et futuri quod ego Willelmus de Stapelford intuitu pietatis et caritatis et pro salute anime mee et antecessorum meorum et successorum relaxaui et quietum clamaui de me et heredibus meis inperpetuum priori et conuentui de Luffelde omne ius et clamium quod habui vel aliquo modo vel aliquo iure habere potui in bosco et in assarto eorum quod habent vel habere poterint de dominico bosco de Nortone obligando me sacramento quod ego nec heredes mei contra commodum dictorum prioris et monachorum in aliquo contraueniamus vnde aliquid nocumentum vel detrimentum eis possit emergi salua cum communa pastura mea absque nocumento vel detrimento predictorum monachorum postque bladum et fenum a campis deportetur vbi patria communicat . Et ut ea que a me concessa sunt firma preseruerent huic presenti scripto sigillum meum apposui in testimonium . Hijs testibus Ricardo Dayrel de Lillingeston' Alfredo de Witlebury Ricardo de Seluestone Willelmo de Brampteston' Iohanne fratre suo Ricardo Cardun Henrico Doket Rogero le enginnur Willelmo de Francelano et multis alijs.

L.C. 63r.
NOTE : For date cf. No. 175 which six of these witnesses also attest.

166

Grant to the Priory in alms by John Marshal, for the souls of himself and Alina his wife, of an assart and 2 acres of wood. [*c.* 1225–35]

Carta Iohannis Marescall'

Omnibus sancte matris ecclesie filijs presentem cartam visuris et audituris Iohannes Marescallus salutem in domino. Noueritis me intuitu pietatis et caritatis et pro salute anime mee et vxoris mee Aline et puerorum meorum et antecessorum et successorum meorum dedisse et hac presenti carta mea confirmasse deo et beate Marie de Luffelde et monachis ibidem deo seruientibus totum assartum cum pertinencijs quod situm est inter assartum predictorum monachorum quod habent ex donacione Willelmo de Clarisuallis et boscum ex vna parte et inter assartum Henrici de Perie et boscum ex altera cum augmento duarum acrarum bosci per perticam domini regis in latitudinem et in longitudinem tocius assarti predicti. Tenendum et habendum de me et heredibus meis sibi et successoribus suis in liberam et puram et perpetuam elemosinam libere et quiete ab omnibus seruicijs secularibus et demandis michi vel heredibus meis pertinentibus. Ego uero predictus Iohannes Marescallus et heredes mei predictum assartum cum augmento duarum acrarum predictarum contra omnes gentes warantizabimus imperpetuum. Et ut temporis processu hec mea donacio et confirmacio robur optineat presens scriptum sigillo meo in testimonium dignum duxi roborare. Hijs testibus domino Iohanne Marescallo iuuene domino Willelmo fratre suo Willelmo de Clarisuallis Willelmo de Camera Rogero filio Henrici clerico Wiberto ianitore Ricardo Dayrel Iohanne Trimenel et alijs.

L.C. 63r.–63v.
NOTE : For date see No. 167. John Marshal of Norton is thought to have been an illegitimate son of the elder brother of William I, Earl Marshal (I. J. Sanders, *English Baronies*, p. 54).

167

Grant to the Priory in alms by William de Clairvaux, for the souls of himself, his wife Ymenia, his predecessors, and successors, of 80 acres in a corner of the wood of Norton. [*c.* 1220–5]

Carta Willelmi de Clarisvallibus

Omnibus ad quos presens scriptum peruenerit Willelmus de Clarisuallibus salutem. Nouerit vniuersitas vestra me pro amore dei et pro

salute anime mee et vxoris mee Ymenie et pro animabus predecessorum et successorum meorum dedisse et concessisse ecclesie sancte Marie
de Luffelde et monachis ibidem deo seruientibus in liberam et puram
et perpetuam elemosinam quater viginti acras terre cum pertinencijs in
quodam angulo bosci de Norton' que extendit se inter illam assartam
quam dominus Galfridus filius Petri fecit de terra vxoris sue et assartam
quam Henricus de Perie fecit assartare de terra comitis Baldwini et
abuttat super terram Galfridi de Pauely. Habendas et tenendas imperpetuum libere et quiete ab omni seruicio et exaccione seculari ad
me vel ad heredibus meis pertinente. Quare uolo ut predicti monachi
prefatam terram cum pertinencijs adeo libere et quiete ineternum
possideant sicut ego eam unquam melius et liberius possedi et ut ipsi
capitalibus dominis feodi illius faciant seruicium annuatim quod ego
eis inde facere consueui scilicet ut eis persoluant annuatim unum par
calcarium deauratorum ad Pascha pro omne seruicio. Et ut hec donacio perpetue firmitatis robur optineat ego eam presenti scripto sigilli
mei apposicione roborato confirmaui. Hijs testibus Radulpho Harang
Radulpho filio eius Willelmo de Morton' Ricardo de Grimmescote
Anselmo filio eius Iohanne de Hulecote Arnaldo de Seluestone
Henrico et Ricardo filijs eius Henrico de Brauntheston' Willelmo et
Iohanne filijs eius Roberto de Billing Ricardo filio Henrici clerici
Iordano Iohanne Grispo Galfrido filio Henrici de Witlebury et
alijs.

L.C. 63v. Monkesbarne.
NOTE: William de Clairvaux acquired this land after 1219 (No. 170). For Arnold clericus de
  Selveston, Henry de Braudestone, and Robert de Billing see Appendix, pp. 268–9.

168

Confirmation by John Marshal of the grant of William de Clairvaux. [c.
1220–5]

Carta Iohannis Marescall'

Omnibus presentem cartam visuris Iohannes Marescallus salutem in
domino. Noueritis me intuitu pietatis et caritatis et pro salute anime
mee et vxoris mee et puerorum meorum et antecessorum meorum et
successorum concessisse deo et beate Marie de Luffelde et monachis
eiusdem loci donacionem et confirmacionem quam Willelmus de
Clarisvallibus fecit eisdem monachis de terra illa assarti sui quam
tenuit de me in baillia de Nortone. Tenendam et habendam secundum
carte predicti Willelmi de Clarisvallibus et inperpetuum possidendam
soluendo michi per annum de predicta terra vnum par calcarium
deauratorum ad Pascha pro omni seruicio. Et ut hec concessio mea et
confirmacio robur optineat in testimonium confirmacionis mee presens scriptum sigillo meo dignum duxi roborare. Hijs testibus Roberto

de Breibef Thoma filio Symonis Willelmo de Camera Willelmo de Caucok Ada Gule Ricardo de Grimescote Anselmo filio eiusdem Baldewino filio Gaufridi de Norton' Rogero Reiseriant Arnulfo clerico de Selueston' Henrico de Brandeston' Roberto de Billing Iohanne Cresp et multis alijs.

L.C. 63v.–64r.

169

Agreement between William de Clairvaux and the Priory touching 80 acres of land in a corner of the wood of Norton. The monks shall plough and sow the land at their own cost, giving William, during his life, one-third of the crop. [*c.* 1220–31]

Conuencio contra Willelmum de Clarisvallibus

Notum sit omnibus ad quos presens scriptum peruenerit quod hec est conuencio facta inter Willelmum de Clarisvallibus et Rogerum prio-rem de Luffelde et eiusdem loci conuentum de quater viginti acris terre cum pertinencijs in quodam angulo bosci de Nortun' quas idem Willelmus eis dedit imperpetuum scilicet quod dictus prior et con-uentus debent arare et seminare prefatam terram et omnes custus inde sustinere et debent singulis [annis] tota uita ipsius Willelmi terciam partem tocius bladi illius terre ei tribuere saluo forragio quod habe-bunt ad terram excolendam et idem Willelmus in conuencionem quod nullam machinacionem faciet per cartas quas habet de predictis mo-nachis per quod donacio predicte terre et conuencio inter eis facta de predicta terra colenda et de tercia parte bladi annuatim percipienda sicut supradictum est firmiter non teneant. Dictus vero prior et con-uentus ex parte sua in conuencionem habent eidem Willelmo quod nullam machinacionem facient per cartas quas habent de ipso per quam conuencio predicta de terra colenda et de tercia parte bladi illius terre ei annuatim tribuenda non teneat. Hec autem conuencio ab utraque parte taliter concessa fide mediante et mutua sigillorum suorum apposicione roborata est. Hijs testibus Radulpho Harang Radulpho filio eius Willelmo de Morton' Ricardo de Grimescote Anselmo filio eius Iohanne de Hulecote Arnoldo de Selueston' Hen-rico et Ricardo filijs eius Henrico de Branteston' Willelmo et Iohanne filijs eius Roberto de Billing Ricardo filio Henrici clerici Iordano Iohanne Crispo Galfrido filio Henrici de Witlebury et alijs.

L.C. 64r. Monkesbarne.

170

Grant by William son of William, earl of Pembroke, to William de Clairvaux, his servant, for his homage and service, of 80 acres in a corner of his wood of Norton, rendering a pair of gilt spurs at Easter for all services. [*c.* 1220–5]

Carta Willelmi Marescall'

Sciant presentes et futuri quod ego Willelmus Marescallus filius Willelmi Marescalli comitis Penbroc' concessi et dedi et hac presenti carta mea confirmaui Willelmo de Clereuaus seruienti meo pro humagio et seruicio suo quater viginti acras terre in quodam angulo bosci mei de Norton' qui extendit se inter illam assartam quam dominus Galfridus filius Petri fecit de terra vxoris sue et assartam quam Henricus de Pery de terra comitis Baldewini assartare fecit et abuttat super terram Galfridi de Pauely. Tenendum de me et heredibus meis sibi et heredibus suis libere et quiete imperpetuum reddendo inde annuatim michi et heredibus meis vnum par calcarium deauratorum ad Pascha pro omni seruicio. Et ego et heredes mei warantizabimus dicto Willelmo et heredibus suis predictam terram contra omnes gentes. Et ut hoc ratum et firmum sit presens scriptum sigilli mei apposicione roboraui. Hijs testibus Willelmo le Grate et Willelmo fratre suo Hamone le Guace Alano de Hyda Galfrido de Norton' Baldewino filio eius Iohanne de Burcote Roberto de Marisco Ada de Langeboruwe Thoma de Waleshall' et alijs.

L.C. 64r.–64v.
NOTE: William Marshal the father died in 1219. For the probable date of the grant of this land to the Priory see No. 167.

171

Undertaking by William de Clairvaux that he will warrant to the Priory their beasts and crops on the 80 acres of land that he granted them, and their reasonable expenses. Saving to him a third part of the crop, in accordance with his charter, which they have. [*c.* 1220–5]

Carta Willelmi de Clarisvallibus

Sciant presentes et futuri quod ego Willelmus de Clarisvallibus teneo warantizare priori et monachis de Luffelde contra omnes gentes aueria sua et uestura tocius terre quater viginti acrarum quas illis concessi et omnes custus racionabiles quos in ea posuerint saluo tercia parte mea tocius bladi predicte terre ad me pertinente si forte terram predictam secundum tenorem carte mee que super predicta terra penes se habent warantizare non potero. Vt autem hec warancia mea rata et stabilis permaneat presens scriptum sigillo meo dignum duxi confirmare. Hijs testibus Iohanne de Hulecote Arnaldo de Selueston' Henrico de Braunteston' Roberto de Billing Ricardo Cardon Iordano Iohanne Crispo Galfrido filio Henrici de Witlebury Ricardo fratre suo et alijs.

L.C. 64v. Monkesbarne.

171A

Chirograph of agreement by Roger, prior of Luffield, to release William de Clairvaux from obligation to warrant the Priory in respect of 80 acres in the corner of Norton wood. [c. 1220–31]

Not indented.

CIROGRAPHUM

Omnibus ad quos presens scriptum peruenerit Rogerus prior de Luf-feld 7 eiusdem loci conuentus salutem. Ad vniuersitatis uestra noticia perueniat quod Willelmus de Claris Vallibus nobis dedit in puram 7 perpetuam elemosinam quater viginti acras terre cum pertinencijs in quodam angulo bosci de Norton. quas comes Willelmus Marescallus ei pro seruicio suo dedit. Et siforte euenerit quod idem Willelmus pre-fatam terram nobis warantizare non poterit nos eum 7 heredes suos quietos clamauimus de omni warantizatione 7 nullum escambium pro illa terra ab ipsis exigemus. Et ut hoc firmum 7 stabile permaneat nos predictam quietam clamanciam ipsi 7 heredibus suis sigilli nostri apposicione roborauimus. Hiis testibus Ricardo de Attenestone. Roberto de Plumton'. Alexandro de Bosco. Galfrido de Norton'. Io-hanne de Wodehalle. Thoma de Wika. Galfrido de Burecote. Gre-gorio de Thoucestre. 7 aliis.

W. 2563
5¼″ × 2″.
Endorsed: de Willelmo de Clarisvallibus (14th century).
NOTE: The date is after the grant of William de Clairvaux, No. 167, and during the priorate
of Roger.

172

Undertaking by William son of William de Perry to acquit the Priory of 12d. which the sheriff exacted from them for castle guard at Northampton in respect of an assart which they had of the gift and feoffment of his grand-father, Henry de Perry. [1289–1307]

Carta Willelmi filij Willelmi de Pery

Omnibus hominibus ad quos presentes littere peruenerint Willelmus filius Willelmi de Pirie salutem. Noueritis me pro me et heredibus meis et quibuscunque meis assignatis concessisse et tenore presencium recognouisse ad acquietandum priorem et conuentum de Luffelde de duodecim denarijs annuis quos vicecomes Northampton' ab eisdem exigit pro warda castri Northampton' de quodam assarto quod idem prior et conuentus habent ex dono et feofamento Henrici de Pirie aui mei quod quidem assartum iacet inter assartum quod quondam fuit Reginaldi auunculi mei et assartum dictorum monachorum et ab- buttat ad cheminum de Wodekespat. Omnes donaciones concessiones et cartarum confirmaciones per Henricum auum meum et Willelmum patrem meum eisdem priori et conuentui confectas pro me et heredi- bus meis et quibuscunque meis assignatis tenore presencium confir- mando. In cuius rei testimonium sigillum meum presentibus est ap- pensum. Hijs testibus domino Laurencio de Pauely domino Radulfo de Wedon' militibus Nicholao de Pauely Ricardo Auuerey de Witle- bury Willelmo de Slapton et alijs. Datum apud Pirie in festo Annun- ciacionis beate Marie anno regni Regis E. tricesimo sexto.

L.C. 64v.
NOTE : Dated after the death of Robert, father of Laurence de Pavilly, in 1288 and before the end of the reign of Edward I in its 35th year.

173

Grant to the Priory in alms by Robert son of Robert Wrenche of East Perry of half an acre of meadow in the long mead of Easton Neston. [c. 1260–70]

Carta Willelmi [sic] Wrenche

Noscant vniuersi hoc scriptum visuri uel audituri quod ego Robertus Wrenhc' filius Roberti Wrenhc' de Eijst Perẏ. concessi ⁊ hoc presenti scripto meo confirmaui. deo. ⁊ beate Marie de Luffeld' ⁊ monachis ibidem deo seruientibus. illam dimidiam acram prati in longo prato de Estenestune. que iacet iuxta acram domini Iohannis de Hulecote. ⁊ iuxta le Heuedacres. in liberam. puram ⁊ perpetuam elemosinam prout continetur in carta quam dicti monachi habent de Sẏmone filio Ricardi auunculo meo de dicta dimidia acra prati. Tenendam ⁊ ha- bendam dictam dimidiam acram cum libero introitu ⁊ exitu. ⁊ cum omnibus pertinencijs suis ⁊ libertatibus. adeo pure ⁊ quiete. sicut ali- qua elemosina melius. purius. aut liberius poterit dari vel teneri. Et ego uero dictus Robertus. ac heredes mei uel quibuscunque mei assig- nati dictam dimidiam acram prati cum omnibus pertinencijs prout ante dictum est. dictis monachis ⁊ eorum successoribus. contra omnes gentes warantizabimus. defendemus. ⁊ ubique ab omnibus acquieta- bimus. Et ut hec mea concessio ⁊ presenti [sic] scripti mei confirmacio. rata sit ⁊ stabilis⁈ huic presenti scripto sigillum meum in testimonio apposui. Hijs testibus Elẏa de Tyngewik'. Ricardo Grusset. Iohanne de Eure. Ricardo clerico de Seluestun' Galfrido de Ypre Henrico Anẏun et multis aliis.

W. 2517   L.C. 64v.–65r.
6¾″ × 3¾″.
Slit for seal.
NOTE: The attestation of Elias de Tingewick places this charter late in the lifetime of Richard Clerk of Silverstone.

174

Grant to the Priory in alms by Henry son of William de Perry of his little assart, which is between his great assart and theirs, on the road called Wodekespat. [*c.* 1240]

Carta Henrici de Pery

Vniuersis sancte matris ecclesie filiis ad quos presens scriptum peruenerit Henricus de Perẏ filius Willelmi de Perẏ salutem. Nouerit vniuersitas vestra me intuitu pietatis ꝛ caritatis ꝛ pro salute anime mee ꝛ antecessorum meorum ꝛ successorum dedisse et concessisse ꝛ presenti carta mea confirmasse deo ꝛ beate Marie de Luffeld' ꝛ monachis ibidem deo seruientibus minorem assartum meum cum omnibus pertinenciis situm inter assartum meum maiorem ex vna parte ꝛ inter assartum prioris ꝛ conuentui de Luffeld' ex altera. et abuttat ad cheminum quod vocatur Wodekespat in liberam ꝛ puram ꝛ perpetuam elemosinam. Tenendum ꝛ habendum dictum assartum cum pertinenciis de me ꝛ heredibus meis sibi ꝛ successoribus suis libere ꝛ quiete bene ꝛ in pace inperpetuum. Ego uero dictus Henricus ꝛ heredes mei dictum assartum cum pertinenciis predictis monachis contra omnes homines et feminas warantizabimus ꝛ ab omnibus seruiciis secularibus ꝛ demandis que ullo modo uel iure uel aliquo casu contingente ab aliquo uel ab aliqua exigi potuerint: acquietabimus et defendebimus ꝛ in dampnis conseruabimus .Vt autem ea que a me concessa sunt firma preseruerent. presenti scripto sigillum meum apposui in testimonium. Hiis testibus. domino Iohanne vicario de Norton' Willelmo capellano de Witlebir'. Ricardo Daẏrel. Aluredo de Burtun'. Willelmo de Bramteston'. Ricardo clerico de Selueston'. Ricardo Cardun'. Willelmo filio suo. Rogero le enginiur. Willelmo de Stapelford. Henrico Doget. Galfrido coco ꝛ multis aliis.

W. 2566   L.C. 65r.   Monkesbarne.
7″ × 4¼″.
Round green seal, 1⅜″ diameter. A fleur-de-lis. + SIGILL' HENRICI FIL' WILL'.
NOTE: For date see No. 175.

175

Agreement between Henry de Perry and the Priory: Henry has conveyed to them his little assart, and they will hold it for twelve years from the Michaelmas after Earl Richard's setting out for the Holy Land. If Henry shall wish to sell it before the end of the term, he shall sell it to the Priory. For the agreement they have given him two silver marks and a quarter of corn. He undertakes to submit to the jurisdiction of the archdeacon in respect of breaches of covenant. [1240]

Cirographum contra Henricum de Pery

Indented at the top. Letters cut through.

Sciant presentes ⁊ futuri quod hec est conuencio facta inter priorem ⁊ conuentum de Luffeld' ex vna parte. ⁊ Henricum de Perie ex altera scilicet. quod predictus Henricus concessit ⁊ tradidit dictis priori ⁊ conuentui de Luffeld' minorem assartum suum situm inter maiorem assartum suum ex vna parte. et inter assartum predictorum prioris ⁊ conuentus ex altera ⁊ abuttat ad cheminum quod vocatur Wode-kespat. Tenendum ⁊ habendum cum omnibus pertinenciis. libere ⁊ quiete. bene ⁊ pacifice. a proximo festo sancti Michaelis postquam Ricardus comes iter suum arripuit ad terram sanctam ciclo lunari eiusdem anni sexto. usque in duodecim annos continue sequentes. Predictus vero Henricus ⁊ heredes sui predictum assartum cum omni-bus pertinenciis predictis priori ⁊ conuentui contra omnes homines ⁊ feminas warantizabunt. defendent. ⁊ adquietabunt ab omnibus ser-uiciis secularibus. ⁊ ab omnibus demandis que ullo modo uel ullo iure ab aliquo uel ab aliqua exigi potuerint. Et si forte euenerit quod dictus prior ⁊ conuentus de Luffeld' aliquas expensas ⁊ dampna pro defectu warancie dicti Henrici uel heredum suorum incurrerint. dictum as-sartum penes priorem ⁊ conuentum de Luffeld' libere ⁊ quiete re-manebit quousque dictus Henricus⁊ ⁊ heredes sui dictas expensas ⁊ dampna sepedictis priori ⁊ conuentui persoluerunt⁊ Et sciendum est quod si dictus Henricus uel heredes sui infra terminum partem assarti uel totum tradere. vendere. uel invadiare. uel aliquo modo alicui im-pignorare voluerunt. nemini liceat nisi prefatis priori ⁊ conuentui de Luffeld'. Pro hac autem concessione tradicione ac conuencione pre-fati prior ⁊ conuentus dederunt predicto Henrico de Peri duas marcas argenti ⁊ vnum quarterum frumenti premanibus. Predictum vero assartum predicto Henrico ⁊ heredibus suis liberam ⁊ quietum post terminum reuertetur warectatum. Ad hec omnia fideliter obseruanda predictus Henricus pro se ⁊ heredibus suis fide interposita affidauit ⁊ obligando se iuredictionem archidiaconis Norhampton' uel eius offi-cialis ut per censuriam ecclesiasticam compellentur si necesse fuerit. nec non omni appellacioni ⁊ exceptioni cuilibet iuris ⁊ curie remedio pro se ⁊ heredibus suis renunciauit. quantum ad conuencionem inter partes factam infringendam ⁊ presenti scripto sigillum suum in testi-monium apposuit. Hijs testibus domino Iohanne tunc vicario de Nor-ton'. domino Henrico tunc vicario medietatis ecclesie de Bechampton' Willelmo de Clarisvallibus. Alfredo de Witlebur'. Willelmo de Bramp-teston' Iohanne ⁊ Henrico fratribus suis. Ricardo filio Ernaldi de

Selueston' Ricardo Chardun. Rogero le enginnur Galfrido coco. ㄱ multis aliis.

W. 2565 L.C. 65r.–65v.
7″ × 5¾″.
Tag for seal.
NOTE: Earl Richard set out in 1240.

176

Confirmation by William son of Henry de Perry of his father's grant (No. 175). [1249–c. 1260]

Carta Willelmi filij Henrici de Pery

Sciant presentes ㄱ futuri quod ego Willelmus filius Henrici de Peri con-cessi ㄱ presenti scripto confirmaui donacionem quam pater meus Hen-ricus fecit deo ㄱ beate Marie et monachis de Luffeld' ibidem deo ser-uientibus de minori assarto suo sita inter assartum Reginaldi fratris mei ㄱ assartum predictorum monachorum ㄱ abuttat ad cheminum quod uocatur Wodekespad. Tenendum ㄱ habendum dictum assartum in omnibus secundum tenorem carte patris mei. quam eis unde fecit scilicet in liberam. ㄱ puram. ㄱ perpetuam elemosinam libere ㄱ quiete. ab omnibus seruiciis secularibus. ㄱ demandis que ullo modo uel ullo iure aliquo casu contingente. ab aliquo homine uel ab aliqua femina. exigi potuerint. Ad dictorum uero monachorum maiorem securitatem. concessi pro me ㄱ heredibus meis vt per uicecomitem Norhampton' ㄱ eius balliuos per terras ㄱ catalla nostra destringemur. labores. ex-pensas ㄱ dampna. siqua pro defectu nostro. dicti monachi de dicto assarto incurrerint꞉ eis absque vlla causa vel contradictione persoluere vel inde satisfacere. Vt autem ea que a me concessa sunt firmitatis ro-bur inperpetuum optineant꞉ presenti scripto sigillum meum in testi-monium apposui. Hijs testibus. domino Roberto Mantel. Alexandro de Bosenho. Ricardo de la Wodehall. Ricardo Grẏm'. Wẏot le Uilur Galfrido de Badesleẏe. Waltero filio Roberti. ㄱ multis aliis.

W. 2552 L.C. 65v.–66r. Monkesbarne.
6″ × 3½″.
Green round seal, 1″ diameter. A fleur-de-lis. s' WILLELMI FIL' HENRI.
NOTE: Walter, father of Robert Mantel, died in 1249 (*Excerpta e Rot. Fin.* ii. 55).

177

Lease for two lives by William de Horwood, prior of Luffield, to Adam de Cortenhale and Joan his wife, for their lives, of the manor of Monksbarn in Perry. 1 August 1351

Indentura de manerio de Monkesbarne

Indented at the top. Letters cut through.

Hec indentura testatur quod die lune in festo sancti Petri quod dicitur aduincula anno regni regis Edwardi tercij a conquestu vicesimo quinto conuenit inter viros religiosos fratrem Willelmum de Horwode priorem de Luffelde ⁊ eiusdem loci conuentum ex parte vna ⁊ Adam de Cortenhale ⁊ Iohannam vxorem eius ex parte altera videlicet quod predicti religiosi tradiderunt ⁊ dimiserunt dicte Ade et Iohanne manerium eorum de Pyre quod vocatur le Monkesbarne cum omnibus pertinencijs suis cum bosco prato ⁊ omnibus eorum comoditatibus ad terminum vite dictorum Ade ⁊ Iohanne vel cui eorum diucius vixerit bene ⁊ in pace pro quadam summa nobis premanibus pacata saluo forinseco seruicio domini regis. Ita quod predicti Adam nec Iohanna pro termino vite eorundem non sustentabunt domos maiores nec minores nisi pro voluntate eorum. Et si contingat dictos Adam ⁊ Iohannam infra viginti annos proximos sequentes plenarie completos a dato presencium obire quod absit extunc dicti religiosi concedunt pro se ⁊ successoribus suis quod executores vel assignati dictorum Ade ⁊ Iohanne habeant ⁊ pacifice teneant predictum manerium cum omnibus pertinencijs suis predictis vsque ad terminum predictorum viginti annorum plenarie completorum in forma prenominata. Ita quod dicti religiosi ⁊ eorum successores post dictum terminum bene ⁊ licite totum dictum manerium cum omnibus pertinencijs suis intrent ⁊ capiant ⁊ manuteneant saluis predictis Ade ⁊ Iohanne ⁊ executoribus ⁊ assignatis omnibus fructibus tam garbarum quam feni. Habendis eciam dictis Ade ⁊ Iohanne ⁊ eorum assignatis housbote ⁊ heibote in dicto bosco sine vasto faciendo si aliquid inueniri potest. Et dicti vero Adam ⁊ Iohanna gratos ⁊ fideles versus dictos religiosos ⁊ eorum successores se habebunt ⁊ consilium eorundem religiosorum fideliter promouebunt ⁊ occultabunt si requisitum fuerit. Et predicti vero religiosi ⁊ eorum successores dictum manerium cum omnibus suis pertinencijs prout supradictum est predictis Ade ⁊ Iohanne ⁊ eorum executoribus vel assignatis suis ad totum dictum terminum contra omnes gentes warantizabunt acquietabunt ⁊ defendent. In cuius rei testimonium presentibus indenturis partes predicte sigilla sua alternatim apposuerunt. Datum apud Luffelde die ⁊ anno supradictis.

W. 2579   L.C. 66r.   Monkesbarne.
9¾″ × 5¼″.
Slit for seal-tag.

178

Grant to the Priory in alms by Simon son of Richard de Est Perry of half an acre of meadow in the long mead of Easton Neston. [1231–1241]

Carta Simonis filij Ricardi de Estpirie

Sciant presentes ⁊ futuri quod ego Simon filius Ricardi de. Est Perie. pro salute anime mee ⁊ antecessorum ⁊ successorum meorum. dedi ⁊ concessi ⁊ hac presenti carta mea confirmaui. deo. ⁊ beate. Marie. de.

Luffeld'. ꝯ monachis ibidem deo famulantibus. vnam dimidiam acram prati in longo prato de. Esteneston'. que iacet inter acram domini Iohannis de Hulecot'; ꝯ dimidiam acram. Galfridi. filij. P. de Estenneston'. prope iuxta le heuedhacres Willelmi de Lestr'; in liberam ꝯ perpetuam elemosinam puram; Tenendam ꝯ habendam predictam dimidiam acram prati. libere ꝯ quiete. bene ꝯ integre. sine aliquo impedimento mei uel heredum meorum; Ego uero predictus Simon ꝯ heredes mei. predictis monachis. predictam dimidiam acram prati. cum pertinenciis. vt liberam ꝯ puram ꝯ perpetuam elemosinam. contra omnes gentes warantizabimus. ꝯ defendemus ꝯ inperpetuum acquietabimus; Et ut hec mea donacio ꝯ concessio ꝯ carte mee confirmacio. rata sit ꝯ stabilis. huic presenti scripto. sigillum meum in testimonium apposui. Hiis testibus; Willelmo persona de. Essen. Radulfo vicario. de. Euersag. Henrico. capellano. de. Esteneston'. Willelmo. de. Branteston'. Ricardo clerico. de. Selueston'. Radulfo. fabro. Ernaldo. fratre eius. Roberto Samnẏs. Ricardo Cardun. Luce. clerico. de. Luffeld' ꝯ multis aliis.

W. 2528 L.C. 66r.–66v.
7½″ × 4″.
Tag for seal.
NOTE: Richard Clerk of Silverstone inherited in 1231; in 1242 Ralf had ceased to be vicar of Evershaw (see No. 42).

179

Lease by the Priory to John Hauerkus, for his life, of half their manor of Monksbarn. 21 November 1376

Dimissio firme ac manerij de Monkesbarne

Nouerint vniuersi per presentes nos Willelmum priorem de Luffelde et eidem loci conuentum vnanimi et assensu tradidisse et ad terminum vite dimisisse Iohanni Hauerkus et [sic] Wodeburcote medietatem manerij nostri vocati Monekesbarne cum medietate terre prati pascuorum et pasture cum omnibus suis pertinencijs ad totum terminum vite sue videlicet illas domos vocatas aulas tres bayes uersus austrum extendentes versus boream et vnam bayam et dimidiam alterius domus versus aquilonem . Habendam et tenendam predictam medietatem manerij cum medietatem terre prati pascuorum et pasture et cum omnibus proficuis et pertinencijs ad predictam medietatem spectantibus quouismodo predicto Iohanni ad totum terminum vite sue libere et in pace. Reddendo inde annuatim nobis et successoribus nostris sexdecim solidos argenti ad quatuor anni terminos vsuales per equales porciones videlicet ad festum natiuitatis domini Pasche natiuitatis sancti Iohannis baptiste et festum sancti Michaelis archangeli. Et si contingat quod predictum redditum aretro fuerit ad aliquem terminum prenominatum in parte uel in toto per quindenam tunc bene liceat nobis et successoribus nostris in predicta medietate manerij medietatem terre prati pascuorum pasture cum omnibus suis pertinencijs intrare et distringere et districciones suscaptas abducere asportare et retinere quousque de predictis uel eius arreragijs signe sint nobis et successoribus nostris plenarie fuerit satisfactum. Et si ullus conueniens districcio ibidem inuenta fuerit per quindenam post predictam quindenam tunc bene liceat nobis et successoribus nostris in omnibus predictis ingredi et omnia predicta reasumere in manum nostram et predictum Iohannem expellere sine contradiccione quorumcumque. Et predictus sustentabit et reparabit medietatem manerij predicti sumptibus suis proprijs et sic eam dimittet in adeo bono statu quo recepit vel in meliori. Et predictus Iohannes habebit meremium in eodem loco crescentem ad sustentandum predictarum domorum per visum prioris seu eius celerarium [*sic*] nec liceat predicto Iohanni predictam medietatem manerij terre pratorum pascuarum et pasture cum suis pertinencijs alicui dimittere sine licencia predicti prioris seu eiusdem loci conuentus. Et predictus Iohannes habebit housbote et haybote de boscis ad predictum spectantibus saluo semper nobis iure nostro. Et preterea predictus Iohannes cum discesserit et obierit dabit pro heriotte sue sex solidos et octo denarios et faciet sectam curie nostre apud Selueston' semel in anno videlicet ad festum sancti Michaelis si premonitus fuerit et eciam pro nobis et successoribus nostris debitus domini regis et forinseca ceruicia . Et nos vero predicti prior et eiusdem loci conuentus et successores nostri omnia suprascripta cum omnibus eorum pertinencijs prefato Iohanni ad totum terminum vite sue in forma predicta contra omnes gentes warantizabimus . In cuius rei testimonium hijs indentes partes predicte sigilla sua alternatim apposuerunt. Hijs testibus Iohanne Walcote Thoma atte Welde Thoma Assheby Thoma atte Welle Iohanne Heffur et alijs. Datum apud Luffelde in domo capituli nostri die ueneris proxima ante festum sancti Clementis pape anno regni regis Edwardi tercij post conquestum quinquagesimo.

L.C. 66v.–67r. Monkesbarne.

180

Agreement between the Priory and Geoffrey de Insula about common of pasture on the assart in the wood of Norton which they have of the gift of William de Clairvaux. Geoffrey quitclaims for himself and his tenants; the Priory concedes that eight of his demesne oxen shall pasture thereon with the oxen of the Priory. He may also pasture all the beasts raised on his manor of Hecumdecote when the assart lies fallow, and after the third ploughing, but without damage to crop or sward. Geoffrey and his men shall have a drove road running northward from the land of Robert de Pavely to the wood of Norton. As far as the land of Gregory de Towcester next to the ditch of the Countess it shall be four perches wide, by the perch of 16½ feet; from the land of Gregory to the wood of Norton it shall be three perches wide. [*c.* 1216–25]

Cirographum contra Galfridum de Insula

Sciant presentes et futuri quod hec est conuencio facta inter priorem et conuentum de Luffelde tenentem et Galfridum de Insula petentem scilicet super pastura cuiusdam essarti de bosco de Norton' vnde contencio fuit inter eos quam prior et conuentus habent in liberam et perpetuam elemosinam de dono Willelmi de Clarisvallibus scilicet quod predictus Galfridus de Insula relaxauit et quietum clamauit de se et heredibus suis inperpetuum et omnibus tenentibus suis deo et beate Marie de Luffelde et conuentui eiusdem loci omne ius et clamium quod habuit vel habere potuit in pastura predicti essarti sub forma subscripta. Pro hac relaxacione et quieta clamacione de dicto Galfrido et heredibus suis concessit predictus prior et conuentus de Luffelde predicto Galfrido et heredibus suis quod habeat in predicta pastura essarti viij boues de proprijs et de dominicis bobus suis cum bobus prioris et conuentus de Luffelde in haijs suis pascendis ubi prior pascet. Preterea dictus prior et conuentus concesserunt dicto Galfrido et heredibus suis quod habeant omnia aueria sua propria et de domo sua exeuncia in Hecumdecote de propria natura sua in pastura in warectis et rebenis eiusdem assarti sine dampno bladorum vel pratorum dicti prioris et conuentus in parte illa nisi warectum et ribinum incidet esse annum. Preterea dictus prior et conuentus concesserunt Galfrido de Insula et hominibus suis de Hecumdecote habendum vnum cheminum quod dat draua de terra Roberti de Paueli usque ad boscum de Norton' in longitudine versus aquilonem et draua illa est de quatuor perticis lata usque ad terram Gregorij de Toucestr' iuxta fossetum comitisse et quelibet pertica est de sexdecim pedibus et dimidio lata et de terra Gregorij usque ad boscum de Norton' est draua illa lata de tribus perticis quarum quelibet est de predicta latitudine. Et sciendum est quod homines et tenentes predicti Galfridi de Insula et heredum suorum in predicto essarto nullam amplius communam potuerint exigere nisi predictam drauam. Predictam uero pasturam et eiusdem pasture quietam clamanciam dictus Galfridus et heredes sui prenominatis priori et conuentui de Luffelde contra omnes suos tenentes warantizabunt inperpetuum. Vt autem hec conuencio inter prefatos priorem et conuentum et dictum Galfridum et heredes suos firma et stabilis preserueret tam prior et conuentus de Luffelde quam prefatus Galfridus de Insula in testimonium presenti cirographo sigilla sua hinc inde duxerunt apponere. Hijs testibus domino Radulpho Harang

N

Radulpho filio eius Roberto Daumari Ricardo de Bello Campo
Willelmo de Pauely Arnoldo clerico de Selueston' Ricardo de Lega
Roberto de Billing et alijs.

L.C. 67r. Monkesbarne.
NOTE: The Countess is the widow of Geoffrey fitz Peter, who died in 1216. For the second
terminal date see Appendix, p. 269.

181

Agreement between the Priory and Ralf de Wedon, whereby the Priory
grant to Ralf a right of way, and rights of pasture for his oxen, while Ralf
quitclaims any right in their assart in the wood of John Marshal. [c. 1250]

Cirographum domini Radulphi de Wedone

Sciant presentes et futuri quod hec est conuencio facta inter priorem
et conuentum de Luffelde et dominum Radulphum de Wedon' scilicet
quod predicti prior et conuentus concesserunt predicto Radulpho et
heredibus suis vnum cheminum latitudinis vnius acre vnde pertica est
xvj pedum et dimidie ab assarto quod predicti prior et conuentus concesserunt predicto Radulpho [que] habent de Willelmo de Clarisuallibus usque in forestam et proprij boues predicti Radulphi exeuntes
de curia sua debent ire cum bobus predicti prioris et conuentus ubicunque eant et quod bladum predicti prioris et conuentus a campo de-
ponetur predictus Radulphus et homines eius communionem habeant
in stipla et warecte. Pro hac autem conuencione et concessione predictus Radulphus quietum clamauit de se et de heredibus suis et de
hominibus suis predictis priori et conuentui intuitu caritatis et pro
salute anime sue et animarum omnium antecessorum suorum et successorum omne ius et omne clamium quod habuit vel habere potuit
in assarto quod habuerunt in bosco qui fuit Iohannis Mareshall' salua
forma predicta et sciendum est quod predictus prior et conuentus
leuabunt fossa inter predictum cheminum et bladum eorundem saluo
libero introitu et exitu. Vt autem ista concessio et quieta clamacio ex
utraque parte stabilis permaneat predicti prior et conuentus et predictus Radulfus utrumque scriptum sigillis suis corroborauerunt. Hijs
testibus Radulpho del Estre Roberto Mantel Wiberto Portario
Hugone de Burkot' Willelmo de Brauntestun Ricardo de Seluestun
Ricardo Chardun et alijs.

L.C. 67v. Monkesbarne.
NOTE: The date is probably after the death of Walter, father of Robert Mantel, in 1249.
For Richard Cardon see Appendix, p. 269.

182

Lease by the Priory for 50 years to Sir John St John of their manor of Monksbarn, with all its lands except Monkswood. 22 January 1424

Dimissio firme ac manerij de Monkesbarn

Nouerint vniuersi per presens scriptum indentatum nos Iohannem priorem de Luffelde et eiusdem loci conuentum concessisse tradidisse et ad firmam dimisisse Iohanni SeyntJohn' militi totum manerium nostrum de Monkesbarne iuxta Westpirie in comitatu Northamptone cum omnibus terris pratis pascuis pasturis et omnibus alijs pertinencijs suis excepto semper illo bosco qui vocatur Monkeswode. Habendum et tenendum de nobis et successoribus nostris totum predictum manerium cum omnibus pertinencijs suis excepto bosco prenotato prefato Iohanni SeyntJohn' heredibus executoribus et assignatis suis a festo sancti Michaelis archangeli proximo futuro post datum presencium vsque ad finem termini quinquaginta annorum extunc proximorum sequencium et plenarie completorum. Tamen dictus Iohannes Seint John' habebit ingressum et mensuracionem super warectam terrarum predictarum et super prata eidem warecte spectantes die confeccionis presencium. Reddendo inde annuatim nobis prefatis priori et conuentui successoribus vel assignatis nostris triginta solidos bone et legalis monete ad quatuor anni terminos videlicet ad festum annunciacionis beate Marie natiuitatis sancti Iohannis baptiste sancti Michaelis archangeli ad festum Natale domini proxime future post datum presencium. Et si predictus redditus triginta solidorum aretro fuerit in parte vel in toto per quindecim dies post aliquod festum festorum predictorum non solutus tunc bene liceat nobis et successoribus nostris vel assignatis in predicto manerio et pertinencijs suis distringere et districciones abducere et retinere quousque nobis de redditu predicto et eius arreragijs plenarie fuerit satisfactum. Et si idem redditus triginta solidorum per vnum quarterum anni remansit in parte vel in toto non solutus et super hoc nulla sufficiens districcio ibidem ad distringendum pro redditu sic aretro existente inueniri poterit tunc bene liceat nobis prefatis priori et conuentui ac successoribus nostris dictum manerium cum omnibus pertinencijs suis reintrare et rehabere pacifice infuturo presenti indenture non obstante. Et nos dicti prior et conuentus ac successores nostri dictum manerium cum omnibus pertinencijs suis excepto bosco predicto prefato Iohanni SeyntJohn' heredibus executoribus et assignatis suis ad terminum quinquaginta annorum predictorum in forma prenotata contra omnes gentes warantizabimus . In cuius rei testimonium tam sigillum nostrum commune quam sigillum dicti Iohannis SeyntJohn hijs indenturis alternatim fuerunt appensa. Datum apud Luffelde vicesimo secundo die mensis Ianuarij anno regni regis Henrici sexti post conquestum secundo.

L.C. 67v.–68r.

183

Grant by Henry the baker of Towcester to Christiana de Weyford of a tenement in Towcester which he bought from Robert Marescall. [Before 1275]

Carta Henrici pistor'

Sciant presentes 7 futuri quod ego Henricus pistor de Touecestr' dedi concessi 7 hac presenti carta mea confirmaui Cristiane de Weẏford' illud tenementum cum crofto 7 curtilagio in villa de Touecestr' quod quidem emi de Roberto Marescallo. Habendum 7 tenendum de me 7 heredibus meis sibi 7 heredibus suis uel cuicumque uel quibuscunque 7 quocumque 7 ubicumque dare vendere. alienare inuadiare. legare, voluerit libere quiete integre 7 in pace plenarie 7 hereditarie in omnibus libertatibus 7 in liberis consuetudinibus tali tenemento spectantibus reddendo inde 7 faciendo annuatim ipsa 7 heredes sui uel assignati capitali domino feodi debitum seruicium quantum pertinet dicto tenemento. Et ut hec mea donacio 7 carte mee confirmacio perpetue firmitatis robur optineat: huic presenti scripto impressionem sigilli mei apposui. Hijs testibus. Ricardo de Wodehall'. Iohanne de Burcot' clerico. Iohanne Iosep. de Touecestr'. Philippo de Langeberg' in Duncot'. Galfrido Turwil de Wike . Iohanne ad ecclesiam in Norton' te alijs.

W. 2921   L.C. 68r.   Monkesbarne.
9″ × 2¾″.
Tag for seal.
NOTE: For date see last sentence of No. 184A.

184

Grant to the Priory in alms by Christiana de Weyford of the tenement in Towcester that she had of the gift of Henry the baker. [1274–5]

Carta Cristiane de Wayfforde de terris in Towcestre

Sciant presentes 7 futuri quod ego Cristiana de Wayford dedi. concessi. 7 hac presenti carta mea confirmaui deo 7 ecclesie sancte Marie de Luffeld' 7 monachis ibidem deo famulantibus pro salute anime mee. et animarum domine Elizabeth vxoris domini Dauid Griffin. Scolastice de Wayford. Baldewini. Benedicte de Wayford. domini Willelmi Marescalli. 7 omnium antecessorum meorum totum illud tenementum cum crofto 7 curtilagio in villa de Towcestr' cum pertinenciis quod habui de dono Henrici Pistoris. Habendum 7 tenendum dictum tenementum dictis monachis ꝵ eorum successoribus in liberam puram ꝵ perpetuam elemosinam imperpetuum. facientes eciam dicti monachi ꝵ eorum successores capitali domino feodi debitum seruicium quantum dicto tenemento pertinet. Vt autem hec mea donacio ꝵ carte mee confirmacio. concessio. perpetue firmitatis robur optineat huic presenti scripto impressionem sigilli mei apposui in testimonium. Hiis testibus. Willelmo de Bradden'. Elya de Tingewik'. Galfrido Turvil'. Iohanne at Cherche. Rogero Trimenel. Ricardo de la Wodehall. Iohanne Iesoph. Roberto forestario. Iohanne clerico de Burcot' et aliis multis.

W. 2922   L.C. 68r.
8½″ × 3½″.
Tag for seal.
NOTE: For date see last sentence of No. 184A. This lady will occur in Part II as Christiana Dayrel and Christiana de Witleburi. She was probably a daughter of Henry Dayrel.

184A

Abstract of title relating to the messuage in Towcester that Christiana de Wayford gave to the Priory. [After 1274–5]

Iohan persone de Towcestre achata vn mes e vne crouthe ole curtilage en la vile de Towcestre de Wybert le porter meymis celi Iohan dona cel mes e crouthe e curtilage a Parnele de Brackele de ky il engendra vn fiz ke fu nome Willem de Brackele. Meymis cele Parnele dona cel mes e crouthe e curtilage a Willem de Brackele soun fiz. Willem de Brackele engendra vn fiz de Maud le Welche ke est apele Rauf. Le auandit Willem fit vne chartre a Rauf soun fiz de cel mes crouthe e curtilage mes vnkes en seysine ne ly mit. E pur ceo apres la chartre fete a Rauf Willem de Brackele vendy cel mes crouthe e curtilage a Robert le Mareschal e bon sesine haueyt auns e iours. Robert le Mareschal vendy cel mes crouthe e curtilage a Henri le bakere. Henri le bakere le vendy a Cristiane de Wayford'. Cristiane de Wayford' le dona en pur e en perpetuel aumoyne. La mesun de Luff hat este en seysine pus le ters an de le regne le rey Edward ke ore est ke deu gard e la mesun de Luffeld'.

W. 2931
7¾″ × 2½″.
No endorsement.

185

Quitclaim to the Priory by Ralf son of William de Brackley, of Towcester, of his right in a messuage with toft, croft, and gardens there. 5 February 1305

Quieta clamancia Radulphi filij Willelmi de Brackel in Towcestre

Omnibus Christi fidelibus hoc presens scriptum visuris vel audituris

Radulphus filius Willelmi de Brakkele in Touecestr' salutem in domino sempiternam. Noueritis me concessisse. remisisse relaxasse ℸ omnino pro me heredibus meis imperpetuum quietumclamasse priori ℸ monachis de Luffeld' ℸ eorum successoribus totum ius meum ℸ clamium quod unquam habui vel aliquo modo habere potui seu debui in vno mesuagio tofto crofto ℸ gardinis cum omnibus ℸ singulis eorum pertinenciis in Toucestre quod quidem mesuagium iacet in longitudine de Watlingstrete in parte australi ℸ occidentali inter viam que ducit versus Burcote et le Hethenewell'. Ita videlicet quod nec ego predictus Radulphus nec heredes mei nec assignati nec aliquis alius per nos seu nomine nostro aliquid iuris vel clamii in predicto mesuagio tofto crofto cum gardinis cum omnibus ℸ singulis eorum pertinenciis decetero exigere seu vendicare poterimus nec debemus sed imperpetuum sumus exclusi. In cuius rei testimonium presentibus sigillum meum apposui. Hiis testibus Pentecost' de Kershalton' tunc maiore Norh't Willelmo le Sotele ℸ Willelmo Baron tunc ballivis eiusdem Gilberto de Toucestre Iohanne le pursere Roberto de Tolowse Roberto de Noneyns de Norh't Iohanne le forester de Toucestr' Willelmo de Lichebarwe Iohanne Sprotecok' Iohanne le porter Iohanne filio Henrici carnificis Iohann Marsil clerico ℸ aliis. Datum apud Norh't die veneris proxima post festum purificacionis beate Marie virginis anno regni regis Edwardi filii regis Henrici tricesimo tercio.

W. 2949   L.C. 68v.   Monkesbarne.
8½″ × 5″.
Tag for seal.

186

Quitclaim to the Priory by Agnes, widow of Ralf de Eppenham, of a messuage in Towcester next to le Lake, with toft and croft, garden, ditch, and quick hedges. 20 May 1292

Acquietancia Agnetis vxoris quondam Radulphi de Eppenham

Omnibus Christi fidelibus ad quorum noticiam presens scriptura peruenerit Agnes vxor quondam Radulfi de Eppenham salutem in domino sempiternam. Noueritis me in pura ℸ ligea viduitate mea remisisse ℸ omnino pro me ℸ heredibus meis quietum clamasse Petro priori de Luffeld' ℸ successoribus suis ℸ ecclesie sue de Luffeld' totum ius ℸ clamium quod habui vel aliquo modo habere potui in vno mesuagio tofto crofto gardino fossato ℸ viuis haÿis ℸ omnibus aliis pertinenciis suis in villa de Thouec' iuxta le Lake. Ita quod ego nec aliquis alius nomine meo seu heredum meorum decetero aliquid iuris coloris seu clamei in predicto tenemento exigere poterimus seu vendicare in dominico seruicio seu aliquo alio quocumque modo. In cuius rei testi-

monium sigillum meum proprium presentibus est appensum. Hiis
testibus. Iohanne de Tyngewik'. Radulfo rectore ecclesie de Lillingston'. Iohanne Iosep de Thouec'. Willelmo de Lychebarewe. Thome
fabro. Et aliis. Datum apud Thouec' die martis proxima post ascen-
sionem domini anno domini m°·cc°. nonagesimo secundo.

W. 2932   L.C. 68v.
7″ × 3½″.
Tag for seal.
Endorsed: Touecester (14th century).

187

Grant to the Priory by Agnes, widow of Ralf de Eppenham, of ½d. rent paid
by William de Althrinton, shepherd, for a tenement in Towcester next to
le Lake. 13 March 1291

Carta Agnetis vxoris quondam Radulfi de Eppenham

Vniuersis Christi fidelibus ad quorum noticiam hoc presens scriptum
peruenerit Agnes vxor quondam Radulfi de Eppenham salutem in
domino sempiternam. Noueritis me pro me ⁊ heredibus meis dedisse
⁊ concessisse Petro priori de Luffeld' ⁊ successoribus suis ⁊ ecclesie sue
de Luffeld' vnum obolatum annui redditus ad festum sancti Iohannis
baptiste percipiendum de Willelmo de Althrinton' bercario quem
quidem redditum percipere consueui de dicto Willelmo ⁊ heredibus
suis de quodam tenemento in villa de Thoucestr' iuxta le Lake. In
cuius rei testimonium ꝶ sigillum meum presentibus est appensum.
Hiis testibus. Iohanne de Tyngewik'. Radulfo rectore ecclesie de
Lillingston. Iohanne Iosep de Thoucestr'. Willelmo de Lychebarewe.
Thoma Fabro de Thoucestr'. Et aliis. Datum apud Luffeld' in crastino
sancti Gregorii pape. Anno domini M°CC° nonagesimo primo.

W. 2938   L.C. 68r.–69r.
7″ × 3½″.
White varnished oval seal, 1¼″ × ¾″. Device founded on a fleur-de-lis. + s' AGNET – – vx
    RADULPHI.
Endorsed: Toucester.

188

Grant to the Priory in alms by Alice, widow of Henry Steg, of a rent of 12d.
issuing from a messuage, houses, and buildings in Towcester. [c. 1270–80]

Carta Alicie vxoris Henrici Steg

Sciant presentes et futuri quod ego Alicia que fui vxor Henrici Steg de
Towcestre in libera et pura viduitate mea dedi et concessi et hac presenti carta mea confirmaui deo et beate Marie de Luffelde et monachis
ibidem deo seruientibus redditum duodecim denariorum de mesuagio
et domibus et edificijs et omnibus alijs pertinencijs in Towcestr' quod

iacet inter mesuagium Henrici pistoris et mesuagium Roberti Tere recipiendo annuatim de manu Simonis Tere ad totam vitam suam et post obitum dicti Simonis de dicta Alicia et de heredibus suis vel suis assignatis pro anima mea et pro animabus omnium antecessorum meorum et successorum ad duos anni terminos scilicet ad Natale domini sex denarios et ad Pascha sex denarios. Tenendum et habendum dictum redditum de me et heredibus meis dictis monachis et eorum successoribus in liberam puram et perpetuam elemosinam. Ego vero dicta Alicia et heredes mei vel mei assignati dictum redditum duodecim denariorum contra omnes gentes warantizabimus imperpetuum. Et ut hec mea donacio concessio et carte mee confirmacio rata et stabilis permaneat huic presenti sigillum meum apposui in testimonium. Hijs testibus Ricardo de la Wodehalle Willelmo de Burcot' Iohanne clerico eiusdem ville Iohanne Iosep' de Towcestre' Henrico Baldewyne et multis alijs.

* (TOWCET^R)

L.C. 69r. Monkesbarne.
NOTE : Henry the baker sold a house in Towcester in 3 Edw. I (No. 184A). John Joseph is a
    frequent witness of this period.

189

Grant by William son of Henry de Abbetrop to Henry de Stotewile, for his service and 11s., of an acre in the south field of Abthorpe. [c. 1250–60]

Carta Willelmi filij Henrici de Abbetroppe

Sciant presentes et futuri quod ego Willelmus filius Henrici de Abbetrop' dedi et concessi et hac presenti carta mea confirmaui Henrico de Stotewile pro seruicio suo et pro vndecim solidis argenti quos michi dedit premanibus in gersuma vnam acram terre mee in campo meridionali de Abetrop' que continet quinque selliones et iacet super Brocsturnefurlong inter terram Roberti de Lestre et terram Ricardi Balde et extendit se de Fifaker usque Godewineshale. Tenendam et habendam dictam acram terre de me et heredibus meis sibi et successoribus suis vel cuicumque dare vendere vel assignare voluerit libere et quiete bene et hereditarie reddendo inde annuatim michi et heredibus meis ille et heredes sui vel sui assignati vnum obolum ad Pascha pro omnibus seruicijs gratis consuetudinibus exaccionibus et demandis. Ego vero dictus Willelmus et heredes mei dicto Henrico et heredibus suis vel suis assignatis dictam acram terre per prenominatum seruicium contra omnes homines et feminas warantizabimus imperpetuum et defendemus. Et ut hec mea donacio et concessio et carte mee confirmacio rata sit et stabilis permaneat presenti scripto sigillum meum apposui. Hijs testibus Iohanne Tremenel Iohanne filio Thome Io-

hanne filio Rogeri Hugone de Burcot' Ricardo de la Wodehalle
Willelmo de Hanel' et alijs.

* (ABTHROPPE)

L.C. 69r.–69v.

TOWCESTER

190

Grant to the Priory in alms by Alexander son of Alice de Towcester of 6d.
rent from his house in Towcester which is against the door of the church.
[c. 1220–5]

Carta Alexandri filij Alicie de Towcestr'

Sciant presentes ꝫ futuri quod ego Alexander filius Alicie de Touecestr' dedi ꝫ concessi ꝫ hac presenti carta mea confirmaui pro salute
anime mee. ꝫ omnium antecessorum meorum ꝫ successorum deo ꝫ
beate Marie de Luffeld' ꝫ monachis ibidem deo seruientibus sex denarios annuatim percipiendos de quadam domo mea in Touecestr'
que est contra portam ecclesie ex opposito quam Iohannes Gos tenet
de me. Tenendos ꝫ habendos de me ꝫ heredibus meis scilicet ad festum
beate Marie in Marcio tres denarios ꝫ ad festum sancti Michaelis tres
denarios in liberam ꝫ puram ꝫ perpetuam elemosinam. Si autem ego
Alexander vel heredes mei cessauerimus soluere predictis monachis
predictos sex denarios ad prenominatos terminos concedo ꝫ uolo quod
ego ꝫ heredes mei a iudice ordinario loci per iudicium ecclesiasticum
soluere compellamus uel michi eisdem monachis ad dictos terminos
satisfacere competenter. Prefatos autem sex denarios prefatis monachis
ego Alexander ꝫ heredes mei contra omnes gentes warantizabimus
imperpetuum. In huius donacionis testimonium presenti scripto
sigillum meum apponere procuraui. Hiis testibus Iohanne persona de
Towcestr' Ernaldo capellano eiusdem ville Ernaldo clerico de Selueston' Ricardo clerico de Luffeld' Radulfo Bule Galfrido clerico
de Burkot' Wiberto forestario Roberto de Billing et alijs.

W. 2927 L.C. 69v. Towcetur.
6¾″ × 3¾″.
White, varnished, round seal, 1¼″ diameter. A fleur-de-lis.
NOTE: For date see Appendix, pp. 268–9.

191

Grant to the Priory by Joan Salvage, daughter of John Salvage, of a solar and cellar in Towcester, which Henry de Stutevile bought from her father. [*c.* 1270–80]

Carta Iohanne filie Iohannis le Sauuage

Sciant presentes 7 futuri quod ego Iohanna le Saluauge filia Iohannis le Saluage concessi. 7 omnino quietum clamaui 7 presenti scripto confirmaui priori 7 conuentui de Luffeud' solarium 7 celarium quod quondam fuit Henrici de Stuteuile in villa de Touecestr' illud scilicet quod dictus Henricus emit de Iohanne patre meo cum omnibus pertinenciis suis. Tenendum 7 habendum dictum solarium 7 celarium cum pertinenciis prout antedictus Henricus melius 7 largius umquam tenuit de me 7 heredibus meis. uel meis assignatis. uel a quocumque dominium hereditatis mei inposterum possidebit. sibi 7 successoribus suis. libere 7 quiete. bene 7 in pace. reddendo inde annuatim michi 7 heredibus meis uel meis assignatis uel cuicumque hereditatem meam possidebit. septem denarios ad festum sancti Michaelis pro omnibus que vllo modo. uel vllo iure uel aliquo casu contingente a me uel ab heredibus meis uel meis assignatis. uel ab aliquo homine. uel ab aliqua femina nomine tenementi quocumque modo exigi potuerit. Ego vero dicta Iohanne 7 heredes mei uel mei assignati uel quicumque hereditatem meam possidebit dictum solarium 7 celarium cum pertinenciis dictis priori 7 monachis ac eorum successoribus contra omnes gentes warantizabimus acquietabimus. defendemus 7 in omnibus indempnes conseruabimus imperpetuum. Vt autem hec mea concessio. 7 confirmacio 7 quieta clamancia firma 7 stabilis imperpetuum preserueret huic presenti scripto sigillum meum apposui in testimonium. Hiis testibus. domino Alano de Romein. Willelmo de Burcote. Ricardo de la Wodehall'. Iohanne Iosep' Henrico Baldewyne. Iohanne filio clerici de Burcot' Stephano de Caldecot' 7 aliis multis.

W. 2936   L.C. 69v.–70r.
11″ × 3¾″.
White, varnished, oval seal, 1½″ × 1″.
NOTE: John Joseph is a very frequent witness to charters of the period 1280–1300, but the attestation of John Clerk of Burcote suggests an earlier date.

192

Grant by Henry the charcoal burner of Abthorpe to Henry de Stotevile, for his homage and service and 18*s.*, of a half acre in the west field of Abthorpe. [*c.* 1260–80]

Carta Henrici carbonarij de Abbetropp'

Sciant presentes et futuri quod ego Henricus carbonarius de Abetrop

dedi et concessi et hac presenti carta mea confirmaui Henrico de
Stoteuile pro homagio et seruicio suo et pro octodecim solidis argenti
quos michi dedit premanibus vnam dimidiam acram terre mee in
campo occidentali de Abetrop que iacet super Bereslade inter terram
Iohanne al Heec et terram Simonis Ruffi et habuttat del Westwelle
usque Longeland. Tenendam et habendam dictam dimidiam acram
de me et heredibus meis dicto Henrico et heredibus suis vel cuicumque
dare vendere vel assignare voluerit libere et quiete bene et in pace reddendo inde annuatim michi et heredibus meis ille et heredes sui vel
sui assignati vnum obolum ad festum sancti Petri aduincla pro omnibus seruicijs secularibus consuetudinibus exaccionibus sectis et demandis michi et heredibus meis pertinentibus Ego vero dictus Henricus Henricus [sic] et heredes mei dicto Henrico de Stoteuile et heredibus suis vel suis assignatis dictam dimidiam acram terre per prenominatum seruicium contra omnes homines et feminas warantizabimus imperpetuum et defendemus. Vt autem hec concessio et carte mee
confirmacio rata sit et stabilis presenti scripto sigillum meum apposui.
Hijs testibus Iohanne Trimerel Willelmo de Abetrop Iohanne atte
heec Iohanne filio Rogeri Willelmo West Willelmo de Hanele et
multis alijs.

L.C. 70r. Towcetur.

193

Grant to the Priory in alms by John son of Geoffrey the clerk of Burcote of
12*d*. rent from the house in Burcote that William, son of the reeve, held of
him. [*c.* 1270–80]

Carta Iohannis filij Galfridi clerici de Burcot'

Sciant presentes ꝛ futuri quod ego Iohannes filius Galfridi clerici de
Burcote dedi. concessi. ꝛ hac mea carta presenti confirmaui deo ꝛ
beate Marie de Luffeld' ꝛ monachis ibidem deo seruientibus duodecim
denarios annui redditus de domo quam Willelmus filius prepositi de
me tenuit in villa de Burcot' pro salute anime mee ꝛ uxoris mee. ꝛ
Galfridi filij mei. ꝛ omnium antecessorum ꝛ successorum meorum.
cunctorum que fidelium. ad quatuor anni terminos percipiendos. scilicet ad festum sancti Michaelis. tres denarios. et ad Nathale domini
tres denarios. et ad Pascha tres denarios. et ad festum sancti Iohannis
baptiste tres denarios. Tenendum ꝛ habendum de me ꝛ heredibus
meis uel meis assignatis dictum redditum dictis monachis ꝛ eorum
successoribus in liberam. puram. ꝛ perpetuam elemosinam. adeo libere ꝛ quiete sicut aliqua elemosina melius uel liberius siue purius
poterit dari uel teneri. Et ego uero dictus Iohannes ꝛ heredes mei ꝛ
assignati dictum redditum dictis monachis ꝛ eorum successoribus
contra omnes gentes warantizabimus. acquietabimus. ꝛ imperpetuum

defendemus. Vt autem hec mea donacio. concessio. ꝛ carte mee confirmacio imperpetuum preserueret.' huic presenti scripto sigillum meum apposui in testimonium. Hiis testibus. Ricardo clerico de Selueston' Ricardo de la Wodehalle. Iohanne Ioseph. Henrico Baldewine. Henrico Amiun. Roberto forestario. Henrico Tere. ꝛ aliis multis.

W. 2400   L.C. 70r.
6¼″ × 4¼″.
Tag for seal.
NOTE: For date cf. No. 192.

194

Grant by Thomas de Eydone to Alice, daughter of John son of Geoffrey the clerk of Burcot, of two acres in the east field of Burcot; a half acre containing 4 selions; 11 selions and a headland, and an acre on Pushul. Alice will pay him 2s. 2d. yearly. [c. 1260–70]

Carta Thome de Eydon de [Blank] Burcote.

Sciant presentes ꝛ futuri quod ego Thomas de Eydone dedi concessi ꝛ hac presenti carta mea confirmaui Alicie filie Iohannis filij Galfridi clerici de Burkote pro seruicio suo duas acras terre cum pertinenciis quas emi de Willelmo filio Hugonis de Burkot' que iacent in longum mesuagium Iohannis filij Galfridi clerici in campo orientali de Burkot' ꝛ extendunt se in forera Galfridi Dille usque on la grene de Burkot' inter dictum mesuagium ꝛ terram Galfridi de fonte. ꝛ vnam dimidiam acram terre in campo de Burkot' continentem quatuor seyliones que extendunt se del Wodehall' strete usque ad terram Henrici filij Roberti in parte occidentali terre Alicie filie Henrici ad fontem quam quidam dimidiam emi de Ricardo del Wodehall'. ꝛ undecim seyliones ꝛ vnam foreram que abuttant in Littlemordyc ꝛ extendunt se super terram Roberti Marescalli ꝛ habeant totam foreram cum sua longitudine quas quidem emi de Ricardo del Wodehall'. ꝛ vnam acram terre que iacet super Pushul iuxta terram Willelmi de Burkot' in campo orientali de Burkot' quam habui in puro ꝛ perpetuo escambio pro quadam alia acra terre quam dedi Willelmo Sprutekoc in campo de Burkot' sicut carte inter me ꝛ dictum Willelmum composite proportant. Habendum ꝛ tenendum totum predictum cum suis pertinenciis sicut predictum est predicte Alicie ꝛ heredibus suis de se legitime exeuntibus libere quiete bene ꝛ in pace ꝛ hereditarie imperpetuum reddendo inde annuatim michi ꝛ heredibus meis duos solidos ꝛ duos denarios argenti videlicet ad natiuitatem beati Iohannis baptiste duodecim denarios ꝛ ad festum sancti Michaelis vnum denarium ad Natale domini duodecim denarios ꝛ ad Pasche domini vnum denarium pro omnibus seruiciis sectis curie consuetudinibus demandis ꝛ exaccionibus Ego uero predictus Thomas ꝛ heredes mei totum pre-

dictum tenementum cum suis pertinenciis sicut predictum est per seruicium prenominatum contra omnes homines ꝛ feminas predicte
Alicie ꝛ heredibus suis de se legitime procreatis warantizabimus defendemus ꝛ ubique acquietabimus inperpetuum. Et si contingat quod
dicta Alicia sine heredibus de se legitime procreatis vixerit totum predictum tenementum habeat quamdiu vixerit. ꝛ post mortem dicte
Alicie totum predictum tenementum cum suis pertinencijs ad me vel
ad heredes meos reuertet. Vt autem hec mea donacio concessio ꝛ huius
carte confirmacio rata sit ꝛ stabilis permaneat imperpetuum huic presenti scripto sigillum meum apposui. Hijs testibus Ricardo del Wodehall' Willelmo de Burkot'. Iohanne filio Galfridi clerici. Roberti filio
Rogeri forestarii. Willelmo de fonte Galfrido de fonte. Roberto filio
Hawys de Burkot' Radulfo filio Gregorij Willelmo filio Henrici
Sprutekoc Willelmo de Brackel' clerico huius carte scriptore ꝛ alijs.

W. 2928 L.C. 70v. Towcetur.
10½″ × 5″.
White round seal, 1″ diameter. No impression.
NOTE : Date probably earlier than Nos. 192 and 193.

195

Grant by John son of Geoffrey de Burcot, with the consent of Dionisia his
wife, to Simon de Estonestone, clerk, and Joan his wife, for their service and
16s. sterling, of an acre in the north field of Towcester. [c. 1270–80]

Carta Iohannis filij Galfridi de Burcotte

Sciant presentes ꝛ futuri quod ego Iohannes filius Galfridi de Bur-
chote clerici assensu ꝛ concensu Dionisie vxoris mee dedi. concessi. ꝛ
hac presenti carta mea confirmaui Symoni de Estoneston' clerico ꝛ
Iohanne vxori sue pro seruicio suo ꝛ pro sexdecim solidos sterlingorum
quos michi dederunt premanibus in gersumam vnam acram terre arabilis cum pertinencijs in campo aquilonari de Thouecestr' quatuor
seyliones continentem que iacet super Cotmannehulle inter terras hospitalis de Thouecestre ꝛ Henrici pistoris de eadem ꝛ abuttat in campum
de Esteneston' super culturam que vocatur Chaldenhul. Tenendam ꝛ
habendam de me ꝛ heredibus suis uel eorum assignatis dictis Symoni
ꝛ Iohanne ꝛ heredibus suis uel eorum assignatis uel cuicumque ꝛ quibuscumque dictam acram terre. dare. vendere. assignare. uel in extremis legare voluerit. libere. quiete. integre. hereditarie. imperpetuum. reddendo inde annuatim michi ꝛ heredibus meis uel meis
assignatis vnam rosam ad festum beati Iohannis baptiste. pro omnibus
seruicijs. consuetudinibus. exaccionibus. sectis curie ꝛ demandis secularibus. Et ego predictus Iohannes ꝛ heredes mei uel mei assignati predictam acram terre cum pertinencijs predictis Symoni ꝛ Iohanne ꝛ
heredibus suis uel eorum assignatis uel cuicumque ꝛ quibuscumque

dare. vendere. assignare. uel in extremis legare voluerint: contra omnes homines ⁊ feminas tam iudeos quam cristianos warantizabimus. acquietabimus ⁊ per predictum seruicium defendemus imperpetuum. Vt autem hec mea donacio. concessio. warantizacio. ⁊ presentis carte confirmacio rata ⁊ stabilis semper permaneant: presentem cartam sigilli mei impressione roboraui. Hijs testibus. Ricardo de la Wodehalle. Roberto de Tingewyk' in Burchot'. Iohanne le porter de eadem. Iohanne Ioseph de Thouecestre. Roberto le forester. Willelmo Aneyne Willelmo Stegk' de eadem. ⁊ aliis.

W. 2925   L.C. 7ov.–71r.   Towcetur.
8½″ × 4″.
Round green seal, 1¼″ diameter. A bearded bust to right, with cap. * s' IOHANNIS CLERICI.
NOTE : John de Burcote succeeded his father Geoffrey in or before 1230 (*Close Rolls*, 1227–31, 403) but the mention of Henry the baker and the attestations of John le Porter and John Joseph point to a much later date.

196

Agreement in the shire court at Northampton before Ralf de Bray then sheriff, touching a messuage in Towcester of which a plea was held in that court between Roger, prior of Luffield and John Botte and Cecilia his wife: The prior conceded the messuage to Cecilia and her heirs. 1220–1

Cirographum contra Iohannem Botte

Indented at the top. Letters cut through.

Sciant presentes ⁊ futuri quod hec est conuencio facta inter Rogerum priorem de Luff' petentem ⁊ Iohannem Botte ⁊ Ceciliam vxorem eius tenentes in comitatu de Norhamton' coram Radulfo de Bray tunc vicecomite anno quinto regis Henrici filij regis Iohannis de uno mesuagio cum pertinencijs in Thouecestre. unde placitum fuit inter eos in eodem comitatu per preceptum domini regis per breve recti. scilicet quod predictus prior concessit predicte Cecilie ⁊ heredibus suis predictum mesuagium cum pertinenciis quod habuit ex dono Hugonis fratris predicte Cecilie. Tenendum ⁊ habendum bene ⁊ in pace libere. ⁊ quiete ab omnibus seruicijs que ad predictum priorem uel ad successores suos pertinent soluendo inde per annum tres denarios scilicet ad festum beate Marie in Marcio. iij. obolos ad festum beati Michaelis sequens. iij. obolos. Si autem forte contigerit quod predicta Cecilia ⁊ heredes sui prefatos tres denarios ad prefatos terminos non persoluerunt licebit predicto priori ⁊ successoribus suis predictum mesuagium distringere absque clamio alicuius donec predicta Cecilia ⁊ heredes sui inde predictis priori ⁊ successoribus suis satisfecerunt. Hanc autem conuencionem firmiter tenendam ⁊ inconcusse seruandam utraque parte tam prior de Luff' quam Iohannes Botte ⁊ Cecilia uxor sua in pleno comitatu promiserunt ⁊ sigillis suis corroborauerunt. Hijs testi-

bus. Iohanne de Hulecote. Arnaldo de Selueston'. Galfrido de Burecote. Galfrido de Hecham. Henrico de Gayton'. Willelmo filio Willelmi de Weston'. Giliberto filio Giliberti de Norhamton'. Roberto Less-
pecer. Roberto de Billing'. Rogero filio Iohannis lenginnur. Iohanne
Crispo 7 aliis.

W. 2920   L.C. 71r.–71v.
7¼″ × 3½″.
Tags for two seals.

197

Lease for two lives by Thomas the smith, son of Thomas the carpenter, of
Towcester, to Dionisius the chapman, of Wappenham, and Dionisia his
wife, of a messuage in Towcester. They will render 4s. yearly, and to the
capital lord the services Simon Marescall used to render. [c. 1280–90]

Carta Thome fabri de Towcestre

Notum sit omnibus tam presentibus quam futuris quod ego Thomas
faber filius Thome carpentarij de Towcestr' dedi concessi et ad terminum uite dimisi Dionisio mercatori de Wappenham et Dionisie
vxori sue vel cuicumque diutius vixerit pro septem marcis argenti quas
michi dederunt premanibus totum illud mesuagium in villa de Towcestre cum omnibus pertinencijs suis quod quidem mesuagium est
inter mesuagium Roberti de Heyford' et mesuagium Galfridi Colyas
et extendit se a curie domini de Towcestr' usque regalem viam que vocatur Watlingstrete. Habendum et tenendum predictum mesuagium
cum omnibus pertinencijs suis aisiamentis et libertatibus de me et
heredibus meis predictis Dionisio et Dionisie vxori sue ad totam vitam
eorum vel cuicumque eorum diutius vixerit libere quiete bene et in
pace et cuicumque dictum mesuagium tradere dimittere vel assignare
voluerint dum vixerint reddendo inde annuatim michi et heredibus
meis uel meis assignatis quatuor solidos argenti ad quatuor anni terminos videlicet ad Natale domini duodecim denarios ad Pascha domini duodecim denarios ad natiuitatem sancti Iohannis baptiste duodecim denarios et ad festum sancti Michaelis duodecim denarios et
faciendo inde capitali domino de Touec' omnia seruicia debita et consueta sicut Simon le Marescall' facere consueuit pro omnibus alijs
secularibus seruicijs et demandis. Et si contingat quod predicti Dionisius et Dionisia de predicto redditu ad aliquem terminum in solucione deficerunt et ad predictos terminos plenarie non soluerunt tunc
licebit michi vel heredibus meis uel assignatis in dicto mesuagio vel
extra districcionem facere et pro uoluntate nostra fugare vel asportare
et retinere absque ulla contradiccione uel impedimento predictorum
Dionisij et Dionisie vel alicuius alius nomine eorum quousque de predicto redditu michi vel heredibus meis vel meis assignatis plenarie
fuerit satisfactum. In fine autem termini volo et concedo quod dictum

mesuagium cum domibus et omnibus alijs pertinencijs suis post decessum predictorum Dionisij et Dionisie in adeo bono statu sicut illud recepit vel in meliori michi predicto Thome et heredibus meis vel meis
assignatis per visum proborum et legalium virorum retradentur. Et
ego uero predictus Thomas et heredes mei vel assignati totum predictum mesuagium cum omnibus pertinencijs suis aisiamentis et libertatibus predictis Dionisio et Dionisie ad totam vitam eorum vel cuicumque eorum diutius vixerit contra omnes gentes in mundo warantizabimus acquietabimus et ubique defendemus dum vixerint saluo capitali
domino de Towecestr' predicta seruicia inde debita et consueta. In
cuius rei testimonium presentibus scriptis in modum cirographi confectis partes alternatim sigilla sua apposuerunt. Hijs testibus Rogero
Trimenel de Foxcot' Nicholao West de eadem Iohanne Iosep' de
Towcestr' Henrico filio Simonis de eadem Willelmo de Hanle Rogero Wint' Willelmo Brun Roberto de Heyford Roberto Yue Iordano Bere Iohanno de Caldecot' Galfrido Dille Simone Marescalle
Ada Breyd Waltero Lupo Henrico clerico et multis alijs.

L.C. 71v.–72r. Towcetur.

198

Grant by Geoffrey Coffe, of Towcester, to John Blundel, of the same, of a
messuage in Towcester and 7½ acres and ½ rood in the fields of Towcester
and Woodburcote. 30 August 1339

Carta Galfridi Coffe de Towcetur

Sciant presentes et futuri quod ego Galfridus Coffe de Towcestr' dedi
concessi et hac presenti carta mea confirmaui Iohanni Blundel de
Towcestr' totum illud mesuagium meum situatum in Towcestr' inter
tenementum quondam Roberti Dylle ex vna parte et tenementum Iohannis Golias ex altera et septem acras et dimidiam acram et dimidiam
rodam terre mee arabilis iacentes in campis de Towcestr' et Wodeburcot' quarum una acra iacet in campo de Towcestr' iuxta pratum
quondam Willelmi Ledbeter dimidia acra iacet super Antoneshul
iuxta terram quondam Andrei de Herleston due butte iacent super
Fennywelle iuxta terram quondam Iohannis de Karswell' vna acra
iacet super le Holewebrech iuxta terram quondam Iohannis le porter
due seliones coniacent in Wrydenhale iuxta terram quondam Roberti
le forester vna roda iacet apud le Blakehegch iuxta terram quondam
Ricardi Vyncent dimidia roda iacet apud Stocwelleslade iuxta terram
quondam Henrici carnificis et est forera vna dimidia acra continens
tres seliones coniacet apud le Stonyhous iuxta terram quondam Iohannis filij Ade dimidia acra iacet super Pushul iuxta terram quondam
Henrici carnificis dimidia acra iacet super Losedoneforlong iuxta
terram quondam Roberti Alapik tres seliones coniacent super Southe-

crofte iuxta terram quondam Roberti le forester vna roda iacet super Anstoneshul iuxta terram quondam Pagani de Heymundecot' dimidia acra iacet in le Merche iuxta terram quondam Iordani Ber' et vna acra iacet apud le Blakeheg et extendit se super Nortonewey. Habendum et tenendum predictum mesuagium cum curtilagio adiacente et totam predictam terram cum omnibus suis pertinencijs predicto Iohanni Blundel heredibus suis atque assignatis libere quiete bene et in pace et hereditarie imperpetuum de capitalibus dominis feodi illius per seruicia inde debita et de iure consueta. Et ego vero predictus Galfridus Coffe et heredes mei predictum mesuagium cum curtilagio adiacente et totam terram predictam cum omnibus suis pertinencijs predicto Iohanni Blundel heredibus suis atque assignatis contra omnes gentes warantizabimus. In cuius rei testimonium huic presenti carte sigillum meum apposui. Testibus Ricardo de Croulton' Nicholao bercario Henrico Kyde Ricardo Ioseph Iohanne Scoth Iohanne Wyot Iohanne Sprudecok clerico et alijs. Datum apud Towcestr' die lune proxima post festum sancti Augustini anno regni regis Edwardi tercij a conquestu terciodecimo.

W. 2939   L.C. 72r.   Towcetur.
9" × 4¾".
Tag for seal.
No endorsement.
NOTE : This charter is torn, and damaged by damp. The transcription is from the cartulary.

199

Grant by William de Brackele to Ralf, his eldest son, of his messuage in Towcester, with its toft, croft, and garden, lying between the Watling Street and the road to Burcote and the Heathenwell, together with all the land and meadow in the fields of Burcote of the fee of Wibert the porter which pertain to it. In return for this grant Ralf will keep William for the rest of his lifetime and pay 3s. yearly to the lord of the fee. [c. 1265–75]

Carta Willelmi de Brackele in Towcestr'

Sciant presentes et futuri quod ego Willelmus de Brackele in Towcestr' dedi et concessi et hac presenti carta mea confirmaui Radulpho filio meo primogenito totum mesuagium meum cum tofto et crofto et gardino et omnibus alijs pertinencijs quod quidem mesuagium iacet in longum de Watlingstrete in parte australi et occidentali inter viam que ducit versus Borkot' et le Hethenewelle et totum tenementum et pratum cum omnibus pertinencijs suis pertinentibus in campis de Burkot' ad predictum mesuagium de feodo Wiberti ianitoris cum homagijs wardis releuijs seruicijs omnium liberorum tenementorum de eodem feodo cum omnibus libertatibus et liberis consuetudinibus prout continentur in carta quam Iohannes pater meus habuit de Wiberto Ianitore. Habendum et tenendum predictum mesuagium cum omnibus

o

alijs pertinencijs suis prenominatis dicto Radulpho et heredibus suis
de se legitime procreatis de heredibus Wiberti ianitoris libere quiete
bene et in pace hereditarie imperpetuum. Reddendo inde annuatim
heredibus Wiberti ianitoris tres solidos argenti videlicet ad Pascha
nouem denarios ad natiuitatem beati Iohannis baptiste nouem denarios ad festum sancti Michaelis nouem denarios et ad Natale domini
nouem denarios pro omnibus seruicijs sectis omnimodarum curiarum
querelis et amerciamentis consuetudinibus demandis et exaccionibus
prout carta quam Iohannes pater meus habuit de Wiberto ianitore
testatur. Et ego dictus Willelmus et heredes mei dicto Radulpho et
heredibus suis de se legitime procreatis totum predictum tenementum
cum omnibus pertinencijs suis sicut prenominatum est contra omnes
homines et feminas warantizabimus et defendemus imperpetuum. Et
si ita contingat quod dictus Radulphus absque heredibus de se legitime
procreatis obierit totum predictum tenementum cum omnibus pertinencijs suis ut predictum est michi vel heredibus meis quietum et
solutum reuertatur. Pro hac autem donacione concessione et carte
mee confirmacione dictus Radulphus et heredes sui de se legitime pro-
creati inuenient michi omnimoda sustinementa et necessaria ad totam
vitam meam. Vt autem hec mea donacio concessio et carte mee confirmacio rata sit et stabilis permaneat huic presenti scripto sigillum
meum apposui. Hijs testibus Hugone de Burkot' Ricardo de la Wodehalle Stephano de Kaldecot' Iohanne filio Galfridi clerici Ricardo
de aqua Iohanne filio Radulphi Ioseph Henrico Baldewin' Galfrido
Wint' Roberto filio Gregorij Iohanne clerico et alijs.

W. 2941   L.C. 72v.   Towcetur.   (Transcribed from the cartulary, a large proportion
      of the original being illegible.)
7″ × 3¾″.
White varnished round seal, ¾″ diameter. A fleur-de-lis. * s' WILLI DE BRA − − L'.
Endorsed: Thouecestre.
NOTE: For the previous and subsequent history of this tenement see Nos. 184, 184A, and
      185. As to the date, from No. 184A we learn that this property passed into the
      possession of the Priory in 3 Edw. I. From the attestations, it is probable that this
      charter was executed only a short time before.

200

Release and quitclaim to the Priory by William the cook and Isabel his
wife of the tenement in Towcester which they held of the Priory for their
lives. 3 October 1316

Acquitancia Willelmi Coke de Towcetur'

Pateat vniuersis per presentes quod nos Willelmus de Towec' dictus
cocus et Isabella vxor mea remittimus relaxauimus et omnino imperpetuum pro nobis quietum clamauimus priori de Luffelde et eiusdem
loci conuentui omne ius nostrum et clameum quod habuimus vel ha-

bere potuimus aut debuemus in toto illo tenemento quod habuimus quondam ex dimissione eiusdem prioris et conuentus in villa de Towcestr' ad terminum vite nostre. Ita videlicet quod nec nos neque aliquis alius per nos aliquid iuris nec clamei in predicto tenemento cum omnibus suis pertinencijs decetero habere exigere vendicare nec optinere potuerimus quoquomodo sed inde ab omni accione et demanda cuiuscumque iuris et clamei penitus exclusi sumus imperpetuum. Et quia sigilla nostra pluribus sunt incognita sigillum Iohannis le forester de Towcestr' vna cum sigillo Iohannis le porter de Wodeburcot' apponi procurauimus. In cuius rei testimonium huic presenti scripto et quietum clamacioni sigilla predictorum fuerunt appensa. Testibus Iohanne le porter de Borecot' Iohanne le forester de Towcestr' Roberto Rycheslandre Elya filio Thome fabro Iohanne Gyboun et multis alijs. Datum apud Towcestr' die dominica proxima post festum sancti Michaelis archangeli anno regni regis Edwardi filij regis Edwardi decimo.

L.C. 72v.-73r.

201

Quitclaim to the Priory by Sibil, widow of William at Lake, shepherd, of Towcester, of her life interest in a messuage called le Lake. 19 August 1294

Carta Sibille relicte Willelmi at Lake de Towcet^r

Vniuersis Christi fidelibus presens scriptum inspecturis vel audituris Sibilla relicta Willelmi ate Lake de Thoucestr' bercarii salutem in domino. Noueritis me concessisse remisisse ⁊ omnino pro me ⁊ assignatis meis quietum clamasse Petro priori de Luffeld' ⁊ eiusdem loci conuentui ⁊ successoribus suis totum ius ⁊ clameum quod vnquam habui vel aliquo modo habere potui nomine termini vite seu alterius cuiuscumque iuris in vno mesuagio cum pertinenciis in villa de Thouec' quod vocatur le Lake quod quidem mesuagium habui ad terminum tocius vite mee. Ita quod nec ego dicta Sibilla nec aliquis pro me neque nomine meo aliquid iuris vel clamei in dicto mesuagio cum pertinenciis decetero poterimus aliquo modo habere. vel vendicare. Set inde pro confectione huius scripti ab omni accione ⁊ demanda iuris vel clamei penitus excludamur inperpetuum. In cuius rei testimonium hoc presens scriptum sigillo meo corroboraui. Hiis testibus. Iohanne Iosep. Henrico Ters Willelmo de Lychesbarewe domino Iohanne de Doddeford' capellano Iohanne de Norton' clerico. Et aliis. Datum apud Thouec' die iouis proxima post festum assumpcionis beate Marie anno regni regis Edwardi vicesimo secundo.

W. 2944   L.C. 73r.   Towcetur.
5¾" × 4".
Tag for seal.
Endorsement illegible.

202

Lease by the Priory for three lives to Thomas Scoth of Towcester, Alice his wife, and Thomas his son, of a tenement in Towcester. 1 April 1350

Indentura de terris et tenementis in Towcet^r

Nouerint vniuersi per presentes nos Willelmus prior de Luffelde et eiusdem loci conuentus tradidisse concessisse et ad terminum vite dimisisse Thome Scoth de Towcestr' et Alicie vxori sue et Thome filio suo illud mesuagium situatum in Towcestr' inter tenementum Thome Loueloc et tenementum quondam Iohannis Blundel. Habendum et tenendum predictum mesuagium cum suis pertinencijs predictis Thome Alicie et Thome ad totam vitam eorum et vni eorum diucius viuenti libere bene et in pace de nobis et successoribus nostris. Reddendo inde annuatim nobis et successoribus duos solidos et octo denarios argenti ad quatuor anni terminos vsuales in Towcestr' per equales porciones et faciendo capitalibus dominis feodi seruicia inde debita et consueta et forinsecum seruicium cum acciderit. Et si predictus redditus aretro fuerit in parte vel in toto per quindecim dies post terminos statutos tunc bene liceat nobis predictis priori et conuentui predictos Thomam Aliciam et Thomam a predicto mesuagio expellere et intrare sine disseisina vel iniuria predictis Thome Alicie et Thome faciendi et sic imperpetuum retinere simul cum omnibus bonis et catallis in predicto mesuagio inuentis. Et predicti Thomas Alicia et Thomas predictum mesuagium in adeo bono statu vel meliori quo illud receperunt sustentabunt sumptibus suis proprijs ad totam vitam suam et sic illud dimittent. Et nos predicti prior et conuentus et successores nostri predictum mesuagium cum pertinencijs predictis Thome Alicie et Thome ad totam vitam suam in forma predicta contra omnes gentes warantizabimus et defendemus. In cuius rei testimonium huic indenture tam predicti Thomas Alicia et Thomas quam nos predicti prior et conuentus sigilla sua apposuimus. Testibus Ricardo de Croulton' Iohanne Sprudecok Thoma Loueloc Iohanne Bosenho Iohanne Chardon' et alijs. Datum apud Luffelde die iouis proxima post festum annunciacionis beate Marie virginis anno regni regis Edwardi tercij a conquestu vicesimo quarto.

L.C. 73r.–73v.

203

Lease by the Priory to Alice Yve, for her life, of a messuage in Towcester. 1 April 1350

Dimissio terre et tenementi in villa de Towcet'

Omnibus Christi fidelibus ad quorum noticiam presens scriptum peruenerit nos frater Willelmus prior de Luffelde et eiusdem loci conuentus salutem in domino. Noueritis quod nos tradidimus et dimisimus Alicie Yue ad terminum vite sue illud mesuagium quod situatur in villa de Towcestr' inter tenementum Thome Loueloc et mesuagium quondam Iohannis Blundel. Habendum et tenendum predictum messuagium cum pertinencijs libere bene et in pace predicte Alicie ad terminum vite sue de nobis et successoribus nostris. Reddendo inde annuatim duos solidos et octo denarios argenti ad quatuor anni terminos vsuales in Towcestr' per equales porciones et faciendo capitalibus dominis redditus et seruicia inde debita et consueta et forinsecum seruicium cum acciderit. Et si predictus redditus aretro fuerit in parte vel in toto per quindecim dies post terminos statutos tunc bene liceat dictis priori et conuentui predictam Aliciam a predicto mesuagio expellere et intrare sine disseisina vel iniuria predicte Alicie faciendo et sic imperpetuum retinere simul cum omnibus bonis et catallis predicto mesuagio inuentis. Et Alicia predictum mesuagium in adeo bono statu vel in meliori quo illud recepit sustentabit sumptibus suis proprijs ad totam vitam suam et sic illud dimittet. Et nos predicti prior et conuentus et successores nostri predictum mesuagium cum pertinencijs predicte Alicie ad totam vitam suam vt predictum est contra omnes gentes warantizabimus et defendemus. In cuius rei testimonium huic indenture tam predicta Alicia quam nos prior et conuentus sigilla nostra apposuimus. Hijs testibus Ricardo de Croulton' Iohanne Sprudecok Thoma Louelok Iohanne Bosenho Iohanne Chardon et alijs. Datum apud Luffelde die Iouis proxima post festum annunciacionis beate Marie virginis anno regni regis Edwardi tercij a conquestu vicesimo quarto.

L.C. 73v. Towcetur.

204

Acknowledgement by Walter de Houghton, rector of the church of Towcester, that he received from the Priory, at his house at Towcester, on St Michael's day, 1342, the sum of 20 marks in part payment of 80 marks due to him by virtue of their charter, being the second payment therein mentioned.

Acquietancia Walteri de Hoghton rectoris ecclesie de Towc'

Pateat vniuersis per presentes quod ego Walterus de Hoghton' rector ecclesie de Touecestr' recepi de priore ⁊ conuentu de Luffeld' in domo mea apud Touecestr' die dominica in festo sancti Michaelis anno domini m°ccc^{mo}xl secundo viginti marcas argenti in partem solucionis quaterviginti marcarum in qnibus dicti religiosi michi tenebantur per scriptum suum de quibus quidem viginti marcis fateor me plenarie esse pacatum pro secunda solutione in dicto scripto contenta et dictos

religiosos de dictis viginti marcis acquieto per presentes. In cuius rei
testimonium huic acquietancie sigillum meum apposui. Datum apud
Touecestr' die 7 anno supradictis.

W. 2943   L.C. 73v.–74r.
8¾" × 2½".
Tag for seal.

205

Lease by the Priory to Henry son of Simon Tere and the heirs of his body
of the messuage in Towcester late of Henry Stotevile. [1263–75]

Dimissio terre et tenementi in Towcet^r

Omnibus Christi fidelibus ad quos presens scriptum peruenerit frater
Radulphus prior de Luffelde et eiusdem loci conuentus salutem in
domino sempiternam. Nouerit vniuersitas uestra nos vnanimi assensu
tocius capituli nostri dedisse concessisse et hac presenti carta nostra
confirmasse Henrico filio Simonis Tere de Towcestr' mesuagium nostrum quod fuit Henrici Stoteuile cum omnibus pertinencijs suis in
villa de Towcestr' pro homagio et seruicio suo et vnam acram terre et
tres rodas in campis de Burcot' cum pertinencijs suis. Tenendum et
habendum dictum mesuagium cum terra prenominata de nobis et
successoribus nostris sibi et heredibus suis de se legitime procreatis
libere et quiete bene et in pace ac hereditarie . Reddendo inde annuatim ipse et heredes sui nobis et successoribus nostris dimidiam marcam argenti ad duos anni terminos scilicet ad Natiuitatem domini xl
denarios et aduincula sancti Petri xl denarios et dominis feodi illius
totum redditum et seruicium debitum et consuetum quantum dicto
mesuagio et terre prenominate pertinet et domino regi forinsecum
seruicium. Dictis uero Henrico nec heredibus suis dictum mesuagium
et terram nemini dabunt nec vendent nec inuadiabunt nec aliquo
modo alicui impignorabunt sine assensu ac voluntate dictorum prioris
et conuentus. Et si ita contingat quod dictus Henricus sine herede de
se legitime procreato in fata discedit dictum mesuagium cum terra et
pertinencijs solutum et quietum nobis et successoribus nostris reuertetur. Nos uero dicti prior et conuentus dictum mesuagium cum terra
prenotata et pertinencijs suis dicto Henrico et heredibus suis contra
omnes gentes warantizabimus prout antedictum est. Vt autem ea que
a nobis concessa sunt firma imperpetuum preseruerent huic presenti
scripto sigillum ecclesie nostre apposuimus in testimonium. Hijs testibus Ricardo de la Wodehalle Willelmo filio Hugonis de Burcot'
Iohanne filio Galfridi clerici Iohanne Ioseph' Iohanne portario et
multis alijs.

L.C. 74r.   Towcetur.

206

Lease to the Priory for ten years by Walter son of Ralf de Chaldeston of all the land in Silverstone that he had of the inheritance of his wife Aveline, except the messuage Roysa held. Michaelmas, 1252

Conuencio inter priorem et conuentum et Radulphi [*sic*] de Chaldeston

Anno regni regis Henrici filij regis Iohannis xxxvj facta fuit ista conuencio ad festum sancti Michaelis inter priorem et conuentum de Luffelde ex vna parte et Walterum filium Radulphi de Chaldeston' ex altera scilicet quod predictus Walterus tradidit ac dimisit dicto priori et conuentui de Luffeld totam terram suam cum pertinencijs suis in villa de Selueston' quam habuit vel habere potuit de hereditate Aueline vxoris sue saluo mesuagio quod Roysa tenuit. Tenendam et habendam dictam terram cum pertinencijs usque in decem annos continue completos. Dictus vero Walterus et heredes sui dictam terram cum pertinencijs dicto priori et monachis contra omnes gentes usque ad predictum terminum warantizabunt. Dictus uero prior et conuentus dictum Walterum et heredes suos de dicta terra uersus omnes gentes acquietabunt saluo iusticiarios domini regis. Dicta uero terra cum pertinencijs post dictum terminum dicto Waltero et heredibus suis quieta et soluta sine aliquo retenemento redibit. Et si forte euenerit quod dictus prior et conuentus aliquas expensas incurrerunt vel dampna pro defectu warancie dicti Walteri vel heredum suorum durante termino sustinuerunt dictus Walterus et heredes sui dictas expensas et dampna dicto priori et monachis sine lite et contradiccione restituerunt. Pro hac autem tradicione et dimissione traderunt dictus prior et conuentus dicto Waltero quinque solidos premanibus. Vt autem ista conuencio ex utraque parte firma et stabilis preserueret tam dictus prior et conuentus quam dictus Walterus presentibus scriptis hinc inde signa sua apposuerunt. Hijs testibus [Blank]

L.C. 74r.–74v.

207

Grant to the Priory by John the porter, of Wood Burcote, of 6*d*. rent from the messuage in Towcester that Henry le hoker once held, and which Christiana de Weyford gave them. [*c*. 1275–90]

Carta Iohannis le porter

Sciant presentes ⁊ futuri quod ego Iohannes le porter' de Wodeborcote dedi concessi quietam clamaui ⁊ hac presenti carta confirmaui pro me ⁊ heredibus meis priori de Luffeld' ⁊ monachis ibidem deo seruientibus sex denarios annui redditus quos solebam recipere de messuagio quod Henricus le Hokere quondam tenuit in villa de Towcestr' quod messuagium Christiana de Weyfford predictis priori ꝼ monachis dedit. Habendum ꝼ tenendum predictum redditum de me ꝼ heredibus meis sibi ꝼ successoribus suis libere quiete bene ꝼ in pace in perpetuum. Reddendo inde annuatim michi ꝼ heredibus meis vnum florem rose ad natiuitatem sancti Iohannis baptiste pro omnibus seruiciis secularibus exaccionibus curiarum sectis ꝼ demandis que ullo modo uel ullo iure uel aliquo casu contingente exigi poterunt. Et ego uero predictus Iohannes ꝼ heredes mei predictum redditum cum messuagio contra omnes gentes warantizabimus acquietabimus ꝼ ubique defendemus in perpetuum. Vt autem hec mea donacio concessio quieta clamancia presentes scripti confirmacio perpetuum robur optineant huic presenti scripto sigillum meum apposui in testimonium. Hiis testibus. Ricardo de la Wodehall'. Iohanne Iosepp de Towcestr'. Henrico Tere de eadem. Henrico Baldeuin de eadem. Galfrido Thorwile de North-on'. Galfrido de Ipres de Witlebur'. Ricardo Auuerey ꝼ aliis.

W. 2948   L.C. 74v.   Towcetur.
6½″ × 3″.
Tag for seal.
NOTE: The gift of this property by Christiana de Wayford to the Priory was made in 3 Edw. I (No. 184A).

208

Grant by Felicia, widow of Edward de Towcester, to Henry de Stuteville, for his homage and service and 26s. sterling, of 1½ acres in the fields of Burcote. [c. 1260–70]

Carta Felicie vxoris Edwardi de Towcestre

Sciant presentes ꝼ futuri quod ego Felicia quondam vxor Eadwardi de Touescestre dedi ꝼ concessi ꝼ hac presenti carta mea confirmaui Henrico Stoudeuille pro homagio ꝼ seruicio suo ꝼ pro xxvi.solidis sterlingorum quos dedit michi premanibus . vnam acram terre ꝼ dimidiam cum pertinenciis in campis de Burkot' scilicet vnam rodam ꝼ dimidiam que abutat in pratum Herberti . usque ad lamore de Burkot' inter terram . Willelmi Brakeleẏe ꝼ Henrici de fonte ꝼ dimidiam rodam que abutat in pratum dicti Herberti . inter terram Galfridi Baldewin ꝼ Radulphi Iosep . ꝼ vnam rodam super Pishil que abutat super foreram Agathe vxoris Willelmi forestarii inter terram Henrici de fonte . ꝼ Ricardi de Wodehalle . ꝼ dimidiam rodam que iacet inter terram Hugonis de Burkot' ꝼ Galfridi Baldewin que se abutat uersus cropftum Rogeri de Hoxenforde . ꝼ dimidiam rodam . inter terram Wiberti ianitoris ꝼ Henrici de fonte in Haẏleswellesclade ꝼ dimidiam rodam inter terram dicto Galfrido [sic] ꝼ dicte Agathe . ꝼ vnam rodam vltra que abutat super foreram Henrici Steg' uersus Toue . inter terram Ricardi de Wodehalle . ꝼ Henrici de fonte . ꝼ dimidiam rodam super

Anestanehil inter terram Henrici de fonte ⁊ lamore. Tenendam ⁊ habendam de me ⁊ heredibus meis sibi ⁊ heredibus suis uel suis assignatis libere ⁊ quiete ⁊ hereditarie . Reddendo inde annuatim michi ⁊ heredibus meis . ille ⁊ heredes sui . uel eius assignati . vnum obolum ad Pascha pro omni seruicio consuetudine ⁊ pro omni demanda. Et ego dicta Felicia . ⁊ heredes mei warantizabimus predictam terram cum pertinenciis Henrico predicto ⁊ heredibus suis . uel eius assignatis contra omnes gentes inperpetuum per predictum seruicium. Et si forte contingat quod ego predicta Felicia ⁊ heredes mei predictam terram cum pertinenciis predicto Henrico ⁊ heredibus suis.uel eius assignatis warantizare non poterimus dabimus ⁊ faciemus eis racionabile escambium in campis de Burkot'. Et ut hec mea donacio ⁊ concessio rata sit ⁊ stabilis inperpetuum preserueretur sigilli mei inpressione presens scriptum roboraui. Hiis testibus. Hugone de Burkot'. Ricardo de Wodehall'. Wiberto portario. Galfrido forestario. Iohanne filio Galfridi clerici de Burkot'. Galfrido Baldewin'. Stephano de Caldecot'. Willelmo Sage ⁊ aliis.

W. 2935   L.C. 74v.–75r.   Towcetur.
$7\frac{1}{2}'' \times 5''$.
Tag for seal.
NOTE: This charter is somewhat earlier than No. 195. No. 212 which is of about the same date is attested by Ralf Joseph who frequently appears in documents of this period.

209

Release and quitclaim to the Priory by Henry de Gaythone of his right of dower in a tenement called le Lake, which Henry the baker once held. [1275–c. 1280]

Quieta clamancia Henrici de Gayton

Pateat vniuersis presens scriptum visuris vel audituris quod ego Henricus de Gaython' remisi et quietum clamaui priori de Luffelde et eiusdem loci monachis et eorum successoribus imperpetuum totum ius et clameum exaccionem seu demandam que habui vel habere potui aut potero dotis racionis vel aliqua alia racione Sibillam vxorem meam contingencia in aliquo tenemento terra redditu domibus seu alijs tenuris de quodam tenemento quod vocatur le Lake quod quondam Henricus le baker' tenuit in villa de Towcestr'. Tenendum et habendum eidem priori et monachis et eorum successoribus iure hereditario libere quiete bene et in pace imperpetuum. Et ego Henricus et heredes mei seu mei assignati predictam terram et tenementum nomine dotis Sibille vxoris mee sicut predictum est predictis priori et monachis et eorum successoribus contra omnes gentes warantizabimus acquietabimus et defendemus imperpetuum. Et ut hec mea remissio quieta clamancia warancia imperpetuum robur optineant presenti scripto sigillum meum apposui in testimonium. Hijs testibus Ricardo de la Wodehalle Iohanne filio clerici Iohanne Iosep' Iohanne le porter Roberto forestario Henrico Tery et alijs.

L.C. 75r.   Towcetur.
NOTE : Date presumably shortly after the acquisition of the property by the Priory in 3 Edw. I (No. 184A).

209A

Lease for a term of 40 years by William Rogers, prior of Luffield, to Stephen at mille of Towcester, Joan his wife, and William their son, of two cottages and a croft called Lake croft, with three acres of arable in the fields of Towcester and Burcote, together with another tenement and ½ acre of meadow. 24 June 1468

Indented at the top.

Hec indentura testatur quod Willelmus Rogerus prior prioratus monasterij beate Marie de Luffeld' ꝫ eiusdem loci conuentus concesserunt et ad firmam dimiserunt Stephano at Mille de Toucestr' in comitatu Norhant' ꝫ Iohanne vxori eius ac Willelmo filio eorundem dua cotagia vnum croftum vocatum Lakecroft cum tribus acris terre arrabilis ꝫ pertinencijs suis eisdem cotagijs ꝫ crofto spectantibus in villa ꝫ in campis de Toucestr' ꝫ Burcot vnde due acre simul iacent super Boscey̆pese et vna acra simul iacet subtus Hech croft extendentes se into the Oldebrok ac eciam vnum tenementum in Towcestr' predict' situatum inter tenementum nuper Hugonis Machon' ꝫ tenementum nuper Henrici Saundurs ꝫ extendens into Watly̆ngstrete vt metet ꝫ bundet ibidem cum vna dimidia acra prati iacente in campo de Eston' vsque in prato vocato le Longmed et omnibus alijs pertinencijs predicto tenemento spectantibus. Habendum ꝫ tenendum de prefatis priore ꝫ conuentu ac de eorum successoribus dicta dua cotagia croftum ac tres acras terre arrabilis ac eciam tenementum cum dimidia acra prati et cum omnibus alijs pertinencijs suis prefatis Stephano Iohanne ꝫ Willelmo filio eorundem a dato presencium vsque ad finem termini quadraginta annorum proximo sequencium ꝫ plenarie completorum. Reddendo annuatim prefatis priori ꝫ conuentui ac eorum successoribus vel assignatis viginti ꝫ quinque solidos bone ꝫ legalis monete Anglie ad quatuor anni terminos videlicet ad festum sancti Iohannis baptiste sancti Michaelis archangeli sancti Thome apostoli ꝫ annunciacionis beate Marie per equales porciones ad quodlibet festum supradictum. Et predicti Stephanus Iohanna ꝫ Willelmus predicta cotagia croftum ꝫ tenementum predictum reparabunt manutenebunt ꝫ sustentabunt durante termino predicto sumptibus suis proprijs ꝫ expencis. Et si contingat predictum redditum aretro fuerit in parte vel in toto per quindecim dies post aliquid festorum prenominatorum non solutum tunc bene liceat dictis priori ꝫ conuentui vel eorum successoribus ac

collectoribus redditus qui pro tempore fuerint in predictis cotagijs
crofto terris et tenemento cum dimidia acra prati ꝯ pertinencijs distringere et districciones sic captas penes se retinere et affugare quousque redditus cum areragijs et expencis si que fuerint plenarie persolua-
tur satisfactus. Et eciam non licebit prefatis Stephano Iohanne ac
Willelmo filio eorundem per eosdem vel per alios aliquos arbores in
dicto cotagio cum tenemento crofto et pertinencijs suis prosternere
venditare nec eradicare sine licencia speciali predictorum prioris et
conuentus ac eorum successorum suorum [*sic*]. Et si predicti Stephanus Iohanna ꝯ Willelmus infra quadraginta annorum predictorum
obierint tunc bene licebit prefatis priori ꝯ conuentui ac successoribus
suis vel collectoribus redditus qui pro tempore fuerint in predicta cotagia cum crofto ꝯ tres acras terre arrabilis ac eciam in tenementum
cum dimidia acra prati cum pertinencijs reintrare ꝯ reassumere retinere ac regaudere hijs indenturis non obstantibus. Et predicti Stephanus Iohanna ꝯ Willelmus portabunt omnia onera cotagiorum crofti
cum terris ac tenemento ꝯ dimidia acra prati cum pertinencijs sumptibus suis proprijs ꝯ expencis. Et si predictus redditus aretro fuerit in
parte vel in toto per spacium quadraginta dierum post aliquod festum
prenominatum predictum non solutum tunc bene licebit predictis
priori ꝯ eiusdem loci conuentui ac successoribus suis in predicta cotagia croftum cum tribus acris terre ac eciam in tenementum cum
dimidia acra prati cum pertinencijs reintrare ꝯ reasumere retinere in
prestino statu regaudere hijs indenturis non obstantibus. Et predicti
prior ꝯ conuentus ac eorum successores dicta cotagia croftum terras et
tenementum cum dimidia acra prati ꝯ pertinencijs suis sub forma
predicta et prenominata prefatis Stephano Iohanne ꝯ Willelmo filio
eorundem durante termino predicto contra omnes gentes warantizabunt ꝯ defendent. In cuius rei testimonium sigillum commune monasterij predicti ac sigilla dictorum Stephani Iohanne ꝯ Willelmi hijs indenturis apposuerunt. Datum in domo nostro capituali in die sancti
Iohannis baptiste anno regni regis Edwardi quarti post conquestum
octauo. Et vlterius predicti Stephanus Iohanna et Willelmus in fine
terminorum predictorum vel in aliquo termino terminorum predictorum si predicti obierint cotagio cum crofto ꝯ terre cum tenemento
prato cum pertinencijs bene et sufficienter reparabunt sic dimittent
sumptibus suis et expencis ꝯ cetera.

W. 2929
14¼″ × 8″.
Tags for seals 1 and 3. Slit for seal-tag of 2.
No endorsement.

210

Confirmation by John Botte and Cecilia his wife of the gift to the Priory by
Hugh son of Edrich of a messuage in Towcester, between the house late of
Ralf Botte and the market place. [1220–1]

Carta Iohannis Botte

Sciant presentes et futuri quod ego Iohannes Botte et Cecilia filia
Edrich vxor mea concessimus et hac presenti carta nostra confirmamus
deo et beate Marie de Luffelde et monachis eiusdem loci donacionem
et confirmacionem quam Hugo filius Edriche fecit predictis monachis
de Luffelde de illo mesuagio cum pertinencijs in Towcestr' scilicet de
illo quod est inter domum que fuit Radulphi Botte et forum eiusdem
uille scilicet quod proximum est foro. Tenendum et habendum bene
et in pace imperpetuum iuxta quod continetur in carta donacionis et
confirmacionis Hugonis filij Edrich' quam predicti monachi habent
de warancia predicti mesuagij. Hijs testibus Arnaldo de Selueston'
Galfrido de Burcot' Galfrido de Hecham Henrico de Gaiton' Giliberto filio Giliberti de Northampton' Roberto lespicer Roberto de
Billing Rogero filio Iohannis lenginnur Iohanne Crispo et alijs.

L.C. 75r.–75v.
NOTE: For date see No. 196.

211

Grant to the Priory in alms by Hugh son of Edrich, with the consent of
Matilda his wife, of the messuage described in No. 210. [Before 1220]

Carta Hugonis filij Edriche

Sciant presentes ꝳ futuri. quod ego Hugo filius Edrich consensu. ꝳ
assensu Matilde vxoris mee dedi ꝳ concessi. ꝳ hac presenti carta mea
confirmaui pro salute anime mee. ꝳ vxoris mee Matilde ꝳ omnium
antecessorum meorum ꝳ successorum. deo. ꝳ beate Marie de Luffeld'.
ꝳ monachis eiusdem loci vnum mesuagium cum pertinenciis. in Touecest'. de duobus. que sunt inter domum que fuit Radulfi Botte ꝳ forum
eiusdem uille. illud scilicet quod vicinius est foro. Tenendum. ꝳ habendum. bene ꝳ in pace inperpetuam elemosinam liberum. ꝳ quietum
de me. ꝳ heredibus meis ab omnibus seruiciis que ad me vel ad heredes
meos pertinent. Ego autem ꝳ heredes mei predictum mesuagium cum
pertinenciis predictis monachis warantizabimus. Hiis testibus. Simone
capellano de sancto Sepulcro. Roberto de Billing. Henrico Bakun.
Hugone fratre eius. Roberto de Norhant'. Henrico Dochte Willelmo
Caritate. ꝳ aliis.

W. 2924 L.C. 75v. Towcetur.
5½″ × 6½″.
White, varnished, round seal, 1½″ diameter. Symmetrical floral scrolls. + - - - - GONIS FIL' HEDRICI.
NOTE: For date see No. 196.

212

Grant by Felicia, widow of Edward the serjeant, of Towcester, to Sibil, her daughter, of 2½ acres in the fields of Burcote. [*c.* 1260–70]

Carta Felicie vxoris Edwardi seruientis

Sciant presentes ⁊ futuri quod ego Felicia quondam vxor Edwardi seruientis de Thouecestr' consensu ⁊ assensu Iohannis filii mei ⁊ heredis mei in tempore viduitatis mee dedi ⁊ concessi ⁊ presenti carta mea confirmaui Sibille filie mee ⁊ heredibus suis vel eius assingnatis pro seruicio suo duas acras terre ⁊ dimidiam cum pertinenciis in campis de Burcot'. scilicet in campo australi dimidiam acram super le Wodefurlong inter terram Galfridi Baldewini. ⁊ vnam rodam super Vifaker iuxta terram Henrici de fonte. ⁊ aliam rodam super Astehul iuxta terram Henrici de fonte. In campo occidentali dimidiam acram super Svetewellefurlong continentem.iiii^or. seilones iuxta terram Ricardi de la Wodehalle. ⁊ dimidiam acram super Radlaes continentem.iii.seilones iuxta terram Henrici de fonte ⁊ vnam rodam Alstoneshul. iuxta terram Hugonis de Burcot' ⁊ aliam rodam super Alstoneshul iuxta terram Galfridi Baldewini. Tenend' ⁊ habend' de me ⁊ heredibus meis sibi ⁊ heredibus suis vel eius assignatis. libere ⁊ quiete. Reddendo inde annuatim illa uel eius assignati michi ⁊ heredibus meis.viii. denarios ad duos anni terminos scilicet ad inuencionem sancte crucis.iiii^or. denarios ad exaltacionem sancte crucis.iiii^or. denarios pro omni seruicio ⁊ exaccione michi ⁊ heredibus meis pertinente. Ego autem Felicia ⁊ heredes mei predicte Sibille ⁊ heredibus suis uel eius assingnatis predictas duas acras terre ⁊ dimidiam cum pertinenciis contra omnes gentes warantizabimus ⁊ defendemus. ⁊ vt hec mea donacio ⁊ carte mee confirmacio rate sint ⁊ stabiles presens scriptum sigilli mei apposicione confirmaui. Hiis testibus. Iohanne Tremerel. Wiberto ianitore. Hugone de Burcot'. Ricardo ad aquam. Galfrido Baldewin'. Radulfo Iosep. magistro Willelmo ⁊ multis aliis.

W. 2930 L.C. 75v.–76r.
7½″ × 4¾″.
Tag for seal.
NOTE: For date see No. 208.

213

Grant to the Priory by Robert le Sire, to maintain a light in their church, of
1*d*. rent from a shop in Towcester which William le Sire, his father, bequeathed to him [*c.* 1220–1]

Carta Roberti le Sire

Sciant presentes et futuri quod ego Robertus le Sire de Towcestr' dedi
concessi et hac presenti carta mea confirmaui deo et sancte Marie de
Luffelde et monachis eiusdem loci pro salute anime mee et omnium
antecessorum meorum et successorum j denarium redditus pacandum
in die quando predicti monachi mittent pro fraternitate sua apud
Towcestr' quem scilicet denarium ego et heredes mei pacabimus de
una sopa in Towcestr' quam Willelmus le Sire pater meus michi legauit. Predictum uero denarium redditus ego dedi in liberam et perpetuam elemosinam deo et monachis ad lumen ecclesie de Luffelde
sustentandum. Hijs testibus Willelmo Baldewin Radulfo Torel'
Ricardo coco Roberto de Billing Henrico Pege et alijs.

L.C. 76r. Towcetur.
NOTE: For date see No. 196.

214

Grant by Felicia, widow of Edward de Towcester, to Henry Stuteville, for
his homage and service and 24*s.* sterling, of 1½ acres in the fields of Burcote.
[*c.* 1260–70]

Carta Felicie vxoris Edwardi de Towcestr'

Sciant presentes ⁊ futuri quod ego Felicia quondam vxor Eadwardi de
Touecestr' dedi ⁊ concessi ⁊ hac presenti carta mea confirmaui Henrico de Stuteuill' pro homagio ⁊ seruicio suo ⁊ pro.xxiiii^{or} solidis sterlingorum quos dedit michi premanibus vnam acram terre ⁊ dimidiam
cum pertinenciis in campis de Burcot' scilicet vnam rodam ⁊ dimidiam
que abuttat in pratum Herberti iacentem ad la more de Burcot' inter
terram Willelmi Brakel ⁊ Henrici de fonte ⁊ dimidiam rodam que
abuttat in pratum dicti Herberti inter terram Sibille Baldewini ⁊
Radulfi Ioseph ⁊ vnam rodam super Pishil que abuttat super forreram
Agathe vxoris Willelmi forestarii inter terram Henrici de fonte ⁊
Ricardi de Wodehall' ⁊ vnam rodam super Pishil que abuttat super
forreram dicte Felicie ⁊ dicte Agathe inter terram Sibille Baldewin' ⁊
Reginaldi de Keten' ⁊ dimidiam rodam inter terram dicte Sibille ⁊
dicte Agathe ⁊ vnam rodam ultra que abuttat super forreram Henrici
Steg uersus Toue inter terram Ricardi de Wodehall' ⁊ Henrici Pale-
coc ⁊ dimidiam rodam super Anestaneshil inter terram Henrici Pale-
coc ⁊ la more. Tenend' ⁊ habend' de me ⁊ heredibus meis sibi ⁊ heredi-

bus suis uel suis assignatis libere ꝫ quiete ꝫ hereditarie. Reddendo inde annuatim michi ꝫ heredibus meis ille ꝫ heredes sui uel eius assignati vnum obolum ad Pascha pro omni seruicio consuetudine ꝫ pro omni demanda. Et ego dicta Felicia ꝫ heredes mei warantizabimus predictam terram cum pertinenciis predicto Henrico ꝫ heredibus suis uel eius assignatis contra omnes gentes inperpetuum per predictum seruicium. Et si forte ita contigerit quod ego ꝫ heredes mei predictam terram cum pertinenciis predicto Henrico ꝫ heredibus suis uel eius assignatis warantizare non poterimus dabimus ꝫ faciemus eis racionabile escambium in campis de Burcot'. Et vt hec mea donacio ꝫ concessio rata ꝫ stabilis inperpetuum preserueret sigilli mei inpressione presens scriptum roboraui. Hiis testibus. Hugone de Burcot'. Ricardo de la Wodehall'. Wiberno port'. Galfrido forestario. Iohanne filio Galfridi clerici. Galfridi Baldewin'. Stephano de Caldecot'. Willelmo Sage et aliis.

W. 2926   L.C. 76r.–76v.
6¾″ × 4¼″.
White varnished oval seal, 1¼″ × 1″. (?) Virgin and Child.
NOTE: For date see No. 208.

215

Confirmation by Cecilia daughter of Edrich of the grant of a messuage to the Priory by Hugh her brother. [c. 1220–1]

Carta Cecilie filie Edriche

Sciant presentes ꝫ futuri quod ego Cecilia filia Edrich concessi ꝫ hac presenti carta mea confirmaui pro salute anime mee ꝫ omnium antecessorum meorum ꝫ successorum deo ꝫ beate Marie de Luff' ꝫ monachis eiusdem loci donacionem ꝫ confirmacionem quam Hugo frater meus fecit predictis monachis de Luff' de illo mesuagio cum pertinenciis in Thouecestre. scilicet de illo quod est inter domum que fuit Radulfi Botte ꝫ forum eiusdem uille. scilicet quod proximius est foro. Tenendum ꝫ habendum bene ꝫ in pace in perpetuam elemosinam. iuxta quod continetur in carta donacionis ꝫ confirmacionis Hugonis fratris mei quam predicti monachi habent de warancia predicti mesuagij. Hijs testibus. Arnaldo de Selueston'. Galfrido de Burcote. Galfrido de Hecham. Henrico de Gatton'. Willelmo filio Willelmi de Weston'. Giliberto filio Giliberti de Norhamton'. Roberto le specer. Roberto de Billing'. Rogero filio Iohannis lenginur. Iohanne Crispo. ꝫ alijs.

W. 2919   L.C. 76v.   Towcetur.
5¼″ × 2¾″.
Tag for seal.
NOTE: For date see No. 196.

216

Confirmation by Wibert the porter to Henry de Stotevile of the 1½ acres granted to him by Felicia, widow of Edward de Towcester, in No. 208. [*c.* 1260–70]

Carta Wiberti portarij de Towcestr'

Sciant presentes ⁊ futuri quod ego Wẏbertus le porter de Touecestr' concessi ⁊ hac presenti carta mea confirmaui pro me ⁊ heredibus meis Henrico de Stoteuile in Touecestr' ⁊ heredibus suis ⁊ suis quibuscunque assingnatis vnam acram ⁊ dimidiam acram terre cum pertinenciis in campis de Burkot'. illam uidelicet terram quam Felicia quondam vxor Edwardi de Touecestre dedit predicto Henrico pro homagio ⁊ seruicio suo vnde vna roda ⁊ dimidia roda abuttat in pratum Herberti usque ad la more de Burkot' inter terram Willelmi de Brackel' ⁊ terram Henrici de fonte. ⁊ dimidia roda que abuttat in pratum dicti Herberti inter terram Galfridi Baudewẏn ⁊ terram Radulfi Iosep.et vna roda super Pushul que abuttat super foreram Agathe vxoris Willelmi forestarii inter terram Henrici de fonte ⁊ terram Ricardi del Wodehall'.⁊ dimidia roda que iacet inter terram Hugonis de Burkot' ⁊ terram Galfridi Baudewẏn que se abuttat uersus croftum Rogeri de Oxenford.⁊ dimidiam rodam inter terram Wẏberti ianitoris ⁊ Henrici de fonte in Aẏleswell' slade.⁊ dimidiam rodam inter terram dicti Galfridi ⁊ dicte Agathe. ⁊ vna roda ultra que abuttat super foreram Henrici Steg uersus Toue inter terram Ricardi del Wodehall' ⁊ Henrici de fonte.⁊ dimidiam rodam super Alstoneshul inter terram Henrici Steg ⁊ la more. Habendam ⁊ tenendam predictam acram ⁊ dimidiam acram terre cum pertinenciis suis predicto Henrico ⁊ heredibus suis ⁊ quibuscunque predictum tenementum cum pertinenciis dare vendere legare in testamento ⁊ assingnare uoluerit de me ⁊ de heredibus meis libere quiete bene ⁊ in pace inperpetuum. Reddendo inde annuatim michi ⁊ heredibus meis vnam libram cumini ad festum omnium sanctorum pro omnibus seruiciis consuetudinibus.sectis curie.querelis.demandis.⁊ exaccionibus. Et sciendum est quod quietum clamaui pro me ⁊ heredibus meis dicto Henrico ⁊ heredibus suis ⁊ quibuscunque suis assingnatis vnum obolum annui redditus quod solebat reddere pro isto predicto tenemento Felicia quondam Edwardi de Toucestr' sicut carta quam idem Henricus habet de dicta Felicia testatur ad Pascha. quod quidem obolatus redditus predicta Felicia michi ⁊ heredibus meis pro se ⁊ heredibus suis quietum clamauit. Ego uero dictus Wẏbertus ⁊ heredes mei predicto Henrico ⁊ heredibus suis ⁊ quibuscunque suis assignatis totum predictum tenementum cum pertinenciis suis contra omnes homines ⁊ feminas per predictum seruicium warantizabimus ⁊ defendemus inperpetuum. Vt autem hec mea concessio ꜩ carte mee confirmacio rata sit ꜩ stabilis inperpetuum huic presenti scripto pro me ꜩ heredibus sigillum meum apposui. Hiis testibus. Rogero le turk' tunc seruiente de Touecestr'. Iohanne Tremerel. Ricardo del Wodehall'. Galfrido Baudewẏn. Stephano de Caldekot'. Willelmo filio Henrici de Abtrop. Rogero forestario. Ricardo ad aquam. Willelmo de Brakel' clerico. ꜩ aliis.

W. 2918   L.C. 76v.–77r.
7½″ × 6″.
White varnished oval seal, 1¼″ × 1″. A stag. s' WIBERTI LE PORTER.
NOTE: For date see No. 208.

217

Grant by John son of Simon le Salvage to Henry de Stotevile, for his homage and service and two silver marks, of a solar and cellar, once of Simon his father. [c. 1260–70]

Carta Iohannis filij Simonis le Saluag'

Sciant presentes et futuri quod ego Iohannes filius Simonis le Saluage dedi et concessi et hac presenti carta mea confirmaui Henrico de Stoteuile pro homagio et seruicio suo et pro duabus marcis argenti quas michi dedit premanibus in gersumo solarium et selarium que quondam fuerunt Simoni le Saluage patri meo cum tanta latitudine curie quantum solarium et celarium habent longitudinem et se extendunt a capitali domo mea vsque domum quam dedi Alicie sorori mee. Tenendum et habendum dictum solarium et celarium cum dicta curia vt prenominatum est de me et heredibus meis sibi et heredibus suis vel suis assignatis libere et quiete bene et in pace et hereditarie. Reddendo inde annuatim michi et heredibus meis ille vel heredes sui vel sui assignati septem denarios ad festum sancti Michaelis pro omnibus secularibus seruicijs sectis consuetudinibus et demandis ad me vel ad heredes meos pertinentibus. Et ego dictus Iohannes et heredes mei dicto Henrico et heredibus suis vel suis assignatis dictum solarium et celarium cum dicta curia sicut prenominatum est contra omnes homines et feminas per predictum seruicium warantizabimus et defendemus imperpetuum. Et vt hec mea donacio et concessio et carte mee confirmacio rata sit et stabilis presenti scripto sigillum meum apposui. Hijs testibus Wiberto ianitore Iohanne Trimerel Hugone de Burkot' Stephano de Caldecot' Ricardo de la Wodehalle Galfrido forestario Galfrido Bawdewyn' Ricardo ad aquam Willelmo de Brakelay et multis alijs.

L.C. 77r.   Towcetur.
NOTE: For date see No. 208 which several of these witnesses also attest.

P

217A

Grant to the Priory by Richard de la Wodehall of Wood Burcote of Geoffrey son of Geoffrey Godwine, his villein. [*c.* 1250–60]

Sciant presentes ⁊ futuri quod ego Ricardus de la Wodehall' de Wode-burkot dedi ⁊ concessi ⁊ quietum clamaui ⁊ hac presenti carta mea confirmaui deo ⁊ beate Marie de Luffeld' ⁊ fratribus ibidem deo fa-mulantibus pro me ⁊ pro heredibus meis Galfridum Godwine filium Galfridi Godwine de Wodeburkote natiuum meum cum tota sequela sua et cum omnibus catallis suis ubicumque ea habuerit et omne ius quod in eo habui vel habere potui liberum et quietum et solutum cum omnibus sibi spectantibus. Tenendum et habendum dictum Galfri-dum cum tota sequela sua et cum omnibus catallis suis et cum omnibus sibi spectantibus sine aliqua contradictione vel machinacione mei vel heredum meorum. Et vt hec mea donacio et concessio et quieta cla-macio et carte mee confirmacio rata sit et stabilis preserueret presenti scripto sigillum meum apposui. Hiis testibus. Wiberto Ianitore. Io-hanne Tremerel. Hugone de Burkot. Stephano de Caldecot. Galfrido forestario. Galfrido Baudewin. Iohanne filio Galfridi clerici. Willelmo Torel. Willelmo de Brackele et multis aliis.

W. 3033
5¾″ × 2¼″.
Fragment of green seal.
No endorsement.
NOTE: For date see No. 208 which is attested by several of these witnesses.

218

Release and quitclaim to the Priory by Ralf son of John de Wedon of his right to common of pasture on the land which William de Clairvaux granted to them. [*c.* 1270–8]

Carta Radulphi de Wedon

Omnibus Christi fidelibus presens scriptum visuris uel audituris Radulphus de Wedon' filius ⁊ heres domini Iohannis de eadem eter-nam in domino salutem. Nouerit vniuersitas vestra me relaxasse ⁊ om-nino quietum clamasse pro me ⁊ heredibus meis . priori ⁊ conuentui de Luffeld' ⁊ eorum successoribus. pro anima patris mei ⁊ matris mee ⁊ omnium antecessorum ⁊ successorum meorum totum ius ⁊ cla-mium quod habui uel aliquo modo habere potui in communitate pas-ture terrarum antedictorum prioris ⁊ conuentus que habent de dono quondam Willelmi de Clereuaus de feodo de Norton'. Ita tamen quod ego nec heredes mei aliquam separatam communitatem cum aueriis antedictorum prioris ⁊ conuentus in processu temporis habere uel

vendicare poterimus. In cuius rei testimonium presenti scripto in-
pressionem sigilli mei apposui. Hiis testibus. domino Roberto de
Paueli. domino Ricardo de Castilon. domino Roberto Mauntel militibus. Elẏa de Tingwic'. magistro Willelmo de Wedon'. Reginaldo de
Heẏmundecot' clerico. Galfrido Iames de eadem. Et aliis.

W. 2934   L.C. 77r.–77v.
7¼″ × 3″.
Seal in bag.
NOTE: Richard de Castilon died in 1279 (*Cal. Inq. p.m.* ii, p. 304).
Endorsed: Heymundecot' Carta Radulfi de Wedon.

219

Agreement between Sir Henry Grene and the Priory for founding a chantry
in their conventual church. Sir Henry has been their benefactor in days
gone by, and he is now giving them 100 marks for roofing their choir with
lead. He and his heirs will present to the Priory a man fit to be admitted into
the monastery as a regular monk and instituted into a priestly benefice for
the purpose of celebrating masses for the good estate of Sir Henry during
his life, of his soul after his death, and the souls of his heirs. 31 March 1368

Conuencionem [*sic*] facta inter priorem et conuentum et Henricum
Grene militem pro monacho faciendo in monasterio per manum dicti
Henrici

Nouerint vniuersi presentes conuenciones factas inter fratrem Willelmum de Horewode priorem monasterij beate Marie de Luffelde et
eiusdem loci conuentum ex parte vna et Henricum Grene militem ex
altera quod nos predicti prior et conuentus unquam recolentes ob-
sequia que prefatus Henricus nobis et domui nostre lapsis temporibus
gratanter attribuit ac nos quampluries languentes per inopia bonorum
suorum temporalium largiccione sullimauit et ne rerum epulencia la-
bessente in religionis nostre desolacionem inopinate decidamus caritatis sue manum nobis indefinenter actenus apparuit et eo potissimum
quod dictus Henricus perpetue religionis firmitatem in nobis radicare
desiderans centum marcas die confeccionis presencium ad coopertu-
ram chori nostri de Luffelde quem tecto plumbeo vesturi decreuit nobis
et domui nostre predicte amplifice contribuit ita quod alijs vsibus
nullo modo imponantur cuius decreti propositum deo iuuante per
operis perfeccionem in breui confirmabitur. Nos dicti prior et conuentus prefatum Henricum et heredes suos spirituali remuneracione
pro premissis eternaliter mutua conuencione premoneate fulciri pro-
ponimus quare vnanimo consensu concedimus prefato Henrico et
heredibus suis imperpetuum videlicet quod predictus Henricus in vita
sua idoneam personam ad habitum religionis in domo nostra predicta
sumendum priori loci predicti qui pro tempore fuerit presentabit qui
quidem prior personam sic per ipsum Henricum presentatum de con-

sensu capituli sui in domum suam admittet et ipsum monachum regularem prout moris est in eadem instituet et ipse sic institutus cum
beneficium sacerdotalem optinuerit cotidie si commode potuerit sine
fraude vel malo ingenio diuina celebrauit in ecclesia conuentuali prioratus de Luffelde et pro salubri statu ipsius Henrici et heredum suorum
dum vixerint necnon pro animabus eorum cum ab hac luce migra-
uerunt et pro animabus parentum et omnium benefactorum eius. Et
concedimus quod a tempore confeccionis presencium quousque idem
Henricus heredes sui aliquem in forma predicta presentauerit et ipse
presentatus admissus et institutus fuerit et presbiteri officium exercue-
rit aliquem monachum nostrum capellanum ad predicta diuina seruicia cotidie facienda vt predictum est assignabimus. Et cum dictus
presentatus et admissus cursum vite sue consumauerit vel quacumque
ex causa ab ordine predicto fuerit absolutus prefatus Henricus vel
heredes sui successiue aliam idoneam personam in domum predictam
admittendam et ad predicta in forma predicta perficienda priori loci
predicti presentabunt imperpetuum ita tunc quod domus predicta de
sumptibus vesturis primi ingressus cuiuslibet presentati non oneretur
et quod omnes presentati per dictum Henricum vel heredes suos faciant obseruantque in omnibus secundum regulam et constitutiones ordinis domus predicte. Et conuenit inter partes predictas quod si contingat aliquem per prefatum Henricum vel heredes suos presentatum
per aliquam iustam et euidentem causam per dictos priorem et conuentum recusari vel quod idem Henricus aut heredes sui post mortem
vel absolucionem ordinis alicuius sic presentati nullum per tempus
semestre a tempore premunicionis eis inde facte priori et conuentui in
forma predicta presentabunt tunc idem prior et conuentus libere possunt aliquam idoneam personam eligere et ipsum sic electum prefato
Henrico vel heredibus suis offerre et idem Henricus vel heredes sui
eundem electum priori et conuentui predictis presentabunt que ad
presentacionem suam admittetur in domum predictam et in eadem
instituetur in forma predicta ita quod semper et successiue vna idonea
persona ad presentacionem dicti Henrici et heredum suorum in
domum predictam admittetur et instituetur vt predictum est. Et preterea nos dicti prior et conuentus concedimus quod statim post mortem
vel absolucionem ordinis cuiuscumque sic presentati vt predictum est
nos et successores nostri alium monachum capellanum domus nostre
predicte ad dicta diuina seruicia modo debito facienda ut predictum
est deputabimus quousque idem Henricus vel heredes sui alium loco
ipsius qui obijt vel ab ordine absolutus fuit in forma presentauerit et
ipse sic presentatus admissus munus sacerdotale consecutus fuerit. Et
si quis sic presentatus et admissus ad aliquod officium in domo predicta vel in priorem eiusdem domus vel abbatem alterius domus cuiuscumque electus vel infirmitate pregrauatus fuerit vel ordinem aposta-
tauerit per quod ad diuina seruicia predicta facienda intendere non

possit nos et successores nostri aliquem alterum monachum capellanum ad diuina seruicia predicta cotidie in ecclesia predicta facienda
substituemus ita quod vna missa in ecclesia nostra predicta et alia
diuina seruicia pro salubri statu dicti Henrici et heredum suorum dum
vixerint necnon pro animabus eorundem cum ab hac luce migraue-
runt et pro animabus parentum et omnium benefactorum eius cotidie
celebrent vt predictum est. Et nos dicti prior et conuentus concedimus
pro nobis et successoribus nostris quod quandocumque contingat aliquem monachum domus nostre predicte ad diuina seruicia predicta
facienda quacumque ex causa predicta per nos vel successores nostros
assignari vel deputari nos et successores nostri certificabimus prefatum
Henricum et heredes suos de nomine cuiuscumque sic per nos assignati vel deputati imperpetuum. Et volumus quod quilibet capellanus
qui pro tempore fuerit cotidie ante introitum misse ad populum con-
uersus roget circumstantes dicere oracionem dominicam cum salutacione beate Marie pro salute vite et animarum predictorum Henrici
et heredum suorum necnon pro animabus predictis vt predictum est
et ea per se complete dicat ita quod habere* et amici dicti Henrici possint habere noticiam de sustentacione cantarie predicte. Et concedimus quod ad quamlibet missam predicti presentati vel deputati preter
ad missam quatuor temporum dicant cotidie hec collecte Deus qui
caritatis dona et Inclina domine cum ceteris eisdem collectis ad missam presentibus. Et quia fratres et successores nostri posteris temporibus nobis succedentes pro eo quod quicquid sibi de beneficijs et donis
supradictis manibus suis non applicuerunt predicta diuina seruicia
liberius se posse pretermittere putabunt et ne ipsi tali sinistra medita-
cione laqueati contra presentes conuenciones dicta sacra solacia in ex-
tremum transire paciantes nos dicti prior et conuentus loci predicti ad
omnia predicta facienda et exequenda obligamus nos et successores
nostros et ecclesiam nostram de Luffelde imperpetuum. Et ad maiorem premissorum securitatem concedimus quod si contingat nos vel
successores nostri in diuinis seruicijs predictis in forma predicta facienda et exequenda cessare contra formam predictam aut idoneam
personam ad presentacionem predicti Henrici vel heredum suorum
in habitum religionis admittendam contra formam predictam recu-
sare quod tunc dictus Henricus et heredes sui defaltam comptam nun-
cient priori et conuentui in presencia testium fidedignorum minitentes
eisdem priori et conuentui quod perficiant omnia suprascripta et nisi
fecerint infra mensem post premonicionem eis sic factam si sine lite et
euidencia probari poterit modo quo iuris exposcit autoritas quod idem
Henricus et heredes sui possint distringere in prioratu nostro de Luffeld et in omnibus terris et tenementis eidem adiacentibus et in manerio
nostro de Thorneburgh et districciones retinere quousque de omnibus
et singulis supradictis que ad nos pertinent in hac parte faciendis plenarie fuerit satisfactum et completum simul cum tot missis que aretro

fuerint ita quod predictus Henricus nec heredes sui dampna aliqua non recuperent virtute districcionis predicte alia quam diuina seruicia supradicta. Et ego dictus Henricus concedo pro me et heredibus meis quod bene liceat cuicumque capellano ad cantariam predictam quouismodo assignato celebrare missam quamcumque voluerit dum tunc populum roget in principio misse dominice dicere oracionem dominicam cum salutacione beate Marie vt predictum et alias oraciones supradictas. Et in omnium promissorum testimonium ego dictus Henricus huic parte indentate penes prefatos priorem et conuentum remanenti sigillum meum apposui. Datum apud Luffelde die veneris proxima ante diem dominicam in ramis palmarum anno regni regis Edwardi tercij post conquestum quadregesimo secundo in presencia dicti prioris et Simonis de Eston' subprioris Ricardi de Cornewayle Ade de Esten' et omnium aliorum religiosorum eiusdem domus presentibus eciam Iohanne de Pauelly milite Ricardo de Towecestr' Willelmo Dille Thoma Saundres Willelmo Turvil Roberto de Isham et alijs testibus ad hec vocatis et rogatis.

L.C. 77v.–78v.   Towcetur.
* 'habere' should read 'parentes'.

220

Grant by John Gibouns of Towcester to John Blundel of the same of a meadow in le Garscroft. 16 November 1335

Carta Iohannis Geboun' de Towcetur

Sciant presentes et futuri quod ego Iohannes Gibouns de Towcestr' dedi concessi et hac presenti carta mea confirmaui Iohanni Blundel de Towcestr' totum illud pratum meum iacentem in le Garscroft iuxta pratum Ricardi Ters et pratum dicti Iohannis Blundel. Habendum et tenendum totum predictum pratum cum omnibus suis pertinencijs predicto Iohanni heredibus et assignatis suis libere et pacifice faciendo capitali domino feodi illius seruicia inde debita et consueta imperpetuum. Et ego predictus Iohannes Gibouns et heredes mei predictum pratum cum omnibus suis pertinencijs prefato Iohanni Blundel heredibus et assignatis suis contra omnes gentes warantizabimus imperpetuum. In cuius rei testimonium huic presenti carte sigillum meum apposui. Testibus Iohanne Forestario Ricardo de Croulton' Wiberto Warde Nicholao Cere Henrico Kyde Ricardo Ioseph et alijs. Datum apud Luffelde Towcestr' die iouis proxima post festum sancti Martini anno regni regis Edwardi tercij post conquestum nono.

L.C. 78v.–79r.

221

Grant to the Priory by John Grene of Towcester, chaplain, and Simon Scot, for the souls of Ralf de Plomton', Richard Blundel and Elizabeth his wife, John Blundel and Matilda his wife, Richard Blundel, knight, and Alice his wife of all the lands and tenements in Towcester, Burcote, Caldecote, Stoke Bruerne, Shutlanger, Easton Neston, and Hulcot, saving those in Towcester once of Peter de Wallus, which they had of the gift and feoffment of Matilda, widow of John Blundel. 15 March 1350

Carta Iohannis Grene de Towcetur

Sciant presentes et futuri quod nos Iohannes Grene de Towcestr' capellanus et Simon Scot de eadem vnanimi assensu nostro dedimus concessimus et hac presenti carta nostra confirmauimus pro animabus Radulfi de Plomton' Ricardi Blundel et Elizabeth vxoris eius Iohannis Blundel Matilde vxoris eius Ricardi Blundel militis et Alicie vxoris eius religiosis viris priori et conuentui de Luffelde eorum successoribus imperpetuum omnes terras et tenementa cum suis pertinencijs in Towcestre Burcot' Caldecote Stoke Brewere Schutelang' Esteneston' et Hulcote sine ullo retenemento exceptis illis terris et tenementis que fuerunt Petri de Wallus cum suis pertinencijs in Towcestr' simul cum reuercionibus et omnibus alijs pertinencijs que prius habuimus ex dono et feoffamento Matillis que fuit vxor Iohannis Blundel. Habenda et tenenda omnia predicta terras et tenementa simul cum reuercionibus et omnibus alijs suis pertinencijs exceptis terris et tenementis predictis priori et conuentui et successoribus suis imperpetuum de capitalibus dominis feodi illius per seruicia inde debita et de iure consueta libere et quiete bene et in pace imperpetuum. Et nos uero dicti Iohannes et Simon et heredes nostri et vnusquisque nostrum pro se et heredibus nostris omnia predicta terras et tenementa simul cum reuercionibus et omnibus alijs suis pertinencijs predictis priori et conuentui exceptis terris et tenementis predictis predictis priori et conuentui et successoribus suis warantizabimus imperpetuum. In cuius rei testimonium huic presenti carte sigilla nostra alternatim apposuimus. Hijs testibus domino Ricardo Blundel milite Roberti Seymor Ricardo Wodeuile Ricardo de Croulton' Ricardo Ters Willelmo Mallore Iohanne le Warde et alijs. Datum apud Towcestr' die lune proxima post festum sancti Gregorij pape anno regni regis Edwardi tercij post conquestum vicesimo quarto.

L.C. 79r. Towcetur.
NOTE: Cf. No. 85.

222

Grant by John Blundel, of Towcester, to Thomas de Towcester, chaplain, of all his lands and tenements in Towcester, Caldecote, Wood Burcote,

Easton Neston, Hulcote, Stoke Bruern, and Shutlanger (excepting two cottages), and all the goods and chattels thereon. 25 September 1342

Carta domini Thome capellani de Towcestr' de omnibus terris et tenementis Iohannis Blundell'

Sciant presentes ꝛ futuri quod ego Iohannes Blundel de Touecestr' dedi concessi ꝛ hac presenti carta [confirmaui domino Thoma de Toue]cestr' capellano omnes terras ꝛ tenementa mea prata pascuas pasturas redditus seruicia ꝛ reuersiones que ꝛ quas habui in [villa ꝛ campis de To]uecestr' Caldecot' Wodeburcot' Estneston' Hulcott' Stokebruer' ꝛ Schutelang' exceptis duobis cotagijs que [habui ad terminum vite] de domino de Touecestr' in Touecestr' vna cum omnibus bonis ꝛ catallis mobilibus ꝛ immobilibus viuis ꝛ mortuis in predictis [terris ꝛ tenementis] pratis pascuis pasturis die confeccionis presentis nomine meo existentibus. Habendum ꝛ tenendum omnia predicta terras ꝛ tenementa prata pascuas pasturas redditus seruicia ꝛ reuersiones cum suis pertinencijs ꝛ vna cum wardis releuijs ꝛ eschaetis predicto domino Thome heredibus suis ꝛ assignatis libere quiete bene ꝛ in pace ꝛ hereditarie inperpetuum de capitalibus dominis feodi illius per seruicia inde debita ꝛ de iure consueta. Et ego vero predictus Iohannes ꝛ heredes mei omnia predicta terras ꝛ tenementa prata pascuas ꝛ pasturas redditus seruicia ꝛ reuersiones cum wardis releuijs ꝛ eschaetis ꝛ omnibus suis pertinencijs vna cum bonis ꝛ catallis predictis predicto domino Thome heredibus suis ꝛ assignatis contra omnes gentes warantizabimus inperpetuum. In cuius rei testimonium huic presenti carte mee sigillum meum apposui. Hijs testibus. Iohanne de Abbeth'. Nicholao Bere. Willelmo de Duncot'. Willelmo Mallor'. Elia clerico. Iohanne de Pirie. Henrico Kide. Ricardo Ioseph. Iohanne Gẏboun iuniore. Iohanne Wyoth. Iohanne Sprudecok clerico ꝛ alijs. Datum apud Touecestr' die mercurij proxima post festum sancti Mathei apostoli anno regni regis Edwardi tercij [a conquestu sexto]decimo

W. 2937   L.C. 79r.–79v.
9½″ × 4″.
Tag for seal.
Endorsement illegible.

223

Grant by Thomas de Towcester, chaplain, to John Blundel, of Towcester, of £20 rent to issue from all the tenements granted to him by the said John in Towcester, Caldecote, Wood Burcote, Easton Neston, Hulcote, Stoke Bruerne, and Shutlanger. 20 October 1342

Donacio Thome capellani de Towcet͏ʳ

[Nouerint vniuersi per presentes] me Thomam de Touecestr' capellanum [dedisse Iohanni] Blundel de Touecestr' viginti libras argenti [annui redditus exeuntes] ꝛ percipientes de omnibus terris ꝛ tenementis pratis pa[scuis pasturis redditibus] seruicijs ⁊ reuersionibus cum suis pertinencijs quas ⁊ quantas [habui de dono] ⁊ concessione predicti Iohannis Blundel in villa ⁊ campis de Touecestr' Caldecot' Wodeburcot' Estneston' [Hulcot' Stoke]bruer' ⁊ Schutelang' soluendum annuatim ad quatuor anni terminos vsuales videlicet ad festum Natiuitatis domini [Pasche natiuitatis sancti Iohannis] baptiste ⁊ sancti Michaelis archangeli per equales porciones ad quam quidem solucionem predictarum viginti librarum predictis terminis faciendam obligo omnia predicta terras ⁊ tenementa prata pascuas pasturas redditus seruicia ⁊ reuersiones cum suis pertinencijs districciones [Iohanni] Blundel. Ita quod quandocunque predictus redditus aretro fuerit ad aliquem terminum predictum bene liceat predicto Iohanni in omnibus [terris tenementis] pratis pascuis pasturis redditibus seruicijs ⁊ reuersionibus cum suis pertinencijs distringere tam infra domum quam extra ⁊ districciones [retinere quo]usque de predictis viginti libris annualis redditus plenarie ei satisfactum & de dampno restitutum. Et si contingat [predictum redditum] aretro fuerit in parte vel in toto post aliquem terminum prenominatum per quindecim dies per totam vitam predicti Iohannis [extunc] bene liceat predicto Iohanni omnia predicta terras ⁊ tenementa prata pascuas pasturas redditus reuersiones ⁊ seruicia cum suis pertinencijs [ingredi ⁊ in] manus suas sumere ⁊ ea pacifice possidere sibi ⁊ heredibus suis imperpetuum habendum ⁊ tenendum predicto Iohanni Blundel [⁊ heredibus suis ⁊] assignatis de capitalibus dominis feodi illius per seruicia inde d[ebita ⁊ de] iure consueta. In cuius rei testimonium huic presenti [scripto] sigillum meum apposui. Testibus Nicholao Bere Ricardo Iose[p' Iohanne Wioth] Iohanne de Pirie Henrico Kẏde Ricardo Ters Iohanne [Sprudecok clerico ⁊ alijs. Datum apud Touecestr' die dominica proxima post festum sancti Luce euangeliste] anno regni regis Edwardi tercij a conquestu sectodecimo.

W. 2933 L.C. 79v.–80r. Towcetur.
No endorsement.
NOTE : The charter is torn, and the words in brackets have been supplied from the cartulary.

224

Grant to the Priory in alms by John Marshal, for the souls of himself, Alina his wife, his children, antecessors, and successors, of 12 acres in the wood of Norton, in breadth between the assart of the monks and Burchotrode, in length between le Stonislow and the ditch of Perry, measured by the king's perch. Also 2 acres, measured by the same perch, next to the assart of William de Pavilly, between the ditch of Perry and the ditch which runs from Lillingstone to Perry. [1231–5]

Pro bosco vocato Monkysbarne

Sciant presentes ⁊ futuri quod ego Iohannes Marescallus intuitu pietatis ꝛ caritatis. ꝛ pro salute anime mee ꝛ vxoris mee Aline ꝛ puerorum meorum ꝛ antecessorum ꝛ successorum meorum. dedi. ꝛ concessi ꝛ hac presenti carta mea confirmaui. deo ꝛ beate Marie ꝛ monachis de Luffeud ibidem deo seruientibus. duodecim acras de bosco meo de Norton'. sitas inter assartum predictorum monachorum ex vna parte. et Burchotrode ex altera in latitudine.Et inter le Stonislow ꝛ trencatum de Piri in longitudine mensuratas per perticam domini regis. Et insimul duas acras iuxta assartum Willelmi de Pauilli extendentes inter dictum trencatum de Piri. et trencatum venientem de Lillingeston vsque ad Piri per predictam perticam mensuratas: Tenendas ꝛ habendas de me ꝛ heredibus meis.sibi ꝛ successoribus suis in liberam ꝛ puram ꝛ perpetuam elemosinam. libere ꝛ quiete ab omnibus seruiciis secularibus ꝛ demandis que ad me ꝛ ad heredes meos pertinent vel a nobis exigi possint: imperpetuum. Ego uero Iohannes Marescallus et heredes mei predictas acras cum pertinenciis.predictis monachis ꝛ eorum successoribus contra omnes gentes inperpetuum warantizabimus. Et ne temporis processu alicuius machinacione hec mea donacio ꝛ confirmacio in irritum ꝛ indampnum dictorum monachorum reuocetur: presens scriptum sigilli mei impressione dignum duxi confirmare. Hiis testibus. Rogero clerico meo. Willelmo de Clarisuallibus. Willelmo de Camera. Wÿberto ianitore Iohanne Trimenel. Willelmo de Ÿpres. Ricardo filio Ernaldi de Selueston'. Willelmo de Branteston'. Ricardo Kardon' et multis aliis.

W. 2565 L.C. 80r. Towcetur.
7″ × 4¾″.
Round green seal, 1″ diameter.
NOTE: For Richard son of Arnold see Appendix, p. 268. John Marshal died in 1235 (*Excerpta e Rot. Fin.* i.301).

CHARLOCK

225

Grant by Jordan son of Hawise to William son of Nicholas, in free dower with Alice his daughter, of half his land and meadow in Hansexcroft and on le Huringelond, with half his messuage at Charlock. William will pay him 7d. yearly for all services due to him. [1231–c. 1250]

Carta Iordani filij Hawisie de Chaldelake

Sciant presentes et futuri quod ego Iordanus filius Hauisie de Chaldelake assensu et consensu heredorum meorum dedisse et concessisse et hac presenti carta mea confirmasse medietatem terre mee et prati mei tam in Hansexcroft quam super le Huringelonde cum medietate mesuagij mei ad Chaldelake Willelmo filio Nicholai in libera dote cum Alicia filia mea et heredibus suis de ipsa Alicia prouenientibus red-

dendo inde michi et heredibus meis per annum septem denarios scilicet ad duos terminos ad gulam Augusti sex denarios et ad festum sancti
Michaelis sequens vnum denarium pro omnibus seruicijs consuetudinibus et exaccionibus michi et heredibus meis spectantibus. Ego uero
predictus Iordanus et heredes mei predictum tenementum predicto
Willelmo et heredibus suis de predicta Alicia prouenientibus ut habeant et teneant et possideant imperpetuum contra omnes gentes
warantizabimus. Et ut hec mea concessio et donacio et confirmacio
rata et stabilis permaneant sigillum meum huic scripto presenti dignum duxi apponere. Hijs testibus Ricardo filio Arnaldi de Selueston'
Willelmo de Branteston' Ricardo Cardon Rogero lengin*nur* Ade
Bachon Nicholao clerico et multis alijs.

L.C. 81r. Chaldelake.
NOTE: For date see Appendix, pp. 268–9.

226

Grant to the Priory in alms by Alice, daughter of Jordan de Chaldelake, in
her widowhood, of her messuage, land, and meadow in Charlock, for which
they will render 7*d*. yearly to William son of Jordan for all services due to
him. [1231–*c*. 1245]

Carta Alicie filie Iordani de Chaldelake

Sciant presentes et futuri quod ego Alicia filia Iordani de Chaldelake
in libera potestate uiduitatis mee dedi et concessi et hac presenti carta
mea confirmaui deo et beate Marie de Luffelde et monachis ibidem
deo seruientibus mesuagium meum in Chaldelake et totam terram
meam et pratum cum omnibus pertinencijs. Tenendum et habendum
dictum mesuagium terram et pratum in liberam et puram et perpetuam elemosinam libere et quiete ab omnibus seruicijs secularibus
et demandis michi vel heredibus meis pertinentibus reddendo inde
annuatim Willelmo filio Iordani et heredibus suis sex denarios ad
festum sancti Petri aduincla et vnum denarium ad festum sancti
Michaelis pro omnibus seruicijs secularibus et demandis sibi pertinentibus. Et vt hec mea donacio rata et stabilis permaneat sigillum meum
presenti scripto apposui. Hijs testibus Willelmo de Branteston' Ricardo clerico Ricardo Cardun Rogero le enginur Willelmo le franke-
layn' Henrico Doket Adamo Bachun et multis alijs.

L.C. 81r.
NOTE: For date see Appendix, pp. 268–9.

227

Surrender and quitclaim to the Priory by Adam Bacun of Charlock of the
tenement he held of them there, with the messuage, land, and meadow. The

Priory undertakes, in return, to find him employment in their house for his life. [c. 1220–30]

Quietum clamancia Ade Bachun de Chaldelake

Sciant presentes 7 futuri quod ego Adam Bacun de Chaldelak' red-didi resignaui 7 omnino quietum clamaui deo 7 beate Marie de Luf-feld' 7 monachis ibidem deo seruientibus totum tenementum meum quod de eis tenui in Chaldelak' cum mesuagio terris 7 tenementis cum omnibus suis pertinenciis. Habendum 7 tenendum dictum tenement-um cum suis pertinenciis dictis monachis 7 eorum successoribus libere quiete bene 7 in pace imperpetuum. Pro hac autem reddicione resig-nacione 7 quieta clamancia dederunt michi 7 concesserunt predicti monachi vnam serianciam ad totam vitam meam in domo de Luf-feld habendam 7 recipiendam. Vt autem hec mea reddicio resignacio 7 quieta clamancia perpetue firmitatis robur optineant huic presenti scripto sigillum meum apposui in testimonium. Hijs testibus Albrido forestario Arnaldo clerico de Sulueston' Willelmo filio Henrici de ea-dem Willelmo de Morton' clerico Galfrido coco de Witlebur' 7 aliis.

W. 2419   L.C. 81r.–81v.
7¼″ × 3″.
Tag for seal.
NOTE: For date see Appendix, p. 268.

228

Release and quitclaim to the Priory by Adam son of William Valerant of Silverstone of the lands in Westfelde and Hurilond in the fields of Charlock which might fall to him by gift, or of the inheritance of William his father, in consideration whereof the monks have given him part of the land and meadow in Westfelde, part of the meadow in Stocwellescche, and part of the land in Stocwellforlong, as their charter testifies. [c. 1285–90]

Quieta clamancia Ade filij Willelmi Valerant

Omnibus Christi fidelibus presens scriptum visuris uel audituris Adam filius Willelmi Walerant de Silueston' salutem. Noueritis me remisisse. relaxasse. 7 omnino pro me 7 heredibus meis uel meis assignatis quie-tam clamasse deo 7 ecclesie beate Marie de Luffeld' 7 monachis ibidem deo seruientibus totum ius 7 clamium quod habui uel aliquo modo habere potui in terris 7 tenementis de Westfeld' et Hurilond' in campis de Chaldelake cum omnibus suis pertinenciis que michi accidere. vel accrescere possint nomine sue racione donationis uel hereditatis Wil-lelmi Walerant patris mei 7 antecessorum suorum aliquo modo. Ita quod nec ego predictus Adam nec heredes mei uel mei assignati nec aliquis per me seu nomine nostre in predictis terris seu tenementis cum suis pertinencijs ut predictum est aliquod ius uel clamium de cetero exigere seu uendicare potuerimus imperpetuum. Pro hac autem remissione. relaxacione. ⁊ quieta clamacione concesserunt michi dicti prior ⁊ conuentus partem terre ⁊ partem prati in Westfeld' partem prati in Stocwellescche ⁊ partem terre super Stocwellforlong prout in carta eorum que inde michi fecerunt testatur. Et ego uero dictus Adam ⁊ heredes mei uel mei assignati dictum tenementum cum omnibus suis pertinenciis contra omnes gentes warantizabimus acquietabimus ⁊ defendemus. In cuius rei testimonium huic presenti scripto sigillum meum apposui. Hiis testibus Rogero Tremenel de Foxcot'. Iohanne athacche de Abbetrop. Rogero filio Iohannis. Ricardo Bacun de Chaldelake'. Roberto Pelot ⁊ aliis.

W. 2417   L.C. 81v.   Chaldelake.
8″ × 4″.
Tag for seal.
NOTE : The witnesses all attest No. 232 (1287–9).

229

Settlement of a dispute between the Priory and William le Bonde of Charlock and Avelina his wife, each party withdrawing the claims against the other. 6 April 1309

Conuencio inter priorem et Willelmum le Bonde de Challake

Memorandum quod cum controuersia mota est inter fratrem Willelmum priorem de Luffelde et eiusdem loci conuentum ex parte vna et Willelmum le Bonde de Chaldelake et Auelinam vxorem eius ex altera super quibusdam transgressionibus hinc inde factis et illatis tandem ex communi amicorum concensu predicta controuersia conquieuit in hunc modum videlicet quod predictus prior et conuentus dimiserunt et omnino relaxauerunt predicto Willelmo et Aueline vxoris sue omnem accionem transgressionem seu calumpniam per predictum Willelmum et Auelinam eisdem priori et conuentui factas seu illatas de toto tempore preterito vsque ad diem confeccionis istius littere ita quod predictus prior et conuentus seu aliquis alius de eorum familia predictum Willelmum et Auelinam occasione transgressionum prius factas vel illatas pro toto tempore prenotato nullo modo grauabunt vexabunt seu aliquo alio modo calumpniabunt. Predictus vero Willelmus le Bonde et Auelina vxor eius consimili modo predictis priori et conuentui et eorum familie omnem accionem transgressionem seu calumpniam eisdem factas seu illatas de toto tempore preterito vsque ad diem confeccionis istius littere dimiserunt et omnino relaxauerunt. In cuius rei testimonium tam predictus prior et conuentus quam predictus Willelmus et Auelina presentibus scriptis bipartitis sigilla sua apposuerunt. Datum apud Towcestr' sexto die Aprilis anno regni regis Edwardi filij regis Edwardi secundo.

L.C. 81v.–82r.

230

Grant and confirmation by Peter, prior of Luffield, to Richard Bacun of all
the lands and tenements in Charlock that Adam Bacun, his father, had held
of them. He will render 2s. 4d. yearly for all except forinsec service. 27
November 1289

Dimissio terre et tenementorum in Challake

Vniuersis sancte matris ecclesie filiis presens scriptum visuris uel audituris frater Petrus prior de Luffeld' ⁊ eidem loci conuentum eternam
in domino salutem. Nouerit vniuersitas vestra nos vnanimi assensu
totius capituli nostri concessisse ⁊ confirmasse Ricardo Bacun filio Ade
Bacun de Chaldelak' omnes terras ⁊ tenementa quas dictus Ade [sic]
Bacun pater dicti Ricardi Bacun quondam tenuit de nobis in villa ⁊
campis de Chaldelak'. Habenda ⁊ tenenda dicta tenementa vna cum
mesuagio cum omnibus pertinenciis suis de nobis ⁊ successoribus nostris dicto Ricardo Bacun ⁊ heredibus suis libere quiete. bene ⁊ in pace.
ac hereditarie inperpetuum.reddendo inde annuatim nobis ⁊ successoribus nostris .ij. solidos iiij denarios ad duos anni terminos.videli-
cet ad festum sancti Petri quod dicitur aduincula .xviij. denarios ⁊ ad
festum sancti Michaelis .x. denarios cum curiarum sectis pro omnibus
seruicijs consuetudinibus ⁊ demandis que ad nos pertinent saluis
forinsecis si euenerint ⁊ saluo releuio predicte terre. Nos uero dicti
prior ⁊ conuentus ⁊ successores nostri predictum tenementum cum
mesuagio ⁊ cum omnibus pertinencijs suis dicto Ricardo Bacun ⁊
heredibus suis sicut predictum est contra omnes gentes warantizabimus acquietabimus ⁊ per predictum seruicium defendemus.Vt autem
hec omnia que a nobis concessa sunt firma permaneant presenti scripto sigillum capituli nostri apposuimus in testimonium. Hiis testibus.
Rogero Trimenel de Foxcote. Nicholao West de eadem. Nicholao de
Tenford filio Iohannis de Costowe. Iohanne atthache de Abbetrop.
Rogero filio Iohannis de eadem ⁊ alijs. Datum apud Luffeld' die dominica proxima ante festum sancti Andree apostoli anno regni regis
Edwardi octauodecimo.

W. 2423   L.C. 82r.   Chaldelake.
7″ × 3¼″.
Endorsed: Challak.

231

Grant and quitclaim by Simon de Chyne to Walter Bacun of Silverstone,
for 10 silver shillings, of an acre in Wrocslipnefurlong in the field of Abthorpe. [c. 1270–4]

De terris pertinentibus tenemento Walteri Bakon'

Omnibus Christi fidelibus ad quos presens scriptum peruenerit Simon de Chyne salutem in domino. Noueritis me concessisse remisisse et penitus quietum clamasse Waltero Bacun de Selueston' et heredibus suis vel suis assignatis pro decem solidis argenti quos michi dedit premanibus totum ius meum et clameum quod habui vel habere potui in vna acra terre cum pertinencijs suis in campo de Abtrop' iacente super Wrocslipnefurlong inter terras prioris de Luffeld et Ade de Brackele. Ita videlicet quod nec ego Simon nec aliquis nomine meo vnquam decetero ad predictam acram terre cum pertinencijs aliquid iuris vel clamei habere vendicare vel exigere potuerimus imperpetuum. In cuius rei testimonium huic quiete clamancie sigillum meum apposui. Hijs testibus Iohanni ad le hecch' de Abbetrop' Galfrido West Rogero filio Iohannis de eadem Galfrido Balde Thoma le Kant de eadem Thoma de Towcestr' clerico et alijs.

L.C. 82r.–82v.

NOTE : For the later terminal date see No. 258A.

<h2 style="text-align:center">232</h2>

Grant by John, prior of Luffield, to Adam son of William Walerant of Silverstone, and Juliana daughter of William Pogeys of 7 selions and 2 headlands in the West field of Charlock, two-thirds of the meadow of Waterslade and 2 selions in the other field, with two-thirds of the meadow of Stocwellesiche. If they die without heirs of their bodies, half the tenement shall remain to the next heir of Adam and half to the next heir of Juliana. [1287–9]

Dimissio terre et tenementi apud Challake et Abetrop'

Vniuersis sancte matris ecclesie filijs ad quos presens scriptum peruenerit frater Iohannes prior de Luffeld' ⁊ eiusdem loci conuentus salutem in domino sempiternam. Nouerit vniuersitas vestra nos vnanimi assensu totius capituli nostri concessisse ⁊ hac presenti carta nostra confirmasse Ade filio Willelmi Walerant de Sulueston'.⁊ Iuliane filie Willelmi Pogeẏs de Chaldelak' ⁊ heredibus de corporibus eorum legitime procreatis. illas tres selliones terre in Westfeld de Chaldelak' que iacent inter terram Ricardi Bacun ⁊ terram Alani coci.cum forera contra terram predicti Alani uersus occidentem.⁊ cum forera contra predictas tres selliones uersus viuarium domini regis.⁊ quatuor selliones in eodem campo que iacent inter terram prioris ⁊ conuentus de Luffeld' ⁊ pratum de Westfeld'.⁊ extendunt uersus occidentem contra Waterslade.⁊ duas partes prati de Waterslade. Et in alio campo duas selliones super Stocwell' forlong' quas Willelmus Walerant quondam tenuit.⁊ duas partes prati de Stocwellesiche. Habendam ⁊ tenendam dictam terram cum prato prenominato de nobis ⁊ successoribus nostris.dicto Ade ⁊ Iuliane ⁊ heredibus de corporibus eorum legitime procreatis uel cuicumque seu quibuscumque ex proprijs parentibus cum conssensu ac voluntate dictorum prioris ꝫ conuentus assignare voluerint libere ꝫ quiete. bene ꝫ in pace.ac heredditarie inperpetuum. Et si ita contingat quod absit quod dictus Ada ꝫ Iuliana sine herede de corporibus eorum legitime procreato ab hac luce discesserint alter eorum qui alium supervixerit habeat totum tenementum ad totam vitam suam.ita quod post decessum vltimi discedentis tenementum partiatur inter proximos heredes dictorum Ade ꝫ Iuliane.ita quod medietas tenementi proximo heredi dicti Ade ꝫ alia medietas tenementi proximo heredi dicte Iuliane remaneat. Reddendo inde annuatim nobis ꝫ successoribus nostris ipsi ꝫ heredes sui uel sui assignati.quatuordecim denarios ad duos anni terminos.videlicet ad festum sancti Petri aduincula vij.denarios ꝫ ad festum sancti Michaelis vij. denarios pro omnibus seruicijs consuetudinibus ꝫ demandis.saluis forinsecis.wardis.releuijs.escaetis ꝫ curiarum sectis. In cuius rei testimonium huic presenti scripto sigillum capituli apponere fecimus. Hijs testibus. Rogero Tremenel. Iohanne atehache. Rogero filio Iohannis.Ricardo Bacun. Roberto Pelet. ꝫ alijs.

W. 2422   L.C. 82v.   Chaldelake.
7¾″ × 6½″.
Slit for seal-tag.
Endorsed: Challake.
NOTE: The king's vivary had been greatly enlarged by Richard I (see No. 89).

233

Lease for ten years by Richard Barker de Shopis to William Grene of a toft and croft in Charlock called Bakuns with 4 acres lying next to it in the fields of Abthorpe, for a rent of 4s. 8d. a year, namely 12d. to Lord de Grey, lord of Towcester, 2s. 4d. to the Priory, and 16d. to Richard. 6 June 1438

Quedam indentura inter Ricardum Barker de Schopis

Hec indentura facta inter Ricardum Barker de Shopis et Aliciam vxorem suam ex parte vna et Willelmum Grene de Challake carpenter' ex parte alia testatur quod predicti Ricardus et Alicia concesserunt et ad firmam tradiderunt prefato Willelmo et Emme vxori eius vnum toftum cum crofto in Challake nuper vocatum Bakuns cum quatuor acris terre simul adiacentibus et eidem tofto adiacentibus in campis de Abbetrop'. Habendum et tenendum predictis Willelmo et Emme vxori eius executoribus et assignatis eorum a festo annunciacionis beate Marie virginis proximo futuro post datum presencium vsque ad finem et terminum decem annorum proximorum sequentium. Reddendo inde annuatim quatuor solidos et octo denarios ad terminos annunciacionis beate Marie et Michaelis archangeli per equales porciones videlicet domino de Grey domino de Towcestr' duodecim denarios priori de Luffelde duos solidos et quatuor denarios et prefatis Ricardo et Alicie et eorum assignatis sexdecim denarios. Et si contingat predictum redditum aretro fore post aliquem terminum supradictum bene liceat predictis Ricardo et Alicie omnibus predictis terris et tenementis distringere et districcionem retinere etc'. Et predicti Ricardus et Alicia volunt et pro se et heredibus suis concedunt quod bene liceat predictis Willelmo et Emme et eorum executoribus subboscum in dicto tofto et crofto crescentem et luppatum liberum meremium in eisdem crescentem succidere et amputare ad clausuram eorundem et ad proficuum suum inde capientem durante termino suo absque vasto faciendo. Et predicti Willelmus et Emma non dimittent statum suum alicui alteri absque licencia dictorum Ricardi et Alicie. Et predicti Ricardus et Alicia et eorum heredes predictum toftum croftum et terram cum eorum pertinencijs predictis Willelmo et Emme et eorum executoribus ad terminum x annorum predictorum warantizabunt. Et predicti Ricardus et Alicia conseruabunt predictos Willemum et Emmam indempnes penes dictum dominum de Grey vt pro secta curie sue vsque Towcestr' durante termino supradicto. In cuius rei testimonium partes predicte hijs indenturis sigilla sua alternatim apporuerunt. Datum apud Challake sexto die Iunij anno regni. regis Henrici sexti post conquestum sextodecimo.

L.C. 82v.–83r.

234

Grant to the Priory in alms by Osbert son of Martin the clerk, of the render paid by Cecilia, his sister, for two acres of land, and all his right in that land. Also a rood on Kinnoweshul, close to the village. [c. 1240–50]

Carta Oseberti filij Martini

Sciant presentes ꝛ futuri quod ego Osebertus filius Martini clerici dedi ꝛ concessi ꝛ hac presenti carta mea confirmaui deo ꝛ beate Marie de Luffeld' ꝛ monachis ibidem deo seruientibus redditum quinque denariorum de Cecilia sorore mea. ꝛ vna cum redditu omne ius quod habui uel habere potui in duabus acris a quibus dictus redditus peruenit. ꝛ insimul vnam rodam super Kinnoweshul proximiorem ville. Tenendum ꝛ habendum dictum redditum cum roda prenominata ꝛ cum omnibus pertinenciis. in liberam ꝛ puram ꝛ perpetuam elemosinam adeo libere ꝛ pure sicut aliqua elemosina melius uel liberius dari uel teneri possit. Ego vero dictus Osebertus ꝛ heredes mei dictas duas acras terre. vnde dictus redditus peruenit cum roda prenominata ꝛ pertinenciis contra omnes gentes warantizabimus ꝛ ab omnibus que exigi poterint tam sectis quam omnibus aliis adquietabimus ꝛ indempnes conseruabimus. Vt autem hec mea donacio ꝛ carte mee confirmacio

Q

rata ꒒ stabilis inperpetuum preserueret huic presenti scripto sigillum meum apposui in testimonium. Hiis testibus Waltero de Gadesden' Ricardo Cardun Willelmo filio suo. Waltero Marescall' Willelmo de Heses Hamundo coco ꒒ multis aliis.

W. 2971   L.C. 83r.–83v.   Chaldelake.
7½″ × 4″.
Round green seal, 1⅜″ diameter. A fleur-de-lis. + SIGILL' OSBERTI F' MARTINI.
Endorsed: Wappenham Carta Colberti filii Martini.
NOTE: For Richard Cardun, see Appendix, p. 269. The attestation of his son William places this charter late in his lifetime.

235

Grant by the Priory to Roger Trimenel of Foxcote of an acre and three roods of arable in le Huringlonde below Hanle park in the fields of Foxcote. Roger grants them in exchange an acre and three roods in the same cultura, near their grange at la Hyde. 29 June 1302

Scriptum Rogeri Trimenel de Foxcote

Indented at the top. Letters cut through.

Anno regni regis Edwardi filij regis Henrici tricesimo in festo apostolorum Petri ꒒ Pauli ita conuenit inter fratrem Willelmum priorem de Luffelde et eiusdem loci conuentum ex parte vna ꒒ Rogerum Trimenel de Foxcote ex altera videlicet quod predicti prior ꒒ conuentus tradiderunt ꒒ dimiserunt in modum finalis escambii predicto Rogero vnam acram ꒒ tres rodas terre arrabilis iacentes super culturam que vocatur le Huringlonde sub parco de Hanle in campis de Foxcote. Ita quod predictus Rogerus tradidit ꒒ dimisit vnam aliam acram ꒒ tres rodas terre arrabilis iacentes super eandem culturam inter terras predicti prioris propinquiores grangie sue de la Hẏde. Tenendas ꒒ habendas predictas terras predictis partibus per formam finalis escambii sicut predictum est libere quiete bene ꒒ in pace. Et ut istius conuencionis ꒒ finalis escambii factum ratum sit ꒒ firmum ꒒ eterne memorie perpetuo valeat commendari predicte partes presentibus scriptis in modum cyrographi confectis sigilla sua alternatim apposuerunt in testimonium. Hiis testibus . Galfrido de Brandestone . Ricardo Auuereẏ de Witleburẏ . Iohanne de Abbetrope . Iohanne de la hecke Iohanne dicto forestario de Towcestr' et aliis.

* (Foxecote)

W. 2343   L.C. 83v.   Chaldelake.
6″ × 4″.
Broken, indecipherable, white oval seal, 1″ × ⅝″.

236

Grant to the Priory in alms by William son of Hamo de Wappenham of a half acre in the fields of Wappenham. [*c.* 1240–50]

Carta Willelmi filius Hamonis de Wappenham

Sciant presentes et futuri quod ego Willelmus filius Hamonis de Wappenham dedi et concessi et hac presenti carta mea confirmaui deo et beate Marie de Luffelde et monachis ibidem deo famulantibus vnam dimidiam acram terre in campis de Wappenham scilicet vnam rodam in campo aquilonari super Luttlebaneland iuxta rodam Radulphi Godwyne. Tenendam et habendam de me et heredibus meis sibi et successoribus suis in liberam et puram et perpetuam elemosinam sicut aliqua elemosina melius vel liberius poterit dari vel teneri. Ego vero dictus Willelmus filius Hamonis et heredes mei predictas duas rodas cum pertinencijs predictis monachis et eorum successoribus contra omnes gentes warantizabimus et acquietabimus. Vt autem hec mea donacio concessio et carte mee confirmacio firma et stabilis imperpetuum preserueret huic presenti scripto sigillum meum apposui in testimonium. Hijs testibus Willelmo de Brandeston' Ricardo filio Ernaldi de Seluestun Ricardo Cardun Rogero lenginur Henrico filio Payne Laurencio lorimer Roberto le Neweman Reginaldo coco et multis alijs.

* (Wappenham)

L.C. 83v.
NOTE: The last dated occurrence of Richard Cardun is in 1248 (No. 126).

236A

Grant by William, prior of Luffield, to the prior and convent of Ashby of an acre and a rood in Wappenham given them by Osbert son of Martin and Cecilia his sister, and an acre given them by William son of Hamo. [*c.* 1240–50]

Indented at the top. Letters cut through.

Omnibus Christi fidelibus ad quos presens scriptum peruenerit frater Willelmus prior de Luffeld' ⁊ eiusdem loci conuentus eternam in domino salutem. Nouerit vniuersitas vestra nos dedisse concessisse ⁊ presenti carta nostra confirmasse priori ⁊ conuentui de Essebẏ duas acras terre ⁊ vnam rodam in Wappenham quas habuimus de dono Osberti filii Martini ⁊ Cecilie sororis sue ⁊ vnam acram terre quam habuimus de dono Willelmi filii Hamonis in eadem villa. Habendam ⁊ tenendam prefatam terram cum omnibus suis pertinenciis prenominatis priori ⁊ conuentui de Essebẏ ⁊ eorum successoribus libere ⁊ quiete pacifice ⁊

integre inperpetuum ita quod nos nec nostri successores de cetero aliquid iuris uel clamium potuerimus in eam vendicare. Et ad maiorem huius rei securitatem presenti scripto sigillum capituli nostri apposuimus. Hiis testibus. Willelmo de Braunteston'. Ricardo de Selueston' clerico. Thoma coco de Wappenham. Luca de eadem. Roberto le Neuman de eadem 7 aliis.

W. 2964
7″ × 2½″.
Slit for seal-tag.
No endorsement.
NOTE : For date see No. 234.

237

Grant to the Priory in alms by William son of Henry de Abbethropp of 6 roods of land and 1 rood of meadow on Redixhul and 5 selions in Brokkeshurnefurlong. [c. 1250–60]

Carta Willelmi filij Henrici de Abbethrop'

Sciant presentes et futuri quod ego Willelmus filius Henrici de Abbethrop' dedi concessi et hac presenti carta mea confirmaui deo et beate Marie de Luffelde et monachis ibidem deo seruientibus sex rodas terre et vnam rodam prati super Redixhul et quinque seliones super Brokkeshurnefurlong scilicet vnam rodam prati inter Robertum filium Willelmi et Hugonem le prouost et duas rodas inter terram Radulphi Pompe et Hugonis le prouost et vnam rodam inter terram Iohannis le Rus de Slaptun' et Nigelli de Abbethropp' et vnam rodam inter terram Willelmi West et Hugonis le prouost et vnam dimidiam acram terre inter terram Nigelli de Abbethropp' et Roberti de Lestre et vnam dimidiam acram terre inter terram Willelmi West et Hugonis le prouost et vnam rodam inter terram Hugonis le prouost et Radulphi Pompe et vnam rodam inter terram Nel de Abbethropp' et Roberti de Lestre et vnam rodam inter terram Willelmi West et Hugonis le prouost. Tenendas et habendas de me et heredibus meis sibi et successoribus suis in liberam et puram et perpetuam elemosinam adeo libere et quiete et pure sicuti aliqua elemosina melius vel liberius poterit dari vel teneri. Ego vero dictus Willelmus et heredes mei vel mei assignati vel quicumque dominium terre mee imposterum possidebit dictas rodas terre cum dicta roda prati et pertinencijs dictis monachis et eorum successoribus contra omnes gentes vtriusque legis warantizabimus defendemus et ab omnibus que a predicta terra et prato pertinent vllo modo vel ullo iure vel aliquo casu contingente exigi poterunt adquietabimus et dictos priorem et monachos in omnibus uersus dominum feodi et omnes alios indempnes conseruabimus. Concessi eciam dictis priori et monachis pro me et heredibus meis quod nulla districcio vel molestacio aut grauamen eis fiat super dictam terram et pratum nec pro terra et prato pro quacumque causa vel facto. Vt autem hec mea donacio et carte mee confirmacio firma et stabilis imperpetuum preserueret huic presenti scripto sigillum meum apposui in testimonium. Hijs testibus Willelmo de Brandestun Ricardo de Seluestun clerico Roberto de Lestre Willelmo Cardun Henrico Amyun Galfrido le hore Galfrido Dipres Galfrido coco et multis alijs.

L.C. 83v.–84r. Chaldelake.
NOTE: William Cardun probably succeeded Richard *c.* 1250 (see note to No. 236). The attestation of Geoffrey the cook, Henry Amyun, and Geoffrey de Ypres is consistent with the limits given.

238

Confirmation to the Priory by William son of Henry de Abthrop of the acre which Henry de Stutevile bequeathed to them with his body. Of his own gift also, he grants them 10 selions on Broksturnefurlong and a rood next to land of William West on the West. [*c.* 1240–50]

Carta Willelmi filij Henrici de Abbethropp'

Sciant presentes ⁊ futuri quod ego Willelmus de Abbthrop concessi ⁊ presenti carta mea confirmaui deo ⁊ beate Marie de Luffeld' ⁊ monachis ibidem deo seruientibus illam acram terre cum pertinenciis quam Henricus Stutevile tenuit de me ⁊ cum corpore suo legauit dictis domui ⁊ monachis de Luffeld'. Preterea ex dono meo erogo eis decem seliones super Broksturnefurlong et vnam rodam terre iuxta terram versus occidentem Willelmi West. Tenendas ⁊ habendas predictam acram terre ⁊ decem seliones ⁊ vnam rodam in liberam ⁊ puram ⁊ perpetuam elemosinam imperpetuum sicut aliqua elemosina melius uel liberius poterit dari uel teneri. Ego uero dictus Willelmus ⁊ heredes mei predictas decem seliones ⁊ vnam acram ⁊ vnam rodam cum pertinenciis dictis monachis ⁊ eorum successoribus contra omnes gentes warantizabimus acquietabimus ⁊ defendemus. Vt autem hec mea concessio ⁊ carte mee confirmacio firma ⁊ stabilis imperpetuum preserueret ⁚ huic presenti scripto sigillum meum apposui in testimonio. Hiis testibus . Roberto de Lestre Willelmo de Brandestun' Ricardo de Seluestun clerico Willelmo de Brakkel' Willelmo West . Ricardo Cardun' Roger lenginur et multis aliis.

W. 2337 L.C. 84r.–84v.
10¾″ × 5″.
Tag for seal.
NOTE: The dating is based on Richard Cardun and Roger the engineer for whom see Appendix, p. 269.

239

Grant to the Priory in alms by William son of Henry de Abbetrop of 3 roods in the fields of Abthorpe. [c. 1250–60]

Carta Willelmi filij Henrici de Abbethropp'

Sciant presentes ꝫ futuri quod ego Willelmus filius Henrici de Abbethrop dedi ꝫ concessi ꝫ hac presenti carta mea confirmaui deo ꝫ beate Marie de Luffelde ꝫ monachis ibidem deo seruientibus tres rodas terre in Godwineshawe cum omnibus pertinenciis suis in campis de Abbethrop scilicet dimidiam acram inter terram Hugonis le prouost ꝫ terram Willelmi West ꝫ vnam rodam inter terram Hugonis le prouost ꝫ terram Ricardi filij Ricardi de Abethrop. Tenendas et habendas de me ꝫ heredibus meis sibi ꝫ successoribus suis in liberam ꝫ puram ꝫ perpetuam elemosinam adeo libere ꝫ quiete ꝫ pure sicuti aliqua elemosina melius uel liberius poterit dari uel teneri. Ego uero dictus Willelmus ꝫ heredes mei uel mei assignati uel quicunque dominium terre mee inposterum possidebit dictas tres rodas terre cum pertinenciis.dictis.monachis ꝫ eorum successoribus contra omnes gentes vtriusque legis warantizabimus defendemus ꝫ ab omnibus que a predicta terra ꝫ pertinenciis vllo modo uel vllo iure uel aliquo casu contingente exigi poterunt adquietabimus ꝫ dictos priorem ꝫ monachos in omnibus versus dominum feodi ꝫ omnes alios indempnes conseruabimus. Concessi eciam.dictis priori ꝫ monachis pro me ꝫ heredibus meis quod nulla districcio vel molestacio aut grauamen eis fiat super dictam terram nec pro terra pro quacumque causa uel facto. Vt autem hec mea donacio ꝫ carte mee confirmacio firma ꝫ stabilis imperpetuum preserueret? huic presenti scripto sigillum meum apposui in testimonium. Hijs testibus . Willelmo de Brantesdun' . Ricardo de Seluestun' clerico . Roberto de Lestre . Willelmo Cardun . Henrico Amiun . Galfrido le Hore . Galfrido Dipres . Galfrido coco et aliis.

W. 2335   L.C. 84v.   Chaldelake.
6½″ × 4″.
Tag for seal.
NOTE: For William Cardun see Appendix, p. 269. Geoffrey the cook attested in 1240 (No. 175).

240

Grant to the Priory in alms by William West of Abthorpe of 5 roods in the field of Abthorpe. [c. 1250–60]

Carta Willelmi West' de Abthorp'

Sciant presentes ꝫ futuri quod ego Willelmus West de Abbetrop' dedi concessi ꝫ hac presenti carta mea confirmaui deo ꝫ beate Marie de

Luffeud' ꝺ monachis ibidem deo seruientibus quinque rodas terre in campo de Abbetrop scilicet.vnam rodam inter terram prioris de Luffeud' ꝺ terram Galfridi filii mei ꝺ vnam rodam super le Coppedemorfurlong ꝺ se extendit into Chaldelake iuxta terram prioris.ꝺ vnam rodam super Brockusþurneforlon inter terram prioris ꝺ terram Galfridi filii mei ꝺ duas rodas terre super eadem cultura inter terram prioris ꝺ terram Ricardi filii Galfridi. Tenendas ꝺ habendas dictas quinque rodas terre cum pertinenciis in liberam ꝺ puram ꝺ perpetuam elemosinam de me ꝺ heredibus meis dictis monachis ꝺ successoribus suis adeo libere ꝺ quiete sicut aliqua elemosina melius uel liberius poterit dari uel teneri. Ego vero dictus Willelmus ꝺ heredes mei dictas quinque rodas terre cum pertinenciis dictis priori ꝺ monachis contra omnes gentes warantizabimus defendemus ꝺ versus dominum feodi ꝺ omnes alias indempnes conseruabimus ꝺ acquietabimus. Hiis testibus . Roberto de Lestre de Abbetrop . Willelmo de Branteston' . Ricardo clerico de Selueston' . Willelmo domino de Abbetrop . Iohanne aput le hecke eiusdem ville . Radulfo de Chaldelake . Willelmo Cardun de Seluestun' et aliis.

* (Istas quinque tenet nunc Iohannes Shepard' senior et soluit per annum)

W. 2341   L.C. 84v.–85r.
7″ × 3″.
White round seal, 1¼″ diameter. A fleur-de-lis. SIGILL – – – – – – RADULFI.
NOTE : For date cf. No. 239.

241

Grant to the Priory in alms by John son of Roger of Abthorpe of 3 acres and 3 roods in the fields of Abthorpe. [c. 1270]

Carta Iohannis filij Rogeri de Abbetrop'

Sciant presentes et futuri quod ego Iohannes filius Rogeri de Abtrop' dedi concessi et hac presenti carta mea confirmaui deo et beate Marie de Luffeld et monachis ibidem deo seruientibus tres acras terre et tres rodas cum omnibus pertinencijs in campis de Abtrop' scilicet vnam acram super Redichhull' iuxta terram Roberti de Lestre et vnam acram super Brocknethornefurlong iuxta terram dicti Roberti et vnam acram super Fifhaker iuxta terram dicti Roberti et Ricardi al gor et tres rodas iuxta terram dicti Ricardi super eandem culturam. Tenendas et habendas dictas tres acras et tres rodas prout dictum est de me et heredibus meis vel meis assignatis sibi et successoribus suis in puram liberam et perpetuam elemosinam adeo et libere et quiete et pure sicuti aliqua elemosina melius vel liberius uel purius siue quietius poterit dari vel teneri. Et ego dictus Iohannes et heredes mei et mei assignati et quincunque dominium terre mee in posterum possidebit eisdem monachis et eorum successoribus sicut antedictum est contra omnes gentes warantizabimus acquietabimus defendemus ac indempnes in omnibus conseruabimus. Vt autem hec mea donacio concessio et carte mee confirmacio imperpetuum preseruerent huic presenti scripto impressionem sigilli mei apposui in testimonium. Hijs testibus Willelmo de Abtrop' Ricardo de la Wodehalle Willelmo filio Hugonis de Burcot' Iohanne filio Iohannis de Abbetrop' Willelmo West de eadem et alijs multis.

L.C. 85r.   Chaldelake.

NOTE : William West had been succeeded by Geoffrey, and Robert de Lestre by John before 1274. The attestations are not consistent with an earlier date than 1260.

242

Grant to the Priory in alms by Richard son of Richard son of Peter of Abthorpe of the rent of a halfpenny which he received from Henry Stutevile for a half acre in Bereslade, and the half acre itself. [Before 1274]

Carta Ricardi filij Ricardi filij Petri de Abbetrop'

Sciant presentes et futuri quod ego Ricardus filius Ricardi filii Petri de Abbetrop intuitu pietatis ꝝ caritatis ꝝ pro salute anime mee ꝝ antecessorum ꝝ successorum meorum dedi ꝝ concessi ꝝ hac presenti carta mea confirmaui deo ꝝ beate Marie de Luffeud' ꝝ monachis ibidem deo seruientibus redditum vnius oboli quem solebam recipere de Henrico de Stutevile de illa dimidia acra en Bereslade que iacet inter terram Ricardi rustici. ꝝ Iohannis filii Iohannis in liberam puram ꝝ perpetuam elemosinam.ad luminare beate Marie de Luffeud'. Preterea concessi ꝝ confirmaui dictis monachis pro me ꝝ heredibus meis illam dimidiam acram terre vnde redditus dicti oboli exiit. Tenendam ꝝ habendam in liberam ꝝ puram ꝝ perpetuam elemosinam adeo libere pure sicut aliqua elemosina melius uel liberius siue vtilius poterit dari uel teneri. Ego vero dictus Ricardus ꝝ heredes mei dictum redditum cum dicta terra ꝝ pertinenciis predictis monachis eorumque successoribus contra omnes homines ꝝ feminas warantizabimus acquietabimus defendemus imperpetuum. Vt autem hec mea donacio concessio ꝝ carte mee confirmacio rata ꝝ stabilis preserueret ꞉ huic presenti scripti sigillum meum apposui in testimonium. Hiis testibus . Willelmo domino de Abbetrop . Iohanne filio Rogeri . Willelmo West' . Ricardo filio Galfridi . Roberto clerico . et multis aliis.

W. 2334   L.C. 85r.–85v.
8″ × 4½″.
White round seal, 1″ diameter. A fleur-de-lis. S' RICARDI FLI RICARDI.

NOTE: William West had been succeeded by Geoffrey before 1274. See Nos. 231, 246, and others.

243

Undertaking by John son of John de Abthorpe to acquit the Priory of their obligations towards the capital lords of the fee in respect of the lands they have in the fields of Abthorpe of the gift and feoffment of William son of Henry de Abbetrop. 24 June 1296

Defencio de terris et tenementis in Abthroppe

Notum sit omnibus ad quos presens scriptum peruenerit quod ego Iohannes filius Iohannis de Abthrop' et heredes mei et quicumque mei assignati tenemur et per presentes obligatos esse fatemur ad defendendum et acquietandum priorem et monachos de Luffelde et eorum successores imperpetuum versus capitales dominos feodi illius de omnibus seruicijs exaccionibus consuetudinibus et demandis que de terris et tenementis exigi poterunt que vel quas dicti prior et monachi habent in campis de Abbetrop' ex dono et feoffamento Willelmi filij Henrici de Abbetrop' prout in cartis dicti Willelmi eisdem priori et monachis inde confectis plenius testatur. Et ego dictus Iohannes et heredes mei et quicumque mei assignati vel quicumque dominium terre mee in posterum possidebit dictas terras et tenementa cum omnibus pertinencijs dictis priori et monachis et eorum successoribus contra dominos feodi acquietabimus et defendemus prout in dictis cartis continetur. In cuius rei testimonium huic presenti scripto sigillum meum apposui. Hijs testibus Iohanne de Tingewik Rogero Trimenel de Foxcot' Iohanne at hache de Abthrop' Iohanne Iosep' de Towcestr' Iordano Bere de eadem Rogero Ronit' de eadem Thoma fabro de eadem Datum apud Abthrop' in festo natiuitatis sancti Iohannis baptiste anno regni regis Edwardi filij regis Henrici vicesimo quarto.

L.C. 85v. Chaldelake.

244

Grant to the Priory in alms by William son of Henry de Abthorpe of the homage and service of Albric son of Richard Cardun, William son of Agnes, and Albric son of William Pugeys. [c. 1250–60]

Carta Willelmi de Abthrop' filij Henrici

Sciant presentes ⁊ futuri quod ego Willelmus filius Henrici de Abbethrop. dedi ⁊ concessi ⁊ hac presenti carta mea confirmaui deo ⁊ beate Marie de Luffeld' et monachis ibidem deo seruientibus.homagium ⁊ seruicium Albrici filii Ricardi Cardun. et homagium ⁊ seruicium Willelmi filii Agnetis.et homagium ⁊ seruicium Albrici filii Willelmi Pugeys cum redditu dictorum Albrici filii Cardun et Albrici filii

Willelmi Pugeẏs.scilicet ex vniusquisque eorum vnum denarium ad
Nathale domini ꝶ cum redditu Willelmi filii Agnetis scilicet tres obolos
ad Nathale domini. Tenenda ꝶ habenda omnia prenominata de me ꝶ
heredibus meis sibi ꝶ successoribus suis in liberam ꝶ puram ꝶ perpetuam elemosinam adeo libere quiete ꝶ pure sicuti aliqua elemosina
melius uel liberius poterit dari uel teneri. Et ego uero dictus Willelmus
ꝶ heredes mei uel mei assignati uel quicumque dominium terre mee
inposterum possidebit dicta homagia prenominatorum Willelmi filii
Agnetis.ꝶ Albrici filii Willelmi Pugeẏs ꝶ Albrici filii Ricardi Cardonis
cum eorum seruiciis releuiis wardis escaetis ꝶ omnibus aliis que ullo
modo uel vllo iure uel aliquo casu contingente michi ꝶ heredibus meis
accidere possint dictis monachis ꝶ eorum successoribus contra omnes
gentes vtriusque legis uel sexus warantizabimus adquietabimus ꝶ defendemus in omnibus. Vt autem hec mea donacio ꝶ carte mee confirmacio rata ꝶ stabilis imperpetuum preserueret huic presenti scripto
sigillum meum apposui in testimonium. Hiis testibus Willelmo de
Braundestun' Ricardo clerico de Selueston' Roberto de Lestre Willelmo Cardun . Henrico Amẏun . Galfrido le Hore . Galfrido Dipres .
Galfrido coco et aliis.

W. 2348   L.C. 85v.–86r.
8″ × 4″.
Round white seal, 1¼″ diameter. A fleur-de-lis. SIGILL' WILL'I DE ABETORP.
NOTE: For date cf. No. 239.

245

Grant to the Priory in alms by Robert son of William Leuenoht of half an
acre of meadow in the field of Abthorpe. [c. 1260–70]

Carta Roberti filij Willelmi Leuenoht de Abtrop'

Sciant presentes ꝶ futuri quod ego Robertus filius Willelmi Leuenoht
de Abbetrop dedi concessi ꝶ presenti carta mea confirmaui deo ꝶ
beate Marie de Luffeud' ꝶ monachis ibidem deo seruientibus vnam
dimidiam acram prati in campo de Abbetrop scilicet illam dimidiam
acram cum omnibus pertinenciis suis que iacet super Redighul ꝶ extendit se in longitudine iuxta riuullum de Chaldelake. Tenendum ꝶ
habendum dictum pratum cum omnibus pertinenciis suis de me ꝶ
heredibus meis dictis monachis ꝶ eorum successoribus libere.ꝶ quiete.
ab omnibus que vllo modo uel vllo iure.uel aliquo casu contingente a
me uel ab heredibus meis uel ab aliquo homine uel ab aliqua femina
nomine dicti prati ꝶ pertinencium exigi poterunt. Ego vero dictus
Robertus ꝶ heredes mei uel mei assignati uel quicumque dominium
terre mee in Abbetrop' inposterum possidebunt: dictum pratum cum
omnibus pertinenciis suis prout antedictum est contra omnes gentes
warantizabimus defendemus ac de omnibus acquietabimus. Vt autem

hec mea donacio.concessio.⁊ carte mee confirmacio rata ⁊ stabilis preserueret ꞉ huic presenti scripto sigillum meum apposui in testimonium. Hiis testibus. Willelmo de Branteston' . Ricardo clerico de Selueston' . Willelmo filij Henrici de Abbetrop Iohanne filio Iohannis . Willelmo West.et multis aliis.

W. 2345   L.C. 86r.   Chaldelake.
7″ × 4″.
Round white seal, 1″ diameter, chipped. A star. s' ROBERTI FIL WILL'I DE ABTROP.
Endorsed: Carta Willelmi filij Roberti.
NOTE: William de Brandeston died in 1274. See Appendix, p. 268.

246

Grant by John son of Robert de Lestre of Abthorpe to Walter Bakon of Silverstone, for his homage and service and 30 silver shillings, of 3 acres 1 rood in the field of Abthorpe called Biyendewode. [c. 1270–4]

Carta Iohannis filij Roberti de Abbetrop'

Sciant presentes et futuri quod ego Iohannes filius Roberti de Lestr' de Abbetrop dedi concessi ⁊ hac mea presenti carta confirmaui Waltero Bakon de Shelueston' pro homagio ⁊ seruicio suo ⁊ pro triginta solidis argenti quos michi dedit premanibus tres acras ⁊ vnam rodam terre cum pertinenciis in campo illo de Abbtrop qui vocatur Biẏendewode de quibus vna acra iacet super Brockesthurnesfurlong iuxta terram prioris de Luffeld' et vna acra super le Wouelond iuxta terram Iohannis Neel.et quinque rodas super Godwineshaw' iuxta terram Willelmi filii Agnetis. Habend' ⁊ tenend' de me et heredibus meis sibi ⁊ heredibus suis uel cuicumque dare.vendere ⁊ quandocumque legare vel assignare voluerit.libere quiete bene et in pace ⁊ hereditarie. Reddendo inde annuatim michi ⁊ heredibus meis uel meis assignatis tres denarios ad tres terminos scilicet ad festum sancti Michaelis vnum denarium.ad Natale vnum denarium.et ad Pascha vnum denarium.pro omni seruicio consuetudine exaccione secta curie.⁊ omni demanda seculari que de dicta terra exigi poterit. Et ego Iohannes ⁊ heredes mei totam predictam terram cum pertinenciis dicto Waltero ⁊ heredibus suis uel suis assignatis sicut predictum est contra omnes in mundo warantizabimus adquietabimus ubique et defendemus imperpetuum. In cuius rei testimonium presenti carte sigillum meum apposui. Hiis testibus . Willelmo de Abbetrop . Iohanne ad la heck' . Galfrido West . Rogero filio Iohannis . Iohanne filio Nigelli . Willelmo Cardon . Roberto Pelete et multis aliis.

W. 2349   L.C. 86r.–86v.
7″ × 5″.
Tag for seal.
Endorsed: Abethorp (15th century).
NOTE: For later terminal date see No. 258A.

247

Grant by John del Estre of Abthorpe to Walter Bacun of Silverstone, for his homage and service, and 11s. sterling, of an acre in the east field of Abthorpe. [c. 1270–4]

Carta Iohannis de la Estr' de Abthrop'

Sciant presentes et futuri quod ego Iohannes del Estre de Abetrop dedi ⁊ concessi ⁊ hac presenti carta mea confirmaui Waltero Bacun de Selueston' pro homagio ⁊ seruicio suo ⁊ pro vndecim solidis sterlingorum vnam acram terre cum pertinenciis suis in campo orientali de Abetrop super Brockesthurneforlong iuxta terram quam Adam Balde tenuit. Tenendam ⁊ habendam dictam acram terre cum pertinenciis de me ⁊ heredibus meis dicto Waltero ⁊ heredibus suis uel suis assignatis uel cuicumque vendere dare seu legare uoluerit.bene ⁊ in pace. libere ⁊ quiete.et hereditarie. Reddendo inde annuatim michi ⁊ heredibus meis dictus Walterus ⁊ heredes sui uel sui assignati vnum obolum ad festum sancti Michaelis pro omni seruicio sectis cuiuscunque curie secularibus exaccionibus ⁊ demandis saluo forinseco domini regis seruicio. Ego uero prefatus Iohannes ⁊ heredes mei predicto Waltero ⁊ heredibus suis uel suis assignatis predictam acram terre cum pertinenciis contra omnes gentes warantizabimus acquietabimus ⁊ defendemus imperpetuum. Vt autem hec mea donacio ⁊ presentis carte mee confirmacio rata ⁊ stabilis imperpetuum permaneat ⁝ presenti scripto sigillum meum apposui . Hijs testibus . Willelmo de aula de Abetrop . Iohanne filio Iohannis de eadem Simone Gerard de eadem . Galfrido Balde de eadem . Ricardo Bacun de Chaldelake . Roberto Pelot de eadem . et aliis.

W. 2351   L.C. 86v.   Chaldelake.
8″ × 3″.
Brown oval seal, 1½″ × 1⅛″. A petal device. * s' IOHIS DE LESTRE.
Endorsed: Abethorp (15th century).

248

Grant by Geoffrey de Symely of Abthorpe to Walter Bacun of Silverstone, for his homage and service, and 7 silver shillings, of a half acre with headlands in the fields of Abthorpe. [c. 1270–4]

Carta Galfridi de Symely in Abtrop'

Sciant presentes ⁊ futuri quod ego Galfridus de Sẏmelẏ in Abetrop dedi concessi ⁊ hac mea presenti carta confirmaui Waltero Bacon de Selueston' pro homagio ⁊ seruicio suo ⁊ septem solidis argenti quos michi dedit premanibus vnam dimidiam acram terre cum capuciis ⁊ suis pertinenciis in campis de Abetrop videlicet vnam rodam super le

Wouelond iacentem inter terras Rogeri filii Iohannis ⁊ Ade de Brackele ⁊ vnam rodam super Brocthўrnefurlong inter terras prioris de
Luffeld' ⁊ predicti Ade. Habend' et tenend' de me ⁊ heredibus meis
dicto Waltero ⁊ heredibus suis uel cuicumque predictam terram dare
vendere. legare uel assignare voluerit.libere.quiete bene in pace ⁊
hereditarie imperpetuum. Reddendo inde annuatim michi ⁊ heredibus meis vnum obolum ad Nathale domini pro omni seruicio.con-
suetudine.exaccione sectis curie ⁊ demanda seculari. Et ego Galfridus
⁊ heredes mei dictam terram cum pertinenciis dicto Waltero ⁊ heredibus suis uel suis assignatis contra omnes in mundo warantizabimus
acquietabimus ⁊ defendemus imperpetuum. In cuius rei testimonium⸴
presenti carte sigillum meum apposui. Hiis testibus . Iohanne ad la
heck' . Galfrido West . Rogero filio Iohannis . Simone Bosse . Galfrido
Balde . Ricardo Bacon' . Thoma de Touec' clerico ⁊ multis aliis.

W. 2353   L.C. 86v.–87r.
6″ × 4″.
Brown, varnished, oval seal, 1½″ × 1⅛″. A cruciform device, with leaves in the angles.
      * s' GALFRIDI SIMELI.
Endorsed: Abethorp (15th century).
NOTE: For later terminal date see No. 258A.

249

Grant by Geoffrey Balde of Abthorpe to Walter Bacon, for his homage and
service, and 5s. 4d. sterling, of two roods in Biyondewode, the east field of
Abthorpe. [c. 1270–4]

Carta Galfridi Balde de Abthrop'

Sciant presentes ⁊ futuri quod ego Galfridus Balde de Abetrop dedi ⁊
concessi ⁊ hac presenti carta mea confirmaui Waltero Bakun pro homagio ⁊ seruicio suo et pro quinque solidis ⁊ quatuor denariis sterlingorum quos michi dedit premanibus duas rodas terre in campo orientali de Abetrop scilicet Biўondewode.quarum vna roda iacet in
Brockesturneforlong iuxta terram domini prioris de Luffeud' ⁊ alia
roda iacet at Heўwodesnape in Godwўneshale iuxta terram Rogeri
filii Iohannis de Abetrop. Tenend' et habend' dictas duas seilliones
cum pertinenciis de me ⁊ heredibus meis predicto Waltero ⁊ heredibus
suis uel suis assignatis.uel cuicumque vendere. uel dare. legare seu
assignare uoluerit bene ⁊ in pace.libere ⁊ quiete.⁊ hereditarie Reddendo inde annuatim michi ⁊ heredibus meis predictus Walterus ⁊
heredes sui uel sui assignati vnum obolum pro omni seruicio cuiuscumque curie secularibus exaccionibus ⁊ demandis saluo forinseco
domini regis seruicio. Ego prefatus uero Galfridus ⁊ heredes mei predicto Waltero ⁊ heredibus suis uel sui assignati predictas duas seilliones cum capiciis suis contra omnes gentes warantizabimus acquietabimus ⁊ defendemus inperpetuum. Vt autem hec mea donacio

⁊ presentis carte mee confirmacio rata ⁊ inconcussa inperpetuum per-maneat:presens scriptum sigilli mei impressione muniui. Hiis testibus . Willelmo de aula de Abetrop . Galfrido West de eadem . Hugone filio Ricardi de eadem . Hugone filio Willelmi de eadem . Ricardo Bakun de Chaldelake . Roberto Pelot de eadem et aliis.

* (Pertinencia j obolum annuatim)

W. 2350   L.C. 87r.   Chaldelake.
6″ × 4″.
Green round seal, 1″ diameter. A cruciform design. s' GA – – – –.
NOTE : For later terminal date see No. 258A.

250

Quitclaim to the Priory by Roger son of John of Abthorpe of an acre in the fields of Abthorpe that Walter Bacon of Silverstone, a villein of the Priory, had held of him. [1274–c. 1280]

Scriptum Rogeri filij Iohannis de Abethropp'

Omnibus Christi fidelibus ad quos presens scriptum visuris vel audi-turis peruenerit Rogerus filius Iohannis de Abethrop salutem in do-mino sempiternam. Noueritis me diuine caritatis intuitu ⁊ pro salute anime mee ⁊ omnium antecessorum ⁊ successorum meorum/remis-sisse ⁊ omnino pro me ⁊ heredibus meis imperpetuum quietum cla-masse deo ⁊ ecclesie beate Marie de Luffeld' priori ⁊ monachis ibidem deo seruientibus totum ius ⁊ clameum quod habui vel habere potui in vna acra terre cum pertinencijs quam Walterus Bacoun de Silues-ton' natiuus predictorum prioris ⁊ monachorum aliquando de me tenuit in campis de Abethrop. Ita videlicet quod nec ego predictus Rogerus nec heredes mei nec aliquis nomine nostro in predicta acra terre cum pertinencijs ius nec clameum redditum vel seruicium aliquo modo exigere vel vendicare potuerimus nec debemus inperpetuum. In cuius rei testimonium presenti scripto sigillum meum apposui. Hijs testibus . Rogero Trimenel de Foxcote . Willelmo de ripa de Wappen-ham . Iohanne de la hecke de Abethrop . Iohanne Iosep de Thoue-cestr' . Reginaldo clerico de Heẏmundecote . Ricardo Auuereẏ de Wẏtleburẏ . Willelmo Chardoun de Silueston' . et alijs.

W. 2336   L.C. 87r.–87v.
8″ × 3″.
Round white seal, ⅞″ diameter. A petal device. s' ROGERI FIL – – – –.
Endorsed: Abethorp (15th century).
NOTE : For earlier terminal date see No. 258A.

251

Grant by Roger son of John of Abthorpe to Walter Bacon of Silverstone, for 15 silver shillings, of an acre in the fields of Abthorpe. [c. 1270–4]

Carta Rogeri filij Iohannis de Abetrop'

Sciant presentes ⁊ futuri quod ego Rogerus filius Iohannis de Abbe-trop dedi concessi ⁊ hac mea presenti carta confirmaui Waltero Bacon de Selueston' pro quindecim solidis argenti quos michi dedit premani-bus vnam dimidiam acram terre cum pertinenciis in campo de Abbe-trop quod vocatur Biẏendewode iacentem super Wowelond inter ter-ras Hugonis filii Ricardi ⁊ Roberti Cok'. ⁊ vnam rodam super Broc-stẏrnefurlong iuxta terram prioris de Loffeld' ⁊ vnam rodam in eadem cultura occidentaliorem inter terras dicti prioris. Habend' et tenend' de me ⁊ heredibus meis sibi ⁊ heredibus suis uel suis assignatis. libere.quiete.bene. in pace ⁊ hereditarie. Reddendo inde annuatim michi ⁊ heredibus meis vnum obolum ad festum sancti Iohannis bap-tiste pro omni seruicio.consuetudine sectis curie et demanda seculari. Et ego Rogerus ⁊ heredes mei predictam terram cum pertinenciis dicto Waltero ⁊ heredibus suis ⁊ suis assignatis contra omnes waranti-zabimus acquietabimus ⁊ defendemus inperpetuum. In cuius rei testi-monium ⁛ presenti carte sigillum meum apposui. Hiis testibus . Io-hanne ad la hecke . Galfrido West . Simone Bosse . Hugone filio Ricar-di . Ricardo Bacon . Nicholao West . Thoma de Touec' clerico et multis aliis.

W. 2347   L.C. 87v.   Chaldelake.
6″ × 3″.
White oval seal, 1½″ × 1⅛″. A radiating device. s' ROGERI FIL IOH D'ABTROP.
Endorsed: Abethorp Abthroppe (15th century).
NOTE: For later terminal date see No. 258A.

252

Grant to the Priory in alms by William son of Henry de Abethrop of 6 roods of land and 1 rood of meadow on Redichhulle in the field of Abthorpe. [c. 1250–60]

Carta Willelmi filij Henrici de Abthrop'

Sciant presentes et futuri quod ego Willelmus filius Henrici de Abbe-throp.dedi.⁊ concessi ⁊ hac presenti carta mea confirmaui deo ⁊ beate Marie de Luffeld' et monachis ibidem deo seruientibus sex rodas terre et vnam rodam prati super Redichhull' cum omnibus pertinenciis suis in campo de Abbethrop. Tenendas ⁊ habendas de me ⁊ heredibus meis sibi ⁊ successoribus suis in liberam ⁊ puram ⁊ perpetuam elemosinam adeo libere ⁊ quiete ⁊ pure sicuti aliqua elemosina melius uel liberius poterit dari uel teneri. Ego uero dictus Willelmus ꝰ heredes mei uel mei assignati uel quicumque dominium terre mee inposterum possidebit dictas sex selliones cum dicta roda prati ꝰ pertinenciis dictis monachis ꝰ eorum successoribus contra omnes gentes vtriusque legis warantizabimus defendemus ꝰ ab omnibus que a predicta terra ꝰ prato ꝰ pertinenciis vllo modo uel vllo iure uel aliquo casu contingente exigi potuerint adquietabimus et dictos priorem et monachos in omnibus versus dominum feodi ꝰ omnes alios indempnes conseruabimus. Concessi eciam dictis priori ꝰ monachis pro me ꝰ heredibus meis quod nulla districcio uel molestacio aut grauamen eis fiat super dictam terram ꝰ pratum nec pro terra ꝰ prato pro quacumque causa uel facto. Vt autem hec mea donacio ꝰ carte mee confirmacio firma ꝰ stabilis imperpetuum preserueret꞉ huic presenti scripto sigillum meum apposui in testimonium. Hiis testibus . Willelmo de Braundestun' . Ricardo de Seluestun' clerico . Roberto de Lestre . Willelmo Cardun . Henrico Amẏun' . Galfrido le Hore Galfrido Dipres . Galfrido coko ꝰ multis aliis.

W. 2346   L.C. 87v.–88r.
7″ × 3″.
NOTE : For date see No. 239.

<h2 style="text-align:center">253</h2>

Grant to the Priory in alms by Robert Thommes of Silverstone of an acre of arable in the fields of Abthorpe. 15 May 1349

Carta Roberti Thommes de Selueston'

Sciant presentes ꝰ futuri quod ego Robertus Thommes de Suluestun' dedi concessi ꝰ hac presenti carta mea confirmaui deo ꝰ beate [Marie de Luffeld' ꝰ monachis ibidem deo ꝰ beate Marie seruientibus vnam acram terre arabilis] in campis de Abethrop' iacentem apud Bokenhullehach inter terram Rogeri Sprunton' ex parte vna ꝰ terram Galfridi West ex parte altera. Habendam ꝰ tenendam predictam acram terre cum pertinencijs deo ꝰ beate Marie de Luffeld' ꝰ monachis ibidem deo ꝰ beate Marie seruientibus ut predictum est ex dono meo in puram ꝰ perpetuam elemosinam pro diuinis celebrandis pro anima mea ꝰ pro anima vxoris mee ꝰ pro animabus antecessorum meorum [de capitalibus dominis feodi] illius per seruicium inde debitum ꝰ de iure consuetum. Et ego vero predictus Robertus ꝰ heredes mei predictam acram terre [cum pertinencijs] iacentem ut predictum est deo ꝰ beate Marie de Luffeld et monachis [ibidem deo ꝰ beate] Marie seruientibus forma [qua permittitur contra omnes gentes] warantizabimus [ꝰ inperpetuum] defendemus. In cuius rei testimonium huic presenti [carte sigillum meum apposui. Hijs testibus Willelmo de] Brandeston' Petro de Sulueston' Hugone Thommes Iohanne le Hoker Iohanne Abetrop' et alijs. [Datum apud Suluestun' die veneris] proxima post festum sanctorum Nerei et Achillei martirum anno regni Edwardi tercij a conquestu [vicesimo tercio.]

W. 2355   L.C. 88r.   Chaldelake.
11″ × 4″.
Tag for seal.
Endorsed: Abthroppe (14th century).
NOTE: The charter is in poor condition, and illegible words have been supplied by the cartulary.

254

Grant by Peter le Hoker of Silverstone to Robert Gregory, chaplain, John Lynot, chaplain, Richard de Croulton, John le Sikelton, John de Medhurst, Henry Nichol', Richard Greneto', and William son of Richard Dylle of an acre in the fields of Abthorpe and an assart of 1½ acres in the fields of Silverstone. They shall hold in alms, for the celebration of masses for the souls of Peter and his wife. 3 May 1349

Carta Petri le hoker de Seluestun

Sciant presentes ꝛ futuri quod ego Petrus le hoker de Selueston' dedi concessi ꝛ hac presenti carta mea confirmaui Roberto Gregorẏ capellano Iohanne Lynot' capellano Ricardo de Croulton' Iohanni le Sikelton' Iohanni de Medhurst Henrico Nichol' Ricardo Greneto' et Willelmo filio Ricardi Dẏlle vnam acram terre arabilis iacentem in campis de Abithrop' et vnam assartam continentem vnam acram ꝛ dimidiam iacentem in campis de Selueston'. Cuius quidem acre dimidia acra iacet super culturam que vocatur Godwẏneshawe inter terram Petri de Brandeston' ex parte vna ꝛ terram quondam Iohannis Nell' ex parte altera ꝛ alia dimidia acra iacet in eodem campo subtus le Wẏtheges inter terram Petri de Brandeston' ex parte vna ꝛ terram Iohannis Flẏngant' ex parte altera dicta uero assarta iacet inter assartam Simonis de Brandeston' ex parte vna ꝛ viam que vocatur Brackeleweẏe ex parte altera. Habendam ꝛ tenendam predictam acram terre ꝛ dictam assartam cum omnibus pertinencijs suis iacentes ut predictum est ex dono meo in puram ꝛ perpetuam elemosinam pro diuinis celebrandis pro anima mea ꝛ anima vxoris mee de capitalibus dominis feodorum illorum per seruicia inde debita ꝛ de iure consueta. Et ego predictus Petrus ꝛ heredes mei predictam acram terre ꝛ dictam assartam iacentes ut predictum est cum omnibus suis pertinencijs forma qua permittitur contra omnes gentes warantizabimus acquietabimus ꝛ imperpetuum defendemus. In cuius rei testimonium sigillum meum presentibus apposui. Hijs testibus Willelmo de Brandeston' Iohanne Abetropp' Petro de Brandeston' Hugone Rikelot Iohanne le hoker' et alijs. Datum apud Silueston' die dominica in festo inuencionis sancte Crucis anno regni regis Edwardi tercij a conquestu vicesimo tercio.

W. 2355   L.C. 88r.–88v.
Round white seal, 1″ diameter. Lamb and flag.

R

255

Grant to the Priory in alms by Geoffrey West of Abthorpe and Agnes his wife of a rood in the fields of Abthorpe. [c. 1347]

Carta Galfridi West de Abthropp' et Agnetis vxoris sue

Sciant presentes ⁊ futuri quod nos Galfridus West de Abthorp' ⁊ Agneta vxor mea pro salute animarum nostrarum dedimus concessimus ⁊ carta nostra confirmauimus religiosis viris priori de Luffeld' ⁊ monachis ibidem deo seruientibus in liberam puram ⁊ perpetuam elemosinam vnam rodam terre nostre cum cheuiciis suis in campis de Abthorp inter terram dicti prioris ⁊ Iohannis Hoker' apud Brodebalk iacentes. Habendum ⁊ tenendum predictam terram cum cheuiciis ⁊ pertinenciis suis eisdem priori ⁊ conuentui ⁊ eorum successoribus in liberam puram ⁊ perpetuam elemosinam. Et nos dicti Galfridus ⁊ Agneta vxor mea ⁊ heredes nostri predictam terram cum cheuiciis ⁊ pertinenciis suis eisdem priori ⁊ conuentui ⁊ eorum successoribus contra omnes gentes warantizabimus acquietabimus ⁊ inperpetuum defendemus in liberam puram ⁊ perpetuam elemosinam nostram. In cuius rei testimonium huic carte nostre sigilla nostra apposuimus.

W. 2355   L.C. 88v.   Chaldelake.
12″ × 3½″.
NOTE: For date see No. 257.

256

Grant by Agnes Boterel of Silverstone to her servant Margery Boterel, daughter of John Boterel, of an acre of arable in the fields of Abthorpe. 20 November 1348

Carta Agnetis Boterel de Seluestun'

Sciant presentes ⁊ futuri quod ego Agnes Boterel de Selueston' dedi concessi ⁊ hac presenti carta mea confirmaui Margerie Boterel filie Iohannis Boterel seruienti mee vnam acram terre mee arabilis iacentem in campo de Abethrop super le Wowelond' inter terram prioris de Luffelde ex vna parte ⁊ le Brodebalke ⁊ extendit into le Brodemede in vno capite. Habendam ⁊ tenendam predictam acram terre mee arabilis predicte Margerie seruienti mee heredibus suis ⁊ suis assignatis libere ⁊ quiete bene ⁊ in pace de capitalibus dominis feodi illius per seruicia pro tanta porcione terre debita ⁊ de iure consueta. Et ego predicta Agnes Boterel heredes mei ⁊ mei assignati totam predictam acram terre mee arabilis cum omnibus suis pertinenciis predicte Margerie Boterel seruienti mee heredibus suis ⁊ suis assignatis contra omnes gentes warantizabimus ⁊ acquietabimus inperpetuum. In cuius rei testimonium huic presenti carte mee sigillum meum apposui.

Datum apud Suluestun' predictum die iouis in festo sancti Edmundi regis ⁊ martiris anno regni regis Edwardi tercij a conquestu vicesimo secundo. Hiis testibus Willelmo de Braunstone Hugone Rẏkelot de Suluestun' Iohanne de Abethrop Petro de Braunston' Hugone Thommes de Selueston' et aliis.

W. 2340   L.C. 88v.–89r.
9″ × 3″.
Tag for seal.
Endorsed: Abthrope (15th century).

257

Lease to the Priory by Geoffrey West and Agnes his wife for 40 years, in return for a sum paid in advance, of a rood of arable in the fields of Abthorpe. 24 June 1347

Scriptum Galfridi West de Abethrop' et Agnetis vxoris sue

Indented at the top.

Hec indentura testatur quod nos Galfridus West de Abthorp ⁊ Agnes vxor mea concessimus ⁊ dimisimus priori de Luffeld' ⁊ conuentui eiusdem vnam rodam terre nostre arabilis cum cheuiciis in campis de Abthorp iacentem inter terram prioris ⁊ terram Iohannis Hokere apud Brodebalk'. Habendum et tenendum eisdem priori ⁊ conuentui ⁊ eorum successoribus ad terminum quadraginta annorum a festo sancti Michaelis proximo futuro numerandorum de nobis ⁊ heredibus nostris. Dicti autem prior ⁊ conuentus nobis pro dicta terra satisfecerunt premanibus ⁊ nos dicti Galfridus ⁊ Agnes ⁊ heredes nostri predictam terram cum pertinenciis suis dictis priori ⁊ conuentui ⁊ eorum successoribus usque ad finem quadraginta annorum predictum contra omnes gentes warantizabimus acquietabimus ⁊ defendemus. In cuius rei testimonium huic scripto indentato sigilla nostra sunt appensa. Hiis testibus Iohanne de Abthorp Willelmo de Brandeston' Willelmo Hogekẏnes de Foxcote Thoma Hucessone de Abthorp Iohanne Hokere de Selueston' et aliis. Datum apud Luffeld' in festo sancti Iohannis baptiste anno regni regis Edwardi tercii post conquestum vicesimo primo.

W. 2338   L.C. 89r.   Chaldelake.
12″ × 3½″.
Two white round seals, ¾″ diameter:
    1. A fish (?).
    2. Lamb and flag.

258

Letters patent of Margery daughter of John Boterel of Silverstone, appointing Thomas Assheby her attorney to deliver seisin of an acre of arable in the fields of Abthorpe to Robert Gregory, John Lynot, chaplain, Richard de Croulton, John de Skelton, John de Medhurst, Henry Nicol, Richard Bremeto, and William son of Richard Dille. 27 April 1349

Carta Margerie filie Iohannis Botrel de Selueston'

Omnibus Christi fidelibus hoc presens scriptum visuris vel audituris Margeria filia Iohannis Boterel de Seluestun' salutem in domino. Noueritis me fecisse Thomam Assheby attornatum meum ad deliberandum plenam et pacificam seisinam Roberto Gregori Iohanni Lynot capellano Ricardo de Croulton' Iohanni de Skelton' Iohanni de Medhurst Henrico Nicol Ricardo de Breneto et Willelmo filio Ricardi Dille in vnam acram terre arabilis cum pertinencijs in campis de Abthropp' sicut in carta quam inde fieri feci predictis Roberto Iohanni Ricardo Iohanni Iohanni Henrico Ricardo et Willelmo plenius continetur ratum et gratum habitura quicquid dictus Thomas fecerit nomine meo in premissis. In cuius rei testimonium presentibus sigillum meum apposui. Hijs testibus Willelmo de Brandestun' Hugone Rykelot Iohanne de Abthrop' Petro de Brandestun' et alijs. Datum apud Siluestun die lune proxima ante festum apostolorum Philippi et Iacobi anno regni regis Edwardi tercij post conquestum vicesimo tercio.

L.C. 89r.

258A

The Priory takes seisin of the lands in the field of Abthorpe that Walter Bacon, their villein, had purchased. 27 June 1274

Memorandum quod prior de Luffeld' cepit seysinam de tota terra quam Walterus Bacon natiuus predicti prioris emit de Iohanne de Lestr' 7 alijs in campo de Abbetrop die mercurij proxima post festum sancti Iohannis baptiste anno regni regis Edwardi secundo in presencia Thome de Blaston'. Roberti Pelet. Ade Walrond'. Ade filij Iohannis de Crofton'. Ricardi Cok de Hulecot' 7 aliorum.

C. 217v.

259

Inquisition in the court of Towcester: The Priory of Luffield laid claim to the lands of which Walter Bakon, their villein, died seised, before the publication of the statute *De religiosis*. [1279–80]

Recuperatio terrarum quondam Walteri Bakon in campis de Abthrop'

Willelmus prior de Luffeld' et eiusdem loci conuentus petunt vj acras terre et dimidiam in campis de Abthrop' in quibus quidam Walterus Bakon' eorum villanus nuper obijt seisitus quam quidem terram post eiusdem Walteri decessum balliui manerij de Towcestr' virtute statutis religiosorum editis in manerio domini de Towcestr' seisierunt. Vnde ad peticionem dictorum prioris et conuentus et per preceptum dicti domini de T. super hoc ibidem fuit inquisicio apud Towcestr' si dicte terre perquisitis [*sic*] sint ante dictum statutum editum vel post per sacramentum Rogeri Wing' Iohannis le Pogeys Iohanni le forest' Willelmi de Lichebarewe Rogeri filij Iohannis Galfridi filij Stephani Iohannis le Hanle Thome fabri Iohannis le Wewedon Iohannis Culter Iohannis filij Hugonis Rogeri filij Nicholai Sams dicunt super sacramentum suum quod dictas sex acras et dimidiam terre ante predictis statutis editis fuerunt perquisite. Ideo liberata fuit seisina dicte terre dictis priori et conuentui.

L.C. 89r.–89v.

260

Draft of an undertaking by John son of John de Abbetrop to warrant the Priory against the capital lords and others in respect of all the lands in the vill and fields of Abthorpe that they had of the gift and feoffment of William son of Henry de Abbetrop. 24 June 1296

Scriptum Iohannis filij Iohannis de Abthropp'

Notum sit omnibus ad quos presens scriptum peruenerit quod ego Iohannes filius Iohannis de Abbetrop ⁊ heredes mei ⁊ quicumque mei assignati tenemur ⁊ per presentes obligatos esse fatemur . ad defendendum ⁊ acquietandum priorem ⁊ monachos de Luffeld ⁊ eorum successores inperpetuum uersus capitales dominos feodi ⁊ omnes alios de omnimodis seruicijs . exaccionibus . consuetudinibus . ⁊ quibuscunque alijs demandis que de terris tenementis ⁊ redditibus exigi potuerint que uel quas dicti prior ⁊ monachi habent in villa ⁊ campis de Abbetrop ex dono ⁊ feoffamento Willelmi filij Henrici de Abbetrop prout in cartis dicti Willelmi eisdem priori ⁊ monachis inde confectis plenius testatur. Et ego dictus Iohannes ⁊ heredes mei ⁊ quicumque mei assignati uel quicumque dominium terre mee in posterum possidebit dictas terras tenementa ⁊ redditus cum omnibus pertinencijs suis dictis priori ⁊ monachis ⁊ eorum successoribus contra omnes gentes warantizabimus defendemus ⁊ ab omnibus que a predictis terris tenementis ⁊ redditibus ullo modo uel ullo iure uel aliquo casu contingente exigi potuerint acquietabimus ⁊ dictos priorem ⁊ monachos in omnibus uersus dominos feodi ⁊ omnes alios indempnes conseruabimus. Concessi eciam dictis priori ⁊ monachis pro me ⁊ heredibus meis ⁊ quibuscumque meis assignatis quod nulla districcio uel molestia aut grauamen eis fiat super dictam terram aut tenementum pro quacumque causa uel facto. In cuius rei testimonium huic presenti scripto sigillum meum apposui. Hijs testibus. Iohanne de Tingewyk'. Rogero Tremenel de Foxcott. Iohanne atehache de Abbetrop. Iohanne Iosep de Touecestr'. Iordano Bere de eadem. Rogero Wint' de eadem. Thoma fabro de eadem.

Datum apud Abbetrop in festo natiuitatis sancti Iohannis baptiste anno regni regis Edwardi vicesimo quarto.

W. 2352 L.C. 89v. Chaldelake.
$8\frac{1}{2}'' \times 3\frac{1}{2}''$.
The charter that was executed follows, No. 260A. The undertaking is only against the capital lords, and there is no covenant to bar distraint.
NOTE : John son of John may be identified with John son of John de Lestre, for whose family see Introduction, p. xv.

260A

Notum sit omnibus ad quos presens scriptum peruenerit quod ego Iohannis filius Iohannis de Abbetrop ꝛ heredes mei ꝛ quicunque mei assignati tenemur ꝛ per presentes obligatos esse fatemur . ad defendendum . ꝛ acquietandum priorem et monachos de Luffeld' ꝛ eorum successores inperpetuum versus capitales dominos feodi de omnimodis seruiciis . exaccionibus consuetudinibus ꝛ demandis que de terris ꝛ tenementis exigi potuerint que vel quas dicti prior ꝛ monachi habent in campis de Abbetrop ex dono ꝛ feoffamento Willelmi filii Henrici de Abbetrop prout in cartis dicti Willelmi eisdem priori ꝛ monachis. inde confectis plenius testatur. Et ego dictus Iohannes ꝛ heredes mei ꝛ quicunque mei assignati vel quicunque dominium terre mee in posterum possidebit dictas terras ꝛ tenementa cum omnibus pertinenciis dictis priori ꝛ monachis ꝛ eorum successoribus contra dominos feodi acquietabimus ꝛ defendemus prout in dictis cartis continetur. In cuius rei testimonium huic presenti scripto sigillum meum apposui. Hiis testibus. Iohanne de Tingewik'. Rogero Trimenel.de Foxcote. Iohanne attehache.de Abbetrop. Iohanne Iosep de Touecestr'. Iurdano Bere. de eadem. Rogero Wint' de eadem. Thoma fabro de eadem. Datum apud Abbetrop in festo natiuitatis sancti Iohannis baptiste . anno regni regis Edwardi filii regis Henrici vicesimo quarto.

W. 2339
$8'' \times 4''$.
Tag for seal.
Endorsed : Abthroppe.
NOTE : Date as No. 260.

261

Grant and confirmation by Peter, prior of Luffield, to Richard Bacun of the lands and tenements in the vill and fields of Charlock that Adam Bacun, his father, had held of the Priory. 27 November 1289

Vniuersis sancte matris ecclesie filijs presens scriptum visuris uel audituris frater Petrus prior de Luffeld' ꝛ eiusdem loci conuentus eternam in domino salutem. Nouerit vniuersitas vestra nos vnanimi assensu totius capituli nostri concessisse ꝛ confirmasse Ricardo Bacun filio Ade Bacun de Chaldelak' omnes terras ꝛ tenementa quas dictus Ada

Bacun pater dicti Ricardi Bacun quondam tenuit de nobis in villa ⁊ campis de Chaldelak'. Habenda ⁊ tenenda dicta tenementa vna cum mesuagis ⁊ cum omnibus pertinencijs suis de nobis ⁊ successoribus nostris.dicto Ricardo Bacun ⁊ heredibus suis libere quiete.bene ⁊ in pace ac hereditarie inperpetuum. Reddendo inde annuatim nobis ⁊ successoribus nostris .ij. solidos.iiij. denarios ad duos terminos.videlicet ad festum sancti Petri que dicitur aduincula .xviij. denarios ⁊ ad festum sancti Michaelis .x. denarios cum curiarum sectis pro omnibus seruicijs. consuetudinibus ⁊ demandis que ad nos pertinent saluis forinsecis si euenerint.⁊ saluo releuio predicte terre. Nos uero dicti prior ⁊ conuentus ⁊ successores nostri predictum tenementum cum mesuagijs ⁊ cum omnibus pertinencijs suis dicto Ricardo Bacun ⁊ heredibus suis sicut predictum est contra omnes gentes warantizabimus acquietabimus ⁊ per predictum seruicium defendemus. Vt autem hec omnia que a nobis concessa sunt firma permaneant presenti scripto sigillum capituli nostri apposuimus in testimonium. Hijs testibus. Rogero Tremenel de Foxcote. Nicholao West de eadem. Nicholao de Tenford filio Iohannis de Costowe. Iohanne atehache de Abbetrop. Rogero filio Iohannis de eadem.⁊ alijs. Datum apud Luffeld' die dominica proxima ante festum sancti Andree apostoli anno regni regis Edwardi octauodecimo.

W. 2420   L.C. 90r.   Chaldelake.
7¾″ × 4″.
Slit for seal-tag.
Endorsed: Challake.

WHITTLEBURY

262

Grant by Roger son of Nicholas de Witlebury to Philip, then chaplain of Silverstone, of half a messuage in Whittlebury between the houses of young Aubrey and Hugh Shepherd. Philip has paid 10s. in gressom and will render 2d. yearly; Roger will acquit him of forinsec service. [c. 1225–31]

Carta Rogeri filij Nicholai de Witlebury

Sciant presentes ⁊ futuri quod ego Rogerus filius Nicholai de Witlebir' dedi ⁊ concessi ⁊ hac presenti carta mea confirmaui Philippo tunc capellano de Seluestun' medietatem unius mesuagii in Witlebir' scilicet inter domum Aubredi iuuenis. et domum Hugonis berkarii. Tenendum ⁊ habendum de me ⁊ heredibus meis sibi uel cuicumque assignare uoluerit. libere ⁊ quiete ab omni exaccione ⁊ seruicio seculari. Reddendo inde annuatim michi ⁊ heredibus meis duos denarios ad duos terminos scilicet ad Natale unum denarium.⁊ ad Pascha unum denarium.pro omnibus consuetudinibus ad me uel ad heredes meos pertinentibus. Et ego Rogerus ꝛ heredes mei predicto Philippo capellano ꝛ eius assignatis predictum dimidium mesuagium contra omnes gentes warantizabimus. Pro hac autem donacione ꝛ concessione dictus Philippus capellanus dedit michi premanibus decem solidos in gersumam. Et ego Rogerus ꝛ heredes mei de omnibus forinsecis seruicijs dictum Philippum capellanum ꝛ eius assignatos adquietabimus. In huius rei testimonium presenti scripto sigillum meum apposui. Hiis testibus. R. prior de Luff. Arnaldo clerico de Seluestun'. Henrico filio eius. Henrico de Brantestun'. Willelmo filio eius. Aubredo de Witlebir'. Ricardo Chardun. Roberto de Billing'. Willelmo de Ẏpres et aliis.

W. 2959   L.C. 90v.
6½″ × 3″.
Slit for seal-tag.
NOTE: For date see Appendix, pp. 268–9.

263

Grant by Nicholas de Horewode to Henry his son, with the consent of Ingrid his wife, of 2 acres in Whittlebury, also a selion in Hemirescroft and 4 selions in Foxthurne. Henry has paid 6s. in gressom and done homage for the tenement, and will render 4d. yearly for all except forinsec service. [c. 1220–30]

Carta Nicolai de Horewode

Sciant presentes ꝛ futuri quod ego Nicholas de Horwude consensu Ingrid vxoris mee dedi concessi. ꝛ hac presenti carta mea confirmaui Henrico filio meo. ij. acras terre in Witleburi scilicet unam acram propinquiorem domui Henrici Luue. et aliam acram extra viam. et preterea unam seilionem in Hemeriscroft ꝛ ad Foxthurne. iiij. seiliones. Tenendas de me ꝛ heredibus meis. sibi ꝛ heredibus suis. libere ꝛ quiete ab omni seruicio michi pertinente saluo forinseco. Reddendo inde annuatim. iiij. denarios scilicet. ij. denarios ad Natale. ꝛ. ij. denarios ad Pasche. Pro hac donacione ꝛ concessione dedit michi predictus Henricus. vi. solidos de gersuma ꝛ de hoc tenemento recipi homagium suum. Et quare volo ut hec donacio rata ꝛ stabilis permaneat presentem cartam sigillo meo corroboraui. Hiis testibus. Willelmo filio Henrici de Seluest'. Arnaldo filio clerici. Ricardo fratre [sic] suo. Thoma de Walleshal'. Iohanne Tremenel. Roberto de Billing'. Roberto de Stapleford'. et multis aliis.

W. 2978   L.C. 90v.
7″ × 2½″.
Tag for seal.
NOTE: For date see Appendix, p. 268.

264

Grant to the Priory in alms by Philip, chaplain of Silverstone, of the half
messuage described in No. 263. They will render 2*d*. yearly to Roger son of
of Nicholas. [*c.* 1225–31]

Carta Philippi capellani de Seluestone

Sciant presentes ꝗ futuri quod ego Philippus capellanus de Seluestun'
dedi ꝗ concessi ꝗ hac presenti carta mea confirmaui deo ꝗ beate Marie
de Luff' ꝗ monachis eiusdem loci pro salute anime mee ꝗ omnium antecessorum meorum illam medietatem mesuagii in Witlebur' inter domum Albredi iuuenis ꝗ domum Hugonis berkarii quam emi de Rogero
filio Nicholai de Witlebir'. Tenendam ꝗ habendam de me in liberam
ꝗ perpetuam elemosinam liberam. ꝗ quietam ab omnibus seruiciis ꝗ
consuetudinibus ꝗ exaccionibus. saluis duobus denariis qui annuatim
soluentur predicto Rogero uel heredibus suis ad duos terminos anni.
scilicet ad Pascha unum denarium ꝗ ad Natale unum denarium. In
testimonium autem huius donacionis ꝗ concessionis ego Philippus huic
presenti scripto sigillum meum apposui. Hiis testibus Radulfo vicario
de Suttun'. Ricardo ꝗ Radulfo capellanis de Luff'. Ricardo clerico de
Suttun'. Henrico de Brantestun'. Willelmo filio eius. Henrico filio
Arnaldi. Ricardo fratre eius. Auuredo de Witlebir'. Willelmo de
Ẏpres. Roberto de Billing'. Galfrido coco. ꝗ aliis.

W. 2976 L.C. 90v.–91r.
6″ × 5″.
Tag for seal.
NOTE: For date see Appendix, pp. 268–9, and cf. No. 270.

265

Confirmation to the Priory by Aubrey, the king's forester, of the land that
Walwan his father gave them with himself, when he took on the habit of
religion, namely the messuage and croft in Whittlebury that Henry son of
Godwin Strangolf holds, with Henry himself and his heirs, to hold in alms
together with an acre of his own gift, which Philip son of Lefric holds when
he himself goes overseas to his lord the king. [*c.* 1190–*c.* 1205]

Carta Albrici forestarij de Witlebury

Sciant tam presentes quam futuri quod ego Albricus domini regis
forestarius de Witlebir concedo ꝗ presenti carta mea confirmo terram
in Witlebir quam pater meus Walwanus dedit secum ecclesie sancte
Marie de Luffeld ꝗ fratribus ibi deo seruientibus quando habitum religionis assumpsit. scilicet mesuagium ꝗ croftam cum pertinenciis in
Witlebir. quod Henricus filius Godwini Strangolf tenet. ipsumque
Henricum Strangolf cum heredibus suis ꝗ terram predictam in per-

petuam elemosinam liberam ꝶ quietum ab omni consuetudine ꝶ seculari seruicio. ꝶ unam acram ex dono meo quam Philippus filius Leferici tenet quando ad dominum meum regem transfretaui. His. testibus. Henrico clerico. Rogero filio Walwani. Rogero Tremerel. Helia genero Albrici ꝶ pluribus aliis.

W. 2985   L.C. 91r.   Whitlebury.
$7\frac{1}{2}'' \times 4\frac{3}{4}''$.
Slit for seal-tag.
NOTE : It is reasonable to assume that the first witness is Henry the clerk of Silverstone who can be supposed to have died *c.* 1205. See Appendix, p. 268. Roger Tremerel occurs in the *Assize Roll of 1202* (Northamptonshire Record Society, Vol. xx), p. 156.

266

Confirmation by Henry son of Roger de Whittlebury to William de Brandestone of the gift that Henry son of Henry de Norton made to him of land and meadow in Whittlebury. For his own part he grants William a rood of meadow next to the half acre of meadow that Henry gave him. [*c.* 1250–60]

Carta Henrici filij Rogeri de Witlebury

Sciant presentes ꝶ futuri quod ego Henricus filius Rogeri de Wẏtlebur' concessi ꝶ hac presenti carta mea confirmaui Willelmo de Braundestun' donacionem quam Henricus filius Henrici de Northun' fecit dicto Willelmo de terra ꝶ prato quam tenuit de me in uilla de Wẏtlebur' faciendo michi ꝶ heredibus meis ipse ꝶ heredes sui seruicium secundum quod continet in carta quam dictus Henricus habuit de me. Et insuper dedi ꝶ concessi ꝶ hac presenti carta mea confirmaui dicto Willelmo vnam rodam prati cum pertinenciis in aumentacionem iuxta dimidiam acram prati quam habuit de Henrico. Tenendam ꝶ habendam de me ꝶ heredibus meis sibi ꝶ heredibus suis per dictum seruicium.uel cuicunque dare vendere legare assignare quo tempore qua hora voluerit. Ego uero dictus Henricus ꝶ heredes mei dictam terram ꝶ pratum cum pertinentiis dicto Willelmo ꝶ heredibus uel suis assignatis contra omnes gentes warantizabimus et adquietabimus tam de decimis feni quam de omnibus aliis exceptis decimis garbarum. Pro hac autem concessione donacione ꝶ carte mee confirmacione dedit dictus Willelmus premanibus quinque solidos argenti. Vt autem hec mea donacio concessio ꝶ carte mee confirmacio firma ꝶ stabilis inperpetuum preserueret huic presenti scripto sigillum meum apposui in testimonium. Hiis testibus. Ricardo de Seluestun' clerico. Ricardo Aureẏ. Willelmo Cardun'. Galfrido Dipres. Ricardo de Karswelle ꝶ multis aliis.

W. 2956   L.C. 91r.–91v.
$7'' \times 4''$.
Tag for seal.
NOTE : The dating is linked with William Cardun, for whom see Appendix, p. 269.

267

Confirmation by Roger son of Nicholas de Wittlebury of the gift to the Priory by Nicholas his father and Ingrid his mother of the house that Geoffrey Kattesberde held. [*c.* 1220–5]

Carta Rogeri filij Nicholai de Witlebury

Nouerint vniuersi sancte matris ecclesie filij quod ego Rogerus filius Nicholai de Wittleb' concessi donacionem ⁊ confirmacionem quam pater meus Nicholas ⁊ mater mea Ingerid fecerunt deo ⁊ sancte Marie de Luffeld' ⁊ monachis eiusdem loci scilicet illud mesuagium in Wittleb' cum omnibus pertinenciis suis quod Galfridus Kattesb' tenuit. Tenendum ⁊ habendum in perpetuam elemosinam bene ⁊ in pace libere ⁊ quiete ab omnibus seruiciis ad me uel ad heredes meos pertinentibus. Soluendo michi ⁊ heredibus meis per annum. ij. denarios ad festum exaltacionis sancte Crucis. Predictum vero mesuagium cum omnibus pertinenciis ego ⁊ heredes mei predictis monachis imperpetuum warantizabimus. Vt autem hec concessio mea firma ⁊ stabilis preserueret sigillo meo dignum duxi confirmare; Hiis. testibus. Willelmo filio Henrici. Thoma de Waleshale. Arnaldo filio Henrici. Henrico fratre [*sic*] eius. Ricardo fratre eius. Roberto de Billing. Henrico Dokete ⁊ aliis.

W. 2982   L.C. 91v.   Whitlebury.
7¾″ × 3″.
Tag for seal.
NOTE: For date cf. No. 265.

268

Grant to the Priory in alms by Nicholas son of Wido and Ingrid his wife of the house in Whittlebury that Geoffrey Kattesberde held. They shall render 2*d.* yearly for all services due to Nicholas and Ingrid. [*c.* 1220–5]

Carta Nicholai filij Iordanis [*sic*] et Ingerid vxoris eius

Sciant presentes ⁊ futuri quod ego Nicholaus filius Widonis.⁊ Ingerid vxor mea dedimus ⁊ concessimus pro salute animarum nostrarum ⁊ omnium antecessorum nostrorum ⁊ successorum deo ⁊ beate Marie de Luffeld' ⁊ monachis eiusdem loci illud mesuagium in Wittleb' cum pertinenciis quod Galfridus Kattesberd' tenuit. Tenendum ⁊ habendum in liberam ⁊ perpetuam elemosinam.bene ⁊ in pace. libere ⁊ quiete ab omnibus seruicijs ad nos uel ad heredes nostros pertinentibus. Soluendo nobis ⁊ heredibus nostris per annum. ij. denarios ad festum exaltacionis sancte Crucis. Predictum uero mesuagium cum pertinencijs nos ⁊ heredes nostri predictis monachis imperpetuum warantizabimus. Vt autem ea que a nobis gesta sunt firma preseruerent sigillorum nostrorum testimonio confirmamus. Hiis testibus. Willelmo filio Henrici. Thoma de Waleshale. Arnaldo filio Henrici. Henrico fratre [*sic*] eius. Ricardo fratre eius. Roberto de Billing'. Henrico Dokete ꝣ aliis.

W. 2973   L.C. 91v.
6½" × 4".
Tags for two seals.
NOTE: For date cf. No. 265.

269

Grant to the Priory in alms by Ingrid daughter of Roger son of Walwan of the house that Geoffrey Kattesberde held. They shall render 2*d*. yearly for all services due to her. [*c.* 1220–5]

Carta Ingride filie Rogeri filij Walwani

Sciant presentes ꝣ futuri quod ego Inggerid filia Rogeri filij Walwani dedi ꝣ concessi deo ꝣ sancte Marie de Luffeld' ꝣ monachis eiusdem loci pro salute anime mee ꝣ omnium antecessorum meorum ꝣ successorum illud mesuagium in Wittleb' cum omnibus pertinenciis quod Galfridus Kattesberd' tenuit. Tenendum ꝣ habendum de me ꝣ heredibus meis in perpetuam elemosinam.bene.ꝣ in pace.libere.ꝣ quiete ab omnibus seruiciis ad me uel ad heredes meos pertinentibus. Soluendo per annum michi ꝣ heredibus meis. ij. denarios ad festum exaltacionis sancte Crucis. Predictum uero mesuagium cum omnibus pertinenciis ego ꝣ heredes mei predictis monachis imperpetuum warantizabimus. Vt autem hec donacio mea ꝣ concessio firma preserueret: sigilli mei apposicione dignum duxi confirmare. Hiis testibus. Willelmo filio Henrici. Thoma de Waleshale. Arnaldo filio filio [*sic*] Henrici. Henrico fratre [*sic*] eius. Ricardo fratre eius. Roberto de Billing'. Henrico Dokete ꝣ aliis.

W. 2953   L.C. 91v.–92r.
6" × 4¾".
Tag for seal.
NOTE: For date cf. No. 265.

270

Grant by Ingrid, daughter of Roger son of Walwan, widow of Nicholas son of Wido, in her widowhood and with the consent of Roger her heir, to Eustachia her daughter, for her service and for looking after her in her widowhood, of the messuage in Whittlebury that Henry Ruffus once held, and the whole court belonging to it. Eustachia shall hold for her life, rendering 12*d*. yearly for all services due to Ingrid. [*c.* 1220–30]

Carta Ingrithe filie Rogeri filij Walwani de Witlebury

Sciant presentes ꝣ futuri quod ego Ingritha filia Rogeri filij Walwani de Witlebur' relicta Nicholai filij With in libera potestate viduitatis mee per concessum Rogeri heredis mei dedi ꝣ concessi ꝣ hac presenti

carta mea confirmaui Eustachie filie mee pro seruicio suo. ꝛ pro bene-
ficiis michi collatis in viduitate mea quoddam mesuagium in Witlebir'
cum tota curia ad illud mesuagium pertinente. scilicet illud mesuagium quod Henricus Ruffus aliquo tempore tenuit. Tenendum ꝛ habendum de me ꝛ heredibus meis ad totam uitam suam libere. ꝛ quiete.
bene. ꝛ in pace sine impedimento mei uel heredum meorum. Reddendo inde annuatim michi ꝛ heredibus meis duodecim denarios ad
duos terminos scilicet ad festum Sancti Michaelis sex denarios et ad
Natale sex denarios pro omne seruicio. ꝛ pro omnibus demandis ad
me uel ad heredes meos pertinentibus saluo forinseco seruicio domini
regis. Et ego Ingritha ꝛ heredes mei predictum mesuagium cum predicta curia predicte Eustachie filie mee sicut liberum ꝛ purum donum
de hereditate mea ad totam uitam suam contra omnes gentes warantizabimus. Vt autem hec concessio ꝛ donacio firma ꝛ stabilis permaneat: presenti scripto sigillum meum apposui. Hiis testibus. Arnoldo
clerico de Seluestun'. Henrico filio eius. Henrico de Brantestun'. Willelmo. Iohanne filijs eius. Iohanne Tremerel. Galfrido clerico de Burkote. Galfrido forestario. Roberto Brutun. Auuredo de Witlebur'.
Ricardo Chardun. ꝛ multis aliis.

W. 2979   L.C. 92r.   Whitlebury.
6″ × 4½″.
White, varnished, oval seal, 1½″ × 1″. A fleur-de-lis. See No. 273.
NOTE: Date later than No. 265, but before 1230, when Geoffrey Clerk of Burcote was dead
(*Close Rolls*, 1227–31, 403).

271

Grant to the Priory in alms by Henry Amiun of a rent of 2*d.* which they used
to pay him for a half messuage that Alice de Mixbury held of his fee in
Whittlebury. He quitclaims his right in the half messuage itself. [*c.* 1250–60]

Carta Henrici Amiun

Sciant presentes ꝛ futuri quod ego Henricus Amiun dedi ꝛ concessi ꝛ
hac presenti carta mea confirmaui deo ꝛ beate Marie de Luffeld' ꝛ
monachis ibidem deo seruientibus redditum duorum denariorum
quos solebant michi reddere de medietate mesuagii quam Alicia de
Mixebur' tenuit de feodo meo in Witlebur'. Et insimul cum dicto redditu omne ius ꝛ clameum quod habui vel aliquo modo uel iure uel casu
contingente de medietate predicti mesuagii michi uel heredibus meis
accidere poterit. Tenendum ꝛ habendum dictum redditum ꝛ mesuagium cum pertinenciis in liberam ꝛ puram ꝛ perpetuam elemosinam.
sicuti aliqua elemosina melius uel liberius poterit dari uel teneri. Ego
uero dictus Henricus ꝛ heredes mei dictum redditum cum mesuagio ꝛ
pertinenciis contra omnes gentes warantizabimus ꝛ ab omnibus que
exigi poterint adquietabimus. Vt autem ea que a me concessa sunt

firma inperpetuum preseruerent presenti scripto sigillum meum apposui in testimonium. Hiis testibus. Simone capellano de Thorentun'. Galfridi Dipres. Galfrido coco. Henrico le Wlf'. Willelmo filio Ricardi carpentarii. Waltero le cat ⁊ aliis.

W. 2983   L.C. 92r.–92v.
7″ × 3″.
White, varnished, oval seal, 1½″ × 1″. A fleur-de-lis. s' HENRICI – – –.
NOTE: The dates given are consistent with the grantor and with the attestations of Geoffrey Dipres and Geoffrey the cook.

272

Grant to the Priory in alms by Ingrid, daughter of Roger son of Walwan, of a messuage in Whittlebury between the houses of Henry Doket and Robert son of Reginald, and three half-acres in Collewei in the field of Whittlebury, between the assart of John Marshal and land of Roger her son. [c. 1231]

Carta Ingride filie Rogeri filij Walwani

Sciant presentes ⁊ futuri quod ego Ingreid filia Rogeri filij Walwani in libera potestate viduitatis mee dedi ⁊ concessi ⁊ hac presenti carta mea confirmaui deo ⁊ beate Marie de Luffeld' ⁊ monachis ibidem deo famulantibus pro salute anime mee ⁊ omnium antecessorum meorum ⁊ successorum illud mesuagium in Wittlebr' cum omnibus pertinentiis quod situm est inter domum Henrici Doket ⁊ domum Roberti filij Reginaldi ⁊. iii. dimidias acras terre in campo de Wittlebr' que iacent super Collewei inter assartum Iohannis le Mareschal' ⁊ terram Rogeri filij eiusdem Ingreid. Tenendum ⁊ habendum de me ⁊ heredibus meis bene ⁊ in pace libere ⁊ quiete in liberam ⁊ puram ⁊ perpetuam elemosinam. Ego vero predicta Ingirid ⁊ heredes mei predictum mesuagium cum omnibus pertinencijs ⁊ cum tribus dimidijs acris terre prenominatis predictis monachis contra omnes gentes inperpetuum warantizabimus ⁊ acquietabimus ab omnibus seruicijs ⁊ demandis secularibus que eueniri vel exigi possint. Vt autem hec donacio ⁊ concessio mea firma ⁊ stabilis ⁊ inconcussa preserueret sigilli mei apposicione dignum duxi confirmare. Hiis testibus Willelmo capellano de Wittlebr' Philippo capellano de Ewersaiwe. Willelmo capellano de capella de Selueston' presbiteris Henrico de Branteston'. Willelmo filio suo. Aluedo de Wittlebr'. Ricardo filio Arnaldi. de Sulueston'. Henrico filii Henrici. Ricardo Chardon. Henrico Doket. Ricardo Karswell'. Rogero Primo ⁊ alijs.

W. 2988   L.C. 92v.   Whitlebury.
5¾″ × 3¾″.
Green oval seal, 1½″ × 1″. A fleur-de-lis. See No. 273.
NOTE: For Richard son of Arnold and Henry de Brandestone see Appendix, p. 268.

273

Grant to the Priory in alms by Ingrid, daughter of Roger son of Walwan, of the messuage in Whittlebury that Geoffrey Cat held. [*c.* 1225–30]

Carta Ingrid filie Rogeri filij Walwani

Sciant presentes ꝛ futuri quod ego Ingreid filia Rogeri Walwani in libera potestate viduitatis mee dedi ꝛ concessi ꝛ hac presenti carta mea confirmaui deo ꝛ beate Marie de Luffeld' ꝛ monachis ibidem deo famulantibus pro salute anime mee ꝛ omnium antecessorum meorum ꝛ successorum illud mesuagium in Wittlebr' cum pertinencijs quod Galfridus Cat tenuit. in liberam ꝛ puram ꝛ perpetuam elemosinam. Ego vero predicta Ingrid ꝛ heredes mei predictum mesuagium cum omnibus pertinencijs suis contra omnes gentes imperpetuum warantizabimus ꝛ ab omnibus seruicijs ꝛ demandis secularibus acquietabimus que eueniri uel exigi possint. Et in testimonium huius concessionis ꝛ donacionis presenti scripto sigillum meum apposui. Hijs testibus Willelmo filio Henrici. Thoma de Walehale. Arnaldo filio Henrici. Henrico fratre [*sic*] eius. Ricardo fratre eius. Roberto de Billing'. Henrico Doket. ꝛ alijs.

W. 2950   L.C. 92v.–93r.
5″ × 2¾″.
Oval seal, 1½″ × 1″. A fleur-de-lis. + SIGILL' HINGRID FIL' ROGERI.
NOTE: For date cf. Nos. 270 and 272.

274

Quitclaim to the Priory by William son of Richard Aufrey of Whittlebury of a rent of one penny issuing from the tenement that Geoffrey the cook once held in the vill and fields of Whittlebury. 6 May 1316

Relaxacio vnius denarij in Witlebury

Omnibus Christi fidelibus presens scriptum visuris uel audituris Willelmus filius Ricardi Aufreẏ de Wytleburẏ salutem in domino sempiternam. Noueritis me remisisse ꝛ relaxasse ꝛ omnino pro me ꝛ heredibus meis seu assignatis quibuscunque quietum clamasse deo ꝛ beate Marie de Luffeld' ꝛ monachis ibidem deo seruientibus totum ius ꝛ clamium quod habui uel aliquo iure habere potui in vno denario annui redditus proueniente de quodam tenemento quod Galfridus cocus quondam tenuit in uilla ꝛ in campis de Witleburẏ. Ita vero quod nec ego dictus Willelmus nec heredes mei nec assignati nec aliquis alius in nomine nostro in predicto redditu aliquod ius uel clamium decetero exigere reclamare seu vendicare poterimus; set ab omni accione ꝛ demanda exclusi sumus in perpetuum per presentes. In cuius rei testimonium huic presenti quiete clamancie sigillum meum apposui. Hijs testibus Galfrido de Brandeston'. Thoma de Maẏdeford. Willelmo de Slapton'. de Wẏtleburẏ. Henrico Wuwie de eadem. Roberto Doget de eadem ⁊ aliis. Datum apud Luffeld' die iouis in festo sancti Iohannis ante portam latinam anno regni regis Edwardi filij regis Edwardi nono.

W. 2986   L.C. 93r.   Whitlebury.
8¼″ × 2½″.
Slit for seal-tag.
No endorsement.

275

Quitclaim to the Priory by Philip Dod of the plot of land in Whittlebury which, with its ditch, belongs to their mill. [c. 1220–5]

Carta Philippi Dod

Sciant presentes ⁊ futuri quod ego Philippus Dod assensu Matilde vxoris mee concessi ⁊ quietam clamaui de me ⁊ de heredibus meis deo ⁊ sancte Marie de Luffeld' ⁊ conuentus eiusdem loci illam particulam terre in Witlebir' que pertinet cum fosseto suo ad molendinum suum. Tenendam in puram ⁊ perpetuam elemosinam libere ⁊ quiete inperpetuum possidendam. Et quare uolo ut hec concessio mea rata ⁊ inconcussa permaneat sigilli mei impressione presentem cartam corroboraui. Hiis testibus. Thomas de Walesh'. Arnaldo filio Henrici. Willelmo filio Henrici. Roberto de Billing.' Henrico Doket. Henrico coco. Radulfo Wither. ⁊ aliis.

W. 2975   L.C. 93r.
8¼″ × 2½″.
Tag for seal.
NOTE : For date see Appendix, pp. 268–9.

276

Grant to the Priory in alms by William son of Robert de Stapelford of a render of 12d. that Henry son of William Edrich made for 5 acres in the field of Whittlebury, with all his rights to relief, wardship, suit of court, and forinsec service. [1231–c. 1250]

Carta Willelmi de Stapelford

Sciant presentes et futuri quod ego Willelmus de Stapelford' filius Roberti dedi ⁊ concessi ⁊ hac presenti carta mea confirmaui intuitu pietatis ⁊ caritatis ⁊ pro salute anime mee ⁊ antecessorum meorum ⁊ successorum deo ⁊ beate Marie de Luffeld ⁊ monachis ibidem deo seruientibus redditum duodecim denariorum de Henrico filio Willelmi Edrihc percipiendum inperpetuum. scilicet ad Nathale domini sex denarios. ⁊ ad festum sancti Iohannis baptiste sex denarios [videlicet de quinque] acris terre quas dictus Henricus tenuit de me in campis de Witlebur' quarum vna acra iacet inter terram Aluredi ꝫ Rogeri Albermarle que habuttat uersus regalem viam extendentem uersus boscum. ꝫ dimidia acra que se habuttat uersus Grunewei inter terram Aluredi ꝫ Helẏe le Paumer. ꝫ alia dimidia acra inter terram Rogeri Albemarle ꝫ Iohannis filij Gileberti in campo del hest. et dimidia acra iuxta terram Aluredi ꝫ Rogeri Albemarle que se habuttat uersus boscum.et dimidia acra inter terram Rogeri Albemarle ꝫ Galfridi le Hokere.ꝫ vna acra inter terram Henrici filij Matilde ꝫ Iohannis filij Gileberti que se abuttat uersus Dedequenemore.ꝫ vna dimidia acra inter terram Henrici filij Matilde ꝫ Rogeri Albemarle que se habuttat uersus Luffelde Rode in campo del west. Et omne ius quod habui uel habere potui in homagio in releuio. in wardo. in secta curie ꝫ in regali seruicio si euenerint.et in omnibus alijs accidenciis quoque iure uel modo michi uel heredibus de dicto redditu uel de dicta terra vnde redditus procedit pertingentibus. Tenendum et habendum dictum redditum cum omnibus prenominatis in liberam ꝫ puram ꝫ perpetuam elemosinam libere ꝫ quiete ab omnibus seruicijs secularibus ꝫ demandis que a me uel ab heredibus meis uel ab aliquo alio ullo modo uel ullo iure exigi possunt. Ego uero predictus Willelmus ꝫ heredes mei predictum redditum [cum omnibus pertinencijs] predictis monachis ꝫ eorum successoribus contra omnes gentes warantizabimus ꝫ acquietabimus. Et ut hec mea donacio ꝫ concessio rata ꝫ stabilis preserueret huic presenti scripto sigillum meum apposui in testimonium. Hijs testibus. Ricardo filio Ernaldi de Selueston' Willelmo de Branteston'. Ricardo Chardon. Aluredo de Witlesbir'. Henrico Doket. Galfrido coco. ꝫ multis alijs.

* (Pro Willelmo Atthall')

W. 2972   L.C. 93r.–93v.
6½″ × 5″.
Slit for seal-tag.
NOTE : For date see Appendix, p. 268.

277

Grant by William de Brackley, prior of Luffield, to Henry Doget of a messuage in Whittlebury between the houses of Henry Doget and of Robert son of Reginald, with 6 selions on Colewy, 4 selions between land of Alfred and of Roger son of Nicholas, and a headland between Wimargeford and Norwelle hegges. Henry shall render 16d. yearly for all except forinsec service and relief; the Priory shall warrant in accordance with the charter of Ingrid who gave this land and warranted it. Henry shall not sell, give, pledge, or bequeath it without the consent of the Priory. [1231–c. 1250]

De sex [sic] denarijs prouenientibus de terris in Witlebury

Sciant presentes et futuri quod ego W. prior de Luffeld totusque eius-

S

dem loci conuentus hac presenti carta mea confirmauimus Henrico
Doget et heredibus suis illud mesuagium cum pertinencijs in Witlebury quod situm est inter domum Henrici Doget et domum Roberti
filij Reginaldi et sex seliones super Colewy et quatuor seliones que
iacent inter terram Alfredi et terram Rogeri filij Nicholai et forreriam
que iacet inter Wimargeford et Norwelle hegges. Tenendum et
habendum de nobis sibi et heredibus suis reddendo inde nobis per
annum sexdecim denarios ad duos terminos scilicet ad festum sancte
Marie in marcio viij. denarios et ad festum sancti Michaelis viij denarios pro omni seruicio nobis spectante saluo releuio et domini regis
forinseco seruicio. Predictum mesuagium cum sellionibus predictis
contra omnes gentes warantizabimus.secundum tenorem carte Hing-
ride que nobis hoc tenementum nobis [sic] dedit et sicut ipsa et heredes
sui predictum tenementum nobis warantizare possunt sic et nos predicto Henrico Doget prenominatum tenementum et heredibus suis
warantizabimus. Predictus Henricus Doget prenominatum tenementum non vendet nec dabit nec invadiabit seu legabit sine assensu et
voluntate nostra et successorum nostrorum. Et vt hec nostra donacio
et carte mee confirmacio rata et stabilis permaneat sicut prenominatum est sigillum capituli nostri in testimonium huic scripto dignum
duximus apponere. Hijs testibus Willelmo capellano capelle de
Witlebury Philippo capellano de Euershawe Henrico de Brandeston'
Willelmo filio suo Alfredo de Witlebury Ricardo filio Arnaldi de
Seluestun' Henrico filio Henrici Ricardo Cardoun' Ricardo de
Karswelle et alijs.

L.C. 93v.–94r. Whitlebury.
NOTE: For date see Appendix, pp. 268–9.

278

Grant to the Priory in alms by Ingrid, daughter of Roger son of Walwan, in
her widowhood, of the tenement mentioned in No. 277. [c. 1231]

Carta Ingreid filie Rogeri filij Walwani

Sciant presentes ꝗ futuri quod ego Ingreid filia Rogeri filij Walwani in
libera potestate viduitatis mee dedi ꝗ concessi ꝗ hac presenti carta mea
confirmaui deo ꝗ beate Marie de Luffeld ꝗ monachis ibidem deo
famulantibus pro salute anime mee ꝗ omnium antecessorum meorum
ꝗ successorum illud mesuagium in Witlebir' cum omnibus pertinencijs
suis quod situm est inter domum Henrici Doket ꝗ domum Roberti
filij Reginaldi sex seliones super Colewe ꝗ iiij seliones que iacent inter
terram Alfredi ꝗ terram Rogeri filij Nicholai ꝗ forariam que iacet inter
Wimargþort ꝗ Norwelle. Tenendum ꝗ habendum de me ꝗ heredibus
meis bene ꝗ in pace libere ꝗ quiete in liberam ꝗ puram ꝗ perpetuam
elemosinam. Ego vero predicta Ingreid ꝗ heredes mei predictum

mesuagium cum omnibus pertinencijs et cum tribus dimidijs acris
terre prenominatis predictis monachis contra omnes gentes imperpetuum warantizabimus ⁊ acquietabimus ab omnibus seruicijs ⁊ demandis secularibus que eueniri vel exigi possint. Vt autem hec donacio
⁊ concessio mea firma ⁊ stabilis ⁊ inconcussa preserueret sigilli mei
apposicione dignum duxi confirmare. Hijs testibus Willelmo capellano de Witlebir'. Philippo capellano de Ewersawe. Willelmo capellano de capella de Sulueston' presbiteris. Henrico de Brandeston'.
Willelmo filio suo. Aluredro de Wittlebir'. Ricardo filio Arnaldi. Henrico filij Henrici . Ricardo Chardon' . Henrico Doket . Ricardo de
Karswelle . Rogero Primo ⁊ alijs.

W. 2987   L.C. 94r.   Whitlebury.
7″ × 3¼″.
White, varnished, oval seal, 1½″ × 1″. See No. 273.
NOTE : For date see Appendix, p. 268.

279

Grant to the Priory in alms by Matilda, widow of Philip Dot, of 2 acres in
Whittlebury. [c. 1231]

Carta Matilde vxoris Philippi Dot

Sciant presentes ⁊ futuri quod ego Matilda que fui vxor Philippi Dot
in libera potestate viduitatis mee dedi ⁊ concessi ⁊ hac presenti carta
mea confirmaui deo ⁊ beate Marie de Luffeld' ⁊ monachis ibidem deo
famulantibus pro salute anime mee ⁊ maritis mei ⁊ antecessorum meorum ⁊ successorum duas acras in Wittlebir' cum pertinencijs scilicet
dimidiam acram que iacet iuxta domum Ranulfi Kangeseÿe ⁊ dimidiam acram alagare iuxta terram monachorum de Chiessont ⁊ dimidiam acram super Louebreg que iacet inter terram Henrici Doket ⁊
terram Tuleman ⁊ dimidiam acram super Gateshul'. Tenendas ⁊
habendas de me ⁊ heredibus meis in liberam ⁊ puram ⁊ perpetuam
elemosinam. Ego vero Matilda ⁊ heredes mei predictas duas acras
cum pertinencijs predictis monachis de Luffel' contra omnes gentes
warantizabimus inperpetuum. Et [vt] hec donacio mea rata ⁊ stabilis
permaneat: huic scripto sigillum meum in testimonium dignum duxi
apponere. Hijs testibus. Henrico de Branteston'. Willelmo filio eius.
Ricardo filio Arnaldi. Ricardo Kardon'. Rogero Primo. Ricardo de
Karswell' Willelmo Dipres. Henrico Doket. Galfrido coco. ⁊ alijs.

W. 2960   L.C. 94r.–94v.
7½″ × 2½″.
Tag for seal.
NOTE : For date see Appendix, pp. 268-9.

280

Grant by Roger, prior of Luffield, to Alice de Mixbury for her life, and on her death to Adam her son, of half a messuage in Whittlebury between the houses of Aubrey the young and Hugh the shepherd, which Philip the chaplain gave to the Priory. [c. 1225-31]

Pro quatuor denarijs redditus in Witlebury

Indented at the top. Letters cut through.

Uniuersis sancte matris ecclesie filiis ad quos presens scriptum per-uenerit Rogerus prior de Luff' totusque eiusdem loci conuentus salu-tem. Nouerit uniuersitas uestra nos communi consilio capituli nostri concessisse Alicie de Mixebur' in tota uita sua ꝛ post obitum eius Ade filio eius ꝛ heredibus suis medietatem vnius mesuagii in Witlebir' scili-cet inter domum Albredi iuuenis et domum Hugonis berkarii quam Philippus capellanus dedit domui nostre de Luffeld' inperpetuam ele-mosinam. Tenendam ꝛ habendam de nobis ꝛ successoribus nostris libere ꝛ quiete. bene ꝛ in pace. reddendo inde annuatim nobis ꝛ suc-cessoribus nostris quatuor denarios ad duos terminos anni scilicet ad Natale duos denarios ꝛ ad Pascha duos denarios pro omnibus seruiciis ꝛ consuetudinibus ꝛ demandis que exiguntur uel exigi possint a nobis. Nos autem predictum dimidium mesuagium predicte Alicie ad totam vitam suam ꝛ post obitum eius Ade filio eius ꝛ heredibus suis contra omnes gentes warantizabimus inperpetuum. Vt autem ea que a nobis acta sunt firma preseruerent huic presenti scripto sigillum ecclesie nostre apponere dignum duximus. Hijs testibus. Henrico de Brantes-tun'. Willelmo filio eius. Henrico filio Arnaldi de Seluestun'. Ricardo fratre eius. Aluredo de Witlebir'. Willelmo de Ẏpres. Roberto de Billing'. ꝛ aliis.

W. 2984   L.C. 94v.   Whitlebury.
6″ × 3¼″.
Slit for seal-tag.
NOTE: The attestations of Henry and Richard sons of Arnold are not likely to be earlier than 1225.

281

Grant to the Priory in alms by Roger son of Walwan, with the consent of his heir, of an acre on Suidhil, an acre in Suthfelde, a rood on Gadeshil', a rood in the croft of Henry, a rood next to the croft of Philip, and a rood next to Hubertrinxin. [c. 1196-c. 1205]

Carta Rogeri filij Walwani

Omnibus sancte matris ecclesie filijs Rogerus filius Walwani in do-mino salutem. Noscat vniuersitas uestra me assensu heredis mei con-cessisse et dedisse ecclesie sancte Marie de Luffelde et fratribus ibidem

deo seruientibus unam acram terre super Suidhuil et vnam super Suthfelde et vnam rodam super Gadeshil et aliam super croftam Heniri et
unam rodam iuxta croftam Philippi et aliam rodam iuxta Hubertrinxin in puram et perpetuam elemosinam et liberam et quietam ab
omnibus seruicijs secularibus pro anima mea et pro animabus patris
mei et matris mee et vxoris mee et antecessorum meorum et successorum Hijs testibus Philippo capellano de Lillingstan Henrico clerico
de Seluestun' Iohanne persona de Towcestr' Rogero Trimerel Arnulfo filio Henrici Willelmo filio Henrici Willelmo filio Roberti de
Towcestr' Galfrido filio Pagani.

L.C. 94v.
NOTE: For the dated occurrences of Henry the clerk and William son of Henry (the serjeant) see Appendix, p. 268. Geoffrey son of Pagan occurs in 1199 (*Feet of Fines*,
10 Ric. I, 24, P.R.S. xxiv).

282

Grant by John Ponne of Duncote to William Bygge, chaplain, of Norton, of
a cottage in Whittlebury, late of John Nicol of Norton. 22 March 1377

Carta Iohannis Ponne de Doncote

Sciant presentes 7 futuri quod ego Iohannes Ponne de Doncote dedi
concessi 7 hac presenti carta mea confirmaui Willelmo Bygge capellano de Norton' totum illud cotagium meum cum curtilagio adiacente
cituato in Wẏttulburẏ que quondam fuerunt Iohannis Nicoll' de Norton'. Habendum 7 tenendum predictum cotagium cum curtilagio adiacente 7 cum omnibus suis pertinencijs predicto Willelmo heredibus
7 assignatis suis libere quiete bene 7 in pace de capitali domino feodi
illius per seruicia inde ei debita 7 de iure consueta inperpetuum. Et
ego vero predictus Iohannis Ponne 7 heredes mei totum predictum
cotagium cum curtilagio adiacente predicto Willelmo heredibus 7
assignatis suis contra omnes gentes warrantizabimus inperpetuum
In cuius rei testimonium huic presenti carte sigillum meum apposui
Hijs testibus Thoma Maydefelde Thoma ate Welle Henrico Coffe
Willelmo ate Halle Waltero Hoker' 7 multis alijs. Datum apud
Wẏttulburẏ die dominica proxima ante festum annunciacionis beate
Marie virginis anno regni regis Edwardi tercij a conquestu quinqua-
gesimo primo.

W. 2961 L.C. 95r. Whitlebury.
9″ × 3″.
Tag for seal.
No endorsement.

283

Confirmation by John, clerk, of Towcester, of the gift to the Priory by
Aubrey, his father's brother, of Philip son of Leuric and the children of
Philip and Matilda, John's cousin, free from all servile condition, so that

Philip and Matilda and their heirs shall hold their messuage with three acres in one part of the field and three in the other, half an acre in Langebreche and a rood in Gadishil, freely of the Priory, rendering 2s. yearly. The Priory shall hold in alms, free of all secular service due to John. [c. 1200–5]

Carta Iohannis clerici de Towcestr'

Omnibus sancte matris ecclesie filiis Iohannes clericus de Touec' salutem. Nouerit vniuersitas uestra me concessisse ⁊ presenti carta mea confirmasse donacionem quam fecit patruus meus Albricus deo ⁊ sancte Marie de Luffeld ⁊ fratribus ibidem deo seruientibus scilicet Philippum filium Leuerici ⁊ liberos ex ipso Philippo ⁊ Matilda cognata mea prouenientes liberos ab omni seruili condicione ita quod idem Philippus ⁊ Matilda ⁊ heredes sui teneant mesuagium suum ⁊. iij. acras in una parte campi ⁊. iij. in altera ⁊ dimidiam acram in Langebreche ⁊ unam rodam in Gadishil ita quod hec predicta tenementa teneat de prefata domo libere ⁊ quiete reddendo annuatim. ij solidos predicta quoque tenementa concedo prefato monasterio in puram ⁊ perpetuam elemosinam ⁊ liberam ab omni seculari seruicio michi ⁊ heredibus meis pertinenti Testibus hiis magistro Willelmo de Estenist' ⁊ Philippo fratre eius. Rogero fratre eorum. Iohanne portario. Henrico clerico. Willelmo filio Henrici. Rogero Tremerel.

W. 2974 L.C. 95r.
White, varnished, round seal, 1½″ diameter. A wyvern. s. G – – – – – – DE TOVESCAS.
NOTE: For date cf. No. 281.

284

Lease by the Priory to Philip son of Philip the chaplain, and Alina his wife, for their lives, of the messuage Philip the chaplain gave them. [1231–56]

Carta Philippi filij domini Philippi capellani

Uniuersis Christi fidelibus ad quos presens scriptum peruenerit frater Willelmus prior de Luffelde et eiusdem loci conuentus salutem in domino sempiternam. Noueritis nos concessisse ac tradidisse Philippo filio domini Philippi capellani et Aline vxori eius unum mesuagium in villa de Witlebur' cum curtilagio illud scilicet quod habuimus de dono antedicti domini Philippi capellani. Tenendum et habendum dictum mesuagium cum curtilagio de nobis et successoribus nostris dictis Philippo et Aline vxori eius ad totam vitam illorum libere quiete bene et in pace. Reddendo inde annuatim nobis et successoribus nostris dictus Philippus et Alina vxor eius ad totam illorum vitam xij denarios per annum videlicet vj denarios ad festum sancti Michaelis et sex denarios ad festum annunciacionis beate Marie in Marcio pro omnibus seruicijs exaccionibus consuetudinibus curiarum sectis. Nos vero dicti prior et conuentus dictum mesuagium cum curtilagio dictis Philippo et Aline uxori eius ad totam vitam illorum contra omnes gentes warantizabimus et imperpetuum defendemus per predictum seruicium. Dumtaxat excedens scilicet herieta nobis et successoribus nostris post decessum utriusque. Ut autem hec omnia que a nobis concessa sunt ad totam vitam antedictorum Philippi et Aline vxoris eius firma permaneant presenti scripto sigillum capituli nostri apposuimus in testimonium. Hijs testibus Henrico Amyun Galfrido de Ypres et alijs.

L.C. 95r.–95v.
NOTE: For Philip, chaplain of Evershaw, see No. 285.

285

Confirmation by the Priory to Henry Doket of a messuage in Whittlebury, with 10 selions and a headland. [c. 1231]

Concessio terre in Whytilbury

Sciant presentes et futuri quod ego Willelmus prior de Luffeld totusque eiusdem loci conuentus et hac presenti carta nostra confirmauimus Henrico Doket et heredibus suis illud mesuagium cum pertinencijs in Witlebury quod situm est inter domum Henrici Doket et domum Rogeri filij Reginaldi et vj seliones super Colewei et iiij seliones que iacent inter terram Alfredi et terram Rogeri filij Nicholai et forariam que iacet inter Wimargstrt et Norwelle. Tenendum et habendum de nobis sibi et heredibus suis reddendo inde nobis per annum xvj denarios ad duos terminos scilicet ad festum sancte Marie in marcio viij denarios ad festum sancti Michaelis viij denarios pro omni seruicio nobis spectante saluo releuio. Predictum mesuagium cum selionibus predictis contra omnes gentes warantizabimus secundum tenorem carte Ingrid que nobis hoc tenementum dedit et sicut ipsa et heredes sui predictum tenementum nobis warantizare possunt sic et nos predicto Henrico Doket prenotatum tenementum et heredibus suis warantizabimus. Predictus Henricus Doket predictum tenementum non vendet non dabit non invadiabit nec legabit sine assensu et voluntate predictorum prioris et monachorum de Luffeld. Vt hec donacio rata et stabilis permaneat sicut prenominatum est sigillum capituli nostri in testimonium huic scripto dignum duximus apponere. Hijs testibus Willelmo capellano de Witlebur' Philippo capellano de Euershawe Willelmo capellano de capella de Siluestun' presbiteris Henrico de Branteston' Willelmo filio suo Alfredo de Witlebury Ricardo filio Arnaldi de Seluestun' Henrico filio H Ricardo Chardon' Ricardo de Karswelle Rogero Primo et alijs.

* (Pro messuagio Willelmi Atthall')

L.C. 95v. Whitlebury.
NOTE: For date see Appendix, p. 268.

286

Extract from a roll of the court of the Priory recording the lands held by Thomas Lambard. 20 January 1399

Recognicio terrarum in Silueston' et Witlebury quondam Thome Lambard

Ad curiam tentam die lune proxima post festum sancti Hillarij anno regni regis Ricardi secundi post conquestum xxij° Thomas Lambard cognouit seruicium videlicet redditum et sectam curie et fecit homagium et fidelitatem et data est ei dies citra proximam ad recognoscendum quanta terras et tenementa tenet de domino. Postea venit predictus Thomas et recognouit tenere de priore de Luffeld de feodo de Maundeuile in Suluestone et Witlebury terciam partem j mesuagij in Seluestun' cum tercia parte vnius gardini simul cum omnibus terris predicte tercie parti mesuagij adiacentibus que quondam fuerunt Iohannis Clerke que iure hereditarie accidebant Margarete Clerke. Et clamat tenere redditum ij solidorum de vno mesuagio et vna virgata terre cum ij cotagijs quondam Willelmi Chardon'. Clamat eciam tenere ij denarios de j cotagio cum iij acris et dimidia terre arabilis. Clamat eciam tenere vnam rosam rubeam de j acra terre arabilis de Willelmo Lambard et eciam j denarium pro iij rodis terre arabilis de predicto Willelmo. Clamat eciam tenere ij denarios pro j mesuagio cum curtilagio in Witlebury cum quatuordecim acris terre arabilis et cum cheuicijs adiacentibus de Ricardo Lambard et eciam vnam rosam rubeam pro ij acris terre arabilis in Witlebury de predicto Ricardo et j denarium pro j mesuagio in Seluestone de tenemento meo cum tribus acris et j roda terre arabilis de predicto Ricardo. Clamat eciam tenere ij denarios de j mesuagio cum curtilagio et cum quatuor sellionibus terre arabilis de Iohanne Coleman quondam Gilberti Kingesman. Item de Ricardo Mason' per seruicium xvj denariorum et sectam curie de tribus in tres et per homagium et fidelitatem.

L.C. 95r.–96v.

287

Lease by the Priory to Gilbert son of Hugh de Staverton, for his life, of a messuage in Charlock and a meadow called le Halimede in the Westfelde of Silverstone. 24 June 1297

Conuencio inter priorem et Hugonem Stauertun

Not indented. Letters cut through.

Notum sit omnibus presens scriptum visuris vel audituris quod die lune in festo sancti Iohannis baptiste anno regni regis Edwardi vicesimo quinto conuenit inter fratrem Willelmum priorem de Luffeld'. et eius-

dem loci conuentum ex parte vna et Gilbertum filium Hugonis de
Stauerton' ex altera videlicet quod dicti prior ꝓ conuentus tradiderunt
ꝓ dimiserunt dicto Gilberto ad totam vitam suam illud mesuagium in
Chaldelak' cum omnibus pertinenciis suis vna cum quodam pratello
quod vocatur le Halimede in campis del Westfeld' de Suluestone ad
terminum vite sue ut predictum est quod quidem mesuagium Iohanna
Boterel quondam tenuit. Habendum et tenendum dictum mesuagium
cum omnibus pertinenciis suis vna cum dicto pratello quod vocatur le
Hallimede predicto mesuagio pertinenti ad totam vitam suam libere
quiete.bene.et in pace. Reddendo inde annuatim dictis priori ꝓ conuentui ꝓ successoribus suis quatuor solidos argenti ad duos anni terminos videlicet ad festum beate Marie in Marcio. duos solidos et ad
festum beati Petri aduincula duos solidos ꝓ sectam curie pro omnibus
seruiciis.consuetudinibus.exaccionibus.ꝓ demandis saluo forinseco
domini regis.cum euenerit. Et si contingat quod absit dictum Gilbertum in solucione dicti redditus in toto vel in parte deficere vel cessare
vel destruccionem aut vastum aut aliquam alienacionem in dicto
tenemento quoque modo facere tunc bene licebit dictis priori ꝓ conuentui dictum Gilbertum infra dictum mesuagium ꝓ extra pro voluntate sua distringere.ꝓ districcionem retinere quousque de premissis
plenarie fuerit satisfactum. Dicti vero prior ꝓ conuentus ꝓ eorum successores predictum mesuagium cum suis pertinenciis sicut predictum
est.predicto Gilberto quam diu vixerit warantizabunt. In cuius rei
testimonium tam dicti prior et conuentus quam dictus Gilbertus presentibus scriptis in modum cirographi confectis sigilla sua hinc inde
apposuerunt.

W. 2342   L.C. 96r.   Whitlebury.

288

Extent of the lands in the fields of Abthorpe lately held by Walter Bacun, a
villein of the Priory. [1274]

De terris quondam Walteri Bacon' natiui prioris de Luffelde

Hec est terra que quondam Walteri Bacun natiui prioris de Luffelde in
campis de Abbetrop de domino Iohanne filio Roberti de Lestre. Tres
acras ꝓ vnam rodam terre cum pertinenciis in campo illo de Abbetrop
qui vocatur Biẏendewode de quibus vna acra iacet super Brockes-
hẏrneforlong iuxta terram prioris de Luffelde. Et vna acra super le
Woweland iuxta terram Iohannis Neel. Et quinque rode super God-
wẏneshalle iuxta terram Willelmi filii Agnetis habendum ꝓ tenendum.
Item ex dono Iohannis de Lestre de Abbetrop vnam acram terre cum
pertinenciis super Brokesþurneforlong in campo orientali iuxta terram
quam Adam Balde tenuit habendum ꝓ tenendum. Item ex dono
Rogeri filii Iohannis de Abbetrop vnam dimidiam acram terre cum

pertinenciis super le Wouelond in campo qui vocatur Biyendewode inter terras Hugonis filii Ricardi ꝷ Roberti Cok'. Et vnam rodam super Brockesthurnefurlong iuxta terram prioris de Luffeld' Et vnam rodam in eadem cultura occidentaliorem inter terras predicti prioris habendum ꝷ tenendum. Item ex dono Galfridi Symelẏ vnam dimidiam acram terre cum capuciis ꝷ suis pertinenciis in campis de Abbetrop videlicet vnam rodam super le Wouelond inter terras Rogeri filii Iohannis ꝷ Ade de Brackel'. Et vnam rodam super Brockesthẏrneforlong inter terras prioris de Luffeld' ꝷ predicti Ade habendum ꝷ tenendum. Item ex dono Galfridi Balde duas rodas terre in campo orientali de Abbetrop scilicet Biẏendewode quarum vna roda iacet super Brockesyurneforlong iuxta terram prioris de Luffeld' et alia roda iacet at the wodesnappe super Godwẏnesbalk' iuxta terram Rogeri filii Iohannis habendum ꝷ tenendum. Summa sex acras ꝷ j rodam.

W. 2342 dorse   L.C. 96v.   Whitlebury.
NOTE: For date see No. 258A.

289

Presentation by Henry Grene of John de Horewode to be admitted as a monk into the Priory. 31 March 1368

Presentacio Henrici Grene

Religiosis viris ac confratribus suis priori et conuentui de Luffelde suus humilis confrater Henricus Grene salutem. Dilectum clericum meum Iohannem de Horewode vestre fraternitati presento vobis intime rogando quatinus prefatum Iohannem in domum vestram admittere et ipsum monachum regularem in eadem domo prout meritum est instituere dignemini iuxta effectum concessionis vestre michi inde facte. Et in huius presentacionis testimonium presentibus sigillum meum apposui. Datum apud Luffelde die ueneris proxima ante diem dominicam in ramis palmarum anno regni regis Edwardi tercij post conquestum quadragesimo secundo

L.C. 96v.
NOTE: Cf. No. 219. Perhaps the John de Horwode who was elected Prior in 1396.

290

Quitclaim to the Priory by Richard Shendon of Priors Marston of a tenement in Whittlebury which he had held of them. 1 September 1440–31 August 1441

Quieta clamancia Ricardi Shendon' de Prioursmerston de terris in Witlebury

Omnibus Christi fidelibus hoc presens scriptum visuris vel audituris Ricardus Shendon de Prioursmerston salutem in domino sempiternam.

Nouerit vniuersitas vestra me remisisse et quietum clamasse priori et conuentui de Luffelde et eorum successoribus totum ius et clameum quod habui seu habeo vel aliquo modo habere potero in illis tenementis cum toftis et croftis adiacentibus in Witlebury que quondam tenui de priore de Luffelde iacentes inter tenementum Nicholai Shrup ex parte vna et tenementum Iohannis Hawinle ex parte altera. Tenendum et habendum predictum tenementum cum omnibus pertinencijs suis in villa et campis de Witlebury dictis priori et monachis et eorum successoribus sine impedimento mei seu heredum meorum libere et quiete bene et in pace imperpetuum. Vt autem hec mea relaxacio et quieta clamancia imperpetuum robur optineant huic presenti scripto sigillum meum apposui. Hijs testibus Willelmo Maydeford et Thoma fratre eius et Iohanne Lambard seniore Iohanne Frayn' et multis alijs. Anno regni regis Henrici sexti post conquestum Anglie decimo nono.

L.C. 96v.–97r.

290A

Grant by William, prior of Luffield, to Walter Wawe of Whittlebury of a serjeanty in the Priory: He shall either be the keeper of the hall of their hospice, or of their granary, of their gate or of their granges within the Priory and without; he shall have for his food and drink as much as the gatekeeper or the master cook, and for his wages half a mark yearly. Half his goods and chattels shall remain to the Priory at his death, and for this grant he has given to the Priory 10 marks for the necessities of the business of their church. 1 May 1301

Vniuersis sancte matris ecclesie filiis ad quos presens scriptum peruenerit frater .W. prior de Luff' et eidem loci conuentus salutem in domino sempiternam. Noueritis nos concessisse ac dimississe pro nobis ⁊ successoribus nostris Waltero Wawe de Witlebur' vnum liberum seruicium in prioratu nostro de Luffeld' ad totam vitam suam modo subscripto habendam videlicet aut custodiam aule hospicii aut granarii aut porte aut grangearum infra prioratum ⁊ extra. Concessimus etiam ei in esculentis ⁊ poculentis sicut ianitor uel magister cocus dicte domus ⁊ pro stipendio suo dimidiam marcam. Idem uero .W. fidelitatis ⁊ fedelis [sic] obsequii iuramentum prestitit eisdem priori ⁊ conuentui ⁊ obligauit se quod fideliter pro posse suo eis seruiet ad voluntatem ⁊ ordinacionem prioris qui pro tempore fuerit in predicto seruicio infra dictum prioratum ⁊ extra. Et si contingat dictum .W. aliquo casu fortuito uel infirmitate seu senectute esse detentum ita quod in dictis seruiciis facere non poterit volumus ⁊ concedimus quod liberacionem suam plenarie percipiet ⁊ infra dictum prioratum cameram ei assignatam ad lectum suum habebit. Si idem .W. ex aliquo delicto notario uel manifesto conuincatur illud arbitrio prioris ⁊

maiorum de conuentu racionabiliter emendabit. Concessit etiam predictus .W. pro se ꝫ pro suis executoribus pure ꝫ simpliciter iuramento interposito medietatem omnium bonorum suorum vbicunque ꝫ penes quoscunque fuerint inuenta post huius vite sue terminum sine dolo fraude machinacione dictis priori ꝫ conuentui plenarie remanere. Pro hac autem concessione dedit predictus .W. x. marcas argenti ad necessitatem ecclesie nostre expedicionis. In cuius rei testimonium huic presenti scripto sigillum commune capituli est appensum. Datum apud Luffeld' die apostolorum Philippi ꝫ Iacobi anno domino.Mᵒ. CCCᵒ primo.

W. 3013
6¾" × 6¼".
No endorsement.

291

Agreement whereby Richard Mantel, having given all his goods to the Priory, is received into the fraternity to reside there. 1 April 1491

Primo die mensis Aprilis anno regni regis Henrici septimi sexto facta est hec conuencio inter fratrem Thomam priorem de Luffeld' et eius loci conuentum ex vna parte et Ricardum Mantel' de Wytylberye ex altera parte videlicet quod predicti prior et conuentus ex mero motu suo et intuitu caritatis receperunt predictum Ricardum in fraternitatem suam. Et quod predictus Ricardus dedit et concessit et in pacificam possessionem omnium bonorum suorum videlicet mobilium et immobilium vbicunque inuentorum et inueniendorum et in posterum adquirendorum. Posuit eciam hec per deliberacionem vnius vacce. Concederunt predicti prior et conuentus prefato Ricardo victualia et vestitum equaliter cum valettis eiusdem priori et successorum suorum. Et si idem Ricardus infirmitate aliqua fuerit detentus habebit panem et seruisiam carnes et pistes ad placitum ipsius prout tempus et persona exigunt in camera assignata uel assignanda predicto Ricardo. Prouiso semper quod idem Ricardus predictum panem aut potum siue fercillum nec aliquis eius partis dabit aut vendet uel attenuabit sine licencia predicti prioris et conuentus. Et predictus prior et conuentus pro se et successoribus suis predicto Ricardo duos panes j vnum de meliori et alterum de 2ᵒ et duas lagenas de 2ᵒ seruisia singulis septimanis percipiend' tenend' et gaudend' durante vita naturali eiusdem. Pro hac quidem admissione et concessione idem Ricardus tacto sacrosancto euangelio prestitit iuramentum quod ipse prefato priori fideliter seruiet et conuentum suum cum toto posse suo affectabit et protectabit. In huius rei testimonium

L.C. 97r. Whitlebury. This charter was added by a later hand.

APPENDIX I

THE FAMILIES

In the charters relating to the places we have now reviewed, at least until the close of the thirteenth century, a few families dominate the scene. Particulars of these follow, together with evidence of the active lifetimes of their members, in order to save tedious repetition of similar arguments in support of the limiting dates of the relevant undated charters.

DE SELVELEIA

Who were the parents of Emma de Selveleia (Sellegia, Selflege, Shelley) cannot be told, but from one or both of them she inherited fees in Berkshire, in Suffolk, and here in Silverstone, and her three successive husbands held them in her right. In this fee, but not necessarily in the other two, Otuer de Boville was mesne between her and the earl,[1] and one of her husbands may occur in the Carta of 1166.[2]

EUSTACE was clearly her first husband and the father of her heir, William. As their grand-daughters were married women in 1183[3] or before, this marriage must have taken place in the early 'forties. No Eustace appears in the Carta and it is reasonable to suppose that by then he was dead.

H. is all that designates her second husband, and it would be rash, at present, to speculate on his identity.

SIMON SON OF WILLIAM was her third husband, and it has been assumed that Emma survived until *c*. 1175.

WILLIAM, son of Eustace and Emma, had died, deeply in debt, by 1183, leaving two daughters whose husbands freed the property and partitioned it.

ANNA was the wife of Oger son of Oger, and does not concern us.

SARRA married Michael son of Oger, the brother of her sister's husband, and the fee of Silverstone fell to her share. She married secondly, and before 1198,[4] Robert de Bainville, about whom nothing is easily discoverable.

MICHAEL, son of Michael and Sarra, must, in view of the date of his mother's marriage, have been of age at least by 1215. As Sarra, when her son Thomas was received into the Priory, remitted the whole of the render the monks had been wont to make, it is not surprising that we hear no more of Michael.

THE CLERKS OF SILVERSTONE

This was a substantial family in Silverstone. When John, the last to bear that name, died in 1291, he held four virgates in socage in the king's manor and two virgates of the Priory by military service in the fee of Mandeville.[5]

---

[1] Northamptonshire Survey, *V.C.H. Northants*, Vol. 1, p. 372*b*. The charters relating to this family are Nos. 106–9, 111, 112, 114, 115, and 118.

[2] *Red Book of the Exchequer*, pp. 345–7.   [3] *Feet of Fines*, P.R.S. Vol. 24, p. 1.

[4] *Feet of Fines*, P.R.S. Vol. 24, pp. 174–5.   [5] No. 91.

The first clerk no doubt served the king's chapel, and the service may for a time have passed from father to son.

ARNOLD I, occurs first before 1148[1] and *c.* 1160–3.[2]

HENRY I, his son, attests with his father *c.* 1160–3, and occurs for the last time in 1205.[3] In view of such a long active lifetime we may suppose him to have died *c.* 1205.

ARNOLD II, his son, attests during his father's lifetime and the latest dated mention of him is in 1220–1.[4] He died, perhaps *c.* 1225.

HENRY II, his son, died in 1231, when his widow is found suing for her dower.[5]

RICHARD, son of Arnold, succeeded therefore in 1231. The last dated mention of him is in 1266,[6] and as he was of age before his father died he must then have been an elderly man.

JOHN, son of Richard, succeeding soon after 1266, died in 1291, leaving three daughters:[7]

ALICE, who married Thomas Lambard.

MARGERY, who married Thomas Maidford.

MATILLIS, who married Richard Cotesdeux, and had issue by him Roger who appears to have died in the Black Death, whereupon her share reverted to the descendants of her sisters.

DE SELVESTONE AND DE BRANDESTONE

HENRY de Selvestone makes no certain appearance in these documents.

WILLIAM, son of Henry, in 1198 held of the king an eighth part of a carucate, worth 3*s.* by butler serjeanty.[8] He is probably the William de Selveston who in 1220, having married a widow, sued for her dower.[9] In 1242[10] and again in 1247, the serjeanty was in the hands of Sibilla de Branteston,[11] and was said to be a holding of three virgates, worth 15*s.* There can be little doubt that Sibilla was the daughter and heiress of William, and the wife of Henry de Brandestone, a forester in Whitlewood. He is a frequent witness to charters of the late 1220s, but in 1231 he no longer held his bailiwick, and had presumably lately died.[12]

WILLIAM, his son, often witnesses charters beside his father. He died seised of the serjeanty in 1273.[13] He had held three virgates and six cottages, worth in all 14*s.*, by this serjeanty. Besides these lands, he held, until he surrendered them on his deathbed, two virgates of the Priory, and renders amounting to 18*s.*

In Braunston he held a virgate and a half in demesne, and renders amounting to 22*s.* In Litchbarrow he had held two virgates, which he gave away on his deathbed, and in Blakesley three virgates. He was therefore a man of substance, and less than a quarter of his income was derived from the occupation of looking after the king's wines in Silverstone.

JOHN, his brother, aged 60, was his heir, and the family continues with Geoffrey, and William II, his son.

[1] No. 25.   [2] Part II, Nos. 292 and 294.   [3] P.R. Jo., P.R.S. (N.S.), 19, p. 155.
[4] No. 196.   [5] *Curia Regis Rolls*, Vol. 14, No. 1923.   [6] Part II, No. 473.
[7] For their marriages, see principally Nos. 143B, 154, and 161.   [8] *Book of Fees*, p. 9.
[9] *Curia Regis Rolls*, Vol. 9, p. 331.
[10] *Pipe Rolls 26 Hen. III* (ed. H. L. Cannon, p. 321).
[11] *Book of Fees*, p. 1400.   [12] *Close Rolls*, 1227–31, 580.   [13] I.P.M., C.133/4/9.

THE ENGINEERS

Since Roger, the first engineer, was still living, though in retirement, in 1197–8,[1] we may suppose that the grant of Roger de Clare was made late, rather than early in his lifetime. Elias de Hinton, who was mesne between the lord of Towcester and the engineers,[2] does not appear in the earl's Carta of 1166, so that at that time the earl probably had the land in hand. ROGER I appeared first in Silverstone probably after 1160, though his duties evidently kept him much from home. He may be supposed to have survived till *c.* 1200. His wife's name was Muriel, and apart from his heir, he had a son Robert,[3] and a daughter Hawise, who married William son of Wibert from whom descended the family of Walrond (Valerant) which we shall frequently meet.

JOHN, son of Roger I, was in possession of the tenement in 1197–8, and survived till *c.* 1225. It is surprising that he is so infrequently met with. He married Agnes de Cutslow, who survived him.

ROGER II, his son, very frequently attests charters, and occurs until 1248–9. He may be presumed to have died *c.* 1250. Neither his wife's name nor that of his heir is traceable from any of our documents.

CARDUN

The Carduns are prominent in these charters. They can be seen to hold land in the king's manor and in the fee of Mandeville, and no doubt they were important suitors in the prior's court.

RICHARD, the first to occur, was attesting charters in prior Roger's time, in the late 1220s, and his last dated appearance comes in 1248.[4] He may be assumed to have died *c.* 1250.

WILLIAM, his son, succeeded him, and died in or shortly before 1296.[5]

RICHARD II, his son, succeeded, and was followed by

WILLIAM II.

DE BILLING

We move, at Luffield, in a very small world, a world in which a few families, elsewhere of little account, wielded a very potent influence, and dominated the scene for two centuries and more. The names of de Billing, de Brackley, and de Horewode occur frequently, and almost monotonously, throughout these records, but if the genealogies of these families could be recovered and their intermarriages, and if we could discover the parentages of successive priors, a great deal else would come to light.

Of the family of de Billing more must be said in a later volume. Robert is the first of them to emerge, at about the beginning of the century. His last dated appearance is in 1224,[6] and, as he does not occur in charters which appear to fall into the period 1225–31, it seems reasonable to place the date of his death as *c.* 1225.

He held some land both in the king's manor and in the fee of Towcester. His descendants held in Shalstone also, but whether that land came to them or to him by inheritance or by marriage cannot be told. It may well be that

---

[1] Nos. 127 and 128.   [2] Ibid. and No. 121.   [3] *Curia Regis Rolls*, Vol. I, p. 266.
[4] No. 126.   [5] No. 133B.   [6] Part II, No. 295.

Robert attests these charters so frequently not because he was prominent as a land-holder, for of that there is no evidence, but because he had some special relationship with the Priory, probably as its steward.

APPENDIX II

Inquisicio facta per Ricardum de Clifford esceator domini regis citra Trentam que et quot maneria dominica dominus rex habet in manu sua. Ad istud capitulum respondet villata de Sulueston' et dicit manerium de Sulueston' fuit quondam in manu quatuor baronum et fuit eorum possessio. Nomen unius fuit Radulfus de Caynnes et alterius Asketillus de sancto Hillario et Egidius de Pinkeni et comes de Mandeville. Unusquisque ipsorum partem suam habuit. Postea accessit rex Henricus filius imperatricis scilicet Henricus secundus et priuauit Radulfum de Caynnes tota terra sua pro transgressione regi illata a predicto Radulfo in quodam tornamento scilicet quia regem taltauit et cepit. Postea dictus rex retribuebat predicto Radulfo uel heredibus suis totam terram suam excepta parte dicti Radulfi in Sulueston' quam retinuit in propria manu. Assumpsit etiam dominus rex terras et tenementa que habebant predictus Egidius et Asketillus et tota tenuit et tenet. Diu ante illud tempus comes de Mandeuill' dedit partem terre quam habuit in villa de Sulueston' domui de Luffeld' et eadem causa non cepit dominus rex illam partem in manu sua sed prior de Luffeld' eam tenuit et tenet. Item tempore quo primo habuit rex manerium de Sulueston' reddidit idem manerium sex libras et per incrementa assartorum postea reddidit octo libras et nunc reddit xiiij per idem incrementum.

C.220 v.

INDEX OF PERSONS AND PLACES

References to the pages in the Introduction are in Roman figures. Arabic numerals refer to the serial numbers of the charters. Arabic numerals in italic refer to the Table of Contents (pp. 1–13).

ABBETHROP, Abbethropp, Abbetrop, Abbetropt, Abbthrop, Abetrop, Abthrop, Abthropp:
  Henry de, *8*, *9*, 127, 128, 189, 216, 237–9, 243, 244, 245, 252, 260, 260A
  John de, *8*, 112, 235, 241 and *n*, 243, 249–51, 253, 254, 256–8, 288
  John, s. of John de, *9*, 222, 241, 243, 247, 260 and *n*, 260A
  Nigel, Nel, de, 237
  Peter de, *8*, 242
  Richard de, 239
  Richard, s. of Richard de, *8*, 239, 242
  Roger de, *8*, 241, 249–51, 288
  Thomas de, 127, 128
  William de, *8*, *9*, 133, 189, 192, 216, 237–43, 244–7, 249, 252, 260, 260A
ABINGDON [co. Berks.], abbey of, ix
ABRICUS, *see* Albric
ABTHORPE [co. Northants.], Abbethrop, Abbetrop, Abbtrop, Abethorpe, Abethrop, Abetrop, Abithrop, Abthorp, Abthrop, Abtrop, xv, *8*, *9*, 136, 142, 150, 159, 159A, 189, 192, 230, 231, 233, 239–41, 243–61, 288
  aula de, 247, 249
ADAM:
  the baker, 103
  the chaplain, 22
  clericus, 66
  John, 146A, 146B, 161, 162
  John, s. of, 198
ADDINGTON [co. Bucks.], Hadintone, Henry, parson of, 42
ADSTOCK [co. Bucks.], Hadestoke, John, vicar of, 42
  R., parson of, 42
AGATHA, wife of William the forester, *6*, 116, 117, 208, 214, 216
AGNES, William, s. of, 244, 246, 288
AILESBIRI, Ailesbury, *see* Aylesbury

AILMER, priest of Newport, *see* Newport
  Roger, s. of, 108
  Walter, s. of, 108
AILRED, William, s. of, 108, 118
AILWI, Robert, clericus, 22
AKELEY [co. Bucks.], Hacle, 164, 164A
ALAN, chamberlain of Roger de Clare, 110
  s. of Meinfelin, 36, 38
ALAPIK, Robert, 198
ALBANO, Nicholas, bishop of, 7
ALBEMARLE, Roger, 276
ALBINI, Albinneio, Nigel de, 1
ALBINUS, Roland, 108, 115, 118
ALBRIC, Abricus, Albredus, Aubredus:
  the forester of Whittlewood, xvii, *9*, 73, 89, 227, 265, 283
  juvenis (of Whittlebury), 262, 264, 280
  Ralf, s. of, 125
ALDEBURGH', Richard de, 91
ALEYN, Alayn, Alein:
  John, 143
  Robert, 136, 144
  Thomas, 156
ALICE, wife of William s. of Nicholas, 7, 225
  Henry, s. of, 105
ALTHRINTON, William de, 187
ALVRED, Richard, s. of, 105
AMARI, *see* Aumari
AMIUN, Amyun, Anyun, Henry, *10*, 105, 173, 193, 237, 239, 244, 252, 271, 284
ANAGNI [Italy], 8
ANDREUS, John, 134, 134A
ANEYNE, William, 195
ANGEVIN, Langeman, Langewin, Geoffrey, 121, 122
  Ralf, 111
ANGOD, clericus, 37
APPERTON', John de, 91
APSELON, s. of Richard, 58

U